"信毅教材大系"编委会

主　　任	卢福财
副 主 任	邓　辉　王秋石　刘子馨
秘 书 长	廖国琼
副秘书长	宋朝阳
编　　委	刘满凤　杨　慧　袁红林　胡宇辰　李春根
	章卫东　吴朝阳　张利国　汪　洋　罗世华
	毛小兵　邹勇文　杨德敏　白耀辉　叶卫华
	尹忠海　包礼祥　郑志强　陈始发
联络秘书	方毅超　刘素卿

信毅教材大系

报关实务

Cutstoms Clearance Practice

戴明辉 张期陈 王志明 编著

复旦大学出版社

内容提要

本书立足于提高学生的整体素质和综合职业技能与能力，特别是实践能力和创新能力的培养，从报关管理机构与报关单位双重角度，全面系统地介绍了进出境运输工具、进出口货物、进出境物品等报关业务，内容涉及如下方面：报理管理机构；报关资格管理制度；进出口货物国家管理制度；一般进出口货物、保税货物、特定减免税进口货物、暂准进出境货物的基本通关制度；转关、海关事务担保等特殊通关制度；商品归类；税费计征；报关单填制。

总　序

世界高等教育的起源可以追溯到1088年意大利建立的博洛尼亚大学,它运用社会化组织成批量培养社会所需要的人才,改变了知识、技能主要在师徒间、个体间传授的教育方式,满足了大家获取知识的需要,史称"博洛尼亚传统"。

19世纪初期,德国的教育家洪堡提出"教学与研究相统一"和"学术自由"的原则,并指出大学的主要职能是追求真理,学术研究在大学应当具有第一位的重要性,即"洪堡理念",强调大学对学术研究人才的培养。

在洪堡理念广为传播和接受之际,德国都柏林天主教大学校长纽曼发表了《大学的理想》的著名演说,旗帜鲜明地指出"从本质上讲,大学是教育的场所","我们不能借口履行大学的使命职责,而把它引向不属于它本身的目标"。强调培养人才是大学的唯一职能。纽曼关于"大学的理想"的演说让人们重新审视和思考大学为何而设、为谁而设的问题。

19世纪后期到20世纪初,美国威斯康星大学查尔斯·范海斯校长提出"大学必须为社会发展服务"的办学理念,更加关注大学与社会需求的结合,从而使大学走出了象牙塔。

2011年4月24日,胡锦涛总书记在清华大学百年校庆庆典上指出,高等教育是优秀文化传承的重要载体和思想文化创新的重要源泉,强调要充分发挥大学文化育人和文化传承创新的职能。

总而言之,随着社会的进步与变革,高等教育不断发展,大学的功能不断扩展,但始终都在围绕着人才培养这一大学的根本使命,致力于不断提高人才培养的质量和水平。

对大学而言,优秀人才的培养,离不开一些必要的物质条件保障,但更重要的是高效的执行体系。高效的执行体系应该体现在三个方面:一是科学合理的学科专业结构;二是能洞悉学科前沿的优秀的师资队伍;三是作为知识载体和传播媒介的优秀教材。教材是体现教学内容与教学方法的知识载体,是进行教学的基本工具,也是深化教育教学改革,提高人才培养质量的重要保证。

一本好的教材,要能反映该学科领域的学术水平和科研成就,能引导学生沿着正确的学术方向步入所向往的科学殿堂。因此,加强高校教材建设,对于提高教育质量、稳定教学秩序、实现高等教育人才培养目标起着重要的作用。正是基于这样的考虑,江西财经大学与复旦大学出版社达成共识,准备通过编写出版一套高质量的教材系列,以期进一步锻炼学校教师队伍,提高教师素质和教学水平,最终将学校的学科、师资等优势转化为人才培养优势,提升人才培养质量。为凸显江财特色,我们取校训"信敏廉毅"中一前一尾两个字,将这个系列的教材命名为"信毅教材大系"。

"信毅教材大系"将分期分批出版问世,江西财经大学教师将积极参与这一具有重大意义的学术事业,精益求精地不断提高写作质量,力争将"信毅教材大系"打造成业内有影响力的高端品牌。"信毅教材大系"的出版,得到了复旦大学出版社的大力支持,没有他们的卓越视野和精心组织,就不可能有这套系列教材的问世。作为"信毅教材大系"的合作方和复旦大学出版社的一位多年的合作者,对他们的敬业精神和远见卓识,我感到由衷的钦佩。

王 乔

2012 年 9 月 19 日

前 言

随着我国改革开放不断深入,对外贸易管理与经营市场化不断深化,新的政策法规相继出台,业务流程不断变革、创新与简化,进一步促进了我国对外贸易事业的快速发展。为适应新时代对外贸易事业发展的要求,我们前后历时一年半查阅相关的各类法律、法规、部门规章和规范性文件,并前往海关部门、相关律师事务所及报关企业进行田野调查,以新近公布的法律、法规、部门规章和规范性文件为依据,以贸易便利化趋势为着眼点,形成了这本《报关实务》。

本书开篇设置"引例",章中安排了"相关链接"和"案例应用",章末则是"主要概念""基本训练""案例分析"和"业务实训",强化了实用性和可操作性。此外,为方便读者学习,我们还在文末附录中增列了《对外贸易法》《海关法》《进出口关税条例》《海关行政处罚实施条例》《海关企业信用管理办法》《海关报关单位注册登记管理规定》等法律、法规和部门规章,以供查阅。

本教材主要由戴明辉(江西财经大学)、张期陈(上海商学院)、王志明(苏州大学)编写。在编写过程中,宁波海关苏陈萍副处长对于教材内容中引入海关权责清单的建议、上海海关学院宗慧民老师关于报关水平测试的解释、德和衡律师事务所史东海律师和湖州海关俞悦关于银行保证金台账问题的解读等,均对本教材相关内容的编写起到了很好的点拨和纠错作用;江西财经大学硕士研究生徐鹏辉协助搜集了一些典型案例,在此向各位表示真挚的感谢。

本教材可供本科院校国际经济与贸易、国际商务、市场营销、物流管理、电子商务、会计学等专业使用,也可供各类企业培训使用,或供经贸类从业人员自学之参考。

由于编者水平和时间的限制,教材中不足和遗漏之处在所难免。敬请专家、同仁和广大读者提出宝贵意见。

编著者
2018 年 3 月 1 日

目 录

第一章 报关与海关 ··· 001
第一节 报关概述 ··· 001
第二节 海关概述 ··· 011
本章小结 ··· 026
主要概念 ··· 027
基础训练 ··· 027
业务实训 ··· 030

第二章 报关管理 ··· 031
第一节 报关管理概述 ····································· 031
第二节 海关对报关单位管理 ······························· 032
第三节 海关对报关人员管理 ······························· 047
第四节 报关行业管理与自律 ······························· 048
本章小结 ··· 052
主要概念 ··· 053
基础训练 ··· 053
业务实训 ··· 056

第三章 我国对外贸易管制的制度与措施 ····················· 057
第一节 对外贸易管制概述 ································· 057
第二节 我国对外贸易管制制度 ····························· 059
第三节 我国对外贸易管制措施及报关规范 ··················· 068
本章小结 ··· 086
主要概念 ··· 087
基础训练 ··· 088
业务实训 ··· 090

第四章 进出口商品归类 ··································· 091
第一节 进出口商品归类总规则 ····························· 091
第二节 我国海关进出口商品分类目录主要内容 ··············· 100
第三节 进出口商品归类的海关行政管理 ····················· 105
本章小结 ··· 111
主要概念 ··· 112

基础训练 ………………………………………………………… 112
　　　业务实训 ………………………………………………………… 115

第五章　基本通关制度(一)
　　　　——一般进出口货物通关制度 ……………………………… 116
　　　第一节　一般进出口货物通关制度概述 ………………………… 116
　　　第二节　一般进出口货物申报 …………………………………… 118
　　　第三节　一般进出口货物的查验 ………………………………… 121
　　　第四节　一般进出口货物缴纳税费与放行 ……………………… 124
　　　本章小结 ………………………………………………………… 125
　　　主要概念 ………………………………………………………… 126
　　　基础训练 ………………………………………………………… 126
　　　业务实训 ………………………………………………………… 129

第六章　基本通关制度(二)
　　　　——保税进出口货物通关制度 ……………………………… 130
　　　第一节　保税进出口货物通关制度概述 ………………………… 130
　　　第二节　保税进出口货物通关程序与管理规范 ………………… 133
　　　第三节　海关特殊监管区域保税货物通关管理规范 …………… 160
　　　本章小结 ………………………………………………………… 170
　　　主要概念 ………………………………………………………… 171
　　　基础训练 ………………………………………………………… 171
　　　业务实训 ………………………………………………………… 174

第七章　基本通关制度(三)
　　　　——特定减免税货物与暂时进出境货物通关制度 ………
　　　　…………………………………………………………………… 175
　　　第一节　特定减免税货物通关制度 ……………………………… 175
　　　第二节　暂时进出境货物通关制度 ……………………………… 186
　　　本章小结 ………………………………………………………… 190
　　　主要概念 ………………………………………………………… 191
　　　基础训练 ………………………………………………………… 192
　　　业务实训 ………………………………………………………… 194

第八章　特别通关制度 ……………………………………………… 196
　　　第一节　进出口货物转关制度 …………………………………… 196
　　　第二节　海关事务担保制度 ……………………………………… 201
　　　第三节　过境、转运、通运货物通关制度 ……………………… 206

第四节　其他特殊货物通关制度 …………………………… 209
　　本章小结 …………………………………………………… 217
　　主要概念 …………………………………………………… 218
　　基础训练 …………………………………………………… 218
　　业务实训 …………………………………………………… 222

第九章　进出口税费 …………………………………………… 223
　　第一节　进出口税费概述 …………………………………… 223
　　第二节　进出口货物完税价格审定 ………………………… 230
　　第三节　进口货物原产地的确定与税率适用 ……………… 242
　　第四节　进出口税费计算 …………………………………… 252
　　第五节　进出口税费的减免、缴纳与退补 ………………… 258
　　本章小结 …………………………………………………… 267
　　主要概念 …………………………………………………… 268
　　基础训练 …………………………………………………… 268
　　业务实训 …………………………………………………… 271

第十章　进出口货物报关单填制 ……………………………… 273
　　第一节　进出口货物报关单概述 …………………………… 273
　　第二节　进出口货物报关单的填制 ………………………… 275
　　第三节　报关自动化系统常用代码 ………………………… 292
　　本章小结 …………………………………………………… 301
　　主要概念 …………………………………………………… 301
　　基础训练 …………………………………………………… 301
　　业务实训 …………………………………………………… 304

附录　相关法律、法规和部门规章 …………………………… 310

主要参考书目和文献 …………………………………………… 311

第一章　报关与海关

- **知识目标**：了解报关的概念、范围和基本内容；
  掌握不同报关对象进出境的基本程序；
  了解海关的性质和任务、海关的权力、海关的组织机构及其职责。
- **技能目标**：能大致勾画出货物、物品和运输工具进出境的报关流程；
  根据有关法律法规，有效配合海关对报关活动的管理。
- **能力目标**：在理解基本概念的前提下对进出口通关业务形成整体认识。

引例 1-1

中国邮电器材进出口总公司进口电信设备

引例 1-2

中国海关深耕细作，务实推进"一带一路"建设

第一节　报关概述

一、报关含义与分类

（一）报关的含义

任何国家在促进对外经济贸易发展、推动整个社会经济合理运行的过程中，都会充分考虑维护国家的主权与利益安全。为此,世界各国政府均会通过海关或类似机构依法对进出境运输工具、货物和物品进行必要管理。我国《海关法》第八、九、十四条分别规定:"进出境运输工具、货物、物品,必须通过设立海关的地点进境或出境。""进出口货物,除另有规定的外,可以由进出口货物收发货人自行办理报关纳税手续,也可以由进出口货物收发货人委托海关准予注册登记的报关企业办理报关纳税手续。进出境物品的所有人可以自行办理报关纳税手续,也可以委托他人办理报关纳税手续。""进出境运输工具到达或者驶离设立海关的地点时,运输工具负责人应当向海关如实申报,交验单证,并接受海关监管和检查。"

可见,**报关**是指进出境运输的工具负责人、进出境货物的收发货人、进出境物品的所有人或者他们的代理人,向海关办理运输工具、货物、物品进出境手续及相关海关事务的全过程。

该定义说明,报关主体是进出境运输工具负责人、进出境货物收发货人、进出境物品所有人或者他们的代理人;报关对象是进出境运输工具、进出境货物和进出境物品;报关内容是进出境手续及相关海关事务。

(二)报关的分类

(1) 按照报关的对象不同,可分为运输工具报关、货物报关和物品报关。

进出境运输工具作为货物、人员及其携带物品的进出境载体,其报关主要是向海关直接交验随附的、符合国际商业运输惯例、能反映运输工具进出境合法性及其所承运货物、物品情况的合法证件、清单和其他运输单证。

进出境物品通常不具有贸易属性,因此按自用合理数量原则向海关申报。

进出境货物相对物品而言,通常具有量大、盈利等特点,其报关由具备一定专业知识和技能,且由报关单位代为在海关备案的专业人员来负责办理。

(2) 按照报关的目的不同,可分为进境报关和出境报关。

海关对运输工具、货物、物品的进出境分别有不同的监管要求,运输工具、货物、物品也因其进出境目的不同而分别形成了一套自己的报关流程体系。另外,过去由于运输或其他方面的需要,有些海关监管货物需要办理从一个设关地点运至另一个设关地点的海关手续。因此,在实践中产生了"转关"的现象。自2018年开始,除包括多式联运货物在内的四种特殊情况外,转关运输和转关报关也成为过去。①

(3) 按照报关活动的实施者不同,可分为自理报关和代理报关。

报关是一项专业性较强的工作,尤其是进出境货物的报关比较复杂。一些进出口货物收发货人、进出境运输工具负责人或物品所有人,由于某些原因不能或不愿意自行办理报关手续,转而委托其他专业性机构代为报关,从而形成了自理报关和代理报关两种形式。我国《海关法》对于接受进出境物品所有人的委托代为办理进出境物品报关手续的代理人没有特殊要求,但对于接受进出口货物收发货人委托代为办理进出境货物报关手续的代理人则有明确规定。我们通常所称的自理报关和代理报关主要是针对进出境货物而言的。

自理报关是指进出口货物收发货人自行办理报关手续。根据我国海关目前的规定,自理报关单位必须具有对外贸易经营权和报关权。

代理报关是指报关企业接受进出口货物收发货人的委托代理其办理报关手续的行为。我国海关法把有权接受他人委托办理报关纳税手续的企业称为报关企业。报关企业从事代

---

① 参见海关总署公告2017年第48号。

理报关业务必须经过海关批准并且向海关办理注册登记手续。

根据代理报关法律行为责任承担者的不同,代理报关又可分为直接代理报关和间接代理报关。直接代理报关是指报关企业接受委托人(即进出口货物收发货人)的委托,以委托人的名义办理报关业务的行为。在直接代理中,代理人代理行为的法律后果直接作用于被代理人,即进出口货物收发货人对进出口货物的合法进出口承担完全的法律责任,报关企业承担对报关行为合理、审慎的义务,即报关企业对在报关当中出现的按照报关企业的情况应该可以预防或制止的差错负相应的法律责任。间接代理报关是指报关企业接受委托人的委托以报关企业自身的名义向海关办理报关业务的行为。在间接代理中,相比进出口货物收发货人,报关企业对报关行为承担连带的法律责任。目前,我国报关企业大都采取直接代理形式代理报关,经营快件业务的国际货物运输代理企业适于间接代理报关。

(4) 按报关的申报形式不同,可分为纸质报关单报关与电子报关单报关。

根据《中华人民共和国海关进出口货物申报管理规定》第二条,进出口货物收发货人、受委托的报关企业,应在规定的期限和地点,采用电子数据报关单或纸质报关单形式,向海关报告实际进出口货物的情况。

纸质报关单报关是指进出口货物收发货人、受委托的报关企业,按照海关的规定填制纸质报关单,备齐随附单证,向海关当面递交的申报方式。

电子数据报关单报关是指进出口货物收发货人、受委托的报关企业通过计算机系统按照《中华人民共和国海关进出口货物报关单填制规范》的要求向海关传送报关单电子数据并备齐随附单证的申报方式。①

需要指出,纸质报关单形式和电子数据报关单形式是法定申报的两种基本方式。在一般情况下,进出口货物收发货人或其代理人应当履行这两项义务,即进出口货物收发货人或其代理人先向海关计算机系统发送电子数据报关单,接到海关计算机系统发送的"接受申报"电子报关后,打印纸质报关单并随附有关单证,向海关提交报关单证进行申报。对于尚不具备采用电子报关的边远地区或因某些特殊情况,只能采用纸质报关单申报,或单独采用电子数据报关单申报,均需向海关提出申请并经海关批准。

(5) 按照报关的节点不同,可分为口岸报关、属地报关、"属地+口岸"报关和一体化通关。

口岸报关是指在货物的实际进出境地海关办理相关手续的报关方式。

属地报关是指在企业注册登记地或备案地海关办理相关手续的报关方式。这种方式过去通常需要办理相应的转关手续。

"属地+口岸"报关是指在属地海关办理申报手续,在口岸海关办理验放手续的报关方式。目前,高级认证企业(原AA类)、一般认证企业(原A类)、一般信用(原B类)生产型出口企业且一年内无违法记录的,可适用此种报关方式。

一体化通关是指我国通过口岸管理相关部门信息互换、监管互认、执法互助(即"三互")以及"单一窗口"和"一站式作业"等机制,构建跨部门、跨区域的内陆沿海沿边通关协作平台,打破原有的管理区划限制,使企业可自主选择申报、纳税、验放地点,将以往需在多关

---

① 参见总署令第240号(关于公布《海关总署关于修改部分规章的决定》的令)。

办理的手续集中在一关统一办理,实现"多关如一关"的高效、便捷通关形式。我国海关在 2015 年已实现京津冀、长江经济带、泛珠区域、东北地区、丝绸之路经济带等五大区域的通关一体化,2017 年 7 月 1 日起正式启动全国海关通关一体化。

相关链接 1-3

全国海关通关一体化相对区域通关一体化有何不同

二、报关范围

《海关法》第二条规定:"海关依照本法和其他有关法律、行政法规、监管进出境的运输工具、货物、行李物品、邮递物品和其他物品,征收关税和其他税、费,查缉走私,并编制海关统计和办理其他海关业务。"据此,报关范围涉及三个方面。

(一) 进出境运输工具

主要包括用以载运人员、货物、物品进出境,在国际间运营的多种境内或境外船舶、车辆、航空器和驮畜。

(二) 进出境货物

主要包括一般进出口货物,保税货物(加工、物流),特定减免税货物,暂准进出境货物,过境、转运和通运及其他进出境货物。

(三) 进出境物品

主要包括进出境的行李物品、邮递物品和其他物品。**行李物品**是指旅客为其进出境旅行或居留期间需用而携带进出境的物品。通常可分为随身行李物品,托运行李物品,托带行李物品和分离运输行李物品等四种类型。**邮递物品**是指通过邮寄方式进出境的物品,包括包裹,小包邮件和印刷品等;①**其他物品**是指享有外交特权和豁免的外国机构或者人员的公共用品,以及通过国际速递企业进出境的快件等。

三、报关的基本内容

报关的基本内容是对报关范围的详细描述,由于进出境运输工具、进出境货物与进出境物品性质各异,属于不同的海关监管体系,因而其报关的基本内容也不尽相同。其中,进出境货物的报关较为复杂。

---

① 更多内容参见郑俊田,徐晨,邰嫒莹,中国海关通关实务(第 7 版),中国商务出版社 2015.

（一）进出境运输工具报关基本内容

当运输工具驶入或驶离一国国（关）境前，应向目的国或驶离国知会相关信息，这既是国际通行礼仪，也是国际海关合作和我国海关落实"三互"推进大通关建设的重要内容。新修订的《海关法》《中华人民共和国海关进出境运输工具监管办法》等对进出境运输工具的备案、进境、境内续驶、出境、添加和起卸物料、工作人员携带物品等作了明确规定。但站在海关管理相对人的角度，舱单才是进出境运输工具申报的重要载体，它反映了进出境运输工具所载运货物、物品、旅客、人员等方面的基本信息。舱单有原始舱单、预配舱单和装载舱单之分，原始舱单主要适用于进境运输工具申报，预配舱单和装载舱单主要适用于出境运输工具的申报。根据规定，舱单传输义务人（包括进出境运输工具负责人、无船承运业务经营人、货运代理企业、船舶代理企业、邮政企业以及快件经营人等）应按照海关备案的范围在规定的传输时限内向海关如实申报下列内容①：

（1）运输工具的名称、编号（如 IMO 号码等）、预计和确切的抵离时间、航次等；

（2）运输工具进出境时所载货物情况，包括过境货物、转运货物、通运、溢短卸（装）货物的基本情况；

（3）运输工具服务人员名单及其自用物品、货币、金银情况；

（4）运输工具所载旅客情况；

（5）运输工具所载邮递物品、行李物品的情况；

（6）其他需要向海关申报清楚的情况；

（7）提交运输工具从事国际合法性运输必备的相关证明文件，如船舶国籍证书、吨税证书、海关监管簿、签证簿等，必要时还需出具保证书或缴纳保证金。

其他通关事项还包括：

海关接受原始舱单主要数据传输后，对决定不准予卸载货物、物品或者下客的，应当以电子数据方式通知舱单传输人，并告知不准予卸载货物、物品或者下客的理由。海关因故无法以电子数据方式通知的，应当派员实地办理相关手续。理货部门或者海关监管场所经营人应当在进境运输工具卸载货物、物品完毕后的 6 小时以内以电子数据方式向海关提交理货报告；需要二次理货的，经海关同意，可以在进境运输工具卸载货物、物品完毕后的 24 小时以内以电子数据方式向海关提交理货报告。

海关应当将原始舱单与理货报告进行核对，对二者不相符的，以电子数据方式通知运输工具负责人。运输工具负责人应当在卸载货物、物品完毕后的 48 小时以内向海关报告不相符的原因。原始舱单中未列名的进境货物、物品，海关可以责令原运输工具负责人直接退运。

进境运输工具载有旅客的，运输工具负责人或者海关监管场所经营人应当在进境运输工具下客完毕后 3 小时以内向海关提交进境旅客及其行李物品结关申请，并提供实际下客人数、托运行李物品提取数量以及未运抵行李物品数量。经海关核对无误的，可以办理结关手续；原始舱单与结关申请不相符的，运输工具负责人或者海关监管场所经营人应当在进境运输工具下客完毕后 24 小时以内向海关报告不相符的原因。运输工具负责人或者海关监管场所经营人应当将无人认领的托运行李物品转交海关处理。

出境方面，海关接受预配舱单主要数据传输后，舱单传输人应当在下列时限向海关传输

---

① 具体参见总署令第 172 号、第 196 号、第 240 号，海关总署公告 2017 年第 56 号。

预配舱单其他数据：集装箱船舶装船的 24 小时以前，非集装箱船舶在开始装载货物、物品的 2 小时以前；航空器在开始装载货物、物品的 4 小时以前；铁路列车在开始装载货物、物品的 2 小时以前；公路车辆在开始装载货物、物品的 1 小时以前。

出境运输工具预计载有旅客的，舱单传输人应当在出境旅客开始办理登机（船、车）手续的 1 小时以前向海关传输预配舱单电子数据。在旅客办理登机（船、车）手续后、运输工具上客以前向海关传输乘载舱单电子数据。

出境货物、物品运抵海关监管场所时，海关监管场所经营人应当以电子数据方式向海关提交运抵报告。运抵报告提交后，海关即可办理货物、物品的查验、放行手续。

舱单传输人应当在运输工具开始装载货物、物品的 30 分钟以前向海关传输装载舱单电子数据。装载舱单中所列货物、物品应当已经海关放行。

海关接受装（乘）载舱单电子数据传输后，对决定不准予装载货物、物品或者上客的，应当以电子数据方式通知舱单传输人，并告知不准予装载货物、物品或者上客的理由。海关因故无法以电子数据方式通知的，应当派员实地办理相关手续。

运输工具负责人应当在运输工具驶离设立海关的地点的 2 小时以前将驶离时间通知海关。对临时追加的运输工具，运输工具负责人应当在运输工具驶离设立海关的地点以前将驶离时间通知海关。运输工具负责人应当在货物、物品装载完毕或者旅客全部登机（船、车）后向海关提交结关申请，经海关办结手续后，出境运输工具方可离境。

出境运输工具驶离装货港的 6 小时以内，海关监管场所经营人或者理货部门应当以电子数据方式向海关提交理货报告。海关将装载舱单与理货报告进行核对，对二者不相符的，以电子数据方式通知运输工具负责人。运输工具负责人应当在装载货物、物品完毕后的 48 小时以内向海关报告不相符的原因。

海关应当将乘载舱单与结关申请进行核对，对二者不相符的，以电子数据方式通知运输工具负责人。运输工具负责人应当在出境运输工具结关完毕后的 24 小时以内向海关报告不相符的原因。

（二）进出境货物报关基本内容

《海关法》第三章对进出境货物报关所涉内容作了明确规定，主要包括：

（1）进出境货物的品质、数量、包装、价格、交货、商检、许可证等情况；

（2）配合海关查验货物；

（3）对部分货物缴纳进出口税费，海关放行货物；

（4）对保税、特定减免税、暂准进出境货物、其他进出境货物，需要在向海关申报前办理备案手续、在海关放行后办理核销、结案、结关、担保、销案等手续。

一般来说，进出境货物在报关时，报关人员要做好以下几个方面的工作：

（1）进出口货物收发货人接到运输公司或邮递公司寄交的"提货通知单"或根据合同规定备齐进出口货物后，应当做好向海关办理货物进出境手续的准备工作，或者签署委托代理协议，委托报关企业向海关报关。

（2）准备好报关单证，在海关规定的报关地点和报关时限内以书面和电子数据方式向海关申报。《进（出）口货物报关单》或海关规定的其他报关单（证）是报关单位向海关申报货物情况的法律文书，申报人必须认真、如实填写，并对其所填制内容的真实性和合法性负责，承担相应的法律责任和经济责任。除此之外，还应准备与进出口货物直接相关的商业和货运单证,如发票、装箱单、提单等;属于国家限制性的进出口货物,应准备国家有关法律法规规定实行特殊管制的证件(如进出口许可证);准备好海关可能需要查阅的资料(如贸易合同、原产地证明)。所有报关单证准备完毕后,报关人员需将报关单上的数据进行电子报关,并在海关规定时间、地点向海关递交书面报关单证。

(3) 报关人员配合海关进行货物查验。

(4) 在海关规定期限,报关单位缴纳应缴的税费。

(5) 海关作出放行决定,报关单位自此可以安排货物提取(卸)或者装运(装)工作。

(三) 进出境物品报关基本内容

《海关法》第四十六条规定:"个人携带进出境的行李物品、邮寄进出境的物品,应当以自用、合理数量为限,并接受海关监管。"自用、合理数量原则既是海关对进出境物品监管的基本原则,也是进出境物品报关的基本要求。根据《中华人民共和国海关行政处罚实施条例》第六十四条,"**自用**"是指进出境旅客或邮件的收件人本人自用,馈赠亲友而非为出售或出租,即不以营利为目的。"**合理数量**"是指海关根据进出境旅客或者收件人的情况、旅行目的和居留时间所确定的正常数量。

对于进出境旅客的行李物品,在 2008 年以前,我国海关根据国际惯例采用"红绿通道"制度。即进出境通道中设有红色和绿色两种标记的通道,旅客向海关申报时可以按规则在两者之间进行选择:绿色通道适用于携运物品在数量和价值上都不超过免税限额,且无国家限制或禁止进出境物品的旅客。红色通道适用于携运绿色通道规定以外的物品的旅客。两种通道的旅客都需填写进出境旅客行李物品申报单(简称申报单)或其他规定单证,所不同的是,绿色通道的旅客在申报单上相应栏目填"无",而红色通道旅客在相应栏目填"有"并具体列名。为简化手续,方便旅客进出,自 2008 年 2 月 1 日起,我国海关在全国对外开放口岸实行新的进出境旅客申报制度,凡没有携带应向海关申报物品的进出境旅客,无须填写申报单,选择"无申报通道"(又称绿色通道)通关。除海关免于监管的人员以及随同成人旅行的 16 周岁以下旅客以外,携带有应向海关申报物品的进出境旅客,须填写申报单,向海关书面申报,并选择"申报通道"(又称"红色通道")通关。

对于进出境邮递物品,由于我国是《万国邮政公约》的签约国,根据规定,进出口邮包必须由寄件人填写"报税单"或"绿色标签"(小包邮件),随物品通过邮政企业或快递公司呈递给寄达国家海关申报;享有外交特权和豁免的外国机构或者人员的公用物品和自用物品进出境,依据有关法律、行政法规的规定办理。

四、报关程序

报关程序是指进出境货物收发货人、进出境运输工具负责人、进出境物品所有人或他们的代理人,按照海关的规定办理货物、运输工具、物品进出境及相关海关事务的手续和步骤。

由于海关对进出境货物、进出境运输工具、进出境物品的监管制度不同,因而它们的报关程序也有所不同,本书仅介绍进出境货物报关程序。

进出境货物报关程序是指进出境货物收发货人或其代理人,按照海关的规定办理货物进出境及相关事务的手续和步骤。

根据海关流程管理制度,进出境货物可以分为一般进出口货物、保税进出口货物(加工或物流)、特定减免税货物、暂准进出境货物、其他进出境货物等类型。对于不同类型的进出境货物,海关对它们的监管是有区别的,因此报关程序也存在一定的差异。一般进出口货物报关程序是在进出境阶段开始和完成的,依次要经过申报(海关审单)、配合查验(海关查验)、缴纳税费(征税)、提取或装运货物(放行)等环节。但是,这些环节并不能满足海关对所有类型进出境货物的实际监管需要。例如,对于加工贸易进口料件,海关要求事先备案,因此,不可能像一般进出口货物一样,在进出境阶段的"申报"环节完成这一工作,必须有一个前期办理备案手续的过程。同样,在加工贸易进口料件组装成成品复运出境时,海关的"放行"和收发货人的"装运货物"并不代表海关手续的终结,后续还需在规定时间办理核销结案手续,即在进出境阶段基础上分别向前和向后延伸。因此,从海关对进出境货物进行监管的全过程来看,报关程序按时间顺序大致可分为3个阶段——前期阶段、进出境阶段、后续阶段,具体依次涉及备案、申报、查验、征税、放行、核销(即销案或解除监管)等步骤。不同类型海关监管货物报关程序比较详见表1-1。

表1-1 不同类型海关监管货物报关程序比较

货物类别/ 报关程序	前期阶段(进出境前办理)	进出境阶段(进出境时办理)		后续阶段 (进出境后办理)
		收发货人	海关	
一般进出口货物	无	申报	接受申报	无
保税进出口货物	备案、申请手册	配合查验	查验	核销手续
特定减免税货物	特定减免税申请和申请征免税证明	缴纳税费	征税	解除海关监管手续
暂准进出境货物	确认申请	(适用一般进出口货物)		结案手续
其他进出境货物	出料加工货物的备案等	提取/装运	放行	销案手续

(一) 前期阶段

前期阶段是指根据海关对保税货物(加工或物流)、特定减免税、暂准进出境、其他进出境货物的监管要求,上述货物的收发货人或其代理人在货物进出境之前,向海关办理合同登记或减免税申请,或报批等备案手续的过程。

保税加工货物的备案:要求进口货物的收发货人或其代理人在保税货物进口之前应当申请建立加工贸易电子账册、电子化手册或者申领加工贸易纸质手册。

特定减免税货物备案:要求进口货物收货人或其代理人应当办理企业的减免税备案登记、货物减免税申请、减免税证明的申领手续。

暂准进出境货物备案:要求进出境货物收发货人或其代理人办理货物暂准进出境备案申请手续。

其他进出境货物备案:其他进出境货物中的出料加工货物实际出境前,出境货物发货人或者代理人应当办理出料加工的备案手续。加工贸易不作价设备进口之前,进口货物收货人或其代理人办理加工贸易不作价设备的备案手续。

(二) 进出境阶段

进出境阶段是指进出境货物收发货人或其代理人在货物进出境时,根据海关的监管要求,向海关办理进出口申报、配合查验、缴纳税费、提取或装运货物手续的过程。

1. 进出口申报

《海关法》第二十四条规定:"进口货物的收货人、出口货物的发货人应当向海关如实申报,交验进出口许可证和有关单证。国家限制进出口的货物,没有进出口许可证件的,不予放行,具体处理办法由国务院规定。进口货物的收货人应当自运输工具申报进境之日起14日内,出口货物的发货人除海关特准的外应当在货物运抵海关监管区后、装货的24小时以前,向海关申报。"第二十五条规定:"办理进出口货物的海关申报手续,应当采用纸质报关单和电子报关单的形式。"第三十五条规定:"进口货物应当由收货人在货物的进境地海关办理海关手续,出口货物应当由发货人在货物的出境地海关办理海关手续。经收发货人申请,海关同意,进口货物的收货人可以在设有海关的指运地、出口货物的发货人可以在设有海关的启运地办理海关手续……经电缆、管道或者其他特殊方式输送进出境的货物,经营单位应当定期向指定的海关申报和办理海关手续。"

可见进出口申报是进出口货物收发货人或其代理人在海关规定的申报地点与期限内、按照海关规定的形式,如实向海关提交齐全有效的报关单证,提请海关放行进出口货物的工作环节。

海关应根据国家政策、法规对进出口收发货人或其代理人提交的单证认真审核,并确定能否进入查验阶段。

2. 配合查验

《海关法》第二十八条规定:"进出口货物应当接受海关查验。"海关查验货物时,进口货物的收货人、出口货物的发货人应当到场,并负责搬移货物,开拆和重封货物的包装。海关认为必要时,可以径行开验、复验或者提取货样。

可见,查验是海关对进出口货物实施监管的一种具体行为,配合查验也是进出口货物收发货人在货物进出境阶段所应尽的义务。它是指申报进出口货物经海关决定实施查验时,进出口货物收发货人或代理人应到达查验现场,配合海关查验货物,并负责按照海关要求搬移、开拆和重封被查验货物的工作环节。

3. 缴纳税费

《海关法》第五十三条规定:"准许进出口的货物、进出境物品,由海关依法征收关税。"第五十四条规定:"进口货物的收货人、出口货物的发货人、进出境物品的所有人,是关税的纳税义务人。"第六十条规定:"进出口货物的纳税义务人,应当自海关填发税款缴款书之日起15日内缴纳税款;逾期缴纳的,由海关征收滞纳金。纳税义务人、担保人超过3个月未缴纳的,经直属海关关长或其授权的隶属海关关长批准,海关可以采取下列强制措施……"除另有规定外,在通关无纸化模式下,参与税费电子支付业务的进出口企业应在海关审结报关单生成电子税款信息之日起10日内,通过第三方支付平台向商业银行发送税款预扣指令。未在规定期限内发送预扣指令的,将直接转为柜台支付,海关填发税款缴款书。企业应当按照《中华人民共和国海关法》第六十条规定,自海关填发税款缴款书之日起15日内缴纳税款;逾期缴纳的,海关征收滞纳金。[①] 对于有汇总征税需求的企业,向注册地直属海关关税职能部门提交税款总担保备案申请,在货物放行之日起10日内递交纸质报关单证(至当月底不足10日的在当月底前递交),于每月第5个

---

① 参见海关总署公告2015年第24号。

工作日结束前,完成上月应纳税款的汇总电子支付,税款缴库后,企业担保额度自动恢复。①

可见,**缴纳税费**是指进出口货物的收发货人或其代理人收到相关指令后在规定期限内以柜台支付、电子支付/电子支付担保、汇总征税等模式,向海关指定机构办理税费款项的缴纳手续的工作环节。

案例应用 1-4

不按时申报,被海关征收滞报金

4. 提取或装运货物

提取货物是指进口货物的收货人或其代理人,在办理了进口申报、配合查验、缴纳税费等手续,海关决定放行后,持海关加盖"放行章"的进口提货凭证或海关通过计算机发送的放行通知书,提取货物的工作环节。

装运货物是指出口货物的发货人或其代理人,在办理出口申报、配合查验、缴纳税费等手续,海关决定放行后,持海关加盖"放行章"的出口装货凭证或凭海关通过计算机发送的放行通知书,通知港区、机场、车站及其他有关单位装运出口货物的工作环节。

与提取或装运货物相对应的海关监管环节称为放行,放行是口岸海关监管现场作出的最后一个环节。一般进出口货物在被放行后,即完成了所有报关程序,退出了海关监管范围。而保税货物、特定减免税货物、暂准进出境货物、其他进出境货物等缓纳税款或未纳税货物在提取或装运货物后并不意味着海关监管过程的结束,而将被转入后续管理阶段。

进出境阶段适用于所有进出口货物,但不同类型货物在进出境阶段中的具体细节上有所差异,如征税环节有缴税、免税、缓税之分,放行环节之后有结束海关监管和继续接受海关监管之分,等等。

(三) 后续阶段

后续阶段是指根据海关对进出境货物的监管要求,进出口货物收发货人或其代理人在货物进出境储存、加工、装配、使用、维修后,在规定的期限内按照规定的要求,向海关办理上述进出口货物核销、销案、申请解除监管等手续的过程。

对保税货物而言,进出口货物收发货人或其代理人应当在规定时间内办理核销手续。

对特定减免税货物而言,进口货物收发货人或其代理人应当在海关监管期满,或者在海关监管期内经海关批准出售、转让、退运、放弃并办妥有关手续后,向海关申请办理解除海关监管的手续。

对于暂准进出境货物而言,进出境货物收发货人或其代理人,应当在暂准进出境期限

---

① 参见海关总署公告 2017 年第 45 号。

内,或者经海关批准延长暂准进出境期限到期前,向海关申请办理复运出境或进境或正式进出口手续,然后办理申请销案等手续。

对其他进出境货物中的出料加工货物、修理货物、部分租赁货物等,进出境货物收发货人或其代理人应当在规定的期限内办理销案手续。

后续阶段适用于在前期阶段中经过备案、申领登记手册或减免税证明的货物。

加工贸易不作价设备监管期满后留在境内继续使用的处置

至此,对报关程序进行小结。

一般进出口货物的报关程序为:申报──配合查验──缴纳税款──提取或装运货物(放行)。

保税货物、特定减免税货物、暂准进出境货物的报关程序为:备案──申报──配合查验──(免或缓)缴纳税款──提取或装运货物(放行)──核销。

小李与小王的争论

第二节 海关概述

一、海关的性质

《海关法》第二条规定:"中华人民共和国海关是国家的进出关境监督管理机关。海关依照本法和其他有关法律、行政法规,监管进出境的运输工具、货物、行李物品、邮递物品和其他物品,征收关税和其他税、费,查缉走私,并编制海关统计和办理其他海关业务。"这一规定明确了海关的性质。

（一）海关是国家行政机关

我国的国家机关包括享有立法权的立法机关、享有司法权的司法机关和享有行政管理权的行政机关。海关是国家的行政机关之一，从属于国家行政管理体制，是我国最高国家行政机关国务院的直属机构。海关对内对外代表国家依法独立行使行政管理权。

（二）海关是国家行政监督管理机关

海关履行国家行政制度的监督职能，是国家宏观管理的一个重要组成部分。海关依照有关法律、行政法规并通过法律赋予的权力，制定具体的行政规章和行政措施，对特定领域的活动开展行政监督管理，以保证其按国家的法律规范进行。

海关实施监督管理的范围是进出关境及与之有关的活动，监督管理的对象是所有进出关境的运输工具、货物、物品。

（三）海关的监督管理是国家行政执法活动

海关通过法律赋予的权力，对特定范围内的社会经济活动进行监督管理，并对违法行为依法实施行政处罚，以保证这些社会经济活动按照国家的法律规范进行。因此，海关的监督管理是保证国家有关法律、法规实施的行政执法活动。

海关执法的依据是《海关法》①和其他有关法律、行政法规。《海关法》是管理海关事务的基本法律规范。其他有关法律是指由全国人民代表大会或者全国人民代表大会常务委员会制定的与海关监督管理相关的法律规范，主要包括《宪法》，基本法律如《刑法》《刑事诉讼法》《行政复议法》《行政处罚法》等，以及其他行政管理法律如《对外贸易法》《商品检验法》《固体废物污染环境防治法》等。行政法规是指由国务院制定的法律规范，包括专门用于海关执法的行政法规和其他与海关管理相关的行政法规。

海关事务属于中央立法事权，立法者为全国人大及其常委会以及国家最高权力机关的最高执行机关——国务院，除此以外，海关总署可以根据法律和国务院的法规、决定、命令，制定规章，作为执法依据的补充。省、自治区、直辖市人民代表大会和人民政府不得制定海关法律规范，其制定的地方法规、地方规章也不是海关执法的依据。

二、海关的任务

《海关法》第二条规定："……海关依照本法和其他有关法律、行政法规，监管进出境的运输工具、货物、行李物品、邮递物品和其他物品，征收关税和其他税、费，查缉走私，并编制海关统计和办理其他海关业务。"概而言之，监管、征税、查缉走私、编制海关统计是海关的4项基本任务。

（一）监管

监管是指海关运用国家赋予的权力，通过一系列管理制度与管理程序，依法对进出境运

---

① 1987年1月22日第六届全国人民代表大会常务委员会第十九次会议通过，根据2000年7月8日第九届全国人民代表大会常务委员会第十六次会议《关于修改〈中华人民共和国海关法〉的决定》第一次修正，根据2013年6月29日第十二届全国人民代表大会常务委员会第三次会议《关于修改〈中华人民共和国文物保护法〉等十二部法律的决定》第二次修正，根据2013年12月28日第十二届全国人民代表大会常务委员会第六次会议《关于修改〈中华人民共和国海洋环境保护法〉等七部法律的决定》第三次修正，根据2016年11月7日第十二届全国人民代表大会常务委员会第二十四次会议《关于修改〈中华人民共和国对外贸易法〉等十二部法律的决定》第四次修正，根据2017年11月4日第十二届全国人民代表大会常务委员会第三十次会议《关于修改〈中华人民共和国会计法〉等十一部法律的决定》第五次修正。

输工具、货物、物品及相关人员的进出境活动所实施的一种行政管理。

监管是海关最基本的任务,海关的其他任务都是在监管工作的基础上进行的。除了通过备案、审单、查验、放行、后续管理等方式对进出境运输工具、货物、物品的进出境活动实施监管外,海关监管还要执行或监督执行国家其他对外贸易管理制度的实施,如进出口许可制度、外汇管理制度、进出口商品检验、检疫制度、文物管理制度等,从而在政治、经济、文化道德、公众健康等方面维护国家利益。海关监管是一项国家职能,其目的在于保证一切进出境活动符合国家政策和法律的规范,维护国家主权和利益。可见监管是海关全部行政执法活动的统称。

根据监管对象的不同,海关监管分为货物监管、物品监管、运输工具监管三大体系,每个体系都有一整套规范的管理程序与方法。

(二) 证税

代表国家征收关税和其他税、费是海关的另一项重要任务。

关税是指由海关代表国家,按照《海关法》和《中华人民共和国进出口关税条例》及其他有关法律法规,对准许进出境的货物、进出境物品征收的一种税。

其他税、费指海关在货物进出口环节,按照关税征收程序征收的有关国内税、费,目前主要有增值税、消费税等。

海关通过执行国家制定的关税政策,对进出境货物、进出境物品征收关税,起到保护国内工农业生产、调整产业结构、组织财政收入和调节进出口贸易活动的作用。

(三) 查缉走私

走私是指进出境活动的当事人或相关人违反《海关法》及有关法律、行政法规,逃避海关监管,偷逃应纳税款,逃避国家有关进出境的禁止性或者限制性管理,非法运输、携带、邮寄国家禁止、限制进出口或者依法应当缴纳税款的货物、物品进出境,或者未经海关许可并且未缴应纳税款、交验有关许可证件,擅自将保税货物、特定减免税货物以及其他海关监管货物、物品、进境的境外运输工具在境内销售的行为。

《海关法》第四条规定:"国家在海关总署设立专门侦察走私犯罪的公安机构,配备专职缉私警察,负责对其管辖的走私犯罪案件的侦察、拘留、执行逮捕、预审……"第五条规定:"国家实行联合缉私、统一处理、综合治理的缉私体制。海关负责组织、协调、管理查缉走私工作……"

这就说明,**查缉走私**是指海关依照法律赋予的权力,在海关监管场所和海关附近的沿海沿边规定地区,为发现、制止、打击、综合治理走私活动而进行的一种调查和惩处活动。查缉走私是海关监管和征税等任务得以顺利实施的有力保障。

报关员将公司清单倒卖给不法分子进行走私

(四）编制海关统计

为科学、有效地开展海关统计工作，保障海关统计的准确性、及时性、完整性，我国海关根据《海关法》与《中华人民共和国统计法》的有关规定，制定了《中华人民共和国海关统计条例》，并于2006年3月1日起施行。海关的统计任务是对进出口货物贸易进行统计调查、统计分析和统计监督，进行进出口监测预警，编制、管理和公布海关统计资料，提供统计服务。海关统计是国民经济统计的组成部分。对于实际进出境并引起境内物质存量增加或减少的货物，进出境物品超过自用、合理数量的，均列入海关统计。

海关的四项基本任务是一个有机联系的整体。监管工作通过监管进出境运输工具、货物、物品的合法进出，保证国家有关进出口政策、法律、行政法规的贯彻实施，是海关四项基本任务的基础。征税工作所需的数据、资料等是在海关监管的基础上获取的，征税与监管有着十分密切的关系。缉私工作则是监管、征税两项基本任务的延伸和保障，监管、征税工作中发现的逃避监管和偷漏关税的行为，必须运用法律手段制止和打击。编制海关统计是在监管、征税工作的基础上完成的，它为国家宏观经济调控提供了准确、及时的信息，同时又对监管、征税等业务环节的工作质量起到检验把关的作用。

近年来，国家通过有关法律、行政法规赋予了海关一些新的职责，比如知识产权海关保护、国际海关合作、贸易安全与便利化等。

三、海关的权力

海关权力是指国家为保证海关依法履行职责，通过《海关法》和其他法律、行政法规赋予海关的对进出境运输工具、货物、物品的监督管理权能。

因为海关权力属于公共行政职权，因此其行使不但要受一定范围和条件的限制，并且应当接受执法监督。

（一）海关权力的特点

海关权力作为一种行政权力，除了具有一般行政权力的单方性、强制性、无偿性等基本特征外，还具有以下特点。

1. 特定性

《海关法》第二条规定："海关是国家进出关境监督管理机关。"从两个方面体现了海关权力的特定性，一从法律上明确了只有海关才享有对进出关境活动进行监督管理的行政主体资格，具有进出关境监督管理权。二从管理领域规定了这种权力只适用于进出关境监督管理领域，而不能作用于其他场合。

2. 独立性

《海关法》第三条规定："海关依法独立行使职权，向海关总署负责。"不仅体现了我国海关在组织系统上实行垂直领导管理体制，也表明海关行使职权只对法律和上级海关负责，不受地方政府、其他机关、企事业单位或个人的干预。

3. 效力先定性

海关权力的效力先定性表现在海关行政行为一经作出，就应推定其符合法律规定，对海关本身和海关管理相对人都具有约束力。在没有被国家有关机关宣布为违法和无效之前，即使管理相对人认为海关行政行为侵犯其合法权益，也必须遵守和服从。

4. 优益性

海关职权具有优益性的特点,即海关在行使行政职权时依法享有一定的行政优先权和行政受益权。行政优先权是国家为保障海关有效行使职权而赋予海关的职务上的优先条件,如海关执行职务受到暴力抗拒时,执行有关任务的公安机关和人民武装警察部队应当予以协助。行政受益权是海关享受国家所提供的各种物质优异条件,如直属中央的财政经费等。

(二) 海关权力的内容

根据法律、行政法规和"三定"规定,我国各级海关履行相关职责,[1]并据以行使相应权责事项。具体可分为行政许可权、行政征收权、行政检查权、行政确定权、行政强制权、行政处罚权、行政奖励权、海关事务担保权、统计调查与监督权和其他权力共十大类。[2]

1. 行政许可权

党的十八大以来,海关总署认真贯彻党中央、国务院放管服改革决策部署,大力推进简政放权和行政审批制度改革。截至2016年底,海关总署已取消行政审批事项13项,下放3项,全部取消非行政许可审批事项。[3] 目前,海关总署共有行政许可10项,[4]包括报关企业注册登记、暂时进出境货物的核准、出口监管仓库和保税仓库设立审批、免税商店设立审批、海关监管货物仓储审批、小型船舶往来港澳进行货物运输备案、承运境内海关监管货物的运输企业和车辆注册、长江驳运船舶转运海关监管的进出口货物审批、保税物流中心(A型)设立审批、保税物流中心(B型)设立审批。

2. 行政征收权

行政征收权是指海关根据相关法律法规对进出关境的货物和物品拥有稽征关税与其他税费的权力。例如,对一般进出口货物关税、进口环节海关代征税的征收;对加工贸易内销、进出特殊监管区域、保税监管场所货物税款的征收;对无代价抵偿货物、租赁进口货物、暂时进出境货物、出境修理和出境加工货物、退运货物、跨境电子商务零售进口货物税款的征收;滞纳金、滞报金的征收;缓税利息征收;进境物品进口税征收;废弃电器电子产品处理基金征收;税款补征与追征;等等。

3. 行政检查权

行政检查权是指海关对进出境运输工具、货物、物品进行监督管理的职权,是保证海关职能得到履行的基本权力。行政检查权主要包括:

(1) 检查权。根据执法的性质不同,海关行政检查权可分为两种情形:一种是案件查办中的检查权;另一种是一般情况下的例行检查权。案件查办中的检查权指海关依法对违法嫌疑人的查问,对走私嫌疑人的运输工具和有藏匿走私货物、物品嫌疑场所的检查,对走私嫌疑人身体的检查,对涉案货物、物品的查验等权力。海关查办案件时须依法在授权范围内行使其检查权(表1-2)。例行检查权主要指海关对个人携带进出境行李物品的检查(包括一般旅客进出境行李物品、进出境非居民长期旅客进出境自用物品、高层次人

---

[1] 参见《海关总署权力和责任清单(试行)》(2017年12月22日)或本章下一节内容"海关的组织机构"。
[2] 此部分的权责分类口径及其具体内容主要参考了《海关总署权力和责任清单(试行)》(2017年12月22日)、《西安海关权力和责任清单》(2017年12月31日),以及《厦门海关权力和责任清单》(2018年1月31日)。
[3] http://theory.gmw.cn/2017-02/21/content_23784922.htm。
[4] http://spgk.scopsr.gov.cn/bmspx/showBmspxList/23。

才回国和海外专家来华工作进出境物品、驻外使领馆工作人员离任回国进境自用车辆、留学回国人员购买免税国产小汽车、上下进出境运输工具的人员携带物品等)、对进出境邮递物品的检查、对外国驻中国使领馆及其人员进出境物品的检查、对常驻机构进出境公用物品的检查、对暂时进出境物品的检查、对进出境快件的检查、对免税商店及免税品的检查等。

案例应用 1-8

这样的损坏,海关应该赔偿吗?

表 1-2 海关查办案件行使检查权的规范

检查对象	区域范围	授权范围
进出境运输工具	"两区"内	海关有关部门可直接行使
	"两区"外	
有走私嫌疑的运输工具和有藏匿走私嫌疑货物、物品的场所	"两区"内	海关有关部门可直接行使
	"两区"外	经直属海关关长或授权的隶属海关关长批准方可由海关有关部门行使,但不能对公民住所进行检查
走私嫌疑人	"两区"内	海关有关部门可直接行使

注:"两区"是指海关监管区和海关附近沿海沿边规定地区。

(2) 查阅、复制权。查阅、复制权指海关有权查阅进出境人员的证件;查阅、复制与进出境运输工具、货物、物品有关的合同、发票、账册、单据、记录、文件、业务函电、录音录像制品以及其他有关资料。

(3) 询问权。**询问权**指海关监管进出境运输工具、货物、行李物品、邮递物品和其他物品,在产生合理疑问时有权询问有关单位和个人,制作询问笔录。

(4) 稽查权。海关稽查是当今世界各国海关通行的一种现代化的海关管理方式,也是中国海关监管的重要组成部分。**海关稽查**是指海关在进出口货物放行之日起 3 年内或者在保税货物、减免税进口货物的海关监管期限内及其后的 3 年内,对于进出口货物直接有关的企业、单位的账簿、会计凭证、报关单证以及其他有关资料和有关进出口货物进行核查,监督其进出口活动的真实性和合法性的制度。自 1997 年国务院发布的《中华人民共和国海关稽查条例》实施 21 年来,海关稽查在规范企业的进出口活动、维护正常的进出口秩序和当事人合法权益、协助打击走私行为、保障国家税收、促进对外贸易的发展等各方面发挥了重要作用。随着对外贸易发展对口岸通关便利化要求的不断提高,亟须相应强化海关稽查,通过强化后续监管为"前端"放开提供保障和支持。2016 年国务院发布了最新修订的《中华人民共和国海关稽查条例》，①根据该条例，海关在稽查时拥有下列权力：

① 查阅、复制被稽查人的账簿、单证等有关资料。

② 进入被稽查人的生产经营场所、货物存放场所，检查与进出口活动有关的情况和货物。

③ 询问被稽查人的法定代表人、主要负责人员和其他有关人员与进出口活动有关的情况和问题。

④ 经直属海关关长或者其授权的隶属海关关长批准，查询被稽查人在商业银行或者其他金融机构的存款账户。

⑤ 经直属海关关长或者其授权的隶属海关关长批准，查封、扣押有可能被转移、隐匿、篡改、毁弃的账簿、单证等有关资料，查封、扣押被稽查人有违法嫌疑的进出口货物。

（5）追缉权。海关追缉权指进出境运输工具或者个人违抗海关监管逃逸的，海关可以连续追至海关监管区和海关附近沿海沿边规定地区以外，将其带回处理。

（6）查询权。查询权指海关在调查走私案件时，经直属海关关长批准或其授权的隶属海关关长批准，可以查询案件涉嫌单位和人员在金融机构、邮政企业的存款、汇款。此外，海关查询权还包括经直属海关关长批准或其授权的隶属海关关长批准，对被稽查人存款账户、对纳税义务人在银行或其他金融机构开立的单位账户进行查询的权力。

（7）保税核查权。保税核查权是指海关对保税货物进出保税场所，以及保税货物的储存、加工、装配、展示、运输、寄售、转让、转移和免税商店的经营等业务进行核查的权力。

（8）化验鉴定权。化验鉴定权是指海关在必要时可以对有关货物、物品组织化验、检验和鉴定，并将海关认定的化验、检验结果作为商品归类或案件处理依据的权力。

（9）进出口货物的一般监管权。进出口货物的一般监管权是指海关对进出口报关单证的申报、修改和撤销等事项进行审核；对进出境运输工具、货物和物品进行检查和查验；对进出口货物原产地标记进行管理等权力。

（10）进出口货物的特殊监管权。进出口货物的特殊监管权是指海关对转关、过境、转运、通运货物、直接退运进口货物、暂时进出境货物、免税品进口的监管等。

（11）进出境运输工具的一般监管权。进出境运输工具的一般监管权是指海关对停留在设立海关地点的进出境运输工具的监管（停留监管），对进出境运输工具从一个设立海关的地点驶往另一个设立海关地点的监管（续驶监管），和对进出境运输工具到达或驶离设立海关地点的监管（出境监管）。

（12）进出境运输工具的特殊监管权。进出境运输工具的特殊监管权是指海关对兼营国际国内客、货运输的进出境船舶和航空器进行监管的权力。

（13）承载海关监管货物的运输工具监管权。承载海关监管货物的运输工具监管权是指海关对境内公路承运海关监管货物的运输企业及其车辆、驾驶员的监管，以及对装载海关监管货物的集装箱和集装箱式货车车厢的监管。

（14）保税货物监管权。保税货物监管权是指海关对加工贸易手册的一般监管，对加工贸易货物外发加工、料件串换、制成品单位耗料量（单耗）、加工贸易货物抵押、加工贸易企业联网、保税进口料件调拨、不作价设备、国际服务外包业务进口保税货物等事项的监管。

---

① 国务院令第 670 号。

(15) 海关保税监管场所监管权。海关保税监管场所监管权是指海关对保税仓库、保税物流中心(A或B)等特殊监管区域场所的监管。

(16) 海关特殊监管区域监管权。海关特殊监管区域监管权是指海关对出口加工区、保税港区(综合保税区)等特殊区域的监管。

(17) 跨境电子商务进出口商品监管权。跨境电子商务进出口商品监管权是指海关依法对跨境电子商务出口商品实行集中监管,采取清单核放、汇总申报的方式办理通关手续;对清单商品免予向海关提交许可证件,检验检疫监督管理按照国家相关法律法规的规定执行;对直购商品免予验核通关单;对网购保税商品"一线"进区时按货物验核通关单,"二线"出区时免予验核通关单的权力。

4. 行政确定权

行政确定权是指海关依据相关法律法规对与进出口商品有关的归类、原产地及审价等事项进行预确定的权力;对进出口商品归类和原产地确定作出行政裁定的权力;对企业信用等级加以认定和公示的权力;对中国-东盟自贸易区项下货物签发流动证明的权力;对进出口货物收发货人的前置条件予以确定的权力等。

5. 行政强制权

行政强制权主要包括扣留权,滞报金、滞纳金征收权,提取货物变卖、先行变卖权,强制扣缴和变价抵缴关税权,税收保全权,抵缴、变价抵缴罚款权,处罚担保权等。

(1) 扣留权。① 海关有权扣留违反《海关法》和其他有关法律法规的进出境运输工具、货物、物品以及与之有关的合同、发票、账册、单据、记录、文件、业务函电、录音录像制品和其他资料。② 在海关监管区和海关附近沿海沿边规定地区,经直属海关关长或者其授权的隶属海关关长批准,海关有权扣留有走私嫌疑的运输工具、货物、物品和走私犯罪嫌疑人;对走私犯罪嫌疑人扣留时间不超过24小时,在特殊情况下可以延长至48小时。③ 在海关监管区和海关附近沿海沿边规定地区以外,对有证据证明有走私嫌疑的运输工具、货物、物品可以扣留。相关整理见表1-3。

表1-3 海关行使扣留权的规范①

扣留对象	区域范围	实施条件	授权限制
合同、发票等资料	"两区"内	与违反《中华人民共和国海关法》或者其他有关法律、行政法规的进出境运输工具、货物、物品有牵连的	海关有关部门可直接行使
	"两区"外		
有走私嫌疑的进出境运输工具、货物和物品	"两区"内	与违反《中华人民共和国海关法》或者其他有关法律、行政法规的进出境运输工具、货物、物品有牵连的	经直属海关关长或者授权的隶属海关关长批准行使
	"两区"外	在实施检查时有证据证明有走私嫌疑的	海关有关部门可直接行使
走私犯罪嫌疑人	"两区"内	有走私嫌疑;扣留时间不超过24小时,在特殊情况下可延长至48小时	经直属海关关长或者授权的隶属海关关长批准行使

---

① 刘迅:《海关通关实务》,浙江大学出版社2017年版。

(2) 滞报金、滞纳金征收权。进口货物的收货人应当自运输工具申报进境之日起14日内,出口货物的发货人除海关特准以外,应当在货物运抵海关监管区后、装货前24小时向海关申报,对超期申报货物征收滞报金。

进出口货物的纳税义务人,应当自海关填发税款缴款书之日起15日内缴纳税款;逾期缴纳的,由海关征收滞纳金。

(3) 提取货物变卖、先行变卖权。① 进口货物收货人自货物进境之日起3个月未向海关申报,进出境物品因故暂留海关超出3个月未向海关办理,海关有权将有关货物、物品予以变卖(拍卖)。② 误卸或者溢卸的进境货物,逾期未办退运或者进口手续的,海关有权将货物变卖。③ 上述两款货物不宜长期保存的,海关可以根据实际情况提前变卖处理。④ 收货人或者货物所有人声明放弃的进口货物,由海关提取依法变卖。

(4) 强制扣缴和变价抵缴关税权。进出口货物的纳税义务人,应当自海关填发税款缴款书之日起15日内缴纳税款。逾期缴纳的,由海关征收滞纳金。纳税义务人、担保人超过3个月仍未缴纳的,以变卖所得抵缴税款。① 书面通知其开户银行或者其他金融机构从其存款中扣缴税款。② 将应税货物依法变卖,以变卖所得抵缴税款。③ 扣留并依法变卖其价值相当于应纳税款的货物或者其他财产,以变卖所得抵缴税款。

(5) 税收保全权。进出口货物的纳税义务人在规定的纳税期限内有明显的转移、藏匿其应税货物以及其他财产迹象的,海关可以责令纳税义务人提供担保;纳税义务人不能提供纳税担保的,经直属海关关长或者其授权的隶属海关关长批准,海关可以采取下列税收保全措施:① 书面通知纳税义务人开户银行或者其他金融机构暂停纳税人相当于应纳税款的存款。② 扣留纳税义务人价值相当于应纳税款的货物或者其他财产。

(6) 抵缴、变价抵缴罚款权。当事人逾期不履行海关处罚决定又不申请复议或者向人民法院提起诉讼的,海关可以将其保证金抵缴罚款,或者将其被扣留的货物、物品、运输工具依法变卖抵缴罚款。

(7) 处罚担保。对于有违法嫌疑的货物、物品、运输工具无法或者不便扣留的,或者有违法嫌疑但依法不应予以没收的货物、物品、运输工具,当事人申请先于放行或解除扣留的,海关可以要求当事人或者运输工具负责人提供等值担保。未提供等值担保的,海关可以扣留当事人等值的其他财产;受海关处罚的当事人在离境前未缴纳罚款,或者没有缴清被没收的违法所得和依法被追缴的货物、物品、走私运输工具的等值价款的,应当提供相当于上述款项的担保。

6. 行政处罚权

海关行政处罚权主要包括以下六大类。

(1) 对走私行为的行政处罚。主要指海关对从未设立海关地点走私行为的处罚;对经设立海关地点的走私行为的处罚;对伪造变造手册等方式逃避海关监管的行为的处罚;对擅自将海关特殊监管区域内的海关监管货物和物品运出区外的走私行为的处罚;对有逃避海关监管,构成走私的其他行为的处罚;对明知是走私进口的货物、物品,直接向走私人非法收购的行为的处罚;对于走私人通谋,为走私人提供方便的行为的处罚;对报关企业和海关准予从事有关业务的企业构成走私犯罪或者1年内有2次以上走私行为的处罚。

(2) 对违规行为的行政处罚。主要指海关对违规进出口禁止类货物行为的处罚;对违规进出口限制类货物且申报时不能提交许可证件行为的处罚;对进出口货物的品名等应当申报的项目未申报或者申报不实的处罚;对未经海关许可擅自将监管货物开拆、提取、质押、移作他用等违规行为的处罚;对未经海关许可在海关监管区外存放海关监管货物的处罚;对未如实申报单耗的行为的处罚;对擅自将过境、转运、通运货物留在境内的处罚;对擅自将暂时进出口货物留在境内或境外的处罚;对其他致使海关中断或不能监管的处罚;对未经海关许可擅自处置海关未放行的进出境物品的处罚;对个人运输携带邮寄物品进出境违反海关监管规定行为的处罚;对运输、携带、邮寄国家禁止进出境的物品进出境,未向海关申报但没有以藏匿、伪装等方式逃避海关监管的处罚;对进出境运输工具不经设立海关地点进出境等违规行为的处罚;对进出境运输工具擅自装卸进出境货物、物品或者上下进出境旅客等违规行为的处罚;对擅自开启或者损毁海关封志、遗失海关制发的监管单证、手册等凭证,致使海关不能或者中断对进出境运输、物品实施监管等违法行为的处罚;对伪造、变卖、买卖海关单证的行为的处罚;对进出口侵犯知识产权的货物或者未如实申报知识产权状况违法行为的处罚;对报关企业和海关准予从事海关监管货物的运输、储存、加工、装配、寄售、展示等业务的企业拖欠税款或者不履行纳税义务的、出让其名义供他人办理进出口货物报关纳税事宜的、损坏或丢失海关监管货物,不能提供正当理由的、有需要暂停其从事有关业务的违法行为的处罚;对前述企业 1 年内 3 人次以上被海关暂停执业的、恢复从事有关业务或者执业后 1 年内再次发生违规情形的、有需要缴销其注册登记的违法行为的处罚;对报关企业、报关人员非法代理他人报关或者超出海关准予的从业范围进行报关活动的处罚;对进出口货物收发货人、报关企业、报关人员向海关工作人员行贿的处罚;对未经海关注册登记从事报关业务的处罚;对提供虚假资料骗取海关注册登记等手续的处罚;对有违反《海关法》的行为的法人或者其他组织的主管人员和直接责任人员的处罚;对被稽查人员提供虚假情况或者隐瞒重要事实的,拒绝、拖延向海关提供或转移、隐匿、篡改、毁弃账簿单证及相关电子数据存储介质且逾期不改正的处罚;对被稽查人员未按照规定编制或者保管报关单证、进出口单证、合同以及与进出口业务直接有关的其他资料且逾期不改正的处罚;对海关事务担保人、被担保人使用欺骗、隐瞒等手段提供担保的处罚;对提供虚假材料骗取原产地证书,或者伪造、变造、买卖或者盗窃出口货物原产地证书作为海关放行凭证的处罚等。

(3) 其他法律、行政法规和部门联合规章规定由海关实施的行政处罚。主要包括海关对将境外的固体废物进境倾倒、堆放、处置,进口属于禁止进口的固体废物或者未经许可擅自进口属于限制进口的固体废物用作原料的处罚;对过境转移危险废物的处罚;对向境内输入或者经境内转移放射性废物和被放射性污染的物品的处罚;对未取得放射性物品运输的核与辐射安全分析报告批准书或者放射性物品运输的辐射监测报告备案证明,将境外的放射性物品运抵中华人民共和国境内,或者途经中华人民共和国境内运输的处罚;对伪造、变造或者买卖货物进出口配额证明、批准文件、许可证或者自动进口许可证明的处罚;对伪造、变造或者买卖技术进出口许可证或者技术进出口合同登记证的处罚;对伪造、变造或者买卖导弹相关物项和技术出口许可证件的处罚;对伪造、变造或者买卖生物两用品及相关设备和技术出口许可证件的处罚等。

(4) 海关规章规定海关实施的行政处罚。主要包括海关对报关单位未按照规定向海关办理注册登记变更手续、注册信息弄虚作假的处罚;对保税仓库擅自存放非保税货物、私自设立分库、管理混乱账目不清、经营事项发生变更未办理海关手续等行为的处罚;对出口监管仓库擅自存放非出口监管仓物、管理混乱账目不清、经营事项发生变更未办理海关手续等行为的处罚；对境内公路承运海关监管货物运输企业，驾驶员存在未按规定如实填报交验《汽车载货登记簿》或者办理核销手续等违规行为的处罚；对违反免税商店及免税品相关监管规定的处罚等。

（5）治安管理处罚。主要指海关侦查走私犯罪公安机构依《治安管理处罚法》和《公安机关办理行政案件程序规定》及其他有关治安管理处罚的规定受理案件，作出治安管理处罚的权力。

（6）其他国务院文件规定由海关实施的行政处罚。包括对非法运输、储存、买卖、使用"红油"（包括"红油与其他成品油勾兑的混合成品油"）、无法查清进口来源的"红油"的处罚；对非法运输、储存、买卖无合法、齐全手续成品油的处罚；对非法拼（组）装汽车、摩托车的处罚；对无进口证明汽车的处罚；对无专门标志的外国卷烟、出口倒流国产卷烟，以及无准运证或无转关运输单证运输进口卷烟、无准运证超量邮寄进口卷烟的处罚等。

7. 行政奖励权

行政奖励权是指海关对举报或者协助查获违反海关法行为进行奖励的权力。任何单位和个人均有权对违反《海关法》规定逃避海关监管的行为进行举报，海关对举报或者协助查获违反《海关法》案件的有功单位和个人，给予精神或物质的奖励。

8. 海关事务担保权

海关事务担保权主要指海关对当事人申请提前放行货物的担保、办理特定海关业务的担保、纳税担保、涉案担保、临时反倾销反补贴措施相关担保、知识产权海关保护相关事务担保等申请材料进行审核并决定是否接受担保的权力。

（1）申请提前放行货物的担保。主要指在确定货物的商品归类、估价和提供有效报关单证或者办结其他海关手续前，收发货人要求放行货物的，海关应当在其提供与其依法应当履行的法律义务相适应的担保后放行。

（2）对办理特定海关业务的担保。主要包括对运输企业承担海关监管货物境内公路运输的担保，货物、物品暂时进出境业务的担保，货物进境修理和出境加工的担保，租赁货物进口的担保，货物和运输工具过境的担保，将海关监管货物暂时存放在海关监管区外的担保，将海关监管货物向金融机构抵押的担保，为保税货物办理有关海关业务的担保，减免税货物移作他用担保等，海关依法审核其申请材料并决定是否接受担保。

（3）纳税担保。纳税担保是指进出口货物的纳税义务人在规定的纳税期限内有明显的转移、藏匿其应税货物以及其他财产迹象的，海关可以责令纳税义务人提供担保。

（4）涉案担保。主要包括有关货物、物品、运输工具免予或解除扣留、封存的担保；违法嫌疑货物、物品、运输工具不便扣留的替代担保；受海关处罚的当事人或者相关人员在未履行行政处罚决定前出境的担保等，海关依法审核其申请材料并决定是否接受担保。

（5）临时反倾销措施、临时反补贴措施相关担保。主要指进口已采取临时反倾销措施、临时反补贴措施的货物应当提供担保的，或者进出口货物收发货人、知识产权权利人申请办理知识产权海关保护相关事务等的，应依法办理海关事务担保。海关依法审核材料并决定是否接受担保。

（6）知识产权海关保护相关事务担保。主要包括扣留侵权货物的担保，以及收发货人反向担保等。所谓**扣留侵权货物的担保**是指知识产权权利人请求扣留侵权嫌疑货物的，应当向海关提供不超过货物等值的担保,用于赔偿可能因申请不当给收货人、发货人造成的损失,以及支付货物由海关扣留后的仓储、保管和处置等费用;**收发货人反向担保**则是指涉嫌侵犯专利权货物的收发货人认为其进出口货物未侵犯专利权的,可以在向海关提供货物等值的担保金后,请求海关放行其货物。知识产权权利人未能在合理期限内向人民法院起诉的,海关应当退还担保金。

9. 统计调查与监督权

海关统计调查与监督权主要指海关有权依法进行海关统计调查、提供海关统计服务、实施海关统计监督等权责。其中,海关统计调查主要是收集和审核原始报关资料、查询和核实统计原始资料中的申报内容、收集和整理相关统计信息;海关统计服务主要是定期公布统计信息、向有关部门提供有关综合统计资料、向社会公众提供统计查询服务等;海关统计监督主要是依法处理和责令改正应当申报的统计项目、利用海关统计数据对企业进出口行为和过程进行监督,检查和纠正虚报、瞒报、伪造、篡改统计资料的行为。

10. 其他权力

海关的其他权力主要包括收缴;配备和使用武器;对超期未报关货物或误卸或溢卸和放弃进口货物的处置;对声明放弃物品、超期未办理海关手续或无人认领物品,无法投递又无法退回进境邮递物品的处理四个方面。其中的收缴,是指有违反《中华人民共和国海关行政处罚实施条例》(国务院令第 420 号)第六十二条规定情形之一的,有关货物、物品、违法所得、运输工具、特制设备由海关予以收缴;有违反《中华人民共和国海关关于〈中华人民共和国知识产权海关保护条例〉的实施办法》(总署令第 183 号)第三十二条有关侵犯知识产权的进出口货物或进出境物品,应当由海关予以没收,但当事人无法查清的,自海关制发有关公告之日起满 3 个月后可由海关予以收缴。

(三) 海关权利的监督

海关履行职责,必须遵守法律,依照法定职权和法定程序严格执法,接受监督。这是海关的一项法定义务。

海关权力的监督即海关执法监督,是指特定的监督主体依法对海关行政机关及其执法人员的行政执法活动实施的监察、检查、督促等,以此确保海关权力在法定范围内运行。海关执法监督主要有:

1. 中国共产党的监督

中国共产党是国家的执政党,在国家政治体系中处于核心领导地位。党对海关的监督主要体现在以下几个途径:一是通过制定正确的路线、方针、政策保证和指导海关各项工作沿着正确的方向发展;二是通过组织人事关系使海关主要领导及其主持的行政工作受到党的严格监督;三是党的纪委对海关工作人员中的中共党员进行党纪监督,查处违法乱纪案件。

2. 国家权力机关的监督

国家权力机关的监督是指全国人大及其常委会对海关权力的监督,也称立法机关的监督。国家权力机关对海关的监督具有至高无上的权威性和最高法律效力。权力机关主要通过制定法律,对有关法规实施备案,听取工作报告,检查工作,提出质询等形式监督海关的行政执法活动,监督海关制定的有关规章是否与国家的法律相抵触,确保海关及其工作人员能够严格执法,模范守法。

3. 国家最高行政机关的监督

国务院作为国家最高行政机关,有权对海关的行政管理实施监督,国务院对海关工作的监督主要通过听取工作汇报、检查工作的形式进行。

4. 监察机关的监督

根据《行政监察法》及有关法规的规定,监察机关有权对行政机关及其工作人员包括对海关及其工作人员的行政行为进行监察、督察和惩戒。监察机关对海关的监察属于一种"三定"性质(定机构、定职能、定编制)的专门监督。按照监察机关的管辖,监察部以及监察部的派出机构即海关总署监察局负责监察海关总署及全国海关。

5. 审计机关的监督

审计监督制度是国家法定的行政执法监督制度之一。根据《审计法》的规定,审计机关有权依法对海关的财政收支进行审计监督,对海关办理的与国家财政收支有关的事项进行专项审计调查。

6. 司法机关的监督

司法机关的监督指的是检察机关和审判机关对海关执法的监督。检察机关通过追究海关工作人员违法犯罪行为的法律责任来实现对海关权力的监督制约。检察机关还负责对海关缉私警察的侦查活动依法进行监督。审判机关则主要通过受理海关管理相对人的诉讼申请,审查海关行政执法行为的合法性,作出维持或撤销海关原决定的处理。

7. 管理相对人的监督

管理相对人在大多数情况下是进出口企业、报关企业和报关员,因而进出口企业、报关企业和报关员。管理相对人对海关的监督是维护自身合法权益的重要手段。其对海关的监督是最直接、最具体的一种监督形式。它可以通过舆论、信访、座谈的形式直接向海关提出批评和建议,对于海关的越权或侵权行为,可向有关部门检举,或提出控告和申诉。

8. 舆论监督

舆论监督就是通过报刊、广播、电视、网络、微信、微博等媒体对海关行政管理活动实施的监督,是社会监督的主要内容。

除了以上的监督形式外,作为实行垂直领导体制的海关,上级海关对下级海关的执法活动进行的监督是一种有效的层级监督。在海关内部,海关总署机关内部部门之间或者同一级海关部门之间的相互监督、海关领导与其他海关工作人员之间的相互监督以及海关督察机构的专门内部监督也是非常重要的执法监督形式。

四、海关的管理体制

(一)海关的领导体制

海关作为国家的进出境监督管理机关,为了履行其进出境监督管理职能,提高管理效率、维持正常的管理秩序,必须建立完善的领导体制。

《海关法》规定:"国务院设立海关总署,统一管理全国海关。""海关的隶属关系,不受行政区划的限制。""海关依法独立行使职权,向海关总署负责。"这些条文以法律的形式确定了海关"集中统一的垂直领导体制"。

海关这种集中统一的垂直领导体制在组织结构上简单清晰,责任分明,便于统一指挥,既适应了国家改革开放、社会主义现代化建设的需要,也适应了海关自身建设与发展的需要,有效地保证了海关各项监督管理职能的顺利实施。

(二)海关的设关原则

《海关法》第三条明确了海关的设关原则:"国家在对外开放的口岸和海关监管业务集中的地点设立海关。海关的隶属关系,不受行政区划的限制。"

对外开放的口岸是指由国务院批准,允许运输工具及所载人员、货物、物品直接出入国(关)境的港口、机场、车站以及允许运输工具、人员、货物、物品出入国(关)境的边境通道。国家规定,在对外开放的口岸必须设置海关、出入境检验检疫机构。

海关监管业务集中的地点是指虽非国务院批准对外开放的口岸,但属海关某类或者某几类监管业务比较集中的地方,如转关运输监管、保税加工监管等。这一设关原则为海关管理从口岸向内地进而向全关境的转化奠定了基础,同时也为海关业务制度的发展预留了空间。

"海关的隶属关系不受行政区划的限制",表明了海关管理体制与一般性的行政管理体制的区域划分无必然联系,如果海关监督管理需要,国家可以在现有的行政区划之外考虑和安排海关的上下级关系和海关的相互关系。

目前我国在下列地方设立了海关机构:

(1)对外开放口岸和进出口业务集中的地点;

(2)边境火车站、汽车站及主要国际联运火车站;

(3)边境地区陆路和江河上允许货物、人员进出的地点;

(4)国际航空港;

(5)国际邮局互换局(交换站);

(6)其他需要设立海关的地点。

(三)海关的组织机构

海关组织机构的设置如图1-1所示,①分为三层:第一层是海关总署;第二层是47个直属海关单位(包括广东分署,天津、上海特派办,42个直属海关,2所海关院校);第三层是742个隶属海关和办事处(含现场业务处)。隶属海关由直属海关领导,向直属海关负责;直属海关由海关总署领导,向海关总署负责。

1. 海关总署

中国海关总署是中华人民共和国国务院下属的正部级直属机构,是海关系统的最高领导部门。海关总署现有18个内设部门、8个在京直属企事业单位,管理4个社会团体(海关学会、报关协会、口岸协会、保税区出口加工区协会),并在欧盟、俄罗斯、美国、中国香港等派驻海关机构。中央纪委在海关总署派驻纪检组。②根据法律、行政法规和"三定"规定,海关总署主要履行以下职责:

(1)起草海关工作相关法律法规草案,制定部门规章、相关管理制度并组织实施,参与拟订与海关工作相关的进出口、税收、外汇等政策;

---

① 参考武晋军、唐俏:《报关实务(第3版)》,电子工业出版社2016年版,并修改。
② 参见海关总署官网(2018年1月2日)。

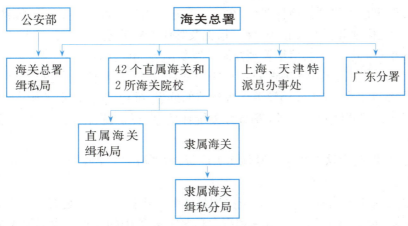

图 1-1 海关的组织机构

（2）承担进出口关税及其他税费征收管理的责任，制定进出口商品分类目录并组织实施和解释，组织拟订进出口商品原产地规则并依法负责有关的组织实施工作，牵头开展多双边原产地规则对外谈判，依法执行反倾销和反补贴措施、保障措施及其他关税措施；

（3）承担全国打击走私综合治理责任，依法查处走私违规案件，负责所管辖走私犯罪案件的侦查、拘留、执行逮捕、预审工作，组织实施海关管理环节的反恐、维稳、防扩散等工作；

（4）组织推动口岸"大通关"建设，组织拟订口岸开放的总体规划并协调实施，组织拟订电子口岸规范、规划并协调实施，指导和协调地方政府口岸工作；

（5）负责制订海关监管、稽查、报关管理、守法便利管理及海关贸易调查、市场调查等制度并组织实施，负责知识产权海关保护工作，按分工依法执行进出口贸易管理政策，牵头审核海关特殊监管区的设立和调整；

（6）负责国家进出口货物贸易统计，发布海关统计信息，开展相关监测预警工作；

（7）承办党中央、国务院交办的其他事项。①

随着国内外形势发展的需要和政府职能的转变，海关总署的机构设置和部门职责也会适时进行调整，以使整个体系的决策和运行符合社会发展的要求。

2. 直属海关

直属海关是指直接由海关总署领导，负责管理一定区域范围内海关业务的海关。其分布在全国 31 个省、自治区、直辖市。

直属海关就本关区内的海关事务独立行使职责，向海关总署负责。直属海关承担着在关区内组织开展海关各项业务、全面有效地贯彻执行海关各项政策、法律法规、管理制度和作业规范的重要职责，在海关三级管理体系中发挥着承上启下的作用。根据法律、行政法规和"三定"规定，直属海关主要履行以下职责：

（1）制定规范性文件并组织实施；

（2）负责对进出境运输工具、货物、物品进行监管，按分工依法执行进出口贸易管理政策，负责知识产权海关保护工作，实施加工贸易及保税监管，对海关特殊监管区域、保税监管场所等进行管理；

---

① 参见《海关总署权力和责任清单（试行）》（2017 年 12 月 31 日）。

(3) 负责进出口关税及其他税费征收管理，实施进出口商品归类、审价、原产地、减免税管理，依法执行反倾销和反补贴措施、保障措施及其他关税措施；

(4) 实施稽查、报关管理、信用管理及海关贸易调查、市场调查等；

(5) 开展打击走私工作，依法查处走私违规案件，负责所管辖走私犯罪案件的侦查、拘留、执行逮捕、预审工作，组织实施海关管理环节的反恐、维稳、防扩散等工作；

(6) 负责进出口货物贸易统计，发布海关统计信息，提供统计服务，开展相关监测预警工作；

(7) 实施法律、行政法规规定的其他海关职责，承办海关总署交办的其他事项。①

3. 隶属海关

隶属海关是指由直属海关领导，负责办理具体海关业务的海关，是海关进出境监督管理职能的基本执行单位，一般都设在口岸和海关监管业务集中的地点。隶属海关的职责主要是开展接单审核、税费征收、查验和放行等具体通关业务等。

4. 海关缉私警察机构

海关缉私警察是专司打击走私犯罪活动的警察队伍，负责对走私犯罪案件的侦查、拘留、执行逮捕和预审工作。1998年全国打击走私工作会议上，党中央、国务院决定组建由海关和公安双重垂直领导、以海关领导为主的海关缉私警察队伍，实行"联合缉私、统一处理、综合治理"的反走私斗争新体制。1999年1月5日，海关总署走私犯罪侦查局在北京挂牌成立，同年6月底，全国各直属海关走私犯罪侦查分局相继成立。2002年，经国务院批准，海关缉私警察增加查处走私、违规案件的行政执法职能，海关总署走私犯罪侦查局更名为海关总署缉私局，各侦查分（支）局也相继更名为所在海关缉私局（分）（各直属海关走私犯罪侦查（分）局更名为各直属海关缉私局，各隶属海关走私犯罪侦查支局更名为各隶属海关缉私分局）。②

本 章 小 结

依法对进出境运输工具、货物和物品实行管理是海关的重要职责，目的是促进我国对外经济贸易和科技文化交流、保障社会主义现代化建设、维护国家主权和利益。

报关是指进出境运输工具负责人、进出境货物收发货人、进出境物品所有人或他们的代理人，向海关办理运输工具、货物、物品进出境手续及相关海关事务的全过程。

报关可从不同角度分类，按报关对象可分为进出境运输工具报关、货物报关和物品报关，按报关目的可分为进境报关和出境报关；按报关活动实施者可分为自理报关和代理报关；按报关形式可分为纸质报关单报关和电子报关单报关；按报关地点可分为口岸报关、属地报关、"属地＋口岸"报关以及区域通关一体化。

进出境运输工具、进出境货物、进出境物品性质各异，属于不同的海关监管体系，因而其报关的基本内容也不尽相同。

进出境货物报关程序是报关程序中的核心内容，它是指进出口货物收发货人或者其代理人，按照海关的规定办理货物进出境及相关海关事务的手续和步骤。

---

① 参见《西安海关权力和责任清单（试行）》（2017年12月31日）。
② 摘自海关总署缉私局副局长李文健的通报讲话，http://news.sohu.com/20070327/n249005313.shtml。

根据海关流程管理制度,进出境货物可分为一般进出口货物、保税货物(加工或物流)、特定减免税货物、暂准进出境货物、其他进出境货物等类型,不同类型的进出境货物在报关程序上存在差异。一般进出口货物报关在进出境阶段就完成了整个报关手续,而保税货物、特定减免税货物、暂准进出境货物、其他进出境货物不但在进出境阶段要办理报关手续,而且在前期与后续阶段还要办理相应手续。

中华人民共和国海关是国家的进出关境监督管理机关。海关依照有关法律、行政法规并通过法律赋予的权力,对进出关境及与之有关的活动实施监督管理。

根据《海关法》的规定,海关的任务是"依照本法和其他有关法律、行政法规,监管进出境的运输工具、货物、行李物品、邮递物品和其他物品,征收关税和其他税、费,查缉走私,并编制海关统计和办理其他海关业务"。

《海关法》在规定海关任务的同时赋予海关许多具体权力。海关权力作为一种行政权力,除了具有一般行政权力的单方性、强制性、无偿性等基本特征外,还具有特定性、独立性、效力先定性、优益性等特点。

根据海关法和其他有关法律、法规的规定,中国海关拥有的权力可大致分为行政许可权、税费征收权、行政检查权、行政强制权、行政处罚权、其他权力六类。

为确保海关能够严格依法行政,《海关法》规定从多方位对海关行政执法实施监督。

海关实行集中统一的垂直领导体制。

海关的设关原则:"国家在对外开放的口岸和海关监管业务集中的地点设立海关。海关的隶属关系,不受行政区划的限制。"

海关机构设置为海关总署、直属海关和隶属海关三级。隶属海关由直属海关领导,向直属海关负责;直属海关由海关总署领导,向海关总署负责。

主 要 概 念

报关 关境 代理报关 自用、合理数量原则 舱单 报关程序 海关监管 税费征收 查缉走私 海关统计 海关权力 行政许可权 行政征收权 行政确定权 行政强制权 行政奖励权 行政检查权 行政处罚权 海关事务担保权 统计调查与监督权 扣留侵权货物担保 收发货人反向担保 海关稽查

基 础 训 练

一、单项选择题

1. 下列对报关理解错误的是(　　)。

A. 报关是指进出口货物收发货人或其代理人向海关办理进出境手续及相关海关事务的过程

B. 报关与报检既有联系又有区别,一般而言,报验、报检手续应该先于报关手续

C. 进出口货物应该在设有海关的地点进出境并且办理报关手续

D. 报关范围包括进出境运输工具、货物、物品与进出境人员

2. 对于行李物品而言,"自用"的含义是指(　　)。

A. 进出境旅客本人自用,馈赠亲友而非为出售或出租,即不以营利为目的

B. 进出境旅客本人自用,不能馈赠亲友

C. 进出境旅客本人自用,可出售或出租

D. 以上都不对

3. 根据《海关法》的规定,中华人民共和国海关是(　　)性质的机关。

A. 税收机关　　　B. 检察机关　　　C. 司法机关　　　D. 监督管理机关

4. 选项(　　),海关行使检查权需要经过直属海关关长或者其授权的隶属海关关长批准。

A. 在海关监管区内检查走私嫌疑人　　B. 在海关监管区内检查藏匿走私货物的场所

C. 在海关监管区外检查公民住处　　　D. 在海关监管区外检查有走私嫌疑的运输工具

5. 海关组织机构设置为(　　)。

A. 国务院、海关总署、直属海关

B. 海关总署、直属海关、隶属海关

C. 海关总署、广东分署、上海和天津特派员办事处、全国海关

D. 海关总署、广东分署、上海和天津特派员办事处、直属海关、隶属海关

6. 下列选项中(　　)是海关不可行使的权力。

A. 在调查走私案件时,可以对走私嫌疑人拘留、扣押并且进行审讯;对走私货物的运输工具可以扣押与变卖

B. 查阅、复制与进出境运输工具、货物、物品有关的合同、发票、账册、单据、文件、业务函电、录音录像制品和其他资料

C. 检查进出境运输工具、货物、物品

D. 海关为履行职责而配备武器

7. 我国是《万国邮政公约》的签约国之一,根据这一公约的规定,进出境物品的报税单和"绿色标签"应随同物品通过(　　)或当事人递给海关。

A. 专业报关单位　　　　　　　　　　B. 代理报关企业

C. 邮政企业　　　　　　　　　　　　D. 收发货人

8. 依法对特定的进出口货物、物品减征或者免征关税是海关的权力之一,这种权力属于(　　)。

A. 行政许可权　　　　　　　　　　　B. 税费征收权

C. 行政裁定权　　　　　　　　　　　D. 行政强制权

二、多项选择题

1. 报关从不同的角度可分为(　　)。

A. 进境报关与出境报关

B. 货物进出境报关和运输工具、物品进出境报关

C. 自理报关与代理报关

D. 口岸报关、属地报关、"属地＋口岸"报关和一体化通关

2. (　　)是海关最基本的任务。

A. 监管　　　　　　　　　　　　　　B. 征税

C. 查缉走私　　　　　　　　　　　　D. 编制海关统计

3. 海关是行政执法机关,其执法依据有(　　)。

A. 全国人大及常委会制定的法律　　　B. 国务院制定的行政法

C. 海关总署制定的规章制度　　　　　D. 地方政府部门制定的法规与规章

4. 以下属于海关行政许可范围的事项有(　　)。

A. 报关企业注册登记　　　　　　　　B. 报关员从业资格

C. 免税商店设立审批　　　　　　　　D. 海关监管货物仓储审批

5. 以下关于海关扣留权的行使,正确的有(　　)。

A. 海关有权扣留违反海关法和其他有关法律法规的进出境运输工具、货物、物品以及与之有关的合同、发票、账册等资料

B. 在海关监管区和海关附近沿海沿边规定地区,海关有权直接扣留有走私嫌疑的运输工具、货物、物品和走私犯罪嫌疑人

C. 在海关监管区和海关附近沿海沿边规定地区,经直属海关关长或者其授权的隶属海关关长批准,海关有权扣留有走私嫌疑的运输工具、货物、物品和走私犯罪嫌疑人;对走私犯罪嫌疑人扣留时间不超过24小时,在特殊情况下可以延长至48小时

D. 在海关监管区和海关附近沿海沿边规定地区以外,对有证据证明有走私嫌疑的运输工具、货物、物品可以扣留

6. 下列行政行为中,属于海关行使行政强制权的是(　　)。

A. 依法提取变卖处理超期未报货物

B. 对超期申报的货物征收滞报金

C. 扣留纳税义务人价值相当的应纳税款的货物

D. 取消有违法情事的报关企业的报关资格

7. (　　)属于海关行政检查权范畴。

A. 检查走私嫌疑人身体

B. 查验进出境货物与物品

C. 对超期未报货物征收滞报金,对逾期缴纳进出口税费的征收滞纳金

D. 对违反《海关法》或者其他法律、行政法规的嫌疑人进行询问

8. 报关行为的承担者包括(　　)。

A. 进出境运输工具负责人　　　　　　B. 进出口货物收发货人

C. 进出境物品所有人　　　　　　　　D. 以上三种人的代理人

三、简答题

1. 怎样理解报关的含义?
2. 可以从哪些角度对报关进行分类?
3. 报关程序可以分为哪些阶段?各阶段主要活动是什么?
4. 海关的性质是什么?
5. 海关有哪些任务?它们之间是什么关系?
6. 海关权力有什么特点?
7. 海关的行政检查权包括哪些内容?
8. 海关的行政强制权包括哪些内容?
9. 扣留权包括哪些内容?
10. 对海关的行政执法,国家是怎样进行监督的?
11. 滞报金与滞纳金有何区别?

四、案例分析

请思考：FTZ和FTA(free trade area)有何区别和联系？由于我国境内设了FTZ，对于境外入区货物实施免税或保税，因此对我国来说，国境大于关境，这种说法对吗？为什么？

业 务 实 训

1. 江苏东部某沿海城市为发展农业产业化经营，生产某种牲畜越冬需吃的草，不但满足了国内畜牧业需要，还大量出口，在国际市场占有率已达10%，该产品在出口时，需到150千米以外的海关办理报关手续。为方便报关，提高出口产品竞争力，该市要求在当地设立海关。你认为可否设立海关？为什么？

2. 2014年10月的一天，M海关在旅检通关现场依法检查一名旅客携带的红酒（涉税额较小，未达到起刑点）的时候，该旅客突然当着海关关员的面将所携带的两瓶红酒用力砸在地上，将其摔碎。① 在该案例中，M海关依法行使的是哪种权力？该旅客的行为算妨害公务吗？为什么？

本章习题参考答案

---

① 晏山嵘：《海关行政处罚案例精解》，知识产权出版社2016年版。

第二章 报关管理

- **知识目标**：了解报关单位的分类，以及不同类型报关单位办理报关注册登记的条件和程序；
  掌握海关认证企业的标准和含义、信用管理的主要内容；
  了解报关行业自律的内容和规范。
- **技能目标**：能按照相关规定办理报关注册登记及海关企业认证手续。
- **能力目标**：掌握报关注册登记和认证企业的要求，能结合我国与相关国家的 AEO 互认制度，降低企业的通关及物流成本，提升企业国际竞争力。

高等院校进口设备用于教学，应该怎样办理报关手续

第一节 报关管理概述

就传统意义而言，报关管理主要指海关为了规范报关行为，依法对向海关办理报关手续的报关单位和报关人员进行资格审定、信用评估、分类管理以及对违法违规行为进行调查、惩处等业务活动的总称。随着2013年群众路线教育实践活动在全国范围内展开，海关总署积极响应党中央、国务院号召，深入调研和广泛征求意见，在简政放权和政府职能转变方面迈出了实质性的步伐。例如，2013年10月14日海关总署发布的第54号公告明确指出："取消报关员资格核准审批，对报关从业人员不再设置门槛和准入条件……今后，报关从业人员由企业自主聘用，由报关协会自律管理，海关通过指导、督促报关企业加强内部管理实现对报关从业人员的间接管理。"2014年2月13日，海关总署署务会议通过的《中华人民共和国海关报关单位注册登记管理规定》（海关总署令第221号）又在原来的基础上大幅简化了报关单位注册登记程序和所需材料，这标志着，报关管理已由传统意义的海关行政主导逐渐向海关规范和引导、报关行业自律、企业内部化管理等多元化的方向发展。本章主要从海关和

行业两个角度分别介绍报关管理规范。

案例应用 2-2

"三证合一"后，苏州某电子有限公司该怎么做？

案例应用 2-3

混淆概念，海关拒绝申报

第二节 海关对报关单位管理

一、报关单位定义

根据 2014 年修订的《中华人民共和国海关报关单位注册登记管理规定》(以下简称《报关单位注册登记管理规定》)第 43 条，**报关单位**是指按本规定在海关注册登记的报关企业和进出口货物收发货人。其中，报关企业是指按照本规定经海关准予注册登记，接受进出口货物收发货人的委托，以委托人的名义或者以自己的名义，向海关办理代理报关业务，从事报关服务的中华人民共和国关境内企业法人。**进出口货物收发货人**是指依法直接进口或者出口货物的中华人民共和国关境内的法人、其他组织或者个人。

上述规定，强调"完成海关报关注册登记手续是取得办理报关资格的必备条件"，强调"境内法人"是因为海关是国家进出口关境监督管理机关，它承担监管征税、查缉走私、编制海关统计及保护知识产权、反倾销、反补贴等职责，用以维护国家的主权和利益，促进对外经济与科技文化交往，保障社会主义现代化建设重任，其必然要对报关活动进行监管，要求报关单位是境内法人并具有报关业务资格，有承担相应的经济与法律能力，一旦报关单位违规报关造成损害，海关可视情节依法追究其责任，确保国家利益。

二、报关单位分类

根据《海关法》第十一条与《**报关单位注册登记管理规定**》,我国现有的报关单位可以分为两种类型:一种是进出口货物收发货人,另一种是报关企业。

(一)进出口货物收发货人

进出口货物收发货人包括两类人:

一是对外贸易经营者。我国对对外贸易经营者实行备案登记制度。凡是依法向国务院商务主管部门或其委托的机构备案登记的法人、其他组织或者个人均为对外贸易经营者。

二是对于没有取得对外贸易经营者备案登记表但是按照国家有关规定需要从事非贸易性质进出口活动的单位(如境外企业、新闻、经贸机构、文化团体等依法在我国境内设立的常驻代表机构;少量货样进出境单位;国家机关、学校、科研院所等组织机构;临时接受捐赠、礼品、国际援助的单位;其他可以从事非贸易性进出口活动的单位),在进出口货物时,海关也将其视为进出口货物收发货人。

(二)报关企业

报关企业包括两类:

一类是经营国际货物运输代理等业务,兼营进出口货物代理报关业务的国际货物运输代理公司;另一类是主营代理业务的报关公司或者报关行。

报关单位的类别、业务内容和报关范围详见表2-1。

表2-1 报关单位的类别、业务内容和报关范围

报关单位	主要类型	报关类型	业务内容	报关范围
进出口货物收发货人	对外贸易经营者,主要涵盖取得对外贸易经营者备案登记并在海关注册登记的生产型企业和流通型企业;此外,还包括一些未获得对外贸易经营者备案登记,但按有关规定需要从事非贸易性进出活动的单位	自理报关单位	进出口业务	办理自营进出口货物的报关
报关企业	专业报关企业(如报关公司、报关行)	代理报关单位	报关纳税业务	受各类收发货人的委托办理报关手续
	代理报关企业(如国际货代、船代)		国际(地区间)货代或国际(地区间)船代业务	在本企业承揽的货物范围内代理报关手续

三、报关单位注册登记制度

报关单位注册登记制度是指进出口货物收发货人、报关企业依法向海关提交规定的注册

登记申请材料,经海关依法审核,给予其海关注册编码,准予其办理报关业务的管理制度。2016年5月11日以后,对于已取得统一社会信用代码的企业,在海关办理报关单位注册登记后,可以使用统一社会信用代码替代海关注册编码,向海关办理进出口货物报关单申报手续。

根据我国《海关法》及相关规定,可以向海关办理报关注册登记的单位有两类:一是进出口货物收发货人,二是报关企业。其他企业和单位,海关一般不接受申请办理报关注册登记。除海关特殊监管区域双重身份企业外,报关单位不得同时在海关注册登记为进出口货物收发货人和报关企业。

报关单位应在每年6月30日前向注册地海关提交《报关单位注册信息年度报告》,报送方式既可通过"关企合作平台"自行报送,也可委托预录入机构通过"电子口岸系统"报送。

(一)进出口货物收发货人报关注册登记

1. 实施备案登记制度

我国对进出口货物的收发货人的报关注册登记采用备案登记制度。凡依照《对外贸易法》经对外经济贸易主管部门(商务部及其授权机构)批准,有权从事对外贸易经营活动的境内法人或其他组织、个人均可直接到所在地海关办理注册登记。

需要指出的是,对于前述"没有取得对外贸易经营者备案登记表但是按照国家有关规定需要从事非贸易性质进出口活动的有关单位",可办理临时注册登记。临时注册登记单位在向海关申报前,应当向所在地海关办理备案手续,特殊情况下可以向拟进出境口岸或者海关监管业务集中地海关办理备案手续。

办理临时注册登记,应当持本单位出具的委派证明或者授权证明及非贸易性活动证明材料。对于临时注册登记的,海关可以出具临时注册登记证明(图2-1),但是不予核发注册登记证书。临时注册登记有效期最长为1年,有效期届满后应当重新办理临时注册登记手续。

临时注册登记证明

(单位名称):

经审核,申请人提交的临时注册登记申请符合《中华人民共和国海关报关单位注册登记管理规定》,给予办理注册登记,海关注册编码为: (组织机构代码为:)。

本临时注册登记有效期为1年,超过有效期自动失效。届时仍需办理进出口业务的,应当重新办理临时注册登记。

海关
(注册登记印章)
年 月 日

图2-1 临时注册登记证明

---

2. 注册登记程序

根据《报关单位注册登记管理规定》,进出口货物收发货人应当按照规定到所在地海关办理报关单位注册登记手续。注册登记后可以在中华人民共和国关境内口岸或者海关监管业集中地点办理本企业的报关业务。除另有规定外,应提交下列材料:

(1)报关单位情况登记表;
(2)企业法人营业执照副本复印件及组织机构代码证书副本复印件;

(3) 对外贸易经营者登记备案表复印件或者外商投资企业（台港澳侨投资企业）批准证书复印件；

(4) 其他与注册登记有关的文件材料。

申请人按照规定提交复印件的，应当同时向海关交验原件。注册地海关依法对申请注册登记材料进行核对，经核对申请材料齐全、符合法定形式的，应当核发中华人民共和国进出口货物收发货人报关注册登记证书。其中，申请材料"齐全"是指海关按照本规定公布的条件要求申请人提交全部材料。"符合法定形式"是指申请材料符合法定时限、记载事项符合法定要求、文书格式符合规范。除海关另有规定外，进出口货物收发货人报关单位注册登记证书长期有效。

（二）报关企业报关注册登记

1. 报关企业应具备的条件

《报关单位注册登记管理规定》第八条对报关企业设立的条件规定如下：

(1) 具备境内企业法人资格条件；

(2) 法定代表人无走私记录；

(3) 无因走私违法行为被海关撤销注册登记许可记录；

(4) 有符合从事报关服务所必需的固定经营场所和设施；

(5) 海关监管所需要的其他条件。

2. 报关企业注册登记许可

需要申请报关注册登记的报关企业（简称申请人）应当到所在地海关对外公布的受理申请场所提出申请并且提交申请注册登记许可材料，也可以委托代理人提出注册登记许可申请（需要出具符合规定的授权委托书）。

报关企业注册登记许可包括申请人提出申请、海关对申请的处理与审查、作出书面决定/核发证书等几个步骤。

(1) 向海关提交材料、提出申请。

《报关单位注册登记管理规定》第九条规定了申请报关企业注册登记许可应当提交下列材料：

① 报关单位情况登记表；

② 企业法人营业执照副本复印件以及组织机构代码证书副本复印件；

③ 报关服务营业场所所有权证明或者使用权证明；

④ 其他与申请注册登记许可相关的材料。

申请人提交复印件的，应当同时向海关交验原件。

(2) 海关对申请的处理、审查及行政许可。

《报关单位注册登记管理规定》第十二条规定，对申请人提出的申请，海关应当根据下列情况分别作出处理：① 申请人不具备报关企业注册登记许可申请资格的，应当作出不予受理的决定；② 申请材料不齐全或者不符合法定形式的，应当当场或者在签收申请材料后5日内一次告知申请人需要补正的全部内容，逾期不告知的，自收到申请材料之日起即为受理；③ 申请材料仅存在文字性或者技术性等可以当场更正的错误的，应当允许申请人当场更正，并且由申请人对更正内容予以签章确认；④ 申请材料齐全、符合法定形式，或者申请人按照海关的要求提交全部补正申请材料的，应当受理报关企业注册登记许可申请，并作出受理决定。

《报关单位注册登记管理规定》第十三条对海关对申请人提出的申请的审查作出了以下规定：所在地海关受理申请后，应当根据法定条件和程序进行全面审查，并于受理注册登记许可申请之日起 20 日内审查完毕；直属海关未授权隶属海关办理注册登记许可的，应当自收到所在地海关报送的审查意见之日起 20 日内作出决定；直属海关授权隶属海关办理注册登记许可的，隶属海关应当自受理或者收到所在地海关报送的审查意见之日起 20 日内作出决定。

《报关单位注册登记管理规定》第十四条规定："申请人的申请符合法定条件的，海关应当依法作出准予注册登记许可的书面决定，并送达申请人，同时核发中华人民共和国海关报关单位注册登记证书。"

"申请人的申请不符合法定条件的，海关应当依法作出不准予注册登记许可的书面决定，并且告知申请人享有依法申请行政复议或者提起行政诉讼的权利。"

3. 报关企业跨关区分支机构备案

《报关单位注册登记管理规定》第十五至十六条对跨关区从事报关服务的报关企业，做了明确规定：

（1）报关企业在取得注册登记许可的直属海关关区外从事报关服务的，应当依法设立分支机构，并且向分支机构所在地海关备案。

（2）报关企业在取得注册登记许可的直属海关关区内从事报关服务的，可以设立分支机构，并且向分支机构所在地海关备案。

（3）报关企业分支机构可以在备案海关关区内从事报关服务。备案海关为隶属海关的，报关企业分支机构可以在备案海关所属直属海关关区内从事报关服务。

（4）报关企业对其分支机构的行为承担法律责任。

报关企业设立分支机构应当向其分支机构所在地海关提交下列备案材料：

① 《报关单位情况登记表》；
② 报关企业《中华人民共和国海关报关单位注册登记证书》复印件；
③ 分支机构营业执照副本复印件以及组织机构代码证书副本复印件；
④ 报关服务营业场所所有权证明复印件或者使用权证明复印件；
⑤ 海关要求提交的其他备案材料。

申请人按规定提交复印件的，应当同时向海关交验原件。经审查符合备案条件的，海关应当核发《中华人民共和国海关报关单位注册登记证书》。

4. 报关企业注册登记时效

报关企业注册登记许可期限为 2 年。被许可人需要延续注册登记许可有效期的，应当办理注册登记许可延续手续。

报关企业分支机构备案有效期为 2 年，报关企业分支机构应当在有效期届满前 30 日持上述备案材料到分支机构所在地海关办理换证手续。

5. 变更和延续

（1）变更管理。

① 报关企业的企业名称、法定代表人发生变更的，应当持《报关单位情况登记表》、《中华人民共和国海关报关单位注册登记证书》、变更后的工商营业执照或者其他批准文件及复印件，以书面形式到注册地海关申请变更注册登记许可；

② 报关企业分支机构企业名称、企业性质、企业依据、负责人等海关备案内容发生变更

的,应当自变更生效之日起 30 日内,持变更后的营业执照副本或者其他批准文件及复印件,到所在地海关办理变更手续;

③ 所属报关人员备案内容发生变更的,报关企业及其分支机构应当在变更事实发生之日起 30 日内,持变更证明文件等相关材料到注册地海关办理变更手续;

④ 对被许可人提出的变更注册登记许可申请,注册地海关应当参照注册登记许可程序进行审查。经审查符合注册登记许可条件的,应当作出准予变更的决定,同时办理注册信息变更手续。经审查不符合注册登记许可条件的,海关不予变更其注册登记许可。

(2) 延续管理。

① 报关企业办理注册登记许可延续,应当在有效期届满 40 日前向海关提出申请,同时提交上文所述《报关单位注册登记管理规定》第九条所要求的四项文件材料。依照海关规定提交复印件的,还应当同时交验原件;

② 报关企业应当在办理注册登记许可延续的同时办理换领中华人民共和国海关报关单位注册登记证书手续;

③ 报关企业未按照规定时限提出延续申请的,海关不再受理其注册登记许可延续申请。

(3) 海关作出行政决定。海关应当参照注册登记许可程序在有效期届满前对报关企业的延续申请予以审查。经审查认定符合注册登记许可条件,以及法律、行政法规、海关规章规定的延续注册登记许可应当具备的其他条件的,应当依法作出准予延续 2 年有效期的决定。

海关应当在注册登记许可有效期届满前作出是否准予延续的决定。有效期届满时仍未作出决定的,视为准予延续,海关应当依法为其办理注册登记许可延续手续。

海关对不再具备注册登记许可条件,或者不符合法律、行政法规、海关规章规定的延续注册登记许可应当具备的其他条件的报关企业,不准予延续其注册登记许可。

6. 报关企业注册登记许可注销

《报关单位注册登记管理规定》第二十二条规定,有下列情形之一的,海关应当依法注销注册登记许可。

(1) 有效期届满未延续的;

(2) 报关企业依法终止的;

(3) 注册登记许可依法被撤销、撤回,或者注册登记许可证件依法被吊销的;

(4) 因不可抗力导致注册登记许可事项无法实施的;

(5) 法律、行政法规规定的应当注销注册登记许可的其他情形。

海关依据上述规定注销报关企业注册登记许可的,应当同时注销该报关企业设立的所有分支机构。

四、报关单位的权利、义务和法律责任

(一) 报关单位的权利、义务

(1) 报关单位有权向海关查询其办理的报关业务情况。

(2) 报关单位应当妥善保管海关核发的注册登记证书等相关证明文件。发生遗失的,报关单位应当及时书面向海关报告并说明情况。

(3) 海关应当自收到情况说明之日起 20 日内予以补发相关证明文件。遗失的注册登

记证书等相关证明文件在补办期间仍然处于有效期间的,报关单位可以办理报关业务。

(4) 报关单位向海关提交的纸质进出口货物报关单应当加盖本单位的报关专用章。报关专用章应当按照海关总署统一规定的要求刻制。报关企业及其分支机构的报关专用章仅限在其取得注册登记许可或者备案的直属海关关区内使用。进出口货物收发货人的报关专用章可以在全关境内使用。

(5) 报关单位在办理注册登记业务时,应当对所提交的申请材料以及所填报信息内容的真实性负责并且承担法律责任。

(6) 海关依法对报关单位从事报关活动及其经营场所进行监督和实地检查,依法查阅或者要求报关单位报送有关材料,期间,报关单位应当积极配合,如实提供有关情况和材料。

(7) 海关对报关单位办理海关业务中出现的报关差错予以记录,并且公布记录情况的查询方式。

(8) 报关单位对报关差错记录有异议的,可以自报关差错记录之日起15日内向记录海关以书面方式申请复核。

(9) 海关应当自收到书面申请之日起15日内进行复核,对记录错误的予以更正。

当然,随着区域通关一体化改革的推进,报关单位的业务范围和享有的权利不再完全受限于原有的关区"藩篱"。如2014年开始的京津冀、长江经济带和广东地区三区域通关一体化改革,让企业可自主选择向经营单位注册地海关、货物实际进出境地海关或其直属海关集中报关点办理申报、纳税和查验放行手续,实现"多关如一关"。同时,取消报关企业跨关区从事报关服务的限制,允许报关企业"一地注册,多地报关"。2015年5月1日正式启动的丝绸之路经济带海关区域通关一体化改革,又使得沿线10关区企业享受到了非常快速、便捷的通关服务。2016年6月1日,全国通关一体化改革在上海启动试点,2017年7月1日,全国通关一体化正式启动,带给企业的将是"全国如一关,一关通天下"的良好局面。

(二) 报关单位的海关法律责任

(1) 报关单位、报关人员违反《报关单位注册登记管理规定》,构成走私行为、违反海关监管规定行为或者其他违反《海关法》行为的,由海关依照《海关法》和《中华人民共和国海关行政处罚实施条例》的有关规定予以处理;构成犯罪的,依法追究刑事责任。

(2) 报关单位有下列情形之一的,海关予以警告,责令其改正,可以处1万元以下罚款:

① 报关单位企业名称、企业性质、企业住所、法定代表人(负责人)等海关注册登记内容发生变更,未按照规定向海关办理变更手续的;

② 向海关提交的注册信息中隐瞒真实情况、弄虚作假的。

案 例 应 用 2-4

报关企业被海关追究经济责任

案例应用 2-5

九江长江船务代理有限公司扩大业务范围

相关链接 2-6

"一带一路"给中国报关企业带来哪些机遇?

五、海关企业信用管理

改革开放以来,以信用为核心的海关企业监管体制在导向上经历了"促进为主"到"保障进出口贸易安全与便利"的转变,管理规范上也分别由信得过企业管理调整为分类管理和信用管理。1988 年,为适应改革、开放的形势,贯彻以"促进为主"的方针,加强海关监督管理,简化海关监管手续,调动企业搞好自身管理的积极性,海关总署研究制定了《中华人民共和国海关对信得过企业管理办法》(〔88〕署货字第 341 号),凡经国家批准的对外加工装配企业、进料加工企业、保税工厂、保税仓库、集装箱监管点及其他经营进出口业务的企业,符合条件的,均可命名为海关"信得过企业"。1999 年 3 月 31 日,为了便利企业货物的合法进出口,促进企业自律守法,有效实施海关管理,海关总署根据有关法律、法规制定、发布了《中华人民共和国海关对企业实施分类管理办法》(总署令第 71 号)。随着中国加入 WTO,全球经济形势发生显著变化,"贸易安全与管理效能并重"逐渐成为海关监管的主要诉求。2008 年 1 月 31 日,海关总署制定和发布了《中华人民共和国海关企业分类管理办法》(总署令第 170 号),并于 2010 年 11 月 15 日对其进行了重新制定(总署令第 197 号)。随后在党的十八大中,党和政府提出要"加强政务诚信、商务诚信、社会诚信和司法公信建设",十八届三中全会又提出"建立健全社会征信体系,褒扬诚信,惩戒失信",国务院专门印发了《社会信用体系建设规划纲要(2014—2020)》(国发〔2014〕21 号),社会信用体系建设受到各界的高度重视。为响应号召,推进社会信用体系建设,建立企业进出口信用管理制度,促进贸易安全与便利,2014 年 10 月 8 日,海关总署在《中华人民共和国海关企业分类管理办法》基础上重新制定公布了《中华人民共和国海关企业信用管理暂行办法》(海关总署令第 225 号,以下简称《信用暂行办法》),自2014年12月1日起施行。《暂行办法》实行3年以后,《中华人民共和国海关企业信用管理办法》(总署令第237号)于2018年3月7日正式公布,自2018年5月1日起施行。

以"诚信守法便利,失信违法惩戒"为原则,海关根据企业信用状况将企业认定为认证企业、一般信用企业和失信企业。其中,认证企业又分为高级认证企业和一般认证企业,它们都属于高信用证企业,享受海关通关便利措施,一般信用企业适用常规管理措施,失信企业将受到海关严密监管。

(一) 认证企业的含义

根据《信用管理办法》第五条,"认证企业"是中国海关经认证的经营者(AEO),中国海关依据有关国际条约、协定以及该规定,开展与其他国家或者地区海关的AEO互认合作,并且给予互认企业相关便利措施。所谓经认证的经营者(authorized economic operator,AEO),按世界海关组织(WCO)制定的《全球贸易安全与便利标准框架》的定义,是指"以任何一种方式参与货物国际流通,并被海关当局认定符合世界海关组织或相应供应链安全标准的一方,包括生产商、进口商、报关行、承运商、理货人、中间商、口岸和机场、货站经营者、综合经营者、仓储业经营者和分销商"。中国海关于2005年6月在世界海关组织第105/106次会议上签署了《全球贸易安全与便利标准框架》意向书,因此,最新出台的《信用管理办法》充分借鉴了该框架中AEO制度的先进理念,目的是使中国海关能够与国际海关进行AEO互认合作,推进信息互换、监管互认、执法互助,使更多的中国企业能享受框架签署国海关所给予的优惠待遇和通关便利。

(二) 海关企业信用管理的基本内容

1. 制度变迁中《信用暂行办法》企业信用等级与《分类办法》中企业类别的衔接

(1)《分类办法》的AA类企业直接过渡为高级认证企业,海关每3年对高级认证企业进行一次重新认证;

(2) A类企业直接过渡为一般认证企业,海关通过系统对企业的信用状况进行动态监控和评估,并实行不定期重新认证;

(3) B类企业直接过渡到一般信用企业;

(4) C类和D类企业由海关按照《信用暂行办法》重新审核并确定信用等级。

2. 企业信用状况的认定标准和程序[①]

《海关认证企业标准》分为一般认证企业标准和高级认证企业标准,包括内部控制、财务状况、守法规范、贸易安全和附加标准共5类标准。一般认证标准有18条29项,高级认证标准有18条32项,两套体系基本类同,但在少数认证的具体标准项目与分值方面有所差异,限于篇幅,这里仅列出高级认证标准(见表2-2)。表中的每一项指标分为"达标"(0分)、"部分达标"(-1分)、"不达标"(-2分)三种情形,附加标准项指标分为"符合"(2)和"不适用"(0)两种情形。企业同时符合下列两个条件并经海关认定的,通过认证:

(1) 所有赋分项目均没有不达标(-2分)情形;

---

① 截至编者交稿,与《信用管理办法》配套的《海关认证企业标准》尚未出台,因而,此处的标准和程序仍属《信用暂行办法》的配套措施。

表 2-2　认证标准（高级认证）

一、内部控制标准			
（一）组织机构控制	1. 内部组织架构	（1）进出口业务、财务、内部监督等部门职责分工明确	
		（2）指定高级管理人员负责关务，对企业认证建立书面或者电子档案	
	2. 海关业务培训	（1）企业应当建立海关法律法规等相关管理规定的内部培训制度	
		（2）法定代表人或者其授权人员、负责关务的高级管理人员应当每年至少参加1次海关法律法规等相关管理规定的内部培训，及时了解、掌握相关管理规定	
（二）进出口业务控制	3. 单证控制	具备进出口单证复核或者纠错制度或者程序 **进出口货物收发货人**：在申报前或者委托申报前有专门部门或者岗位人员对进出口单证涉及的价格、归类、原产地、数量、品名、规格等内容的真实性、准确性和规范性进行内部复核 **报关企业**：代理申报前，有专门部门或者岗位人员对委托人提供的监管证件、商业单据、进出口单证等资料的真实性、完整性和有效性进行合理审查 **物流企业**：有专门部门或者岗位人员对运输工具进出境申报信息、舱单及相关电子数据、转关单（载货清单）等物流信息的准确性、一致性进行复核	
	4. 单证保管	（1）按海关要求建立进出口单证管理制度，确保企业保存的进出口纸质和电子报关单证、物流信息档案的及时性、完整性、准确性与安全性	
		（2）妥善保管报关专用印章，以及海关核发的证书、法律文书	
	5. 进出口活动	进出口业务管理流程设置合理、完备，涉及的货物流、单证流、信息流能够得到有效控制，经抽查，未发现有不符合海关监管规定的情形	
（三）内部审计控制	6. 内审制度	（1）设立专门的内部审计机构或者岗位，或者聘请外部专职人员独立对进出口业务等实施内部审计	
		（2）每年至少内审1次，建立内审书面或者电子档案	
	7. 责任追究	（1）建立对进出口业务发现问题或者违法行为的责任追究制度或者措施	
		（2）建立对企业人员和报关人员私揽货物报关、假借海关名义牟利、向海关人员行贿等行为的责任追究制度或者措施	
	8. 改进机制	（1）建立改进制度或者措施	
		（2）对海关要求的规范改进事项，应由负责关务的高级管理人员直接负责具体规范改进实施	
（四）信息系统控制	9. 信息系统	具备真实、准确、完整、有效记录企业生产经营、进出口或者代理报关活动的信息系统，特别是财务控制、关务、物流控制等功能模块有效运行	
	10. 数据管理	（1）生产经营数据以及与进出口活动有关的数据及时、准确、完整录入系统，系统数据自进出口货物办结海关手续之日起保存3年以上	
		（2）进出口或者代理报关活动等主要环节在系统中能够实现流程检索、跟踪	

(续表)

（四）信息系统控制	11. 信息安全	(1) 建立信息安全管理制度，保护信息系统安全，并对员工进行相关培训
		(2) 有专门程序或者制度，识别信息系统的非正常使用，包括非法入侵信息系统，篡改或者更改业务数据，并对上述行为有严格的责任追究。信息系统要使用专人账户和密码，并且定期更改用户密码
		(3) 有专门程序或者制度，保护系统和数据，有数据恢复、备份等手段防止信息丢失，应用反病毒软件和防火墙技术

二、财务状况标准

（五）财务状况	12. 会计信息	(1) 会计账簿和财务会计报告等会计资料真实、准确、完整记录和反映进出口活动的有关情况，财务处理及时、规范
		(2) 企业申请认证的，提交当年度会计师事务所审计报告，审计报告所反映的企业财务状况真实、完整、规范、合法；重新认证的，企业自成为高级认证企业起每年接受会计师事务所审计，审计报告所反映的企业财务状况真实、完整、规范、合法
	13. 偿付能力	(1) 企业财务的速动比率在安全或者正常范围内
		(2) 企业财务的资产负债率在安全或者正常范围内
	14. 盈利能力	企业主营业务利润率在安全或者正常范围内
	15. 缴税能力	**生产型进出口货物收发货人**：上月末固定资产净值不低于其 3 年内向海关单笔纳税最高额 **非生产型进出口货物收发货人**：上年度经营性现金净流量不为负

三、守法规范标准

（六）遵守法律法规	16. 人员违法	企业法定代表人(负责人)、负责关务的高级管理人员和财务负责人连续 2 年无故意犯罪记录
	17. 企业违法	连续 2 年无走私犯罪、走私行为
		非报关企业：连续 1 年无因违反海关监管规定被处罚金额超过 3 万元的行为 **报关企业**：连续 1 年无因违反海关监管规定被处罚金额超过 1 万元的行为
		非报关企业：1 年内违反海关监管规定行为的处罚金额累计 5 万元以下，且违法次数在 5 次以下或者虽然超过 5 次，但违法次数与上年度企业进出口相关单证(报关单及进出境备案清单、运输工具进出境申报信息、舱单及相关电子数据、转关单〔载货清单〕)总票数比例不超过千分之一(企业自查发现并主动向海关报明，被海关处以警告以及 3 万元以下罚款的除外) **报关企业**：1 年内违反海关监管规定行为的次数不超过上年度代理申报报关单及进出境备案清单总票数的万分之一，且处罚金额累计 3 万元以下(企业自查发现并主动向海关报明，被海关处以警告以及 1 万元以下罚款的除外)

(续表)

（七）进出口业务规范	18. 注册信息	**报关单位**：按规定报送《报关单位注册信息年度报告》，企业及报关人员在海关的注册登记内容与实际相符 **其他企业**：在海关的注册登记内容与实际相符
	19. 进出口记录	上年度或者本年度有进出口活动或者为进出口活动提供相关服务
	20. 申报（传输）规范	**报关企业**：连续 4 个季度单季报关差错率不超过同期全国平均报关差错率 **进出口货物收发货人**：连续 4 个季度单季报关差错率或者所委托报关企业报关差错率不超过同期全国平均报关差错率 **物流企业**：连续 4 个季度单季舱单及相关电子数据传输差错率不超过同期全国平均传输差错率，连续 4 个季度单季运输工具进出境申报信息、转关单（载货清单）等物流信息的申报差错率不超过同期全国平均申报差错率
		连续 2 个季度单季规范申报率超过 90%
		上年度及本年 1 至上月手（账）册超期未报核情事不超过 1 次
	21. 税款缴纳	（1）上年度以及本年度 1 至上月滞纳税款报关单率不超过 5% （2）截至认证期间，没有超过法定缴款期限尚未缴纳税款及罚没款项情事
（八）符合海关管理要求	22. 管理要求	（1）连续 2 年未发现有向海关提供虚假情况或者隐瞒重要事实、拒绝或者拖延提供账簿单证资料、故意转移、隐匿、篡改、毁弃账簿单证资料等逃避海关稽查、逃避税款征缴的情形，或者无正当理由拒不配合海关执法或者管理的情形
		（2）连续 2 年未发现企业报送信息有隐瞒真实情况、弄虚作假的情形
		（3）连续 2 年未发现有假借海关或者其他企业名义获取不当利益的情形
		（4）连续 2 年未发现有向海关人员行贿的行为
（九）未有不良外部信用	23. 外部信用	企业或者其法定代表人（负责人）、负责关务的高级管理人员、财务负责人连续 1 年在工商、商务、税务、银行、外汇、检验检疫、公安、检察院、法院等部门未被列入经营异常名录、失信企业或者人员名单、黑名单企业、人员

四、贸易安全标准

（十）场所安全控制措施	24. 场所安全	企业有检查、阻止未载明的货物和未经许可的人员进入场所、货物装卸和储存区域的书面制度和程序；进出口货物进出的区域设有隔离设施，以防止未经许可的人员进入 **(1) 大门和传达室**：车辆、人员进出的大门配备人员驻守 **(2) 建筑结构**：建筑物的建造方式能够防止非法闯入。定期对建筑物进行检查和修缮，确保其完好无损 **(3) 照明**：企业生产经营场所配备充足的照明，包括以下区域：出入口，货物装卸和储存区，围墙周边及停车场/停车区域

(续表)

（十） 场所安全 控制措施	24. 场所安全	(4) **报警系统及视频监控摄像机**：装配报警系统和视频监控摄像机，监测出入口，货物装卸和储存区，围墙周边及停车场/停车区域，防止未经许可进入货物存储以及装卸区 (5) **存储区域**：在货物装卸和储存区域，以及用于存放进出口货物的区域，设有隔离设施，以阻止任何未经许可的人员进入 (6) **锁闭装置及钥匙保管**：所有内外窗户，大门和围栏都设有足够数量的锁闭装置。管理层或者保安人员要保管所有锁和钥匙
（十一） 进入安全 控制措施	25. 进入安全	企业实行门禁管理，有实施员工和访客进出、保护公司资产的书面制度和程序 (1) **员工**：具有员工身份识别系统，对员工进行身份识别和进入控制。对员工、访客的身份标识（比如钥匙、钥匙卡等）的发放和回收进行统一管理和登记 (2) **访客**：对进入企业的访客要检查带有照片的身份证件并进行登记，访客要佩戴临时身份标识并且有内部人员陪同 (3) **未经许可进入、身份不明的人员**：有识别、质询和确认未经许可进入、身份不明的人员的程序；发现可疑人员进入的，企业员工要及时报告
（十二） 人员安全 控制措施	26. 人员安全	企业有审查拟聘员工和定期审查现有员工的书面制度和程序，提供动态的员工清单，包含姓名、出生日期、身份证号码、担任职位 (1) **聘用前审核**：聘用员工前，要对其应聘申请信息（如就业经历、推荐信等）进行核实 (2) **背景调查**：聘用员工前，要对其进行有无违法犯罪记录等安全背景的检查或者调查。一经录用，要根据员工表现，以及对处于重要敏感工作岗位的员工进行定期审查和重新调查 (3) **员工离职程序**：有书面制度和程序，对离职或者停职员工及时收回工作证件、设备，并禁止其进入企业生产经营场所及使用企业信息系统 (4) **安全培训**：要对员工进行供应链安全意识的日常性培训，员工要了解企业应对某种状况以及进行报告的程序
（十三） 商业伙伴安全 控制措施	27. 商业伙伴安全	企业有评估、要求、检查商业伙伴供应链安全的书面制度和程序 (1) **全面评估**：在筛选商业伙伴时根据本认证标准对商业伙伴进行全面评估，重点评估守法合规和贸易安全，并有书面制度和程序 (2) **书面文件**：在合同、协议或者其他书面资料中要求商业伙伴按照本认证标准优化和完善贸易安全管理 (3) **监控检查**：定期监控或者检查商业伙伴遵守贸易安全要求的情况，并有书面制度和程序
（十四） 货物安全 控制措施	28. 货物安全	企业有确保供应链中货物在运输、搬运和存放过程中的完整性和安全性的措施和程序 (1) **装运和接收货物**：运抵的货物要与货物单证的信息相符，核实货物的重量、标签、件数或者箱数。离岸的货物要与购货订单或者装运订单上的内容进行核实。在货物关键交接环节有签名、盖章等保护制度 (2) **货物差异**：在出现货物溢、短装或者其他异常现象时要及时报告或者采取其他应对措施，并有书面制度和程序

(续表)

（十五） 集装箱安全 控制措施	29. 集装箱安全	企业有确保集装箱的完整性，以防止未经许可的货物或者人员混入的措施和程序 (1) **集装箱检查**：在装货前检查集装箱结构的物理完整性和可靠性，包括门的锁闭系统的可靠性，并做好相关登记。检查建议采取"七点检查法"（即对集装箱按照前壁、左侧、右侧、地板、顶部、内/外门、外部/起落架顺序检查） (2) **集装箱封条**：已装货集装箱要施加高安全度的封条，所有封条都要符合或者超出现行 PAS ISO 17712 对高度安全封条的标准，封条有专人管理、登记。要建立施加和检验封条的书面制度和程序，以及封条异常的报告机制 (3) **集装箱存储**：集装箱要保存在安全的区域，以防止未经许可的进入或者改装，有报告和解决未经许可擅自进入集装箱或者集装箱存储区域的程序
（十六） 运输工具安全 控制措施	30. 运输工具安全	企业有确保运输工具（拖车和挂车）的完整性，防止未经许可的人员或者物品混入的书面制度和程序 (1) **运输工具的检查程序**：有专门程序或者制度检查出入运输工具，防止藏匿可疑物品 (2) **运输工具存储**：运输工具要停放在安全的区域，以防止未经许可的进入或者其他损害，有报告和解决未经许可擅自进入或者损害的程序 (3) **司机身份核实**：在货物被接收或者发放前，应对装运或者接收货物的驾驶员进行身份认定
（十七） 危机管理 控制措施	31. 危机管理	企业有应对灾害或者紧急安全事故等异常情况的书面制度和程序 (1) **应急机制**：具备对灾害或者紧急安全事故等异常情况的报告、处置等应急程序或者机制 (2) **应急培训**：要对员工进行应急培训 (3) **异常报告**：发现有灾害或者紧急安全事故等异常情况、非法或者可疑活动，要报告海关或者其他有关执法机关
五、附加标准		
（十八） 加分标准	32. 加分项目	有下列情形之一的，经海关确认后可以加分： (1) 属于海关特殊监管区域内企业 (2) 属于国家鼓励和扶持的信息技术、节能环保、新能源、高端装备制造、新材料等产业之一的企业 (3) 被中国报关协会等全国性行业组织评为优秀报关企业等荣誉称号的 (4) 属于中国外贸出口先导指数样本企业，且1年内填报问卷及时率在90%以上、问卷答案与出口增速的吻合度在0.3以上的；或者属于进口货物使用去向调查样本企业、其他统计专项调查样本企业，且1年内填报问卷及时率和复核准确率在90%以上的 (5) 属于积极配合海关开展报关单证企业存单，且连续4个季度单季存单及时率、准确率高于全国平均水平的企业

(2) 认证标准总分在95分及以上。

认证标准总分＝100＋(所有赋分项目得分总和)。企业向海关提出适用认证企业管理申请前,应当按照该认证标准进行自我评估,并将自我评估报告随认证申请一并提交海关。

此外,《信用暂行办法》对失信企业与一般信用企业的认定也有所规定,见表2-3。

表2-3 失信企业与一般信用企业认定标准

企业信用等级	认定标准(有所列情形之一即为符合)
失信企业	1. 有走私犯罪或者走私行为的; 2. 非报关企业1年内违反海关监管规定行为次数超过上年度报关单、进出境备案清单等相关单证总票数千分之一且被海关行政处罚金额超过10万元的违规行为2次以上的,或者被海关行政处罚金额累计超过100万元的;报关企业1年内违反海关监管规定行为次数超过上年度报关单、进出境备案清单总票数万分之五的,或者被海关行政处罚金额累计超过10万元的; 3. 拖欠应缴税款、应缴罚没款项的; 4. 上一季度报关差错率高于同期全国平均报关差错率1倍以上的; 5. 经过实地查看,确认企业登记的信息失实且无法与企业取得联系的; 6. 被海关依法暂停从事报关业务的; 7. 涉嫌走私、违反海关监管规定拒不配合海关进行调查的; 8. 假借海关或者其他企业名义获取不当利益的; 9. 弄虚作假、伪造企业信用信息的; 10. 其他海关认定为失信企业的情形。
一般信用企业	1. 首次注册登记的企业; 2. 认证企业不再符合海关认证企业规定条件,且未发生失信企业所列情形的; 3. 适用失信企业管理满1年,且未再发生失信企业规定情形的。

3. 管理原则和措施

(1) 一般认证企业适用下列管理措施:进出口货物平均查验率在一般信用企业平均查验率的50%以下,优先办理进出口货物通关手续,海关收取的担保金额可以低于其可能承担的税款总额或者海关总署规定的金额,海关总署规定的其他管理措施。

(2) 高级认证企业除适用一般认证企业管理措施外,还适用下列管理措施进出口货物平均查验率在一般信用企业平均查验率的20%以下,可以向海关申请免除担保;减少对企业稽查、核查频次,可以在出口货物运抵海关监管区之前向海关申报,海关为企业设立协调员,AEO互认国家或者地区海关通关便利措施,国家有关部门实施的守信联合激励措施,因不可抗力中断国际贸易恢复后优先通关,海关总署规定的其他管理措施。

(3) 失信企业适用海关下列管理措施:进出口货物平均查验率在80%以上;不予免除查验没有问题企业的吊装、移位、仓储等费用;不适用汇总征税制度;除特殊情形外,不适用存样留像放行措施;经营加工贸易业务的,全额提供担保;提高对企业稽查、核查频次;国家有关部门实施的失信联合惩戒措施;海关总署规定的其他管理措施。

海关对企业信用状况的认定结果实施动态调整。对高级认证企业每3年重新认证一次,对一般认证企业不定期重新认证;认证企业被海关调整为一般信用企业管理的,1年内不得申请成为认证企业。认证企业被海关调整为失信企业管理的,2年内不得成为一般信用企业;高级认证企业被海关调整为一般认证企业管理的,1 年内不得申请成为高级认证企业;自被海关认定为失信企业之日起连续 2 年未发生规定情形的,海关应当将失信企业调整为一般信用企业;失信企业被调整为一般信用企业满 1 年,可以向海关申请成为认证企业。①

第三节 海关对报关人员管理

一、报关员的沿革

报关员是联系报关单位和海关之间的桥梁,其综合素质和业务水平的高低,既关系到海关的通关效率和执法水平,也关系到企业的贸易成本和信用评价。1987 年颁布实施的《海关法》明确要求,报关员应当经海关考核和认可,1992 年实施的《中华人民共和国海关对报关单位和报关员的管理规定》又规定,报关员必须经过海关的业务培训和考核,具有报关员资格才能成为报关员。1997 年 4 月,海关总署发布了《中华人民共和国海关对报关员的管理规定》,决定实行报关员资格全国统一考试制度,经考试合格取得报关员资格证书,经海关注册,获得报关员证后,才能从事报关活动。当年 12 月 25 日,首次报关员资格全国统一考试在全国范围内同时举行。之后,海关总署又通过一系列文件,从资格考试、记分考核、证书管理、执业管理、应试规则、违纪处理等方面进一步完善了对报关员的管理制度。

2013 年 10 月,海关总署结合群众路线教育实践活动,根据国务院简政放权、进一步减少资质资格类许可和认定的有关要求,决定改革现行报关从业人员资质资格管理制度,取消报关员资格核准审批,对报关人员从业不再设置门槛和准入条件,海关总署也不再组织报关员资格全国统一考试。同年 12 月 28 日,第十二届全国人民代表大会常务委员会第六次会议通过了对《海关法》的修改,删除了原条款中关于报关员必须依法取得从业资格并经海关注册登记的说法,同时将相关条款中的"报关员"修改为"报关人员"。

根据 2014 年 3 月实施的《中华人民共和国海关报关单位注册登记管理规定》,报关人员是指经报关单位向海关备案,专门负责办理所在单位报关业务的人员。而据 2007 年中华人民共和国劳动和社会保障部、中华人民共和国海关总署联合制定的《报关员国家职业标准(试行)》(以下简称《标准》),报关员是指从事向海关办理进出口货物的申报及相关事宜的人员。这样,在海关不同法律规范中就出现了两个概念:"报关人员"和"报关员"。实际上,这两者并无本质区别,只是角度不同而已。从职业的角度来看,凡报关从业人员都可称为报关员,但从资格管理的角度来看,现在已无法律意义上的"报关员",而是"报关人员"。

二、报关员的备案

报关单位所属报关人员从事报关业务到海关备案的,海关收取"报关单位情况登记表",

---

① 张炳达、顾涛:《海关报关实务》,上海财经大学出版社 2015 年版。

并验核拟备案报关人员有效身份证件原件后,核发"报关人员备案证明",如图2-2所示。

报关人员备案证明

(报关单位名称):
你单位(海关注册编码:　　　)所属报关人员((身份证件类型)号码:　　　)已完成海关备案,备案编号:　　　,备案日期:　　　。

海关
(注册登记印章)
年　月　日

图 2-2　报关人员备案证明

修订后的《报关单位注册登记管理规定》对报关人员备案的规定如下:

(1) 明确由报关单位为所属报关员办理海关有关手续。基于报关员资格核准审批和报关员注册登记许可的取消,考虑到报关员的报关行为是基于报关单位的授权,并以报关单位的名义来办理的,因此在修订中明确报关员由其所属报关单位为其办理海关相关手续,报关员与所属报关单位的劳动合同关系的真实性和有效由报关单位负责,在"报关员情况登记表"中注明并加盖公章确认。

(2) 简化报关员备案的条件和材料。修订后报关员备案已无门槛,并且提交的材料也大幅减少,报关单位只需凭备案表和报关员身份证即可办理报关员备案。

(3) 取消报关员证,改为核发报关员卡。报关员卡即报关员的身份凭证,也是用来办理报关业务的,证卡二合一。

(4) 增加报关单位对报关员的法律责任。报关员在办理报关业务时的违法行为,报关单位要承担相应的法律责任并受到处罚,从而进一步强化报关单位对所属报关员的管理。

案例应用 2-7

李某刚刚大学毕业,能够从事报关工作吗?

第四节　报关行业管理与自律

根据海关总署统计数据,以及中国行业报告网发布的2015—2020年中国报关行业现状分析与发展前景研究报告,截至2017年6月底,全国海关注册报关单位累计达102.76万家[①],在每年近7 000万票的进出口业务中,由报关企业代理报关的数量占报关单总量的80%以上,个别口岸代理报关的业务量甚至达到了当地总量的96%—97%。[②] 报关行业本身是一个服务行业,尤其是报关企业,主要依靠为其他有进出口需求的企事业单位和法人提供代理报关服务来求得生存和发展。如此繁重的业务量使得报关企业在承接服务外包过程中的深层问题也日益突显。部分报关企业对国内国际报关服务市场了解不够,政策法规和商品知识贫乏,急功近利,抗风险能力不强,因而亟须有一个组织来进行协调和管理,以维护整个报关行业的运行秩序,保证本行业的正当利益。

一、报关行业管理的概念

我国报关行业管理组织称为报关行业协会,其在海关与报关单位之间,承担自律性管理职能。报关行业协会通过协调行业内部、行业之间和特定的社会关系或监督其成员的社会经济活动,推进行业健康、有序发展,维护行业的总体利益。一方面,报关行业管理组织贯彻海关的行政法规,监督报关单位和报关人员按照法律、行政法规和行业规则从事经营活动,督促报关单位合法经营,制止非法竞争和不正当竞争,为企业提供优质的服务;另一方面,报关行业管理组织能够贴近报关单位和报关人员,使报关单位和报关人员能够通过行业管理组织的合法途径,争取本行业的利益。

报关行业自律管理是海关落实简政放权、强化事后监管的重要举措,是海关引导企业守法自律,实现"管少、管精、管好"的重要途径。它对于充分发挥企业的市场主体作用,提高海关整体监管效能,具有十分重要的意义。

二、报关行业协会

中国报关协会(China Customs Brokers Association,CCBA)成立于2002年12月11日。中国报关协会是由地方报关协会、在海关注册的报关单位和个人自愿结成的非营利性质的,具有法人资格的全国性行业组织,其宗旨是配合政府部门加强对我国报关行业的管理;维护和改善报关市场的经营秩序;促进会员间的交流与合作;依法代表本行业利益,保护会员的合法权益;促进我国报关服务行业的健康发展。中国报关协会登记管理机关为民政部,业务主管单位为海关总署。[③] 目前,全国已在北京、河北、沈阳、大连、黑龙江、吉林、浙江、宁波、安徽、福州、厦门、江西、武汉、湖南、黄埔、拱北、汕头、海南、湛江、江门、广西、四川、重庆、云南、陕西、甘肃、新疆等地成立了几十个的地方报关协会,负责地方报关行业的协调和管理工作,其章程,如业务范围、会员管理、组织机构等基本与中国报关协会保持一致。

除此以外,国际上还有国际报关协会同盟(International Federation of Customs Brokers Associations,IFCBA),该组织成立于1990年,现有美国、加拿大、澳大利亚、意大利、印

---

① 资料来源:黄埔海关(2017年7月20日)(访问时间:2018年3月1日)。
② http://www.gkstk.com/article/wk-78500001742920.html。
③ 郭秀君:《海关理论与实务》,清华大学出版社2014年版。

度、日本、韩国等29个成员,是各国报关协会的联合组织。IFCBA的宗旨是鼓励和推动成员之间的合作,便利成员之间的信息和经验交流;开展与其他国际组织的合作,加强各国报关协会在促进贸易方面的谅解和配合,为各国报关员和报关委托人创造更好的业务环境。1993年亚洲地区还成立了亚洲报关协会同盟(FACBA),作为IFCBA在亚洲的分会,主要由日、韩两国负责牵头联系。中国报关协会于2004年2月5日加入IFCBA和FACBA。

三、报关行业管理内容

根据中国报关协会和地方报关协会的业务范围,报关行业管理的内容主要包括指导协调、行业自律、培训考试、信息交流、咨询服务、国际合作等。本书仅简要介绍其行业自律和部分规范建设内容。

(一)行业自律

2003年12月,中国报关协会在成立之初就制定并审议通过了《报关行业自律准则(试行)》。2013年,为贯彻《民政部关于开展行业自律与创建活动的通知》精神,健全报关行业自律规约,完善行业自律内容,中国报关协会对《报关行业自律准则》进行了修订。修订后的《准则》共分7章35条,主要内容如下。

1. 一般原则

(1)报关单位和报关从业人员应诚信守法、崇尚专业、自律规范、务实创新;

(2)报关单位应当积极引进先进的管理理念、管理方法和技术手段,不断提高内部管理水平;

(3)报关单位和报关从业人员应自觉遵守国家法律法规,不得超出有关法律、法规和规章规定的范围从事经营活动,不得有逃避国家贸易管制和偷逃税等走私、违规行为,不得索贿,也不得行贿执法人员;

(4)报关从业人员应当积极参加海关、报关协会或其授权单位组织的各类岗前培训、在职培训,并坚持在职自学,以达到熟悉国家相关法律法规、税务、外贸、商品知识,熟练掌握海关法律法规、海关业务制度和办理海关手续的技能,保持自身专业胜任能力;

(5)报关单位应加强反腐倡廉宣传教育,建立健全企业反腐倡廉制度,并将制度落到实处,及时发现和纠正违反制度的行为;

(6)报关单位和报关从业人员应当主动配合有关行政执法机关执行公务,据实举报违法行为,自觉抵制和纠正行业不正之风,维护报关行业形象;

(7)报关单位及报关从业人员有义务积极配合报关协会组织开展的各类行业调查工作;

(8)取得预归类服务资质的单位及个人应按进出口货物预归类服务行业管理暂行办法及有关操作规程的要求开展预归类服务,并接受报关协会对预归类服务的行业管理。

2. 报关业务规范

(1)报关企业应严格执行行业标准《报关服务作业规范》。

(2)报关单位开展报关业务,应依法到海关办理注册登记,领取报关注册登记证书,在证书有效期届满需延期的,应及时办理换证手续。

（3）报关单位和报关从业人员应当以国家管理部门核准的方式和范围从事经营，不得以任何形式出借、出租、转让报关权，不得非法代理他人报关或者超出业务范围进行报关活动。

（4）报关单位应当建立健全内部监督机制，加强制度建设，以完善、有效、切实可行的制度来规范对报关业务、报关从业人员的管理，努力提高工作质量和效率。同时，报关单位还应当健全账册，依法保存报关业务记录和报关单证。

（5）报关企业承接报关业务，应当由具有专业技能的报关员具体承办。

（6）报关企业和报关从业人员应当切实对委托方提供的单证等报关资料的真实性、完整性进行合理审查，并据此按照《中华人民共和国海关进出口货物报关单填报规范》填制报关单，承担相应的法律责任。不得承接单证不真实、资料不齐全的报关业务。

3．对委托方的责任

（1）报关企业应严格执行行业标准《报关服务质量要求》；

（2）报关企业和报关从业人员应当以服务、诚信为本，热心为委托方排忧解难，如实回答委托方对委托事项的询问，高质量、高效率地完成报关业务；

（3）报关单位及报关从业人员应使用由中国报关协会制定的全国规范统一格式的纸质或电子《代理报关委托书/委托报关协议》，委托双方应当本着自愿、平等、互利的原则签订《代理报关委托书/委托报关协议》，明确双方的责任、权利和义务，标明报关收费数额，并履行承诺；

（4）报关企业和报关从业人员应当为委托方保守商业秘密，不得利用该商业秘密为自己或他人谋取不正当利益；

（5）除国家法律、法规另有规定或者国家执法机关有要求外，报关企业和报关从业人员不得以任何形式向他人提供虚假保函或报关所需的证明材料；

（6）报关企业和报关从业人员不得虚假宣传欺骗委托方，不得虚构事实增加委托方的开支，不得向委托方索取报关服务费以外的非法利益。

4．对同行的责任

（1）报关单位和报关从业人员应当遵守公共关系准则，保持同行间良好的工作关系，合法执业、公平竞争。不得捏造、散布虚假事实，损害同行的商业信誉，不得以虚假宣传、免收服务费用和不正当的低廉价格，以及在账外暗中给付他人佣金、回扣等不正当竞争方式招揽报关业务，不得做损害同行间利益的情事；

（2）报关单位应当严格遵守《中华人民共和国劳动合同法》及有关规定，与报关从业人员签订劳动合同，不得损害报关从业人员的合法权益；

（3）报关从业人员应当信守职业道德、爱岗敬业，不得损害受雇企业的合法利益，不得随意违约离职，不得同时在两家或者两家以上的报关单位从业。

5．奖励与惩戒

（1）报关企业和报关从业人员模范遵守本准则，对提高报关质量作出突出贡献的，中国报关协会可将其评为"全国优秀报关企业"或"全国优秀报关员"，并予以通报表彰。

（2）对涉嫌违反本准则行为的报关单位和报关从业人员，报关协会调查属实后，可对其提出警告或予以通报批评。

（3）报关单位和报关从业人员有下列行为之一的，根据情节轻重，报关协会经常务理事会或会长会议批准,可以对其在业内通报批评、是会员的将予以除名,或将有关材料提供给相关执法机关:① 违反国家有关法律法规的;② 违反中国报关协会章程和本准则,并造成恶劣影响的;③ 进行不正当竞争,扰乱报关市场秩序的;④ 严重违反《代理报关委托书/委托报关协议》,侵害对方利益,造成恶劣影响的。

(二) 部分行业标准和规范

1. 推动报关员职业等级建设

2006年9月,中国报关协会作为新职业建议人正式向原劳动和社会保障部成功申报报关员职业,报关员职业被正式纳入国家职业分类体系;2007年12月,中国报关协会组织草拟的《报关员国家职业标准(试行)》经原劳动和社会保障部、海关总署联合对外颁布;2010年3月,人力资源和社会保障部正式批复海关总署成立职业技能鉴定指导中心,依托中国报关协会开展报关员职业技能鉴定工作。目前,有关报关员职业技能鉴定和报关水平测试之间的衔接问题正在研究之中。

2. 推动报关行业服务标准的建设

行业服务标准是配合海关管理、开展行业自律、维护行业利益的有效措施。2010年,海关总署正式批准制定"报关服务作业规范"的立项。"报关服务作业规范"作为报关行业服务标准的组成部分,有力地推动了整个报关行业服务标准制定和实施工作,促进了行业的健康有序发展。2011年1月,海关总署发布《报关服务作业规范》,2013年9月,海关总署发布《报关服务质量要求》作为海关行业标准。这两个文件互为补充,共同为提高报关质量、服务水平,优化通关环境和提高通关效率服务。

3. 评优表彰

为提高和推动报关企业的诚信守法意识,中国报关协会大力加强行业内的正面引导。2006年6月开始在全国报关企业内策划"诚信服务百优评比"活动,通过严格、公正、科学的评审,在全国报关企业中评出了179家"诚信服务百优企业";2009年"五一劳动节"开始又在全国范围内举办"全国优秀报关企业和优秀报关员"活动(简称"双优评比"活动),至2015年底已经成功举办了4届。评优表彰活动的开展,弘扬了"诚信守法、崇尚专业、自律规范、务实创新"的报关行业精神,强化了报关行业品牌建设,发挥了先进典型的示范作用,增强了报关企业规范管理和诚信经营意识、报关员的职业自豪感和队伍凝聚力,也提高了通关效率和行业整体水平。

本 章 小 结

报关管理既包括海关对报关单位和报关人员的依法管理,也包括报关行业的自律、规范和监督,还包括企业本身对报关人员和报关业务流程的内部化管理。

报关单位是指按照相关规定在海关注册登记的报关企业和进出口货物收发货人。报关单位注册登记制度是指进出口货物收发货人、报关企业依法向海关提交规定的注册登记申请材料,经海关依法审核,准予其办理报关业务的管理制度。报关单位注册登记分为进出口货物收发货人注册登记和报关企业注册登记。

报关单位注册登记一般包括提交申请、海关审查、核发证书3个步骤。进出口货物收发货人可直接到所在地海关办理注册登记,除海关另有规定外,进出口货物收发货人报关单位注册登记证书长期有效;报关企业应当经所在地直属海关或者其授权的隶属海关办理注册登记许可后,方能办理报关业务,报关企业注册登记许可期限为2年。报关单位应当在每年6月30日前向注册地海关提交《报关单位注册信息年度报告》。

报关企业在取得注册登记许可的直属海关关区外从事报关服务的,应当依法设立分支机构,并且向分支机构所在地海关备案;报关企业在取得注册登记许可的直属海关关区内从事报关服务的,可以设立分支机构,并且向分支机构所在地海关备案。报关企业分支机构备案有效期为2年。

报关单位要变更与延续注册登记,应该按照规定及时办理相应手续。变更手续应在变更生效或变更事实发生之日起30日内,延续手续应在注册登记许可有效期届满40日前办理。

我国自2014年开始在《中华人民共和国海关企业分类管理办法》的基础上实施企业信用管理制度。海关根据企业信用状况将企业认定为认证企业、一般信用企业和失信企业,按照"诚信守法便利,失信违法惩戒"原则,分别适用相应的管理措施。

经认证的经营者(AEO),是指以任何一种方式参与货物国际流通,并被海关当局认定符合世界海关组织或相应供应链安全标准的一方,包括生产商、进口商、报关行、承运商、理货人、中商商、口岸和机场、货站经营者、综合经营者、仓储业经营者和分销商。

根据2014年3月实施的《中华人民共和国海关报关单位注册登记管理规定》,报关人员是指经报关单位向海关备案,专门负责办理所在单位报关业务的人员。

报关行业协会通过协调行业内部、行业之间和特定的社会关系或监督其成员的社会经济活动,推进行业健康、有序发展,维护行业的总体利益。报关行业管理的内容主要包括指导协调、行业自律、培训考试、信息交流、咨询服务、国际合作等。

主 要 概 念

报关单位　进出口货物收发货人　报关企业　报关企业注册登记许可　企业信用分类管理　经认证的经营者(AEO)　高级认证企业　一般认证企业　一般信用企业　失信企业　报关行业自律

基 础 训 练

一、单项选择题

1. 报关企业的企业名称、法定代表发生变更的,应当(　　)。
A. 到注册地海关申请变更注册登记许可　　B. 到所在地海关办理变更手续
C. 办理报关注册注销手续　　D. 不必办理任何手续

2. 下列关于进出口货物收发货人和报关企业报关行为规则的表述,错误的是(　　)。
A. 两者办理报关业务时,向海关递交的纸质进出口货物报关单必须加盖本单位在海关备案的报关专用章
B. 两者均应对其所属报关员的报关行为承担相应的法律责任
C. 两者均可以代理其他单位办理报关业务
D. 两者均可在其注册登记地直属海关关区内各口岸或者海关业务集中的地点办理报关业务

3. 成为报关单位的法定要求是(　　)。

A. 为对外贸易经营者 B. 为境内法人或其他组织
C. 经海关注册登记 D. 有一定数量的报关员

4. ( )会被海关认定为一般信用企业。
A. 首次注册登记的企业 B. 拖欠应缴税款的企业
C. 有走私行为的企业 D. 被海关依法暂停从事报关业务的企业

5. 报关企业是指( ),接受进出口货物收发货人的委托,以委托人的名义或者以自己的名义,向海关办理代理报关业务,从事报关服务的中华人民共和国关境内的企业法人。
A. 工商注册登记 B. 税务注册登记
C. 企业主管部门批准 D. 经海关准予注册登记

6. 下列企业、单位中不属于报关单位的是( )。
A. 经海关批准在海关临时注册登记的境内某大学
B. 在海关注册登记的经营进出境快件业务的某快递公司
C. 海关注册登记的某外商投资企业
D. 海关注册登记的经营转关货物境内运输业务的某承运人

7. 根据《中华人民共和国海关报关单位注册登记管理规定》,除海关另有规定外,进出口货物收发货人《中华人民共和国海关报关单位注册登记证书》有效期为( )。
A. 1年 B. 2年
C. 3年 D. 长期有效

8. 《海关法》规定,报关人员向海关工作人员行贿的,( )。
A. 由海关暂停其从业资格,并处以罚款
B. 由海关取消其从业资格,并处以罚款
C. 由海关注销其报关注册,并处以罚款
D. 处以罚款;构成犯罪的,依法追究刑事责任

二、多项选择题

1. 根据海关对报关单位的现行管理规定,下列符合报关单位的行为规则的是( )。
A. 进出口货物收发货人代理其他单位报关
B. 专业报关企业接受具有报关权的外商投资企业的委托,代理其报关
C. 代理报关企业接受本企业承揽、承运货物的进出口货物收发货人的委托,代理其报关
D. 专业报关企业临时借用其他单位报关员代表本企业报关

2. 报关企业接受进出口收发货人的委托代理报关时,应对委托人所提供证明情况的真实性、完整性进行合理审查,审查内容包括( )。
A. 证明进出口货物实际情况的资料,包括进出口货物的品名、规格、用途、产地、贸易方式等
B. 有关进出口的合同、发票、运输单据、装箱单等商业单据
C. 有关进出口所需的许可证件及随附单证
D. 海关要求的加工贸易手册(纸质或者电子数据的)及其进口单据

3. 下列关于报关员和报关单位的表述正确的是( )。

A. 根据《中华人民共和国海关报关单位注册登记管理规定》，报关员是指经报关单位向海关备案，专门负责办理所在单位报关业务的人员

B. 根据《报关员国家职业标准（试行）》，报关员是指从事向海关办理进出口货物的申报及相关事宜的人员

C. 报关单位分为两类，进出口货物收发货人和报关企业

D. 除海关特殊监管区域双重身份企业外，报关单位不得同时在海关注册登记为进出口货物收发货人和报关企业

4. 以下说法正确的是（　　）。

A. 报关单位向海关提交的纸质进出口货物报关单应当加盖本单位的报关专用章

B. 报关专用章应当按照海关总署统一规定的要求刻制

C. 报关企业及其分支机构的报关专用章仅限在其取得注册登记许可或者备案的直属海关关区内使用

D. 进出口货物收发货人的报关专用章可以在全关境内使用

5. 报关单位向海关提交的注册信息中隐瞒真实情况、弄虚作假的（　　）。

A. 海关予以警告，责令其改正　　　B. 可以处5万元以下罚款
C. 可以处10万元以下罚款　　　　D. 可以处1万元以下罚款

6. 有下列情形之一的，海关应当依法注销注册登记许可（　　）。

A. 有效期届满未申请延续的

B. 报关企业依法终止的

C. 注册登记许可依法被撤销、撤回，或者注册登记许可证件依法被吊销的

D. 由于不可抗力导致注册登记许可事项无法实施的

7. （　　）项是关于报关员的正确理解。

A. 报关员必须取得从业资格

B. 报关员资格核准审批和报关员注册登记许可已经取消

C. 报关员的报关行为是基于报关单位的授权，并以报关单位的名义来办理

D. 报关员在办理报关业务时的违法行为，报关单位要承担相应的法律责任

8. 海关对企业信用状况的认定结果实施动态管理，以下说法正确的是（　　）。

A. 对高级认证企业应当每3年重新认证一次，对一般认证企业不定期重新认证

B. 适用失信企业管理满1年，且未再发生失信企业规定情形的，将其调整为一般信用企业管理

C. 高级认证企业未通过重新认证但符合一般认证企业标准的，适用一般认证企业管理

D. 失信企业被调整一般信用企业满1年的，可以向海关申请成为认证企业

三、简答题

1. 报关企业进行报关注册登记须具备什么样的条件？
2. 报关企业注册登记许可程序如何？
3. 哪些情况下海关应当依法注销报关企业的注册登记许可？
4. 哪些情形的企业会被海关认定为失信企业？
5. 一般认证企业、高级认证企业和失信企业各适用哪些管理原则和措施？
6. 报关行业管理主要涉及哪些方面内容？

四、案例分析

请思考：海关的决定是否合理？报关企业是否负有《海关法》所规定的如实申报义务？报关企业对收发货人提供的进出口货物情况是否负有审查义务？未尽合理审查义务的报关企业应承担何种法律责任？

业 务 实 训

1. 港商钱先生在江苏某地投资兴建了两家服饰公司，并在海关办理了报关注册手续，取得了报关权，为了节省成本，他可以聘用一名报关员办理两家公司进出口业务吗？

2. TiHong是设在上海的报关企业，现因业务发展需要在厦门市开展报关业务，公司安排了小李去办理相关手续，小李应携带哪些材料办理何种手续？

本章习题参考答案

第三章　我国对外贸易管制的制度与措施

- **知识目标**：了解我国对外贸易管制的含义、性质、目的和主要内容；
  掌握货物、技术进出口许可管理制度；
  了解和把握对外贸易经营制度、出入境检验检疫制度、进出口货物收付汇管理制度、对外贸易救济措施。
- **技能目标**：能熟悉禁限类货物及一些特殊货物的进出口许可管理制度，掌握其报关规范；
  能按照相关法律法规要求，申请和办理各类进出口许可证、配额证明、自动进口许可证、废物进口许可证、濒危物种允许进（出）口证明书、药品进（出）口准许证、黄金及其制品进（出）口准许证、两用物项和技术进（出）口许可证、出（入）境货物通关单、进口音像制品批准单、有毒化学品进（出）口环境管理放行通知单、进（出）口农药登记证明等手续。
- **能力目标**：理解我国对外贸易管制的出发点，提高对各类国际贸易货物合规进出的处理和应变能力。

引例 3-1

首次进口的化学品报关手续应该如何办理

第一节　对外贸易管制概述

▶▶ 一、对外贸易管制的含义、性质和目的

对外贸易管制，是指一国政府为了国家的宏观经济利益、国内外政策需要以及履行所缔

结或加入国际条约的义务,对本国的对外贸易活动实施有效的管理而确立实行的各种管理制度、设立相应管制机构和采取相应管制措施的总称。

对外贸易管制是政府的一种强制性行政管理行为。它所涉及的法律、行政法规、部门规章,是强制性的法律文件,不得随意改变。因此,对外贸易经营者或其代理人在报关活动中必须严格遵守这些法律、行政法规、部门规章,并按照相应的管理要求办理进出口手续,以维护国家利益不受侵害。对外贸易管制已成为各国不可或缺的一项重要政府职能,也是一个国家对外经济和外交政策的具体体现。

尽管各国实施的对外贸易管制措施在形式和内容上存在差异,但管制的目的往往大同小异,主要表现为:维护对外贸秩序,促进本国对外贸易健康、有序、合理发展;保护民族工业,保障国家经济安全;维护本国声誉,提高本国在国际舞台上的地位;配合本国外交战略和其他经济、文化、社会、环境战略目标的实现。

二、对外贸易管制的内容和类型

一个国家对外贸易管制制度涉及工业、农业、商业、军事、技术、卫生、环保、税务、质监、外汇、金融、保险等诸多领域。

按照不同的角度,对外贸易管制通常可分为三大类:一是按管理目的,分为进口贸易管制和出口贸易管制;二是按管制手段,分为关税措施和非关税措施;三是按管制对象,分为货物进出口贸易管制、技术进出口贸易管制和国际服务贸易管制。

我国对外贸易管制制度是一种综合管理制度,主要由海关监管制度、关税制度、对外贸易经营者管理制度、进出口许可制度、出入境检验检疫制度、进出口货物收付汇管理制度以及贸易救济制度等构成。为保障贸易管制各项制度的实施,我国已基本建立并逐步健全了以《中华人民共和国对外贸易法》(以下简称《对外贸易法》)为核心的对外贸易管制的法律体系,并依照这些法律、行政法规、部门规章和我国履行国际公约的有关规定,自主实行对外贸易管制。本章主要阐述货物、技术进出口许可制度、对外贸易经营者管理制度、出入境检验检疫制度、进出口货物收付汇管理制度、对外贸易救济措施等,其主要内容可概括为"证""备""检""核""救"五个字。

三、对外贸易管制与海关监管

(一)海关监管是实现对外贸易管制的重要手段

我国《对外贸易法》将对外贸易划分为货物进出口、技术进出口和国际服务贸易,而这些贸易,尤其是货物进出口贸易和以货物为表现形式的技术进出口贸易,最终都是要通过进出境行为来实现的。作为我国进出境监督管理机关的海关,依据《海关法》所赋予的权力,代表国家在口岸行使进出境监督管理职能,这种特殊的管理职能决定了海关监管是实现贸易管制目标的有效行政管理手段。

海关监管也是对外贸易管制得以实现的一个重要环节。对外贸易管制是通过国家对外贸易主管部门及其他行业主管部门依据国家对外贸易管制政策发放各类许可证或下发相关文件,最终由海关依据许可证件和相关文件对实际进出口货物的合法性实施监督管理来实现的,缺少海关监管这一环节,任何对外贸易管制政策都不可能充分发挥其效力。

(二) 对外贸易管制措施是海关监管的重要依据

我国《海关法》第四十条规定:"国家对进出境货物、物品有禁止性或限制性规定的,海关依据法律、行政法规、国务院的规定或者国务院有关部门依据法律、行政法规授权作出的规定实施监督。"该条款不仅赋予海关对进出口货物依法实施监督管理的权力,还明确了国家对外贸易管制政策所涉及的法律、法规是海关对进出口货物进行监管的法律依据。根据我国行政管理职责分工,与对外贸易管制相关的法律、行政法规、部门规章分别由全国人大、国务院及其所属各部、委(局)负责制定、颁发,海关则是贸易管制政策在货物进出口环节的具体执行机关。因此,海关对进出口货物实施监管或制定有关监管程序时,必须以国家对外贸易管制政策所涉及的法律、法规为依据,充分重视这些法律、法规与海关实际监管工作的前提和原则,制定合法、高效的海关监督管理程序,以确保国家各项对外贸易管制目标的实现。

第二节 我国对外贸易管制制度

我国对外贸易管制是一种国家管制,是由海关监管制度、关税制度、对外贸易经营者管理制度、进出口许可制度、出入境检验检疫制度、进出口货物收付汇管理制度以及贸易救济制度等构成的综合管理制度。

象牙可以被"文玩"吗?

一、货物、技术进出口许可管理制度

进出口许可管理制度是国家对进出口实行的一种行政管理制度,既包括准许进出口的有关证件的审批和管理制度本身的程序,也包括以国家各类许可为条件的其他行政管理手续。进出口许可管理制度作为一项非关税措施,是世界各国管理进出口贸易广泛运用的一种常见手段,在国际贸易中长期存在。

货物、技术进出口许可管理制度是我国进出口许可管理制度的主体,是国家对外贸易管制中极其重要的组成部分。其管理范围包括禁止进出口的货物和技术、限制进出口的货物和技术、自由进出口的货物和技术,以及自由进出口中部分实行自动许可管理的货物。

为维护国家安全和社会公共利益,保护人民的生命健康,发行我国所缔结或参加的国际条约和协定,国务院商务主管部门会同国务院有关部门,依照《对外贸易法》等有关法律法规,制定、调整并公布禁止(限制)进出口货物、技术目录。海关依据国家相关法律、法规对禁止进出口商品实施监督管理。

(一) 禁止进出口管理

1. 禁止进口

(1) 禁止进口货物。我国对禁止进口货物的管理主要根据商务部与国务院有关部门共同制定的《禁止进口货物目录》,国家有关法律、法规及其他规章制度明令禁止或停止进口的货物一律不得进口。

① 《禁止进口货物目录》。自2001年12月20日至2005年8月5日,原中华人民共和国对外贸易经济合作部与中华人民共和国商务部联合海关总署、国家环境保护总局等部委发布了六批《禁止进口货物目录》。其中:

第一批与第六批《禁止进口货物目录》的发布,目的是为了保护我国自然生态环境与资源,也是为了履行我国所缔结或者参加的与保护世界自然生态环境相关的国际条约与协定。譬如在第一批中有四氯化碳、犀牛角、虎骨、鸦片液汁浸膏(也称阿片),第六批中有多氯联苯、杀虫脒、二噁英、呋喃等。

第二批是国家对涉及生产安全、人身安全、和环境保护的旧机电产品。譬如盛装压缩或液化气的钢铁容器、放射性废物焚烧炉、家用型热水锅炉、心电图记录仪、核磁共振成像装置、商品归类中第87章的车类货物。

第三、第四、第五批所涉及的货物是对环境有污染的固体废物。譬如第三批中的城市垃圾、医疗废物、含铅汽油淤渣、焚化城市垃圾所产生的灰与渣等,第四批中的废轮胎及其切块、旧衣物等,第五批中的电冰箱、计算机类设备、移动通信设备、医疗器械等。

② 国家有关法律、法规明令禁止进口的货物。譬如《中华人民共和国对外贸易法》第十六条规定的"为了维护国家安全、社会公共利益或者公共道德,需要禁止进口的货物"。又如《中华人民共和国进出境动植物检疫法》规定的"动植物病源、害虫及其他有害生物,动物尸体"等。

③ 有关规章规定的禁止进口货物。譬如右置方向盘汽车。

(2) 禁止进口技术。我国对禁止进口技术的管理主要根据商务部与国务院有关部门依据《中华人民共和国对外贸易法》《中华人民共和国技术进出口管理条例》《中华人民共和国技术进出口管理办法》共同制定的《中国禁止进口限制进口技术目录》(第一批);该目录与2002年1月1日起实施,现在使用的是于2007年11月23日起实行的修订本。目录规定的技术一律不得进口。修订后的《中国禁止进口限制进口技术目录》禁止进口的技术主要涉及:松香胺聚氧乙烯醚系列新产品生产技术、司盘(Span)系列产品生产技术、松香胺生产技术、铅印工艺、减粘技术、农药生产技术、纯碱生产技术、苯胺工艺、氰化钠生产工艺、铬盐生产技术、石化工业用水处理药剂配方、苯酐生产技术、软木塞烫蜡包装药品工艺、镁碳砖生产技术、耐火材料技术、炼焦技术、炼铁、炼钢和轧钢二手设备及配套技术、热镀锌技术、氮氢保护气体罩式炉退火技术、水银整流器传动控制系统技术、化铁炉炼钢工艺、热烧结矿工艺、氧化铜线杆生产技术、常规炭浆技术、氰化法电镀黄铜连续作业线技术、电解铝生产工艺、稀土矿冶炼工艺、炼铅工艺、密闭鼓风炉炼铜技术、冶炼烟气制酸干法净化和热浓酸洗涤技术、金矿选矿、精炼工艺、单一稀土分离制备技术、稀土精矿前处理技术、汽车发动机产品技术、含铅绝缘漆技术、含卤覆铜板技术、汽车氟利昂空调系统技术及石棉摩擦材料制品技术、电池制造技术、氟利昂制冷技术等。

2. 禁止出口

(1) 禁止出口货物。我国对禁止出口货物的管理主要根据商务部与国务院有关部门共同制定的《禁止出口货物目录》，国家有关法律、法令及其他规章制度进行的。属于禁止出口的货物一律不得出口。

① 《禁止出口货物目录》。2001年12月20日—2008年12月11日，中华人民共和国对外贸易经济合作部（现商务部）、海关总署、国家林业局、国家环境保护总局等部委发布了五批《禁止出口货物目录》。其中：

第一批与第三批《禁止出口货物目录》的发布，目的是为了保护我国自然生态环境与资源，也是为了履行我国所缔结或者参加的与保护世界自然生态环境相关的国际条约与协定。譬如在第一批中有四氯化氮、犀牛角、牛黄、麝香、鲜发菜等，第三批中有长纤维青石棉、多氯联苯、杀虫脒等。

第二批是为了保护我国森林资源，防止乱砍滥伐破坏植被而发布的。主要包括木炭（原料为不为竹子的木材）。

第四批是为了保护我国经济建设所需要的、资源有限的、保护航行安全的沙石等货物，如硅砂及石英砂、各种天然砂。

第五批包括森林凋落物（无论是否经过化学处理）和泥炭（草炭）。

② 国家有关法律、法规明令禁止出口的货物。例如《中华人民共和国对外贸易法》第十六条规定的"为了维护国家安全、社会公共利益或者公共道德，需要禁止进口的货物"。又如《中华人民共和国野生植物保护条例》规定禁止出口未定名的或者新发现并且有重要价值的野生植物。

③ 有关规章规定的禁止出口货物。譬如野生红豆杉、劳改产品。

(2) 禁止出口技术。我国对禁止出口技术的管理主要根据与禁止进口技术管理的法律、法规基本相同。修订后的《中国禁止出口限制出口技术目录》禁止出口的技术主要涉及畜牧品种的繁育技术、微生物肥料技术、中国特有的物种资源技术、蚕类品种、繁育和蚕茧采集加工利用技术、水产品种的繁育技术、绿色植物生长调节剂制造技术、采矿工程技术、肉类加工技术、饮料生产技术、造纸技术、焰火爆竹生产技术、化学合成及半合成咖啡因生产技术、核黄素生产工艺、中药材资源及生产技术、中药饮片炮制技术、化学合成及半合成药物生产技术、非晶无机非金属材料生产技术、低维无机非金属材料生产技术、有色金属冶金技术、稀土的提炼、加工、利用技术、农用机械制造技术、航天器测控技术、航空器设计与制造技术、集成电路制造技术、机器人制造技术、地图制图技术、书画墨八宝印泥制造技术、中国传统建筑技术、计算机网络技术、空间数据传输技术、卫星应用技术、大地测量技术、中医医疗技术等。

(二) 限制进出口管理

我国《货物进出口管理条例》和《技术进出口管理条例》明确规定："国家规定有数量限制的进、出口货物，实行配额管理；其他限制进、出口货物，实行许可证件管理；实行配额管理的限制进、出口货物，由国务院商务主管部门和国务院有关经济管理部门按照国务院规定的职责划分进行管理。"

1. 限制进口

(1) 限制进口货物。按照限制方式,对进口货物的限制管理可以分为两种。

① 许可证件管理。进出口货物许可证管理是指国务院商务部部或者由其会同国务院有关部门,根据《中华人民共和国对外贸易法》及国家其他法律法规的有关规定,国内社会经济发展、环境保护等方面的需要,制定并调整进出口许可管理商品分级发证范围目录,由商务部及其授权发证机关根据上述目录统一签发《进口许可证》或《出口许可证》,海关凭相关许可证件验放货物的管理制度。

② 关税配额管理。关税配额管理是指国家在一定时期内,对某些货物规定按照配额税率进口一定的数量,超过规定数量部分则按照高于配额税率进口的管理制度。

(2) 限制进口技术。我国对限制进口技术的管理主要根据商务部与国务院有关部门依据《中华人民共和国对外贸易法》《中华人民共和国技术进出口管理条例》《中华人民共和国技术进出口管理办法》共同制定的《中国禁止进口限制进口技术目录》(第一批);该目录于2002年1月1日起实施,现在使用的是2007年11月23日起实行的修订本。

修订后的《中国禁止进口限制进口技术目录》限制进口的技术主要涉及下列领域:农业、食品制造业,纺织业,石油加工、炼焦及核燃料加工业,化学原料及化学制品制造业,非金属矿物制品业,黑色金属冶炼及压延加工业,有色金属冶炼及压延加工业,通用设备制造业,专用设备制造业,交通运输设备制造业,电气机械及器材制造业,仪器仪表及文化、办公用机械制造业,电力、热力的生产和供应业,银行业,环境管理业等领域。

目录规定的限制进口的技术实行许可证管理,未经国家许可,不得进口。

进口属于限制进口的技术,应当向国务院主管部门提出申请,国务院会同有关部门审核,申请批准后由国务院商务主管部门发给"中华人民共和国技术进口许可意向书",该"意向书"持有者可以对外签订技术进口合同,合同订立后再向国务院商务主管部门申请技术进口许可证。经审核符合发证条件的,由国务院商务主管部门颁发"中华人民共和国技术进口许可证",凭以向海关办理进口通关手续。进口时,进口人或委托人应该主动向海关递交技术进口许可证件办理进口手续。

2. 限制出口

(1) 限制出口货物。《中华人民共和国货物进出口管理条例》规定,国家规定有数量限制的出口货物实行配额管理;其他限制出口货物实行许可证件管理;实行配额管理的限制出口货物,由国务院商务主管部门和有关部门按照规定职责划分进行管理。限制出口货物管理有出口配额限制与出口非配额限制两种:

① 出口配额限制。出口配额限制又分为两种管理形式:

第一,出口配额许可证管理。出口配额许可证管理是指国家对部分商品在一定时期内规定出口数量总额,获得配额者被允许出口的管理措施。

出口配额许可证管理通过直接分配方式发放。需要出口配额者提出申请,国务院主管商务部门或有关部门,按照效益、公开、公正、公平竞争的原则,对有资格获得配额的申请者发放各类配额证明。

申请者获取配额证明后,到国务院商务主管部门及其授权机构凭配额证明申领出口许可证。

第二,出口配额招标管理。出口配额招标管理是指国家对部分商品在一定时期内规定出口数量总额,采取招标分配原则,中标者获得配额并被允许出口的管理措施。

中标者获取配额证明后,到国务院商务主管部门及其授权机构凭配额证明申领出口许可证。

② 出口非配额限制。出口非配额限制是指国家在一定时期内,根据国内政治、经济、军事、卫生、环保、资源等方面发展以及为了履行我国所加入或缔结的国际条约、协定的需要,经国家有关主管部门签发许可证方式来实现限制出口的措施。该种措施通常用于濒危物种出口、两用物项出口及军品出口等货物。

(2)限制出口技术。我国对于限制出口技术主要根据商务部与国务院有关部门依据《中华人民共和国对外贸易法》《中华人民共和国技术进出口管理条例》《中华人民共和国技术进出口管理办法》《中华人民共和国生物两用品及相关设备和技术出口管制条例》《中华人民共和国核两用品及相关技术出口管制条例》《中华人民共和国核出口管制条例》等实行管理,对目录规定的限制出口的技术实行许可证管理,未经国家许可,不得出口。我国目前限制出口的技术目录主要有《两用物项和技术进出口许可证管理目录》与《中国禁止出口限制出口技术目录》。出口上述限制出口技术应当向国务院商务主管部门提出申请(申请程序与手续与禁止进口技术相似),经批准后取得技术出口许可证件,在出口时,出口人或者委托人应该主动向海关递交技术出口许可证件办理出口手续。

(三)自由进出口管理

除国家禁止或者限制进出口的货物与技术以外,其他货物与技术均属于自由进出口范畴。为了满足国家对部分货物进口情况统计与监督的需要,国家对部分属于自由进口的货物实行自动进口许可管理,对自由进出口技术实行合同登记管理。

自动进口许可管理是指在任何情况下对进口申请都予批准进口许可的制度。经营自动进口许可管理货物的经营者,应当在办理保管前向国务院商务主管部门或国务院有关经济部门提出自动进口许可申请,获准后,凭上述机构发放的自动进口许可证向海关办理报关手续。

需要进出口属于自由进出口技术者,应当向国务院商务主管部门或其委托机构办理合同备案登记(目前实行网上在线登记:jsjckqy.fwmys.mofcom.gov.cn);上述部门应该在收到规定的文件之日起3个工作日内,对合同登记内容进行核对,并向技术进出口经营者颁发技术进出口合同登记证;申请人凭技术进出口合同登记证,办理外汇、银行、税务、海关等手续。对外贸易经营者管理制度是由进出口经营权管理制度和进出口经营范围管理制度构成的。

案 例 应 用 3-3

进口货物与贸易管制措施

二、对外贸易经营者管理制度

(一) 进出口经营权管理制度

为履行入世承诺,促进对外贸易发展,我国对外贸易经营者的资格管理由先前的核准审批制改为备案登记制。对外贸易经营者,是指依法办理工商登记或者其他执业手续,依照《对外贸易法》和其他有关法律、行政法规的规定从事对外贸易经营活动的法人、其他组织或者个人。备案登记制,是指上述对外贸易经营者在从事对外贸易经营活动之前,必须按照国家有关规定,依照法定程序在国务院商务主管部门备案登记,取得对外贸易经营资格后才可以在国家允许的范围内从事对外贸易经营活动。《对外贸易法》和《对外贸易经营者备案登记办法》对对外贸易经营者进行备案登记的管理机构和程序等方面做出了明确的规定。

(二) 对外贸易经营范围管理制度

对外贸易经营范围管理制度既包括对从事对外贸易经营主体本身的范围管制,也包括对主体所经营的具体商品类别和服务项目的管制。

对于部分关系国计民生的重要进出口商品,国家对其实行国营贸易管理,既列明具体商品名称,也指定经营企业名录。实行国营贸易管理的进出口货物目录和企业名录由国务院商务主管部门会同国务院有关经济管理部门制定、调整并公布。目前,我国实行国营贸易管理的商品主要包括玉米、大米、煤炭、原油、成品油、棉花、锑及锑制品、钨及钨制品、白银等。一般情况下,非授权企业目录内的企业不得经营货物目录内的货物进出口,但可以委托有国营贸易经营权的企业进出口。未经批准擅自进出口实行国营贸易管理的货物,海关不予放行。

国营贸易企业应当根据正常的商业条件从事经营活动,不得以非商业因素选择供应商,不得以非商业因素拒绝其他企业或者组织的委托。"非商业因素"主要是价格、品质、供货能力、商业信誉等以外的因素。例如,国营贸易企业不能因为委托人是私营企业或合资企业而拒绝代理进出口。

实行国营贸易管理的货物,国家允许非国营贸易企业从事部分数量的进出口。

三、出入境检验检疫制度

出入境检验检疫制度是我国对外贸易管制制度的重要组成部分,其目的是为了维护国家声誉和对外贸易有关当事人的合法权益,保证国内的生产、促进对外贸易健康发展,保护我国的公共安全和人民生命财产安全等。为了适应建立和完善社会主义市场经济体制的要求,加强质量监督和检验检疫执法,在 2001 年 4 月,原国家质量技术监督局和国家出入境检验检疫局合并,成立了中华人民共和国国家质量监督检验检疫总局,2018 年 4 月 20 日起,出入境检验检疫管理职责和队伍划入海关总署,统一以海关名义对外开展工作。

(一) 出入境检验检疫制度的含义

进出口商品检验检疫制度是指国家质量监督检验检疫总局及其分支机构依法对出入境

的货物、物品及其包装物、交通运输工具、进出境人员实施检验检疫和监督管理的法律依据和行政手段的总和。

(二) 出入境检验检疫管制制度的构成

我国出入境检验检疫管制制度由进出口商品检验制度、进出境动植物检疫制度、国境卫生监督制度组成。

进出口商品检验制度是指根据《中华人民共和国进出口商品检验法》及其实施条例的规定，由国家质量监督检验总局及其口岸出入境检验检疫机构对进出口商品进行检验、监督管理的制度。检验内容为进出口商品品质、数量、包装是否符合合同及国家对卫生安全等要求的规定。检验方法分为法定检验、合同检验、公证鉴定与委托检验四种。凡是列入《出入境检验检疫机构实施检验检疫的进出境商品目录》(简称《法检目录》)所列的商品以及其他国际公约、法律法规所定的商品，都必须进行法定检验。对法定检验以外的货物是否需要检验，按照贸易合同规定办理，检验检疫机构可以接受委托检验。

进出境动植物检疫制度是指根据《中华人民共和国进出境动植物检疫法》及其实施条例的规定，国家质量监督检验检疫总局及其口岸出入境机构对进出境动植物、动植物产品的生产、加工、存放过程实行动植物检疫的出入境的监督管理制度。口岸出入境检验检疫机构实施动植物检疫监督管理方式有注册登记、疫情调查、检测和防疫指导等，检疫内容有进出境检疫、过境检疫、进出境携带和邮寄物检疫、出入境运输工具检疫等。

国境卫生监督制度是指出入境检验检疫机构根据《中华人民共和国国境卫生检疫法》及其实施细则和国家其他卫生法律法规、卫生标准，在口岸对出入境的交通工具、货物、运输容器及口岸辖区的公共场所、环境、生活措施、生产设备所进行的卫生检查、鉴定、评价和采样检验制度。

来自疫区的动植物过境检疫

四、进出口货物收付汇制度

《中华人民共和国对外贸易法》第三十五条规定，对外贸易经营者在对外贸易经营活动中，应当遵守国家有关外汇管理的规定。这里所说的国家有关外汇管理的规定，就是指我国的外汇管理制度，即国家外汇管理局、中国人民银行及国务院其他有关部门、依据国务院公布的《中华人民共和国外汇管理条例》及其他有关规定，对包括经常项目外汇业务、资本项目外汇业务、金融机构外汇业务、人民币汇率的生成机制和外汇市场等领域实施的监督管理。

进出口货物收付汇管理是我国实施外汇管理的主要手段,也是我国外汇管理制度的重要组成部分。①

长期以来,我国对出口货物收汇管理和进口货物付汇管理采取的都是外汇核销形式。国家外汇管理局制发"出口收汇核销单"和"进口付汇核销单",作为跟踪、监督报关单位货物进出时外汇收付情况的重要凭证,前后需办理一系列较为烦琐的手续。为大力推进贸易便利化,进一步改进货物贸易外汇服务和管理,国家外汇管理局、海关总署、国家税务总局决定,自2012年8月1日起在全国实施货物贸易外汇管理制度改革,并相应调整出口报关流程,优化升级出口收汇与出口退税信息共享机制。

(一) 改革的主要内容

1. 改革货物贸易外汇管理方式

改革之日起,取消出口收汇核销单(以下简称核销单),企业不再办理出口收汇核销手续。国家外汇管理局分支局(以下简称外汇局)对企业的贸易外汇管理方式由现场逐笔核销改变为非现场总量核查。外汇局通过货物贸易外汇监测系统,全面采集企业货物进出口和贸易外汇收支逐笔数据,定期比对、评估企业货物流与资金流总体匹配情况,便利合规企业贸易外汇收支;对存在异常的企业进行重点监测,必要时实施现场核查。

2. 对企业实施动态分类管理

外汇局根据企业贸易外汇收支的合规性及其与货物进出口的一致性,将企业分为A、B、C三类。A类企业进口付汇单证简化,可凭进口报关单、合同或发票等任何一种能够证明交易真实性的单证在银行直接办理付汇,出口收汇无须联网核查;银行办理收付汇审核手续相应简化。对B、C类企业在贸易外汇收支单证审核、业务类型、结算方式等方面实施严格监管,B类企业贸易外汇收支由银行实施电子数据核查,C类企业贸易外汇收支须经外汇局逐笔登记后办理。外汇局根据企业在分类监管期内遵守外汇管理规定情况,进行动态调整。A类企业违反外汇管理规定将被降级为B类或C类;B类企业在分类监管期内合规性状况未见好转的,将延长分类监管期或被降级为C类;B、C类企业在分类监管期内守法合规经营的,分类监管期满后可升级为A类。

3. 调整出口报关流程

改革之日起,企业办理出口报关时不再提供核销单。

4. 简化出口退税凭证

自2012年8月1日起报关出口的货物(以海关"出口货物报关单[出口退税专用]"注明的出口日期为准),出口企业申报出口退税时,不再提供核销单;税务局参考外汇局提供的企业出口收汇信息和分类情况,依据相关规定,审核企业出口退税。

(二) 改革后企业主要业务环节

(1) 成为"贸易外汇收支企业名录"内企业。外汇局实行"贸易外汇收支企业名录"登记管理,统一向金融机构发布名录。金融机构不得为未列名企业办理贸易外汇收支业务。企业依法取得对外贸易经营权后,应当持有关材料到外汇局办理名录登记手续方可取得贸易外汇收支业务资格。保税监管区域企业取得相关外汇登记证明后,只需签署"货物贸易外汇收支业务办理确认书",自动列入名录。名录内企业直接到外汇指定银行就可办理外汇收支业务。

---

① 张兵主编:《进出口报关实务(第3版)》,清华大学出版社2016年版。

（2）新进名录企业实施辅导期管理。辅导期限为发生首笔贸易外汇收支业务之日起 90 天内。辅导期结束以后，企业需进行辅导期业务报告。辅导期企业应填写专门的《进出口收付汇信息报告表》，逐笔对应货物进出口与收付汇或转口贸易收支数据，现场报送外汇局。

（3）不同分类的企业规定不同范围的义务性报告。

（4）企业可登录应用服务平台，通过监测系统办理相关业务。企业应到外汇局领取本企业管理员用户名和密码，企业管理员的唯一功能是设置本企业业务操作员，登录应用服务平台，通过监测系统办理具体业务。

五、对外贸易救济制度

我国 2001 年底正式成为世界贸易组织（WTO）成员国，世界贸易组织允许成员方在进口产品倾销、补贴和过激增长等给其国内产业造成损害的情况下，可以使用反倾销、反补贴和保障措施手段以保护国内产业不受损害。

反倾销、反补贴和保障措施都属于贸易救济措施。反倾销和反补贴措施针对的是价格歧视这种不公平贸易行为，保障措施针对的则是进口产品激增的情况。

（一）反倾销措施

倾销是指一国产品以低于其正常价值的价格，将产品出口到另一国市场的行为。倾销从表面上看对进口国是有利的，但实际上，这种低价销售的背后，出口国为了垄断进口国市场，用价格手段扰乱进口国市场，打击进口国竞争对手，结果常使进口国的相关产业因不堪低价竞争而纷纷关闭，造成进口国的一系列问题，如国内产品市场份额减少、工业萎缩、就业机会减少等，同时还会严重影响国家经济发展和国家财政。因此，各国往往通过国内立法手段进行反击。从反倾销的产生和其功能来看，应属于一种非关税措施。

我国依据 WTO 关于《反倾销协议》以及《中华人民共和国反倾销条例》实施反倾销措施。反倾销措施包括临时反倾销措施和最终反倾销措施。

1. 临时反倾销措施

临时反倾销措施是指进口方主管机构经过调查，初步认定被指控产品存在倾销，并对国内同类产业造成损害，据此可以依据 WTO 所规定的程序进行调查，在全部调查结束之前，为防止在调查期间国内产业继续受到损害而采取 WTO 所允许的措施。

临时反倾销措施有两种形式：一是征收临时反倾销税，二是要求提供现金保证金、保函或者其他形式的担保。

征收临时反倾销税，由国务院外经贸主管部门提出建议，国务院关税税则委员会根据其建议作出决定，由国务院外经贸主管部门予以公告。要求提供现金保证金、保函或者其他形式的担保，由国务院外经贸主管部门作出决定予以公告。海关自公告规定实施之日起执行。

临时反倾销措施实施的期限，自临时反倾销措施公告规定实施之日起，不超过 4 个月；在特殊情况下，可以延长至 9 个月。

2. 最终反倾销措施

对终裁决定确定倾销成立，并由此对国内产业造成损害的，可以在正常海关税费之外征收反倾销税。征收反倾销税，由国务院外经贸主管部门提出建议，国务院关税税则委员会根据其建议作出决定，由国务院外经贸主管部门予以公告。海关自公告规定实施之日起执行。

(二) 反补贴措施

补贴是指政府或任何公共机构对企业提供财政捐助,以及政府对其收入或价格的支持,特别是出口补贴。补贴与倾销一样,也是一种不公平竞争行为。

反补贴与反倾销的措施相同,也分为临时反补贴措施和最终反补贴措施。

1. 临时反补贴措施

初裁决定确定补贴成立,并由此对国内产业造成损害的,可以采取临时反补贴措施。临时反补贴措施采取保证金或者保函作为担保的征收临时反补贴税的形式。

采取临时反补贴措施,由国务院外经贸主管部门提出建议,国务院关税税则委员会根据其建议作出决定,由国务院外经贸主管部门予以公告。海关自公告规定实施之日起执行。

临时反补贴实施的期限,自临时反补贴措施决定公告规定实施之日起,不超过 4 个月。

2. 最终反补贴措施

在为完成磋商的努力没有取得效果的情况下,终裁决定确定补贴成立,并由此对国内产业造成损害的,征收反补贴税。

征收反补贴税,由国务院外经贸主管部门提出建议,国务院关税税则委员会根据其建议作出决定,由国务院外经贸主管部门予以公告。海关自公告规定实施之日起执行。

(三) 保障措施

保障措施是指进口国在进口激增并对国内产业造成严重损害威胁时采取的进口限制措施。保障措施在性质上完全不同于反倾销措施和反补贴措施。保障措施针对的是公平贸易条件下的进口产品,反倾销措施和反补贴措施针对的是不公平竞争。

根据 WTO《保障措施协议》的有关规定,保障措施分为临时保障措施和最终保障措施。

1. 临时保障措施

临时保障措施是指在紧急情况下,如果延迟会造成难以弥补的损失,进口国成员可以不经磋商而采取临时性保障措施。临时性保障措施的实施期限,自临时保障措施决定公告规定实施之日起,不得超过 200 天,并且此期限计入保障措施总期限。

临时性保障措施应采取提高关税形式。如果事后调查不能证实进口激增对国内有关产业已经造成损害或损害威胁,则征收的关税应立即予以退还。

2. 最终保障措施

最终保障措施可以采取提高关税、纯粹的数量限制和关税配额形式。但保障措施应仅在防止或救济严重损害的必要限度内实施。

保障措施的实施期限一般不超过 4 年,如果仍需以保障措施防止损害或救济损害的产业,或有证据表明该产业正在进行调整,或延长后的措施不严于延长前的措施,则可适当延长实施期限。但保障措施全部实施期限(包括临时保障措施期限)不得超过 10 年。

第三节　我国对外贸易管制措施及报关规范

对外贸易管制作为一项综合性管理制度,涉及我国工业、农业、教育、医药、卫生、军事、科技、文化、生态、环境等领域的方方面面。为此,国家规定了一系列的管理措施,并强调了其报关规范,主要包括进出口许可证、自动进口许可证,以及对固体废物、濒危物种、药品、黄金及其制品、两用物项和技术、音像制品、化学品、农药等特殊货物进出口的管理等。

一、进出口货物许可证管理

(一) 进出口货物许可证管理及进出口许可证含义

所谓进出口货物许可证管理是指商务部或者由其会同国务院有关部门,根据《中华人民共和国对外贸易法》及国家其他法律法规的有关规定,制定并调整《进口许可证管理货物目录》与《出口许可证管理货物目录》,统一签发《进口许可证》或《出口许可证》的方式对上述目录中的商品实行行政许可的管理。

进口许可证是指国家批准经营者进口《进口许可证管理货物目录》中商品的证明文件,是海关验放该类货物的重要依据。

出口许可证是指国家批准经营者出口《出口许可证管理货物目录》中商品的证明文件,是海关验放该类货物的重要依据。

(二) 进出口许可证申领、签发与有关规定

1. 申领

申领进口或出口许可证,应按照商务部规定的要求填写"进口许可证申请表"或者"出口许可证申请表",在申请表中写明申请单位名称、进口或出口商品名称、进口或出口成交价格、贸易方式、进口国别(地区)或输往国别(地区)、出运或到运口岸等内容。申领时要按照国家进出口许可证管理分级发证目录的要求到相应签发机关办理。

2. 签发

商务部统一管理、指导全国各级机构签发进出口许可证工作。具体由商务部配额许可证事务局签发中央、国务院各部委及所属企业申领的进出口许可证。商务部驻各地特派员办事处签发在其联系地区内有关部门进出口许可证。各省(直辖市、自治区)计划单列市以及被商务部授权的其他省会城市商务厅(局)外经贸委(厅、局)签发本地区进出口许可证。

3. 有关规定

进出口许可证是国家管理货物进出口的凭证,不得买卖、转让、涂改、伪造和变造。

对外贸易经营者进口或者出口列入《进口许可证管理商品目录》与《出口许可证管理商品目录》的商品,应该在进出口前按照规定向指定的发证机构申领《进口许可证》与《出口许可证》。

报关时报关单位应主动向海关提交有效的《进口许可证》与《出口许可证》。向海关报关所递交的许可证必须做到"证货相符""单证相符"。

> **案 例 应 用 3-5**
>
> "无证到货"违规案
>
>

(三) 进出口许可证适用范围与报关规范

1. 进出口许可证适用范围

商务部会同海关总署制定、调整和发布年度《进口许可证管理货物目录》与《出口许可证管理货物目录》。随着贸易自由化的发展，国内外政治经济形势会发生变化，国家也会适时地调整进出口许可的商品种类，因此，进出口许可证适用范围是变动的，其趋势是进出口许可证管理的商品种类将逐步缩小，但不会最终取消。

2. 进出口许可证报关规范

(1) 进口许可证。①

① 进口许可证有效期为一年，以当年12月31日为限。特殊情况需要跨年度时，有效期最长不得超过次年3月31日，逾期自行失效。

② 进口许可证一经签发，不得擅自更改证面内容，如需更改，经营者应当在许可证有效期内提出更改申请，并将许可证交回原发证机构，由原发证机构重新换发许可证。许可证更改内容如涉及经营者，进口商品税号、数量、金额、价格、原产地、进口用途、外汇来源，贸易方式，报关口岸等栏目，如原批准机构有相应限制，经营者应当提供原批准机构同意更改的文件。

③ 已领取的进口许可证如果丢失，经营者应当立即向许可证证面注明的进口口岸地海关及相关发证机构书面报告挂失，声明作废，并及时向公安机关报案。发证机构收到经营者遗失报告，经核实该证确未通关使用后，可撤销原进口许可证并核发新证。

④ 进口许可证管理实行"一证一关"管理。一般情况下进口许可证为"一批一证"，如要实行"非一批一证"，应当同时在进口许可证备注栏内打印"非一批一证"字样。

"一证一关"是指进口许可证在其有效期内只能在一个海关报关。

"一批一证"制度是指在一般情况下，许可证在其有效期内只能作一次性报关使用。

对不实行一批一证的，发证机关在签发进口许可证时必须在备注栏中注明"非一批一证"字样，在其有效期内最多可使用12次，使用时，海关在许可证背面"海关验放签注栏"内逐批签注核减进口数量。

⑤ 对进口实行许可管理的大宗、散装货物，溢装数量不得超过进口许可证所列数量的5%；对不实行"一批一证"的大宗、散装货物，在每批货物进口时，按照实际进口数量进行核扣，最后一批货物进口时，其溢装数量按照该许可证实际剩余数量并在规定的溢装上限5%内计算。

(2) 出口许可证。②

① 出口许可证的有效期最长不得超过6个月，且有效期截止时间不得超过当年12月31日，逾期自行失效；以加工贸易方式出口属于配额许可证管理的货物，其出口许可证有效期按加工贸易业务批准证核定的出口期限核发，但不得超过当年12月31日。如加工贸易业务批准证核定的出口期限超过当年12月31日，经营者应在原出口许可证有效期内向发证机构提出换发新一年出口许可证。发证机构收回原证，在发证系统中对原证进行核销，扣除已使用的数量后，按加工贸易业务批准证核定的出口期限重新签发新一年度出口许可证，

---

① 参见《货物进口许可证管理办法》(2004)。
② 参见《货物出口许可证管理办法》(2008)。

并在备注栏中注明原证证号。

② 出口许可证一经签发,任何单位和个人不得擅自更改证面内容;如需要对证面内容进行更改,经营者应当在出口许可证有效期内将出口许可证退回原发证机构,重新申领出口许可证。

③ 已领取的出口许可证如遗失,经营者应当立即向许可证证面注明的出口口岸地海关及相关发证机构书面报告,并在全国性经济类报刊中登载"遗失声明",发证机构凭遗失声明,并经核实该证确未通关后,可注销该证,并核发新证。

④ 出口许可证管理实行"一证一关""一批一证"与"非一批一证"管理制度。

"一证一关"是指出口许可证在其有效期内只能在一个海关报关。

"一批一证"制度,是指在一般情况下,许可证在其有效期内只能作一次性报关使用。

对"非一批一证",发证机关在签发进口许可证时必须在备注栏中注明"非一批一证"字样,在其有效期内最多可使用12次。使用时,海关在许可证背面"海关验放签注栏"内逐批签注核减出口数量。

⑤ 对出口实行许可管理的大宗、散装货物,溢装数量不得超过出口许可证所列数量的5%;对不实行"一批一证"的大宗、散装货物,在每批货物出口时,按照实际出口数量进行核扣,最后一批出口货物出口时,其溢装数量按照该许可证实际剩余数量并在规定的溢装上限5%内计算。

⑥ 对外经援项目出口实行出口许可证管理的货物免领出口许可证。

⑦ 赴国(境)外参加或者举办展览会运出境外展品、展卖品、小卖品的规定:

赴国(境)外参加或者举办展览会所带属于出口许可证管理的非卖展品,免领出口许可证,海关凭出国(境)经济贸易展览会审批部门批准办展的文件和出口货物报关单监管验放。参展单位应当在展览会结束后6个月内,将非卖展品如数运回,由海关核销。在特殊情况下,经海关同意,可以延期。

赴国(境)外参加或者举办展览会带出的展卖品、小卖品,属于出口许可证管理的,参展单位凭出国(境)经济贸易展览会审批部门的批准文件及出国(境)经济贸易展览会组展单位提供的参展证明,向《分级发证目录》规定的发证机构申领出口许可证,不占用出口配额。

监控化学品、易制毒化学品、消耗臭氧层物质以及其他国际公约管辖的货物,按正常出口办理,不适用上述两项规定。

⑧ 出口货物样品和文化交流或者技术交流需对外提供属于出口许可证管理货物的货样的规定:

经营者运出国(境)外属于出口许可证管理货物的货样或者实验用样品,每批货物价值在人民币3万元(含3万元)以下者,免领出口许可证,海关凭经营者填写的出口货样报关单查验放行;超过3万元者,视为正常出口,经营者按规定申领出口许可证。出口许可证备注栏内应当注明"货样"字样。

监控化学品、易制毒化学品、消耗臭氧层物质以及其他国际公约管辖的货物对外提供货样,按正常出口办理,不适用上述规定。

⑨ 中国政府根据两国政府间的协议或者临时决定,对外提供捐赠品或者中国政府、组织基于友好关系向对方国家政府、组织赠送的物资,涉及出口许可证管理的货物,凭有关协议或者决定签发出口许可证,不占用出口配额。

二、自动进口许可证管理

(一) 管理机构

商务部根据监测货物进口情况需要,对部分自由进口货物实行自动许可管理。自动进口许可管理实行分级管理。具体由商务部配额许可证事务局、商务部驻各地特派员办事处、各省(直辖市、自治区)计划单列市商务主管部门、地方机电产品进出口机构根据《自动进口许可管理货物目录》进行管理并签发中华人民共和国自动进口许可证。(简称自动进口许可证)。

(二) 适用范围

1. 自动进口许可证管理的商品范围

随着贸易自由化在全球进程发展,国家政治、经济环境及经济发展目标变化,商务部会同海关总署会适时地调整自动进口许可的商品种类,因此,自动进口许可证适用范围是变动的。

《自动进口许可管理货物目录》中的所列商品是按类别分别进行管理的。一类是非机电类货物,另一类是机电类货物,分别由商务部与地方商务主管部门、地方和部门机电产品进出口办公室进行管理。

例如,2018年《自动进口许可管理货物目录》中的非机电类货物有:牛肉、猪肉、羊肉、肉鸡、鲜奶、奶粉、木薯、大麦、高粱、大豆、油菜籽、植物油、食糖、玉米酒糟、豆粕、烟草、二醋酸纤维丝束、铜精矿、煤、铁矿石、铝土矿、原油、成品油、氧化铝、化肥、钢材,由有关地方商务主管部门或商务部管理;机电类货物包括共517个商品编码的货物,其中商务部管理的有292个,地方、部门机电产品进出口办公室管理的有225个。

2. 免交自动进口许可证货物

(1) 除原油、成品油以外的加工贸易项下进口并且复出口的货物。

(2) 除旧机电产品以外的外商投资企业作为投资进口或者投资额内生产自用的货物。

(3) 货样广告品、实验品进口、每批次价值不超过5 000元。

(4) 暂时进口的海关监管货物。

(5) 进入保税区、出口加工区等海关特殊监管区域及保税仓库、保税物流中心的属于自动进口许可管理的货物。

(6) 国家法律、法规规定其他免领自动进口许可证的货物。

(三) 报关规范

(1) 进口属于《自动进口许可管理货物目录》中的货物,在办理报关手续时,报关人员必须向海关提交自动进口许可证。

(2) 自动进口许可证有效期为6个月,不得跨年度使用。

(3) 自动进口许可证原则上实行"一批一证"管理,对部分货物可以实行"非一批一证"管理。实行"非一批一证"管理的,可以在有效期内分批次报关,累计使用最多为6次,海关应该在自动进口许可证原件"海关验放签注栏"内予以批注并且留存复印件,最后一次使用时,海关留存正本。在同一个进口合同项目下,收货人可以申领多份自动进口许可证。

(4) 对散装货物溢装的规定有:

① 对散装货物溢装数量在货物总量5%以内,海关予以免证验放;

② 对原油、成品油、化肥、钢材四种大宗货物的散装货物溢装数量在货物总量3%以内，海关予以免证验放；

③ 对"非一批一证"管理进口实行"自动进口许可证"管理的大宗散装货物,每批货物进口时,按照实际进口数量核扣自动进口许可额度数量,最后一批货物进口时,其溢装数量按照自动进口许可证实际剩余数量并且在规定的允许溢装上限内计算。

三、进口废物管理

（一）主管部门

环境保护部是进口废物的国家主管部门。

国家环境保护部会同商务部制定、调整并发布《限制进口类可用作原料的废物目录》与《自动进口许可类可用作原料的废物目录》,对没有列入上述目录的固体废物禁止进口。

目录中的废物是指在生产建设、日常生活和其他活动中产生的污染环境的废弃物质,包括工业固体废物、城市生活垃圾、危险废物以及液态废物和置于容器中的气态废物。其中：工业固体废物是指在工业、交通生产活动中产生的固体废物；城市生活垃圾是指城市日常生活中或者为城市日常生活提供服务的活动中产生的固体废物,法律法规规定视为城市生活垃圾的固体废物；危险废物是指列入国家危险废物名录或者根据国家规定的危险废物鉴别标准和鉴别方法认定的具有危险特征的废物。

（二）进口可用作原料废物的程序

（1）废物进口单位或者使用单位直接向国家环境保护部提出进口废物申请。

（2）国家环境保护部审核,核准和签发废物进口许可证。该证可以分为两种,一种是中华人民共和国自动许可类可用作原料的固体废物进口许可证,另一种是中华人民共和国限制进口类可用作原料的固体废物进口许可证。

需要强调指出,废物进口许可证是我国进出口许可管理制度中具有法律效力、证明废物合法进口的证明文件。废物进口者或者使用者必须在进口前申领废物进口许可证。

（3）申请者获证后组织进口。

（4）进口废物抵达口岸后,口岸检验检疫机构凭国家环境保护部签发的废物进口许可证以及其他必要单证受理报验。

（5）经审核没有发现不符合环境保护要求的,口岸检验检疫机构向报验人出具入境货物通关单,海关凭有效废物进口许可证及入境货物通关单办理通关手续。

对不符合环境保护要求的,向报验人出具检验证书并且及时以检验证书副本通知口岸海关和当地环保部门,海关会同地方环保部门依法对废物进行处理。

（三）适用范围

列入《限制进口类可用作原料的废物目录》与《自动进口许可类可用作原料的废物目录》的废物。

（四）报关规范

（1）向海关申报进口列入《限制进口类可用作原料的废物目录》或者《自动进口许可类可用作原料的废物目录》的废物,报关单位应该主动向海关提交有效的废物进口许可证、入境货物通关单及其他有关证据。

(2) 对没有列入上述两个目录的废物,或者虽然已经列入但没有取得有效的废物进口许可证的废物一律不得进口和存入保税仓库。

(3) 废物进口许可证实行"非一批一证"管理。

(4) 除了废纸,进口的废物不能够转关,只能够在口岸海关办理申报进境手续。

> **相关链接 3-6**
>
> 中国禁止洋垃圾入境　这些国家慌了
>
>

四、濒危物种进出口管理①

(一) 濒危物种进出口管理的主要法律依据

1. 《中华人民共和国森林法》
2. 《中华人民共和国野生动物保护法》
3. 《中华人民共和国海关法》
4. 《中华人民共和国濒危野生动植物进出口管理条例》
5. 《中华人民共和国野生植物保护条例》
6. 《濒危野生动植物种国际贸易公约》

(二) 濒危物种进出口管理的具体内容

为了加强对濒危野生动植物及其产品的进出口管理,保护和合理利用野生动植物资源,履行《濒危野生动植物种国际贸易公约》(以下简称公约),国务院林业、农业(渔业)主管部门(以下称国务院野生动植物主管部门)依据上述法律、法规及其有关决议、决定等的规定,按照职责分工主管全国濒危野生动植物及其产品的进出口管理工作。对于列入《禁止进出口货物目录》的野生动植物及其产品,国家禁止进出口,对于依法进出口野生动植物及其产品的,国家实行野生动植物进出口证书管理。

中华人民共和国濒危物种进出口管理办公室(简称"国家濒管办")会同海关总署共同制定、公布和调整《进出口野生动植物种商品目录》(以下简称商品目录),对于商品目录中公约限制进出口的濒危野生动植物及其产品、出口列入商品目录中国家重点保护的野生动植物及其产品的,实行允许进出口证明书管理(分别核发"濒危野生动植物种国际贸易公约允许进出口证明书"和"中华人民共和国野生动植物允许进出口证明书",或简称"公约证明"和"非公约证明")。进出口列入商品目录中的其他野生动植物及其产品的,实行物种证明管理

---

① 参见《中华人民共和国野生动植物进出口管理条例》(2018修正)。

(核发"非《进出口野生动植物种商品目录》物种证明",或简称"物种证明")。

1. 进出口濒危野生动植物的条件

进口濒危野生动植物及其产品的,必须具备下列条件:

(1) 对濒危野生动植物及其产品的使用符合国家有关规定;
(2) 具有有效控制措施并符合生态安全要求;
(3) 申请人提供的材料真实有效;
(4) 国务院野生动植物主管部门公示的其他条件。

出口濒危野生动植物及其产品的,必须具备下列条件:

(1) 符合生态安全要求和公共利益;
(2) 来源合法;
(3) 申请人提供的材料真实有效;
(4) 不属于国务院或者国务院野生动植物主管部门禁止出口的;
(5) 国务院野生动植物主管部门公示的其他条件。

2. 进出口濒危野生动植物的申请和审批

进口或者出口濒危野生动植物及其产品的,申请人应当向其所在地的省、自治区、直辖市人民政府野生动植物主管部门提出申请,并提交下列材料:

(1) 进口或者出口合同;
(2) 濒危野生动植物及其产品的名称、种类、数量和用途;
(3) 活体濒危野生动物装运设施的说明资料;
(4) 国务院野生动植物主管部门公示的其他应当提交的材料。

省、自治区、直辖市人民政府野生动植物主管部门应当自收到申请之日起 10 个工作日内签署意见,并将全部申请材料转报国务院农业(渔业)主管部门。国务院野生动植物主管部门应当自收到申请之日起 20 个工作日内,作出批准或者不予批准的决定,并书面通知申请人。在 20 个工作日内不能作出决定的,经本行政机关负责人批准,可以延长 10 个工作日,延长的期限和理由应当通知申请人。

3. 进出口证明书的申请和核发[①]

申请人取得国务院野生动植物主管部门的进出口批准文件后,应当在批准文件规定的有效期内,向国家濒危物种进出口管理机构申请核发允许进出口证明书。申请核发允许进出口证明书时应当提交下列材料。

(1) 书面申请书和证明书申请表。申请人为单位的,应当加盖印章;申请人为个人的,应当附加本人签字或者印章。
(2) 国务院野生动植物主管部门的进出口批准文件。
(3) 进出口合同。但是以非商业贸易为目的个人、家庭所有的野生动植物及其产品进出口的除外。
(4) 资质证明。申请人为单位的,应当提交营业执照复印件或者其他资质证明;申请人为个人的,应当提交身份证件复印件。其中,委托代理的,应当提交代理人资质证明和委托代理合同;申请商业性进出口的,还应当提交申请人或者代理人允许从事对外贸易经营活动

---

① 国家林业局、海关总署关于《野生动植物进出口证书核发管理办法(征求意见稿)》公开征求意见的通知。

的资质证明。

（5）进口或者出口含野生动植物成分的药品、食品等产品的，应当提交物种成分含量表和产品说明书；进出口活体野生动物的，应当提交符合《活体野生动植物装运准备及运输规则》或者《活体动物运输规则》的装运说明材料。

（6）出口野生动植物及其产品的，应当提交来源类型证明。

（7）以加工贸易方式进口或者进口后再出口野生动植物及其产品的，应当提交海关核发的加工贸易手册复印件或者电子化手册、电子账册相关内容（表头及相关表体部分）打印件，并加盖申请人印章；进口后再出口野生动植物及其产品的，还应当提交加盖申请人印章的经海关签注的证明书复印件和海关进口货物报关单复印件。进口的野生动植物原料加工后再出口的，应当提交相关生产加工的转换计划。

（8）实行年度计划管理、限额管理的，从第二次申请核发证明书开始，应当提交反映实际执行情况的说明材料。

（9）国家濒管办公示的其他应当提交的材料。

（10）进出口公约附录所列的野生动植物及其产品的，还应当提交下列材料：① 进口公约附录所列野生动植物及其产品的，应当提交境外公约管理机构核发的允许出口证明材料，公约有特殊规定的除外。② 出口公约附录Ⅰ所列野生动植物及其产品，或者进口后再出口公约附录Ⅰ所列活体野生动植物及其产品的，应当提交境外公约管理机构核发的允许进口证明材料；进口公约附录Ⅰ所列活体野生动物的，还应当提交接受者在笼舍安置、照管等方面的文字和图片材料，公约有特殊规定的除外。

与非公约缔约国之间进出口的，提交的证明材料应当是在公约秘书处注册的机构核发的允许进出口证明材料。

国家濒管办或者其办事处在收到核发证明书的申请后，对申请材料齐全、符合法定形式的，应当即时出具受理通知书；对不予受理的，应当即时告知申请人并说明理由，出具不予受理通知书；对申请材料不齐或者不符合法定形式的，应当在5个工作日内出具补正材料通知书，并一次性告知申请人需要补正的全部内容。国家濒管办或者其办事处核发证明书，需要咨询国家濒危物种进出口科学机构的意见、需要向境外相关机构核实允许进出口证明材料等有关内容，或者需要对出口的野生动植物及其产品进行实地核查的，应当在出具受理通知书时，告知申请人。咨询意见、核实内容和实地核查所需时间不计入核发证明书工作日之内。

国家濒管办或者其办事处应当自收到申请之日起20个工作日内，作出是否准予行政许可的决定。对准予行政许可的，应当核发证明书；对不予行政许可的，应当书面告知申请人和国务院野生动植物主管部门，并说明理由。在法定期限内不能作出决定的，经国家濒管办负责人批准，可延长10个工作日，并将延长期限的理由告知申请人。

4. 物种证明的申请和核发

申请核发物种证明的，申请人应当根据申请的内容和所在区域向国家濒管办或者其办事处提出申请。申请人应当提交下列材料。

（1）书面申请书和物种证明申请表。申请人为单位的，应当加盖公章；申请人为个人的，应当附加本人签字或者印章。

（2）进出口合同。属于委托代理的，还应当提交委托代理合同。但以非商业贸易为目的个人、家庭所有的野生动植物或者其产品的进口后再出口的除外。

（3）资质证明。申请人为单位的，应当提交营业执照复印件或者其他资质证明；申请人为个人的，应当提交身份证件复印件。其中，委托代理的，应当提交代理人资质证明和委托代理合同；申请商业性进出口的，还应当提交申请人或者代理人允许从事对外贸易经营活动的资质证明。

（4）进口或者出口含野生动植物成分的药品、食品等产品的，应当提交物种成分含量表和产品说明书。

（5）出口野生动植物及其产品的，应当提交合法来源证明材料。

（6）进口野生动植物及其产品的，应当提交境外相关机构核发的原产地证明、植物检疫证明或者提货单等证明材料。

（7）进口的活体野生动物属于外来陆生野生动物的，应当提交国务院野生动物主管部门同意引进的批准文件。

（8）进口后再出口野生动植物及其产品的，应当提交加盖申请人印章并经海关签注的物种证明复印件或者海关进口货物报关单复印件。

（9）国家濒管办公示的其他应当提交的材料。

国家濒管办或者其办事处在收到核发物种证明的申请后，对申请材料齐全、符合法定形式的，应当即时出具受理通知书；对不予受理的，应当即时告知申请人并说明理由，出具不予受理通知书；对申请材料不齐或者不符合法定形式的，应当在5个工作日内出具补正材料通知书，并一次性告知申请人需要补正的全部内容。有下列情形之一的，国家濒管办及其办事处不予核发物种证明：不能证明其来源合法的，提供虚假申请材料的。

国家濒管办或者其办事处应当自收到申请之日起20个工作日内，作出是否准予行政许可的决定。对准予行政许可的，应当核发物种证明；对不予行政许可的，应当书面告知申请人，并说明理由。在法定期限内不能作出决定的，经国家濒管办负责人批准，国家濒管办应当在法定期限届满前5个工作日办理延期通知书，并告知申请人。延长期限不得超过10个工作日。

申请人需要对未使用的物种证明上记载的进出口口岸、境外收发货人等内容进行变更的，应当在物种证明有效期届满前向原发证机关提出书面变更申请。申请人需要延续物种证明有效期的，应当在物种证明有效期届满30日前向原发证机关提出书面延期申请。原发证机关应当根据申请，在物种证明有效期届满前作出是否准予变更或者延期的决定。

物种证明损坏的，申请人可以在物种证明有效期届满前向原发证机构提出补发的书面申请并说明理由，同时将已损坏的物种证明交回原发证机关。原发证机关应当根据申请，在物种证明有效期届满前作出是否准予补发的决定。

（三）适用范围与报关规范

1. 非公约证明

（1）适用范围

列入《进出口野生动植物种商品目录》中属于国家重点保护的野生动植物及其产品的报关（出口）活动。

（2）报关规范

① 事先向国家濒管办及其办事处申领"中华人民共和国野生动植物允许进出口证明

书"（或简称非公约证明），在报关时，应该主动向海关提交有效的非公约证明与其他有关单证。

② 非公约证明实行一批一证制度，证明书的有效期不得超过六个月。

2. 公约证明

（1）适用范围

列入《进出口野生动植物种商品目录》中属于《濒危野生动植物种国际贸易公约》限制进出口的濒危野生动植物及其产品的报关活动。

（2）报关规范

① 事先申领濒危野生动植物种国际贸易公约允许进出口证明书（或简称公约证明），在报关时，应该主动向海关提交有效的公约证明与其他有关单证。

② 公约证明实行一批一证制度，证明书的有效期不得超过6个月。

3. 物种证明

（1）适用范围

列入商品目录中除证明书管理以外的野生动植物及其产品的报关活动。即列入商品目录，但在国家重点保护和《公约》限制进出口范围以外的野生动植物及其产品的进出口，均须申领物种证明。

（2）报关规范

① 物种证明分为一次使用和多次使用两种，即实行一批一证与非一批一证制度。对于同一物种、同一货物类型并在同一报关口岸多次进出口野生动植物及其产品的，申请人可向国家濒管办指定的办事处申请核发多次使用物种证明；但属于下列情形的，不得申请核发多次使用物种证明：出口国家保护的有益的或者有重要经济、科学研究价值的陆生野生动物及其产品的；进口或者进口后再出口与国家保护的有益的或者有重要经济、科学研究价值的陆生野生动物同名的陆生野生动物及其产品的；出口与国家重点保护野生植物同名的人工培植来源的野生植物及其产品的；进口或者进口后再出口与国家重点保护野生动植物同名的野生动植物及其产品的；进口或者进口后再出口非原产我国的活体陆生野生动物的；国家濒管办公示的其他情形。

② 一次使用的物种证明有效期不得超过6个月，多次使用的物种证明有效期至当年的12月31日。

五、进出口药品管理

国家食品药品监督管理局依照《中华人民共和国药品管理法》、有关国际公约及国家其他法规，对进出口药品实施许可制度。

国家食品药品监督管理局会同国务院商务部门对进出口药品依法制定与调整管理目录，以签发许可证件的形式予以管理。

目前，我国公布的药品进出口管理目录有《进口药品目录》《生物制品目录》《精神药品管制品种目录》《麻醉药品管制品种目录》和《兴奋剂目录》。

《中华人民共和国药品管理法》第四十条规定："药品必须从允许药品进口的口岸进口，并由进口药品的企业向口岸所在地药品监督管理部门登记备案。"目前，允许进口药品的口岸城市共19个，即北京、天津、上海、大连、青岛、成都、武汉、重庆、厦门、南京、杭州、宁波、福州、广州、深圳、珠海、海口、西安、南宁。

从管理角度，我国将进出口药品分为三类，对其管理是有区别的。

（一）进口一般药品

国家对一般药品实行目录（即进口药品目录）管理，一般药品进口后，报检人（即进口人）应填写《进口药品报检单》并随附发票、装箱单、运单及厂家出具的品质证书，向国家食品药品监督管理局授权的口岸药检所报验，药检所对符合规定及检验合格的进口药品签发进口药品通关单，海关凭进口药品通关单及其他有关单证验放。

进口药品通关单是我国进口许可管理制度中具有法律效力，用来证明对外贸易经营者经营列入《进口药品目录》的药品合法进口的证明文件，是海关验放该类货物的重要依据。

1.《进口药品目录》适用范围

（1）进口列入《进口药品目录》的药品是指用于预防、治疗、诊断人的疾病，有目的地调节人的生理机能并且规定有适应证、用法和用量的物质，包括中药材、中药饮品、中成药、化学原料药及其制剂、抗生素、化学药品、血清疫苗、血液制品等。

（2）进口列入《生物制品目录》的药品包括疫苗类制品、血液制品用于血源筛查的体外诊断试剂等。

（3）首次在我国境内销售的药品。

（4）对进口暂未列入《进口药品目录》中原料药的单位，必须遵守《进口药品管理办法》中的各项有关规定，主动到各口岸药品检验所报验。

2. 报关规范

（1）进口列入《进口药品目录》的药品，均应事先申领进口药品通关单。

（2）报关单位应该主动向海关提交有效的进口药品通关单及其他单据。

（3）进口药品通关单实行一批一证制度，证面内容不得修改；在该单注明的口岸使用。

（二）进出口精神药品、麻醉药品

精神药品是指抗精神失常药，主要用于治疗各种精神病的药物，大多具有使狂躁兴奋的精神病人定安的作用。

麻醉药品是指连续使用药物后易使之产生生理依赖性，能成瘾的药品。

根据《中华人民共和国药品管理法》和国务院制定的《精神药品管理办法》《麻醉药品管理办法》的规定以及有关国际条约，国家食品药品监督管理局承担了制定与调整《精神药品管制品种目录》《麻醉药品管制品种目录》的职责。承担以签发精神药品进口准许证与精神药品出口准许证、麻醉药品进口准许证与麻醉药品出口准许证的形式对列入《精神药品管制品种目录》的精神药品、列入《麻醉药品管制品种目录》的麻醉药品进出口实行限制管理。海关凭证办理进出口手续。

1. 适用范围

（1）进出口列入《精神药品管制品种目录》的药品，包括精神药品标准品及对照品。

（2）进出口列入《麻醉药品管制品种目录》的麻醉药品，包括鸦片类、可卡因类、大麻类、合成麻醉药类，以及其他易成瘾癖的药品、药原用植物及制剂。

2. 报关规范

（1）进出口列入《精神药品管制品种目录》的药品，均应事先申领精神药品进出口准许证;进出口列入《麻醉药品管制品种目录》的药品,均应事先申领麻醉药品进出口准许证。

(2) 报关单位应该主动向海关提交有效的精神药品进出口准许证及其他单据;报关单位应该主动向海关提交有效的麻醉药品进出口准许证及其他单据。

(3) 精神药品进出口准许证与麻醉药品进出口准许证都实行"一批一证"制度,证面内容不得修改并且在该单注明的口岸使用。如果需要修改证面内容,应该到国家食品药品监督管理局办理换证手续。

六、黄金及其制品进出口管理[①]

中国人民银行是黄金及黄金制品进出口主管部门,对黄金及黄金制品进出口实行准许证制度。中国人民银行根据国家宏观经济调控需求,可以对黄金及黄金制品进出口的数量进行限制性审批。列入《黄金及黄金制品进出口管理目录》的黄金及黄金制品进口或出口通关时,应当向海关提交中国人民银行及其分支机构签发的中国人民银行黄金及黄金制品进出口准许证。

(一) 管理方式

中国人民银行会同海关总署制定、调整并公布《黄金及黄金制品进出口管理商品目录》,法人、其他组织以下列贸易方式进出口黄金及黄金制品的,应当按规定办理中国人民银行黄金及黄金制品进出口准许证:① 一般贸易;② 加工贸易转内销及境内购置黄金原料以加工贸易方式出口黄金制品的;③ 海关特殊监管区域、保税监管场所与境内区外之间进出口的。

个人、法人或者其他组织因公益事业捐赠进口黄金及黄金制品的,应当按规定办理中国人民银行黄金及黄金制品进出口准许证。个人携带黄金及黄金制品进出境的管理规定,由中国人民银行会同海关总署制定。

国家黄金储备进出口由中国人民银行办理,金质铸币(包括金质贵金属纪念币)进出口由中国人民银行指定机构办理。

黄金制品进出口申请由中国人民银行地市级以上分支机构受理;中国人民银行上海总部;各分行、营业管理部、省会(首府)城市中心支行,深圳市中心支行审批。

申请黄金进出口(除因公益事业捐赠进口黄金)的,应当具备法人资格,近2年内无相关违法违规行为,并且具备下列条件之一:① 是国务院批准的黄金交易所的金融机构会员或做市商,具备黄金业务专业人员、完善的黄金业务风险控制制度和稳定的黄金进出口渠道,所开展的黄金市场业务符合相关政策或管理规定,并且申请前两个年度黄金现货交易活跃、自营交易量排名前列;② 是国务院批准的黄金交易所的综合类会员,年矿产金10吨以上、其生产过程中的污染物排放达到国家环保标准,在境外黄金矿产投资规模达5 000万美元以上,取得境外金矿或者共生、伴生金矿开采权,已形成矿产金生产能力,所开展的业务符合国内外相关政策或管理规定,申请前两个年度黄金现货交易活跃,自营交易量排名前列的矿产企业;③ 在国内有连续3年且每年不少于2亿元人民币的纳税记录,在境外有色金属投资1亿美元以上,取得境外金矿或共生、伴生金矿开采权,已形成矿产金生产能力,所开展的业务符合国内外相关政策或管理规定的矿产企业;④ 承担国家贵金属纪念币生产任务进口黄

---

① 参见中国人民银行、海关总署联合令2015年第1号(《黄金及黄金制品进出口管理办法》)。

金的生产企业；⑤ 为取得国际黄金市场品牌认证资格进出口黄金的精炼企业。

申请黄金制品进出口（除因公益事业捐赠进口黄金制品）的，应当具备法人或其他组织资格，近2年内无相关违法违规行为，并且具备下列条件之一：① 生产、加工或者使用相关黄金制品的企业，有必要的生产场所、设备和设施，生产过程中的污染物排放达到国家环保标准，有连续3年且年均不少于100万元人民币的纳税记录；② 适用海关认证企业管理的外贸经营企业，有连续3年且年均不少于300万元人民币的纳税记录；③ 因国家科研项目、重点课题需要使用黄金制品的教育机构、科学研究机构等。

申请黄金进出口的，应当向中国人民银行提交下列材料：① 书面申请，应当载明申请人的名称、住所（办公场所）、企业概况、进出口黄金的用途和计划数量等业务情况说明；② 黄金及黄金制品进出口申请表；③ 加盖公章的企业法人营业执照复印件；④ 黄金进出口合同及其复印件；⑤ 加盖公章的《中华人民共和国组织机构代码证》复印件；⑥ 申请人近2年有无违法行为的说明材料；⑦ 银行业金融机构还应当提供内部黄金业务风险控制制度有关材料，申请出口黄金的还应当提交在国务院批准的黄金现货交易所实物黄金库存量证明；⑧ 黄金矿产的生产企业还应当提交省级环保部门出具的污染物排放许可证件和年度达标检测报告复印件、商务部门有关境外投资批复文件复印件、银行汇出汇款证明书复印件，境外国家或者地区开采黄金有关证明，企业近3年的纳税记录；⑨ 申请出口黄金的还应当提交由行业主管部门或自律组织出具的黄金产能证明和在国务院批准的黄金现货交易所的登记证明。

申请黄金制品进出口的，应当向申请人住所地的中国人民银行地市级以上分支机构提交下列材料：① 书面申请，应当载明申请人的名称、住所（办公场所）、企业概况、进出口黄金制品的用途和计划数量等业务情况说明；② 黄金及黄金制品进出口申请表；③ 加盖公章的企业法人营业执照、事业单位法人证书等法定登记证书复印件；④ 黄金制品进出口合同复印件；⑤ 加盖备案登记章的对外贸易经营者备案表或外商投资企业批准证书；⑥ 申请人近2年有无违法行为的说明材料；⑦ 生产、加工或者使用黄金制品的企业还应当提交近3年的企业纳税记录，地市级环保部门出具的污染物排放许可证件和年度达标检测报告及其复印件；⑧ 从事外贸经营的企业还应当提交适用海关认证企业管理的有关证明材料、近3年的企业纳税记录；⑨ 教育机构、科研机构还应当提交承担国家科研项目、重点课题的证明材料；⑩ 出口黄金制品的企业还应当提交在国内取得黄金原料的增值税发票等证明材料。

免予办理中国人民银行黄金及黄金制品进出口准许证，由海关实施监管的黄金及其制品进出情形：① 通过加工贸易方式进出的；② 海关特殊监管区域、保税监管场所与境外之间进出的；③ 海关特殊监管区域、保税监管场所之间进出的；④ 以维修、退运、暂时进出境方式进出境的。

（二）适用范围与报关规范

1. 适用范围

(1) 进出口列入《黄金及黄金制品进出口管理目录》的黄金及黄金制品。

(2) 黄金是指未锻造金，黄金制品是指半制成金和金制成品等。根据2017年1月1日起实施的最新目录，主要包括：

氰化金、氰化金钾（含金40%）等（包括氰化亚金〔Ⅰ〕钾〔含金68.3%〕、氰化亚金〔Ⅲ〕钾〔含金57%〕）（海关商品编码：2843300010）；

非货币用金粉(海关商品编码：7108110000)；
非货币用未锻造金(包括镀铂的金)(海关商品编码：7108120000)；
非货币用半制成金(包括镀铂的金)(海关商品编码：7108130000)；
货币用未锻造金(包括镀铂的金)(海关商品编码：7108200000)；
其他黄金首饰及其零件(不论是否包、镀其他贵金属)(海关商品编码：7113191990)；
其他贵金属制金器及零件(工艺金章、摆件等，不论是否包、镀贵金属)(海关商品编码：7114190020)；
金质铸币(金质贵金属纪念币)(海关商品编码：7118900010)；
黄金表壳(按重量计含金量80%及以上)(海关商品编码：9111100010)；
黄金表带(按重量计含金量80%及以上)(海关商品编码：9113100010)。

(3) 进出口"其他金化合物(海关商品编号2843300090)""镶嵌钻石的黄金制首饰及其零件(海关商品编号7113191100)"的，免予办理中国人民银行黄金及黄金制品进出口准许证。[①]

2. 报关规范

(1) 被许可人在办理黄金及黄金制品货物进出口时，凭中国人民银行黄金及黄金制品进出口准许证向海关办理有关手续。

(2) 中国人民银行黄金及黄金制品进出口准许证实行一批一证制度，自签发日起40个工作日内使用。被许可人有正当理由需要延期的，可以在凭证有效期届满5个工作日前持原证向发证机构申请办理一次延期手续。

为简化审批手续、促进贸易便利化，中国人民银行和海关总署决定自2016年6月1日起，对黄金及黄金制品进出口准许证实行非一批一证管理试点工作，即可在签发之日起6个月有效期内、在不超过规定数量和批次的情况下多次报关。试点海关为北京、上海、广州、南京、青岛、深圳海关。

七、两用物项和技术进出口许可证管理

(一) 主管机构

两用物项和技术是指《中华人民共和国核出口管制条例》《中华人民共和国核两用品及相关技术出口管制条例》《中华人民共和国导弹及相关物项和技术出口管制条例》《中华人民共和国生物两用品及相关设备和技术出口管理条例》《中华人民共和国监控化学品管理条例》《中华人民共和国易制毒化学用品管理条例》及《有关化学品及相关设备和技术出口管理办法》中所规定的相关物项及技术。

商务部和海关总署依据上述法规颁布了《两用物项和技术进出口许可证管理办法》，发布《两用物项和技术进出口许可证管理目录》，规定对列入目录的物项及技术的出口统一实行两用物项和技术进出口许可证管理。

商务部统一管理、指导全国各发证机构的两用物项和技术进出口许可证发证工作。商务部配额许可证事务局和受商务部委托的省级商务主管部门为两用物项和技术进出口许可

[①] 中国人民银行、海关总署联合公告2016年第32号《〈黄金及黄金制品进出口管理商品目录〉调整公告》。

证发证机构。两用物项和技术进出口前,进出口经营者应当向发证机关申领中华人民共和国两用物项和技术进口许可证或中华人民共和国两用物项和技术出口许可证,凭以向海关办理进出口通关手续。

(二) 报关规范

(1) 进出口经营者应当对列入《两用物项和技术进出口许可证管理目录》的商品与技术在进出口前,向发证机关申领中华人民共和国两用物项和技术进口许可证或中华人民共和国两用物项和技术出口许可证。

(2) 报关时进出口经营者应向海关提交有效的两用物项和技术进出口许可证。

(3) 海关有权对进出口经营者进出口的货物是否属于两用物项和技术提出质疑,进出口对不属于管制范围的两用物项与技术,经营者向其省级商务主管部门申请,省级商务主管部门提出处理意见后报商务部审定。

(4) 两用物项和技术进口许可证实行非一批一证制和一证一关制,实行非一批一证制的,应该在两用物项和技术进口许可证备注栏内打印"非一批一证"字样;两用物项和技术出口许可证实行一批一证制和一证一关制。

(5) 两用物项和技术进出口许可证有效期一般不超过 1 年。跨年度使用时,在有效期限内只能使用到次年 3 月 31 日。逾期自动失效,海关不予验放。

(6) 不得买卖、转让、涂改、伪造和变造两用物项和技术进出口许可证。

(7) 两用物项和技术进出口许可证一经签发,任何单位和个人不得更改证面内容,如需对证面内容进行更改,进出口经营者应当在许可证有效期内向相关行政主管部门重新申请进出口许可,并凭原许可证和新的批准文件向发证机构申领两用物项和技术进出口许可证。

(8) "两用物项和技术进口许可证"证面的进口商、收货人应分别与海关进口货物报关单的经营单位、收货单位相一致,"两用物项和技术出口许可证"证面的出口商、发货人应分别与海关出口货物报关单的经营单位、发货单位相一致。

八、纺织品出口临时管理

为了加快我国纺织品出口增长方式转变,稳定纺织品出口经营秩序,根据《中华人民共和国对外贸易法》和《中华人民共和国行政许可法》,2005 年 6 月 7 日,商务部第 10 次部务会议通过了《纺织品出口临时管理办法(暂行)》,该办法中的出口国是指最终目的国(地区),加工贸易出口指实际报关出口国(地区)。该办法规定从 2005 年 7 月 20 日起施行,转口贸易和通过外发加工方式(OPA)在内地加工且原产地非中国内地的纺织品不适用本办法。

(一) 管理机构与《管理商品目录》的制定

商务部负责全国纺织品出口临时管理工作,并根据工作需要会同海关总署和质检总局制定及调整《纺织品出口临时管理商品目录》(以下简称《管理商品目录》)。商务部授权各省、自治区、直辖市、计划单列市、新疆生产建设兵团及哈尔滨、长春、沈阳、南京、武汉、成都、广州、西安商务主管部门(以下简称各地商务主管部门)负责本地区纺织品临时出口许可管理工作。质检总局根据商务部的建议,授权上述部门负责有关纺织品临时出口的原产地证书签发工作。

《管理商品目录》的制定及调整由商务部、海关总署和质检总局以公告形式对外公布,发布内容包括涉及的产品类别及其税则号、涉及的国家或者地区、实施时间范围和许可总量等。

(二)纺织品临时出口许可管理适用范围

1. 适用的海关监管方式

纺织品临时出口许可管理适用于一般贸易、易货贸易、来料加工装配贸易进口料件及加工出口货物、补偿贸易、进料加工(对口合同)、进料加工(非对口合同)、保税工厂和其他贸易。

2. 适用的情形

对于有关国家或地区(如美国、加拿大、欧盟等)对我实行限制的纺织产品,或与我国签订有双边协议规定需要临时进行数量管理的纺织产品,将列入《管理商品目录》,实行临时出口管理。

(三)报关规范

(1) 列入《管理商品目录》的商品,对外贸易经营者应当在出口前向当地商务主管部门办理临时出口许可的审批手续,并申领许可证,凭许可证向海关办理报关验放手续。

(2) 纺织品临时出口许可证实行一批一证、一关一证,在公历年度内有效,有效期为6个月,逾期作废。纺织品临时出口许可证持有者,在有效期内未出口的,可以到原发证机构办理延期手续,最长延期不超过3个月,需延期、更改的,重新换发新证。

(3) 出口样品的,对于每批商品数量不超过50件(含50件、套、双、千克或其他商品单位,不包括打、打双、打套、吨数量单位)的,可免领出口许可证;但属于进口国海关要求凭许可证放行的,经营者应在本企业可申请数量范围内向发证机构申领许可证。

(4) 纺织品临时出口许可证不得伪造和变造。凡转让、买卖或伪造、变造出口许可批准文件或出口许可证的,依照《中华人民共和国外贸法》《中华人民共和国海关法》《中华人民共和国货物进出口管理条例》及《货物出口许可证管理办法》相关规定处罚。商务部可以同时取消其已获得的纺织品临时出口许可数量。

九、其他货物进出口管理

(一)音像制品进口管理

1. 管理依据与主管部门职责

《中华人民共和国音像制品管理办法》与《中华人民共和国音像制品管理条例》及其他有关规定是对音像制品实施进口许可管制的法律依据。

国务院出版行政主管部门(现为国家新闻出版广电总局)负责音像制品进口的监督管理工作。国务院其他有关行政部门按照国务院规定的职责分工,负责有关的音像制品经营活动的监督管理工作。县级以上地方政府负责出版管理的行政主管部门负责本行政区域内音像制品进口的监督管理工作。

各级海关在其职责范围内负责音像制品进口的监督管理和验放工作。

2. 音像制品进口管理范围

国家实行进口管理的音像制品是指录有内容的录音带、录像带、唱片、激光唱盘和激光视盘等,如果是个人携带和邮寄的用于非经营目的音像制品进出境,在自用合理数量内,而且其内容不违反有关规定的,海关予以放行。

3. 音像制品进口权

音像制品成品进口业务由国务院出版行政主管部门批准的音像制品成品进口经营单位经营;未经批准,任何单位或者个人不得经营音像制品成品进口业务。进口用于出版的音像制品,以及进口用于批发、零售、出租等的音像制品成品,应当报国务院出版行政主管部门进行内容审查。进口用于出版的音像制品,其著作权事项应当向国务院著作权行政管理部门登记。进口供研究、教学参考的音像制品,应当委托音像制品成品进口经营单位按规定办理。

4. 报关规范

音像制品成品进口单位凭出版行政主管部门批准文件到海关办理母带(母盘)或者音像制品成品的进口手续,海关凭有效的进口音像制品批准单办理验放手续。对随机器设备同时进口以及进口后随机器设备复出口的记录操作系统、设备说明、专用软件等内容的音像制品,海关凭进口单位提供的合同、发票等有效单证验放。

(二) 化学品首次进境及有毒化学品管理

为了保护人体健康和生态环境,加强化学品首次进口和有毒化学品进出口的环境管理,执行《关于化学品国际贸易资料交流的伦敦准则》(1989年修正本)(简称《伦敦准则》),1994年3月16日,原国家环境保护局、海关总署和对外贸易经济合作部发布《化学品首次进口及有毒化学品进出口环境管理规定》,2007年10月8日公布了对上述规定的修改内容。

1. 基本概念

化学品是指人工制造或者从自然取得的化学物质,包括化学物质本身、化学混合物或者化学配制中的一部分,以及作为工业化学品和农药使用的物质。

有毒化学品是指进入环境后通过环境蓄积、生物累积、生物转化或化学反应等方式损害健康和环境,或者通过接触对人体具有严重危害和具有潜在危险的化学品。

化学品首次进口是指外商或其代理人向中国出口其未曾在中国登记过的化学品,即使同种化学品已有其他外商或其代理人在中国进行了登记,仍被视为化学品首次进口。

2. 化学品首次进口及有毒化学品进出口管制范围

根据《化学品首次进口及有毒化学品进出口管理规定》,对化学品首次进口和列入《中国禁止或严格限制的有毒化学品名录》(简称《名录》)的化学品进出口进行严格管理,管理的范围主要是:

(1) 因损害健康和环境而被完全禁止使用的化学品;

(2) 经授权在一些特殊情况下仍可使用的化学品;

(3) 通过接触对人体具有严重危害和具有潜在危险的化学品。

3. 化学品首次进口及有毒化学品进出口管制基本规范

(1) 外商或其代理人向中国出口所经营的未曾在中国登记(除农药以外)的任何化学品,必须向国家环境保护主管部门提出化学品首次进口环境管理登记申请,并按规定填写化学品首次进口环境管理登记申请表,免费提供试验样品(一般不少于250克)。国家环境保护主管部门在审批化学品首次进口环境管理登记申请时,对符合规定的,准予化学品环境管理登记并发给准许进口的化学品进(出)口环境管理登记证;对经审查,认为中国不适于进口的化学品不予登记发证,并通知申请人;对经审查,认为需经进一步试验和较长时间观察方能确定其危险性的首次进口化学品,可给予临时登记并发给临时登记证;对未取得化学品进口环境管理登记证和临时登记证的化学品，一律不得进口。

（2）每次外商及其代理人向中国出口和国内从国外进口列入《名录》中的工业化学品或农药之前，均需向国家环境保护主管部门提出有毒化学品进口环境管理登记申请。对准予进口的发给化学品进（出）口环境管理登记证和有毒化学品进（出）口环境管理放行通知单（简称通知单）。通知单实行一批一证制，每份通知单在有效时间内只能报关使用一次。

（3）申请出口列入《名录》的化学品，必须向国家环境保护主管部门提出有毒化学品出口环境管理登记申请。国家环境保护主管部门受理申请后，应通知进口国主管部门，在收到进口国主管部门同意进口的通知后，发给申请人准许有毒化学品出口的化学品进（出）口环境管理登记证。对进口国主管部门不同意进口的化学品，不予登记，不准出口，并通知申请人。

（4）国家环境保护主管部门审批化学品进出口环境管理登记申请时，有权向申请人提出质询和要求补充有关资料，同时，也应当为申请提交的资料和样品保守技术秘密。

（5）进出口化学品的分类、包装、标签和运输，按照国际或国内有关危险货物运输规则的规定执行。在装卸、贮存和运输化学品的过程中，必须采取有效的预防和应急措施，防止污染环境。因包装损坏或者不符合要求而造成或者可能造成口岸污染的，口岸主管部门应立即采取措施，防止和消除污染，并及时通知当地环境保护行政主管部门，进行调查处理。防止和消除其污染的费用由有关责任人承担。

（三）进出口农药登记证明管理

为了加强对农药生产、经营和使用的监督管理，保证农药质量，保护农业、林业生产和生态环境，维护人畜安全，制定并修订了《中华人民共和国农药管理条例》（简称《条例》）。该条例所指农药是指用于预防、消灭或者控制危害农业、林业的病、虫、草和其他有害生物以及有目的地调节植物、昆虫生长的化学合成或者来源于生物、其他天然物质的一种物质。

《条例》第六条规定："国家实行农药登记制度。"根据《条例》规定，我国对《条例》中规定的农药进出口实行许可制度。

我国对进出口农药实行目录管理，由农业部会同海关总署依据《中华人民共和国农药管理条例》和《在国际贸易中对某些危险化学品和农药实行事先知情同意程序国际公约》制定了《中华人民共和国进出口农药登记证明管理目录》（简称《农药目录》）。进出口列入上述目录的农药，应该事先向农业部农药检定所申领进出口农药登记证明。

进出口农药登记证明是海关验放列入《农药目录》合法进出口的证明。报关单位应该主动向海关递交进出口农药登记证明。

进出口农药登记证明实行一批一证制，一经签发，任何单位与个人都不得修改证明内容。如需变更，应该在有效期内将原证交回农业部农药检定所，并且重新申办进出口农药登记证明。

对一些既可以用作农药又可以当作工业原料的商品，如果以工业原料进出口，就不需要办理进出口农药登记证明，改为农业部出具的非农药登记管理证明。

本 章 小 结

对外贸易管制，是指一国政府为了国家的宏观经济利益、国内外政策需要以及履行所缔结或加入国际条约的义务，对本国的对外贸易活动实施有效的管理而确立实行的各种管理制度、设立相应管制机构和采取相应管制措施的总称。它是一种综合性管理制度。

对外贸易管制按管理目的,可分为进口贸易管制和出口贸易管制;按管制手段,可分为关税措施和非关税措施;按管制对象,可分为货物进出口贸易管制、技术进出口贸易管制和国际服务贸易管制。

货物、技术进出口许可管理制度是我国进出口许可管理制度的主体,是国家对外贸易管制中极其重要的组成部分。其管理范围包括禁止进出口的货物和技术、限制进出口的货物和技术、自由进出口的货物和技术,以及自由进出口中部分实行自动许可管理的货物。

凡列入禁止进口、出口目录的货物、技术,以及国家有关法律、法规和其他规章制度明令禁止或停止进口的货物一律不得进出。国家对限制进口或者出口的货物实行配额、许可证等方式管理。对限制进口或者出口的技术实行许可证管理。自由进出口的货物、技术,其进出不受限制,但出于监测和统计和需要,国家对部分属于自由进出口的货物实行自动进出口许可管理,对自由进出口的技术实行技术进出口合同登记管理。

对外贸易经营者管理制度包括进出口经营权管理制度和进出口经营范围管理制度。目前,我国对对外贸易经营者实行备案登记制,对于部分关系国计民生的重要进出口商品,国家对其实行国营贸易管理,既列明具体商品名称,也指定经营企业名录。货物目录和企业名录由国务院商务主管部门会同国务院有关经济管理部门制定、调整并公布。

出入境检验检疫管制是国家质量监督检验检疫总局依据我国有关法律和行政法规及我国政府缔结或者参加的国际条约协定,对出入我国国境的货物及其包装物、物品及其包装物、交通运输工具、运输设备和进出境人员实施检验检疫和监督管理的法律依据和行政措施的总和。其所签发的证书是报关重要的单据。

国家外汇管理局分支局(以下简称外汇局)对企业的贸易外汇管理方式由现场逐笔核销改变为非现场总量核查。外汇局通过货物贸易外汇监测系统,全面采集企业货物进出口和贸易外汇收支逐笔数据,定期比对、评估企业货物流与资金流总体匹配情况,便利合规企业贸易外汇收支;对存在异常的企业进行重点监测,必要时实施现场核查。

世界贸易组织允许成员方在进口产品倾销、补贴和过激增长等给其国内产业造成损害的情况下,可以使用反倾销、反补贴和保障措施手段以保护国内产业不受损害。反倾销、反补贴和保障措施都属于贸易救济措施。反倾销和反补贴措施针对的是价格歧视这种不公平贸易行为,保障措施针对的则是进口产品激增的情况。

凡属于进出口许可证管理的货物,除国家另有规定外,对外贸易经营者应当在进出口前按规定向指定的发证机构申领进出口许可证,海关凭以接受申报并办理验放手续。进口属于自动进口许可管理的货物,收货人在办理海关报关手续前,应向所在地或相应发证机构申领自动进口许可证,海关凭以办理验放手续。固体废物、濒危物种、药品、黄金、两用物项、音像制品、化学品、农药等特殊货物的对外贸易经营者均应按规定向指定机构申领许可文件,凭以向海关办理通关手续。

主 要 概 念

进口许可证　出口许可证　自动进口许可证　对外贸易经营者　法定检验　非现场总量核查　反倾销　反补贴　保障措施　一批一证　一证一关

基础训练

一、单项选择题

1. ( )不属于我国对外贸易管制制度内容。
   A. 进出口许可制度　　　　　　　　B. 进出口报关制度
   C. 出入境检验检疫制度　　　　　　D. 贸易救济制度

2. 我国目前对对外贸易经营者实行( )。
   A. 行政审批管理　　　　　　　　　B. 行政许可管理
   C. 备案登记管理　　　　　　　　　D. 国营贸易管理

3. 我国对自由进出口技术实行( )。
   A. 自动许可证管理　　　　　　　　B. 进出口许可证
   C. 合同登记管理　　　　　　　　　D. 配额管理

4. 对进出口许可证管理的原则是( )。
   A. 进口许可证实行一证一关制与非一批一证制
   B. 出口许可证实行一批一证制与非一批一证制
   C. 出口许可证实行一批一证制
   D. 出口许可证实行一批一证制、非一批一证制与一证一关制

5. 出口许可证的有效期和准予延长的期限是( )。
   A. 有效期为6个月，且有效期截止时间不得超过当年12月31日
   B. 有效期为6个月，需要跨年度时，有效期截止日期不得超过次年2月底
   C. 有效期为6个月，需要跨年度时，有效期截止日期不得超过次年3月底
   D. 有效期9个月，在公历年度内有效

6. 实行非一批一证管理的出口许可证，其使用次数最多不超过( )。
   A. 3次　　　　　B. 6次　　　　　C. 9次　　　　　D. 12次

7. 我国对部分自由进口货物实行( )。
   A. 自动进口许可证管理　　　　　　B. 进口许可证管理
   C. 合同登记管理　　　　　　　　　D. 配额管理

8. 有关黄金及其制品进出口管理表述错误的是( )。
   A. 中国人民银行黄金及黄金制品进出口准许证实行一批一证
   B. 中国银行是国家授权管理黄金及其制品进出口的管理机关
   C. 中国人民银行黄金及黄金制品进出口准许证自签发日起40个工作日内使用
   D. 中国人民银行黄金及黄金制品进出口准许证可以申请办理一次延期手续

二、多项选择题

1. 国家对限制进出口货物的管理措施主要有( )。
   A. 进出口许可证管理　　　　　　　B. 进口关税配额管理
   C. 出口配额限制管理　　　　　　　D. 自由进出口管理

2. 我国出入境检验检疫制度包括( )。
   A. 进出口商品检验　　　　　　　　B. 国境卫生监督
   C. 进出境动植物检疫　　　　　　　D. 质量技术监督

3. 下列进出口许可证件实行非一批一证管理的是（　　）。
   A. 进口药品通关单　　　　　　　　B. 废物进口许可证
   C. 两用物项和技术进口许可证　　　D. 非公约证明
4. 下列进出口许可证实行一证一关管理的有（　　）。
   A. 进口许可证　　　　　　　　　　B. 自动进出口许可证
   C. 纺织品临时出口许可证　　　　　D. 两用物项和技术进口许可证
5. 对外汇核销管理的正确叙述是（　　）。
   A. 对企业的贸易外汇管理方式已由过去的现场逐笔核销改变为非现场总量核查
   B. 外汇局根据企业贸易外汇收支的合规性及其与货物进出口的一致性，对企业进行动态分类管理
   C. 外汇局实行"贸易外汇收支企业名录"登记管理，统一向金融机构发布名录
   D. 税务局参考外汇局提供的企业出口收汇信息和分类情况，审核企业出口退税
6. 被列入《禁止进口货物目录》的商品有（　　）。
   A. 犀牛角　　　　B. 医疗废物　　　　C. 虎骨　　　　D. 废纸
7. 以下属于海关对化学品验放依据的是（　　）。
   A. 有效化学品进出口环境管理登记证（有效期5年）
   B. 有毒化学品进出口环境管理放行通知单
   C. 重要工业品登记证明
   D. 通关单（部分税号化学品）
8. 可以签发进出口许可证的机构是（　　）。
   A. 商务部配额许可证事务局　　　　B. 驻各地特派员办事处
   C. 省、直辖市、自治区商务主管部门　D. 授权的计划单列市商务主管部门

三、简答题

1. 怎样理解对外贸易管制与海关监管的关系？
2. 怎样理解货物、技术进出口许可制度？
3. 怎样理解对外贸易经营者管理制度？
4. 怎样理解一证一关管理？
5. 反倾销、反补贴措施与保障措施有什么相同点与不同点？
6. 过境的动植物是否要检疫？
7. 什么情形可以免领自动进口许可证？

四、案例分析

**商务部公告2017年第67号　关于对原产于美国、
沙特阿拉伯、马来西亚和泰国的进口乙醇胺进行
反倾销立案调查的公告**

请思考：申请人请求商务部对原产于美国、沙特阿拉伯、马来西亚和泰国的进口乙醇胺进行反倾销调查的可能原因是什么？反倾销调查的基本程序和要求有哪些？

业务实训

1. 2017年某月，A公司以一般贸易方式向B海关申报出口两票氧化镁，申报总数量300吨，申报商品编号25199099（出口税率5%，无需出口许可证）。经海关查验并鉴定，该两票货物实际均为烧结镁氧矿（重烧镁），应归入商品编号25199020（出口税率10%，需出口许可证）。经海关调查证实，A公司明知出口货物的商品编号为25199020，商品名称为"重烧镁"，需要申领出口许可证，但为逃避该商品的出口许可证管理并少缴税款，将其申报为25199099，并将商品名称伪报为氧化镁，问该如何处理？（资料来源：《中国海关杂志》，作者林倩。）

2. 2010年3月，上海某国际贸易有限公司以一般贸易方式向海关申报进口100吨对苯二甲酸。上述进口货物经海关取样送检，鉴定为对苯二甲酸次级品，属国家禁止进口的固体废物，问该公司违反了贸易管制方面的什么规定，海关可如何处理？①

3. 某年6月中旬，A海关缉私分局获知一条非常重要的情报：近期在该地有人从境外走私食蟹猴和穿山甲等国家保护野生动物入境。获知情报后，该海关迅速展开调查。经查明，在该地区主要有一个走私野生动物的犯罪团伙，以王某为主要成员，他们的组成成员大都是亲戚朋友关系，均为家族式的走私团伙。8月7日，王某接到一笔"大生意"，从"货主"手里接了一批从境外走私进境的食蟹猴，她的任务是负责将这批食蟹猴运送至广西梧州市。缉私警察立即采取行动，在走私分子可能通往外地的通道设置关卡，并紧盯王某等相关人员的一举一动。当天晚上9时许，走私分子趁着夜色的掩护偷偷地将食蟹猴搬运至该市的一间普通民房，此时海关缉私警察突然出现，将走私分子与走私货物一并抓获，当场查获走私进境的食蟹猴110只，抓获王某等犯罪嫌疑人2名。8月8日和9日，海关成功抓获该案中负责到境外接货的邓某、负责联系车辆及组织望风看路的陈某和负责将货物偷运入境的陆某、许某、余某。问，为什么以王某为首的团伙买卖食蟹猴的行为触犯了法律？如果想要合法地进出口食蟹猴，应当履行什么程序？②

本章习题参考答案

---

① "关务通·监管通关系列"编委员：《通关典型案例启示录》，中国海关出版社2013年版。
② 陈晖、邵铁民：《案例海关法教程》，立信会计出版社2011年版。

第四章　进出口商品归类

- **知识目标**：能够掌握商品名称与编码协调制度的基本结构、特点，以及六条归类总规则的内容与含义。
- **技能目标**：能根据商品分类体系编排规律，熟练地查找商品编码；
  能够灵活运用归类总规则对常见商品进行正确归类。
- **能力目标**：能够在既定法律框架下，妥善处理进出口商品归类及有关争议问题；
  在理解和熟练掌握商品分类目录、税则结构的基础上，运用各类数据库（如 UNCOMTRADE、北大法意等）开展不同行业的国际贸易研究工作。

江西上高某公司税则号列申报不实且影响税款违规案

第一节　进出口商品归类总规则

一、海关进出口商品归类定义

海关进出口商品归类是指在商品名称及编码协调制度《协调制度公约》商品分类目录体系下，以《中华人民共和国进出口税则》（简称《进出口税则》）为基础，按照《进出口税则商品及品目注释》（简称《商品及品目注释》）、《中华人民共和国进出口税则本国子目注释》（简称《本国子目注释》）以及海关总署发布的关于商品归类的行政裁定、商品归类决定的要求，确定进出口货物商品编码的活动。

二、《协调制度》结构及特点

(一)《协调制度》的结构

《协调制度》是一部采用六位数编码的商品分类目录,包括品目和子目及其相应的数字编码,类、章和子目的注释,商品归类总规则,按顺序编排的品目与子目编码及条文,是一部科学、系统的国际贸易商品分类体系。

这就是说,《协调制度》结构包括三大部分:归类规则,类、章及子目注释,按顺序编排的品目与子目编码及条文。

(1) 为了保证国际上对《协调制度》使用和解释的一致性,使得某一特定商品能够始终如一地归入一个唯一编码,《协调制度》首先列明 6 条归类总规则,规定了使用《协调制度》对商品进行分类时必须遵守的分类原则和方法。

(2)《协调制度》的许多类和章在开头均列有注释(类注、章注或子目注释),严格界定了归入该类或该章中的商品范围,阐述《协调制度》中专用术语的定义或区分某些商品的技术标准及界限。

(3)《协调制度》采用 6 位数编码,把全部国际贸易商品分为 21 类、97 章(其中第 77 章为保留章)。章下再分为品目和子目。商品编码的前两位数代表"章",三、四位数代表"品目",五、六位数代表"子目"。

从类来看,它基本上是按社会生产的分工(或称生产部类)分类的,将属于同一生产部类的产品归在同一类里,如农业在第一、二类,冶金工业在第十五类,机电制造业在第十六类,车辆、航空器、船舶及有关运输设备归入第十七类等。

从章来看,一是按商品(原材料)的属性分类,相同原料的产品一般归入同一章。章内按产品的加工程度从原料到成品顺序排列。比如,第四十五章"软木及软木制品"中,4501 为"未经加工或简单加工的天然软木,软木废料,碎的、粒状或粉状的软木";4502 为"天然软木,除去表皮或粗切成方形,或长方块、正方块、板、片或条状(包括作塞子用的方块坯料)";4503 为"天然软木制品";4504 为"压制软木(不论是否使用黏合剂压成)及其制品"。二是按商品的用途或性能分类,制造业的许多产品很难按其原料分类,尤其是可用多种材料制作的产品或由混合材料制成的产品(如第 64 章为"鞋靴、护腿和类似品及其零件",第 65 章为"帽类及其零件",第 95 章为"玩具、游戏品、运动用品及其零件、附件"等)。

每章的前后顺序是按照动、植、矿物性质和先天然后人造的顺序排列,如第十一类包括了动、植物和化学纤维的纺织原料及其产品,比如,第 50 和 51 章是"蚕丝""羊毛动物细毛或粗毛、马毛纱线及其机织物"(属于动物);第 52 和 53 章是"棉花""其他植物纺织纤维,纸纱线及其织物"(属于植物);第 54 和 55 章为"化学纤维长丝,化学纤维纺织材料制扁条及其类似品""化学纤维短纤"(属于人造)。

从品目的排列看,一般是原材料先于成品,加工程序低的产品先于加工程序高的产品,列名具体的品种先于列名一般的品种。比如,第四十章"橡胶及其制品"中 4001 为原材料,4002 至 4008 为初级形状产品或者半成品,4009 以后为制成品。

(二)《协调制度》的特点

《协调制度》综合了国际上多种商品分类目录的长处,成为国际贸易商品分类的一种"标

准语言",从而方便了国际贸易,避免了各工作环节的重新分类和重新编号。其主要特点是:

1. 完整

《协调制度》目录将目前世界上国际贸易主要品种全部列出;同时,为了适应各国关税、统计等商品目录全方位的要求和将来技术发展的需要,在各类、章列有留有发展余地的"其他"子目,使国际贸易中的任何商品,即使是目前还无法预计到的新产品,都能在目录的体系中归入合适的位置,任何一种商品都不会排斥在该目录的范围之外。

2. 系统

《协调制度》遵循系统性的分类原则,将商品按人们所了解的自然属性、生产部类和不同用途来分类排列,并照顾了商业习惯和实际操作的可行性,把一些进出口量较大而又难以分类的商品(如灯具、活动房屋等)专门列目,因而容易理解,易于归类和便于查找。

3. 通用

该目录在国际上影响很大,目前已为 200 多个国家和地区所采用,并且还有许多国家正积极准备,以期尽快采用。由于采用同一分类目录的国家的进出口商品相互之间具有可比性,同时,该目录既适合做海关税则目录,又适合做对外贸易统计目录,还可适用于做国际运输、保险、生产、贸易等部门的商品分类目录。因此,《协调制度》目录的通用性超过了以往任何一个商品分类目录,并且由于《协调制度国际公约》规定了缔约成员国的权利和义务,从而保证了这一目录能有效、统一地实施。

4. 准确

《协调制度》目录的各个项目范围都清楚明了,绝不交叉重复。由于它的项目除了靠目录条文本身说明外,还有归类总规则、类注、章注、子目注释加以具体说明,使得其项目范围准确无误。

此外,《协调制度》目录作为《协调制度国际公约》的一个附件,在国际上有专门的机构和人员对其进行维护和管理,各国还可通过对《协调制度》目录提出修正意见,以争取本国的经济利益,统一疑难商品的归类。这些都不是一个国家的力量所能办到的,也是国际上采用的其他商品分类目录所无法比拟的。

相关链接 4-2

2017 版《协调制度》调整了哪些?

三、商品名称及编码协调制度归类总规则

《协调制度》将国际贸易中种类繁多的商品,根据其在国际贸易中所占的比重和地位,分

成若干类、章、分章和商品组。为使人们在对各种商品进行归类时有所遵循,并使各类商品能准确无误地归入《协调制度》的恰当税目项下,不发生交叉、重复、遗漏或归类的不一致,《协调制度》将商品分类的普遍规律加以归纳总结,作为规则列出,并使之成为《协调制度》的基本组成部分,这就是《协调制度》的归类总规则。

所有进出口货物在《协调制度》中的归类都必须遵循这些原则,并且在使用时,必须注意以下两点:

一是要按顺序使用每一条规则。当规则一不合适时才用规则二,规则二不合适时才用规则三,并依此类推。

二是在实际使用规则二、三、四时要注意条件,即是否类注、章注和税目有特别的规定和说明。如有特别规定,应按税目或注释的规定归类,而不能使用规则二、三、四。

(一) 规则一

1. 条文内容

类、章及分章的标题,仅为查找方便而设。具有法律效力的归类,应按品目条文和有关类注或章注确定,如品目、类注或章注无其他规定,按以下规则确定。

2. 对规则的解释及运用说明

本规则有三层含义:

(1) 类、章及分章的标题仅是对类、章的内容做的大概描述,是为了便于有关商品的查找而设立的。由于一类或一章商品很难准确加以概括,所以类、章及分章的标题不是进行归类的法律依据。

流动马戏团及流动动物园的归类

(2) 具有法律效力的归类依据是品目本身的条文和类或章的注释。这里有两层意思:第一,只有按品目条文、类注或章注确定的归类,才是具有法律效力的商品归类;第二,许多商品可直接按目录品目条文规定进行归类,而类注、章注的作用在于限定类、章和品目的商品范围。在《协调制度》中,常见的限定方法如下。

① 定义法。以定义形式来划分品目范围及对某些货品的含义做出解释。例如,第十一类的类注十三规定:"本类及本目录所称的'弹性纱线'是指合成纤维纺织材料制成的长丝纱线(包括单丝变形纱线除外)。这些纱线可拉伸至原长的三倍而不断裂,并可在拉伸至原长两倍后五分钟内回复到不超过原长度的一倍半。"

② 列举法。列举出典型例子的方法。例如第 7 章章注二列举了品目 0709、0710、0711 及 0712 所称的"蔬菜"包括食用的蘑菇、块菌、油橄榄、刺山柑、菜葫芦、南瓜、茄子、甜玉

米、辣椒、茴香菜、欧芹、细叶芹、龙蒿、水芹、甜茉乔栾那。

③ 详列法。通过详列具体商品名称来规定品目的具体范围。例如第 30 章章注四规定了只能归入品目号 3006 的物品,一共详列了"无菌外科肠线、类似的无菌缝合材料……"等 11 种商品来限定该品目号的范围。

④ 排他法。用排他条款列出若干不能归入某一品目号、某一章或类的商品。例如,第十一类纺织品原料及纺织品制品的类注一列出了包括"制刷用的动物鬃、毛,马毛及废马毛"等在内的 21 种不能归入该类的商品。

另外,某些注释把上述几种方法综合运用。如有的注释既做了定义,又列举了一系列包括或不包括的商品,从而使范围更加明确。例如,第 40 章"橡胶及其制品"章注四关于"合成橡胶"的定义。

(3) 品目、类注或章注与其他归类原则的关系。即商品归类时要首先遵循品目、类注和章注的规定。只有在品目、类注和章注无专门规定,而商品的归类又不能确定的情况下,才可按照归类总规则的其他规则归类。例如,机器的套装零件,品目没有条文规定,经查类注、章注也无专门规定,它的归类不能确定,因此就须按其他归类原则进行归类。

"藤编衣箱"的归类

(二) 规则二

1. 条文内容

(1) 品目所列货品,应视为包括该项货品的不完整品或未制成品,只要在进口或出口时该项不完整品或未制成品具有完整品或制成品的基本特征;还应视为包括该项货品的完整品或制成品(或按本款可作为完整品或制成品归类的货品)在进口或出口时的未组装件或拆散件。

(2) 税目中所列材料或物质,应视为包括该种材料或物质与其他材料或物质混合或组合的物品;税目所列某种材料或物质构成的货品,应视为包括全部或部分由该种材料或物质构成的货品;由一种以上材料或物质构成的货品,应按规则三归类。

2. 对规则的解释及运用说明

规则二旨在扩大货品税目条文的范围。

规则二(1)的第一部分将制成的某一些物品的品目范围扩大为不仅包括完整的物品,还包括该物品的不完整品或未制成品,只要报验时它们具有完整品或制成品的基本特征。所谓"不完整品",是指一个物品主要的部分都有了,但缺少一些非关键部分,如一辆汽车缺个门,未安装座位等。所谓"未制成品"是指一个物品已具有制成品的形状、特征,还不能直接使用,还需经加工才能使用,例如,机器零件的毛坯,而对于尚未具有制成品基本形状的半制成品(例如,常见的杆、板、管等)不应作为"毛坯"(未制成品)看待。

规则二(2)的第二部分规定,完整品或制成品的未组装件或拆散件应归入已组装物品的同一品目号。所谓"报验时的未组装件或拆散件"是指其零件可通过简单紧固件(如螺钉、螺母、螺栓等)或通过铆接、焊等简单组装方法便可装配起来的物品。货品以未组装或拆散形式报验,通常是由于包装、装卸或运输上的需要。这一条规则也适用于以未组装或拆散形式报验的不完整品或未制成品,只要按照本规则第一部分的规定,它们可作为完整品或制成品看待。例如,品目号 8470 所列的电子计算器,不仅包括不缺任何零件的未装配的电子计算器成套散件,还应包括仅缺少一些非关键零件(如垫圈、导线、螺丝等)的已装配好的电子计算器或未装配的电子计算器套装散件。

案例应用 4-5

剪成手套型的针织经编纯棉布归类

案例应用 4-6

缺少鞍座的山地自行车的归类

鉴于第 1 类至第 6 类的商品范围所限,规则二(1)一般不适于这 6 类(即第 38 章及以前各章所包括的货品)。

规则二(2)是关于混合及组合的材料或物质,以及由两种或多种材料或物质构成的货品的归类。这部分内容有两方面的含义是指品目号中所列某种材料或物质,一是可以扩大为包括以该种材料或物质为主,与其他材料或物质混合或组合而成的货品;二是还包括由部分该材料或物质构成的货品。

这样,就将品目所列的适用范围扩大了,但其适用条件是加进去的东西或组合起来的东西不能使原来商品的特征或性质发生改变。例如,在鲜牛奶中添加了适量的维生素 A 或 D,这时,鲜牛奶已不是纯牛奶了,而是一种混合物,但它并没有改变鲜牛奶的基本特征和性质,所以仍按鲜牛奶归类。

同时,还应注意到,仅在品目条文和类、章注释无其他规定的条件下(即必须在遵守总规则一的前提下)才能运用本款规则。例如,税目号 1503 列出"液体猪油、未经混合",这就不能运用规则二(2)。

本规则最后规定,混合及组合的材料或物质,以及由一种以上材料或物质构成的货品,如果看起来可归入两个或两个以上税目号的,则必须按规则三的原则进行归类。

(三) 规则三

1. 条文内容

当货品按规则二(2)或由于其他任何原因看起来可归入两个或两个以上品目时,应按以下规则归类:

(1) 列名比较具体的品目,优先于列名一般的品目。但是,如果两个或两个上以上品目都仅述及混合或组合货品所含的某部分材料或物质,或零售的成套货品中的某些货品,即使其中某个品目对该货品描述得更为全面、详细,这些货品在有关品目的列名应视为同样具体。

(2) 混合物、不同材料构成或不同部件组成的组合物以及零售的成套货品,如果不能按照规则三(1)归类时,在本款可适用的条件下,应按构成货品基本特征的材料或部件归类。

(3) 货品不能按照规则三(1)或(2)归类时,应按号列顺序归入其可归入的最末一个品目。

2. 对规则的解释及运用说明

需要强调两点:

一是对于根据规则二(2)或由于其他原因看起来可归入两个或两个以上税目的货品,本规则规定了 3 条归类办法。这 3 条办法应按照其在本规则的先后顺序加以运用,据此,只有在不能按照规则三(1)归类时才能运用规则三(2),不能运用规则三(1)和(2)两款归类时,才能运用规则三(3)。它们优先权的次序为:具体列名、基本特征、从后归类。

二是只有在品目条文和类、章注释无其他规定的条件下,才能运用本规则。例如,第 97 章注释四(2)规定,根据品目条文既可归入税目号 9701 至 9705 中的一个品目号,又可归入品目号 9706 的货品,应归入 9701 至 9705 中相应的品目号,如手绘的超过百年的古画应归入品目号 9701,而不归入品目号 9706,即货品应按第 97 章注释四(2)的规定而不能根据本规则归类。

对于规则三中的具体条文解释是:

(1) 规则三(2)款是指当一种商品似乎在两个或更多的品目中都涉及的情况下,应该比较一下哪个品目的描述更为详细、具体,更为接近要归类的商品。这里有两种情况。

一是列出品名应该比列出类名更为具体。如"家用电动器具",它的品目号是 8509;而"电动剃须刀"的品目号是 8510。显然,前者是类名,后者是品名,后者要比前者列名更为详细具体,因此,虽然电动剃须刀也是家用电动器具的一种,但仍应归入品目号 8510 而不归入 8509。

二是假如某个品目所列名称比另一个品目更能够明确地说明货物,那么,应该将商品归入能够明确说明的品目号中。如用于小汽车的簇绒地毯,看起来两个品目号都涉及,一个品目号是 8708"机动车辆的零件、附件",另一个品目号是 5703"簇绒地毯",相对而言,品目号 5703"簇绒地毯"更为具体,因此,应归入 5703"簇绒地毯",而不应该作为汽车配件归入 8708。

如果两个或两个以上品目都仅述及混合或组合货品所含的某部分材料或物质,或零售成套货品中的某些货名,即使其中某个品目比其他品目对该货品描述得更加全面详细,这些货品在有关品目的列名应视为同样具体,在这种情况下,货品应按规则三(2)或(3)的规定进行归类。

(2) 规则三(2)款是指不能按规则三(1)归类的混合物、组合货品以及零售的成套货品,假如能够确定构成其主要特征的材料和部件,那么就应该按照这种材料或部件归类。

对于不同的货品,因为确定其基本特征的基本因素会有所不同,既可根据其所含材料或部件的性质、价值、重量、体积等来确定货品的基本特征,也可根据所含材料、货品的主要用途等诸多因素综合考虑来确定货品的基本特征。为此要明确规则三(2)中的"不同部件的组合物"与"零售的成套货品"的含义。

"不同部件的组合物"是指不仅包括部件相互固定组合在一起构成的实际不可分离整体的货品;还包括其部件可相互分离的货品,但这些部件必须是相互补充、配合使用、构成一体并且通常不单独销售的。例如,由一个特制的架子(通常为木制的)及几个形状、规格相配的空调味料瓶组成的家用调味架,这类组合货品的各件一般都装于同一普通包装内。

构成"零售的成套货品"必须符合3个条件:① 零售包装;② 由归入不同品目号的货品组成;③ 用途上是相互补充、配合使用的。例如,一套成套的理发工具,由一个电动理发推子(品目号 8510)、一把梳子(品目号 9615)、一把剪子(品目号 8213)、一把刷子(品目号 9603)及一条毛巾(品目号 6302),装于一个皮匣子(品目号 4202)组成,则根据本规则该货品应归入品目号 8510。

规则三(2)不适用于归入同一品目号的相同物品(如 6 把乳酪叉不能作为本款所称的成套货品),也不适用于包装在一起的混合产品(如一瓶品目号 2208 的烈性酒及一瓶品目号 2204 的葡萄酒)。

(3) 规则三(3)是一条从后归类的原则。是指如果按规则三(1)或(2)都不能解决的归类问题,则应按规则三(3)办理,即将某个商品可以归入的所有品目号的序号加以比较,将货物归在最后的品目号。例如,货物是橡胶底,鞋面材料一半皮革一半纺织材料的鞋靴,就难以确定其主要特征,似乎既可归入品目 6403,又可归入品目 6404,根据从后归类的原则,该种商品就应归入品目 6404。

(四) 规则四

1. 条文内容

根据上述规则无法归类的货品,应归入与其最相类似的税目。

2. 对规则的解释及运用说明

当今科学技术发展日新月异,新产品层出不穷,任何商品目录都会因形势的发展出现不尽适应的情况。因此,当一个新产品出现时,《协调制度》所列的商品不一定已经将其明确地包括进去,为了增强《协调制度》的适应能力,有利于解决各类疑难问题,当某货品在不能按照规则一至三归类的情况下,本规则规定了产品按与其最相类似的货品归入有关品目。

由于货品的"最相类似"要看诸多因素,如货物的名称、特征、用途、功能、结构等。因此,这条规则实际应用起来有一定的困难。如不得不使用这条规则时,其归类方法是先列出最相类似的品目号,然后从中选择一个最为合适的品目号予以归类。

一般来说,这条规则不常使用,尤其在 HS 编码中,每个品目都下设有"其他"子目,不少章节单独列出"未列名货品的品目"来收容未考虑到的货品。因此,规则四实际上很少使用。

(五) 规则五

1. 条文内容

除上述规则外,本规则适用于下列货品的归类:

(1) 制成特殊形状仅适用于盛装某个或某套物品并适合长期使用的照相机套、乐器盒、枪套、绘图仪器盒、项链盒及类似容器,如果与所装物品同时进口或出口,并通常与所装物品一同出售的,应与所装物品一并归类。但本款不适用于本身构成整个货品基本特征的容器。

(2) 除规则五(1)规定的以外,与所装货品同时进口或出口的包装材料或包装容器,如果通常是用来包装这类货品的,应与所装货品一并归类。但明显可重复使用的包装材料和包装容器可不受本款限制。

2. 对规则的解释及运用说明

(1) 规则五(1)仅适用于同时符合以下规定的容器:

① 专门按所要盛装的物品进行设计的,甚至还将容器制成所装物品的特殊形状。

② 适合长期使用的容器。是指容器的使用期限与所盛装的物品相比是相称的。在物品不使用期间(例如,运输或储藏期间),这些容器还起到保护物品的作用。

③ 与所装物品一同出售的。

④ 本身并不构成货品基本特征的,无论是从价值或是从作用看,容器本身只是物品的包装物,它都是从属于物品的。例如装有金首饰的木制首饰盒应归入税目号7113,装有电动剃须刀的皮套应归入税目号8510。

但本款规则不适用于本身构成了物品基本特征的容器,如装有茶叶的银质茶叶罐,银罐本身价值昂贵,已构成整个货品的基本特征,应与所装物品分别归类,银罐和茶叶分别归入品目号7114和0902。

(2) 规则五②实际上是对规则五①规定的补充,它适用于下列情况:

① 明显不能重复使用的包装材料和容器。这些材料和容器都是货物的一次性包装物。

② 向海关报验时,它们必须是包装着货物的(即与所装物品一起报验)。

③ 通常用于包装有关货品。

例如包装大型机器设备的木板箱,包装玻璃器皿的纸板箱等,均应与所装物品一并归类。但本款不适用于明显可以重复使用的包装材料或包装容器,例如,用以装压缩或液化气体的钢铁容器。

(六) 规则六

1. 条文内容

货品在某一品目项下各子目的法定归类,应按子目条文或有关的子目注释以及以上各条规则来确定,但子目的比较只能在同一数级上进行。除《协调制度》条文另有规定的以外,有关的类注、章注也适用于本规则。

2. 对规则的解释及运用说明

规则六是专门为商品在《协调制度》子目中的归类而制定的。它有两层含义:

第一,它规定商品在子目上归类的法律依据,首先是子目条文和子目注释,其次在应用子目条文和子目注释不能确定归类的情况下,则可以按照类注或章注的规定办理。例如,第

71章注释四(二)所规定的"铂"的范围,与第71章子目注释二所规定的"铂"的范围不相同。因此,在解释子目号7110.11及7110.19的范围时,应采用子目注释二,而不应考虑该章注释四(二)。即类、章注释与子目注释的应用次序为:子目注释—章注释—类注释。

第二,在比较哪一个子目更为具体时,只能在同一个品目项下的一级子目之间或同一个一级子目项下二级子目之间进行比较,而不能用不同品目项下的一级子目或不同一级子目项下二级子目来进行比较。简单地说,在将某一商品归类时,应首先考虑归入哪个品目,然后是该品目项下的哪一个一级子目,最后才是该一级子目项下的二级子目,以此类推。比如金属制带软垫的理发用椅,该货物可涉及的品目是9401和9402,因为这两个子目不是同一个4位数级下的子目,因此不能比较,所以应先看哪个4位品目更适合,比较后得知9402列名更具体,因此再在9402下比较二级子目,结果是应该归入94021010。

第二节　我国海关进出口商品分类目录主要内容

一、我国海关进出口商品分类目录基本结构

根据《协调制度国际公约》对缔约国权利义务的规定,我国以《协调制度》为基础,编制了《中华人民共和国海关进出口税则》和《中华人民共和国海关统计商品目录》,目前是2018版。

(1)《中华人民共和国进出口税则》中的商品号列称为税号,为征税需要,每项税号后列出了该商品的税率。

(2)《中华人民共和国海关统计商品目录》中的商品号列称为商品编号,为统计需要,每项商品编号后列出了该商品的计量单位,并增加了第22类"特殊交易品及未分类商品"(内分第98、99章)。

(3)《中华人民共和国进出口税则》与《中华人民共和国海关统计商品目录》共同构成了我国海关进出口商品分类目录,是进出口商品归类的基本依据。

该目录第1章至第97章(其中第77章为空章)的前6位数码及其商品名称与《协调制度》完全一致,第7、8两位数码是根据我国关税、统计和贸易管理的需要细分的(即第7,8位为本国子目)。

二、我国海关进出口商品分类目录特征

海关进出口商品分类目录对商品的分类和编排是有一定规律的。

(1)从类来看,基本上按社会生产的分工(或称生产部类)划分,即将属于同一生产部类的产品归在同一类里。

(2)从章来看,基本上按商品的属性或功能、用途划分。而每章中各税目的排列顺序一般按照动物、植物、矿物质产品或原材料、半制成品、制成品的顺序编排。

(3)从目来看,目录采用结构号列,即品目的号列不是简单的顺序号,而是有一定含义

的编码。比如改良种用马的编码为 0101.2100。我国进出口商品编码的表示方法如下例所示：

```
编码：    0  1    0  1  •  2        1        0        0
位数及含义：
          1  2    3  4     5        6        7        8
          章号   顺序号  五位数级子目  六位数级子目  七位数级子目  八位数级子目
                        （即一级子目）（即二级子目）（即三级子目）（即四级子目）
```

需要指出：在 5 至 8 位上的数字"9"通常表示"未具体列名的商品"。在第十六、十七类的某些章中，"9"表示"零件"，而"8"表示"未具体列名的商品"。如，8438.8000 为"其他机器"，8438.9000 为"零件"。

三、各类、章主要内容

第一类　活动物，动物产品（第 01 章至 05 章）

除某些例外情况外，本类包括所有活动物以及未加工或仅做了有限加工的动物产品。共分 5 章，其范围大致分 3 部分：活动物（第 1、3 章），食用动物产品（第 2、4 章），非食用动物产品（第 5 章）。

某些加工程度较高的动物产品及作为一些生产行业的原材料的动物产品，不归入本类。例如，动物油归入第 15 章，肉、鱼、甲壳动物、软体动物等的制品归入第 16 章，动物生皮或皮革归入第 41 章，动物毛皮归入第 43 章，动物毛归入第十一类。归入本类的动物产品与归入其他类的动物产品，主要是根据加工程度来区分的，而各章对不同动物产品的加工程度都有不同的标准。因此，对动物产品进行归类时，应根据有关各章的注释和品目条文的规定来确定。

第二类　植物产品（第 06 章至 14 章）

本类包括绝大多数未加工或仅做了有限加工的植物产品。本类共分 9 章，本类的植物产品也可分为 3 部分，即活植物（第 6 章），食用植物产品（第 7 章至第 12 章），非食用植物产品（第 13 章和第 14 章）。归入本类的植物产品与归入其他类的植物产品，主要也是根据加工程度来区分的。

第三类　动、植物油、脂及其分解产品，精制的食用油脂，动、植物蜡（第 15 章）

本类仅由一章构成，即第 15 章。商品范围包括动、植物油、脂及其分解产品，精制的食用油脂，动、植物蜡。本类（章）既包括原材料，经部分加工或完全加工的产品，也包括处理油脂物质或动、植物蜡所产生的残渣。

第四类　食品，饮料、酒及醋，烟草、烟草及烟草代用品的制品（第 16 章至 24 章）

本类包括加工程度超过第一类和第二类允许的范围，通常供人食用的动物或植物产品；本类还包括动、植物原料制饲料，烟草及烟草代用品的制品。共分 9 章（第 16 章至 24 章），可分为 5 组产品：主要以动物产品为原料的食品（第 16 章），主要以植物产品为原料的食品（第 17 章至第 21 章），饮料、酒及醋（第 22 章），食品工业残渣及配制的动物饲料（第 23 章），烟草及其制品（第 24 章）。

案例应用 4-7

煮熟的猪肝罐头归类

第五类 矿产品（第 25 章至 27 章）

本类包括从陆地或海洋里直接提取的原产状态或只经过洗涤、粉碎或机械物理方法精选的矿产品及残渣、废料，而其加工后的制品则归入以后的类章。本类共分 3 章：第 25 章（盐，硫磺，泥土及石料，石膏料、石灰及水泥），第 26 章（矿砂、矿渣及矿灰）和第 27 章（矿物燃料、矿物油及其蒸馏产品，沥青物质，矿物蜡）。

案例应用 4-8

液化煤气的归类

第六类 化学工业及其相关工业的产品（第 28 章至 38 章）

本类包括化学工业产品以及化学工业产品为原料做进一步加工的相关工业产品。总体上讲，本类可分为两大部分：第一部分由第 28 章的无机化学品及第 29 章的有机化学品构成，为基本化工原料，是单独的已有化学定义的化学品（少数产品除外），用于合成或制造其他相关工业的各种制成品。第二部分由第 30 章至第 38 章构成，基本上为各种制成品，是非单独的已有化学定义的化学品（少数除外）。

本类共有 3 条类注释，规定了某些特定产品应优先归入某一特定品目号，因而是进行化工产品归类时首先要考虑的归类原则。

注释一(1) 规定所有的放射性化学元素及放射性同位素以及它们的化合物（不论是否无机或有机，也不论是否已有化学定义），即使具有其他特征而可归入本目录其他品目号，也应一律归入品目号 2844。比如放射性氯化钠应归入品目号 2844，而不归入品目号 2501。

本条注释还规定非放射性同位素及其化合物，应归入品目号 2845，而不归入本目录的其他品目号。

注释一(2) 规定除放射性化学物质及非放射性同位素外，凡符合品目号 2843 或 2846 所述货品，则应优先归入这两个品目号中最合适的一个品目号，而不归入第六类的其他品目号。比如硝酸银即使已制成零售包装供摄影用，也应归入品目号 2843 而不归入品目号 3707。

注释二规定由于制成一定剂量或零售包装而归入品目号 3004、3005、3006、3212、3303、3304、3305、3306、3307、3506、3707 或 3808 的货品,不论是否可归入本目录的其他品目号,应一律归入上述品目号(注释一规定的货品除外)。例如,供治病用的零售包装胶态硫磺,应归入品目号 3004,而不归入品目号 2802。

类注一和类注二使用时的优先顺序是:类注一(1)先于类注一(2)先于类注二。即一种商品既符合类注一(1)的规定,又符合类注一(2)的规定的时,应优先按类注一(1)归类;或一种商品既符合类注一(2)的规定又符合类注二的规定时,应优先按类注一(2)归类。

注释三涉及准备混合后使用的配套货品的归类问题,即这些配套货品应按混合后产品归入相应品目号。但应注意,本条规定仅限于混合后构成第六或第七类所列产品的配套货品,如由金属氧化物、氯化锌、塑料物料组成的配套牙科粘固剂,应按混合后的牙科粘固剂归入品目号 3006。同时应注意,如果各成分不是混合后使用而是逐个连续使用的,则不属本规定的范围。

第七类　塑料及其制品,橡胶及其制品(第 39 章至 40 章)

本类只包括两章,概括地讲,第 39 章和第 40 章所包括的都是高分子量聚合物,但这两章并不包括所有的聚合物。

第八类　生皮、皮革、毛皮及其制品,鞍具及挽具,旅行用品、手提包及类似品,动物肠线(蚕胶丝除外)制品(第 41 章至 43 章)

第九类　木及木制品,木炭,软木及软木制品,稻草、秸秆、针茅或其他编结材料制品,篮筐及柳条编结品(第 44 章至 46 章)

第十类　木浆及其他纤维状纤维素浆,回收(废碎)纸或纸板,纸、纸板及其制品(第 47 章至 49 章)

第十一类　纺织原料及纺织制品(第 50 章至 63 章)

第十一类纺织原料及纺织制品由 13 条类注、2 条子目注释和 14 章构成。除注释规定除外的商品外,其余各种纺织原料及制品均归入本类。

第十一类分为两大部分。

第一部分包括第 50 至 55 章,共 6 章。包括普通纺织原料、纱线和织物,是按原料性质顺序排列的,排列顺序为动物纺织原料、植物纺织原料,然后是化学纺织原料,各种纺织原料一般又根据纤维长度按先长后短的顺序排列。每章中,再按原料、废料、普通机织物顺序排列。

第二部分是第 56 章至 63 章,共 8 章。包括了除第一部分货品以外的纺织物及制品,是按加工程度,从絮胎、特种纱线、特种织物、针织或钩编织物、服装到其他纺织制品和废旧纺织品,按章顺序排列。

归入第 50 至 55 章及品目号 5809 或 5902 的由两种或两种以上不同纺织材料混合制成的货品,应按其中重量最大的那种纺织材料归类。当没有一种纺织材料按重量计是占主要地位时,应按可归入的有关品目中最后一个品目所列的纺织材料归类。

在运用本规定时,要注意以下 4 点:

(1) 马毛粗松螺旋花线(税目号 5110)和含金属纱线(税目号 5605),均应作为单一的纺织材料对待。

(2) 同一章或同一品目号所列的不同的纺织材料应作为单一的纺织材料对待。

(3) 在机织物归类中,金属线应作为一种纺织材料。

(4) 当归入第54章及第55章的货品与其他章的货品进行比较时,应将这两章作为单一的章对待。也就是说,化学纤维不论长丝还是短纤应合并计算。

上述规定适用于纱线、织物、服装及纺织制品的归类。

第十二类 鞋、帽、伞、杖、鞭及其零件,已加工的羽毛及其制品,人造花,人发制品(第64章至67章)

第十三类 石料、石膏、水泥、石棉、云母及类似材料的制品,陶瓷产品,玻璃及其制品(第68章至70章)

第十四类 天然或养殖珍珠、宝石或半宝石、贵金属、包贵金属及其制品、仿首饰、硬币(第71章)

本类只有一章,即第71章,分为3个分章:

第1分章,天然或养殖珍珠、宝石、半宝石;

第2分章,贵金属及包贵金属;

第3分章,珠宝首饰、金、银器及其他制品。

第十五类 贱金属及其制品(第72章至83章)

本类包括贱金属、金属陶瓷及其制品。

本目录所称的"贱金属"是指铁及钢、铜、镍、铝、铅、锌、锡、钨、钼、钽、镁、钴、铋、镉、钛、锆、锑、锰、铍、铬、锗、钒、镓、铪、铟、铌、铼及铊。

本目录所称"金属陶瓷"是指金属与陶瓷成分以极细微粒不均匀结合而成的产品,"金属陶瓷"包括硬质合金(金属炭化物与金属烧结而成)。

其中第77章为空章。

第十六类 机器、机械器具、电器设备及其零件,录音机及放声机、电视图像、声音的录制和重放设备及其零件、附件(第84章至85章)

第十六类可划分为两部分,第一部分由第84章组成,包括各种机器及机械器具,主要由下列3部分货品组成:

(1) 能量转换机器及其零件。例如,热能变成蒸汽能的锅炉,水能转变成机械能的水轮机,核能转变成热能进而转化为机械能的核反应堆,燃料能转变为机械能的各种汽油、柴油发动机等。

(2) 利用能量变化做功的机器及其零件。例如,利用温度变化处理材料的机器,如烘烤设备、消毒设备等。

(3) 利用能量(包括机械能、非机械能)做功的机器及其零件。例如,金属切削加工机床、激光加工机床等。

但有些机器例外,例如,税目8471的电子计算机不归入85章而列在84章,其原因在于电子计算机是由机械式的手摇计算机发展而来,目录仍保留传统的分类方法。

第二部分由第85章组成,主要包括电气设备等。它主要由下列3个部分的货品组成:

(1) 利用电能做功的机器、设备及其零件。例如,机械能变成电能的发电机,电能变成热能的电熨斗、电热快速热水器等。

(2) 利用电信号产生、变换的机器、设备及其零件。例如,电视广播发送设备、脉冲编码调制设备等。

（3）利用不同形式电信号进行工作的机器、设备及其零件。例如，微波炉、电磁炉等。

本类类注二（零件归类规定）、类注三（组合机器）、类注四（功能机组）为本类最重要的注释规定。

第十七类　车辆、航空器、船舶及有关运输设备（第86章至89章）

本类由第86章至89章组成。包括各种铁道、电车道用车辆及气垫火车（第86章），其他陆上车辆，包括气垫车辆（第87章），航空、航天器（第88章），船舶、气垫船及浮动结构体（第89章）以及与运输设备相关的一些具体列名商品。例如，集装箱，某些铁道或电车轨道固定装置和机械信号设备，降落伞，航空器发射装置等。

第十八类　光学、照相、电影、计量、检验、医疗或外科用仪器及设备、精密仪器及设备，钟表，乐器，上述物品的零件、附件（第90章至92章）

本类由第90章、第91章和第92章所组成。本类所包括的货品有：第90章的光学、照相、电影、计量、检验、医疗用仪器及设备、精密仪器及设备；第91章的钟表；第92章的乐器，以及分列于各章的上述货品的零件、附件。

第十九类　武器、弹药及其零件、附件（第93章）

第二十类　杂项制品（第94章至96章）

本类所称杂项制品是指前述各类、章、品目号未包括的货品。

第94章，家具，寝具、褥垫、弹簧床垫、软座垫及类似的填充制品，未列名灯具及照明装置，发光标志、发光铭牌及类似品，活动房屋。

第95章，玩具、游戏品、运动用品及其零件、附件。

第96章，杂项制品，包括雕刻和模塑材料及其制品，某些扫把、刷子和筛，某些缝纫用品，某些书写及办公用品，某些烟具，某些化妆用具及本目录其他品目号未具体列名的物品。

第二十一类　艺术品、收藏品及古物（第97章）

第三节　进出口商品归类的海关行政管理

商品归类是海关正确执行国家关税政策、贸易管制措施和准确编制海关进出口统计的基础。因此，正确进行商品归类在进出口货物的通关中具有十分重要的意义。为规范进出口货物的商品归类，保证归类结果的准确性和统一性，海关总署根据《海关法》《关税条例》及其他有关法律、行政法规规定，于2007年发布了《中华人民共和国海关进出口货物商品归类管理规定》（总署令第158号）。[①] 另一方面，为便利对外贸易经营者办理海关手续、方便合法进出口、提高通关效率，海关总署还于2001年发布了《中华人民共和国海关行政裁定管理暂行办法》（总署令第92号），这些都是与进出口商品归类相关的海关行政管理规范，只是海关依据前者作出的预归类决定和依据后者作出的商品归类行政裁定，在申请时间、受理机构、适用范围等方面有所不同。此外，为了促进贸易安全与便利，优化营商环境，增强企业对进出口贸易活动的可预期性，海关又根据《中华人民共和国海关法》以及有关法律、行政法规和我国政府缔结或者加入的有关国际条约、协定的规定，于2017年12月26日公布了《中华人民共和国海关预裁

---

① 2014年根据总署令第218号进行修改并重新发布。

定管理暂行办法》(总署令第 236 号),自 2018 年 2 月 1 日起正式施行。

表 4-1 商品预归类决定、行政裁定、行政预裁定的异同

	商品预归类决定	商品归类行政裁定	商品归类行政预裁定
申请人	在海关注册登记的进出口货物经营单位		预裁定的申请人应当是与实际进出口活动有关,并且在海关注册登记的对外贸易经营者
向谁申请	向拟实际进出口货物所在地的直属海关提出	向海关总署或者直属海关提交书面申请	向其注册地直属海关提出预裁定申请
申请时间	在货物实际进出口 45 日前	在货物拟作进口或出口的 3 个月前	货物拟进出口 3 个月之前。特殊情况下,申请人确有正当理由的,可在货物拟进出口前 3 个月内提出预裁定申请
提交申请	申请人申请预归类的,应当填写并且提交《中华人民共和国海关商品预归类申请表》	申请人应当按照海关要求填写行政裁定申请书,主要包括:申请人的基本情况,申请行政裁定的事项,申请行政裁定货物的具体情况,预计进出口日期及进出口口岸,海关认为需要说明的其他情况	申请人申请预裁定的,应当提交《中华人民共和国海关预裁定申请书》以及海关要求的有关材料。材料为外文的,申请人应当同时提交符合海关要求的中文译本
受理时间	有明确规定的,应当在接受申请之日起 15 个工作日内制发《中华人民共和国海关商品预归类决定书》	自受理之日起 60 日内作出行政裁定	海关应当自收到预裁定申请书以及相关材料之日起 10 日内审核决定是否受理该申请,制发《中华人民共和国海关预裁定申请受理决定书》或者《中华人民共和国海关预裁定申请不予受理决定书》。海关应当自受理之日起 60 日内制发预裁定决定书
决定机构	由直属海关制发《中华人民共和国海关商品预归类决定书》	由海关总署或其授权机构作出,由海关总署统一对外公布	海关对申请人申请预裁定的海关事务应当依据有关法律、行政法规、海关规章以及海关总署公告作出预裁定决定,制发《中华人民共和国海关预裁定决定书》
适用范围	作出预归类决定书的直属海关关区范围	自公布之日起在中华人民共和国关境内统一适用	全国海关对预裁定信息已实现互联共享,任何一份预裁定决定都在全国海关适用
效力	作出预归类决定书依据的有关规定发生变化导致有关的预归类决定书不再适用的,作出预归类决定书的直属海关应当制发通知单,或者发布公告,通知申请人停止使用有关的《预归类决定书》	海关作出行政裁定所依据的法律、行政法规及规章中的相关规定发生变化,影响行政裁定效力的,原行政裁定自动失效	预裁定决定仅对申请人具有法律效力,自预裁定决定书作出之日起 3 年内有效。预裁定决定所依据的法律、行政法规、海关规章以及海关总署公告相关规定发生变化,影响其效力的,预裁定决定自动失效。预裁定决定对于其生效前已经实际进出口的货物没有溯及力

(续表)

商品预归类决定	商品归类行政裁定	商品归类行政预裁定
告知	直属海关经审核认为申请预归类的商品归类事项属于《中华人民共和国进出口税则》《进出口税则商品及品目注释》《中华人民共和国进出口税则本国子目注释》以及海关总署发布的关于商品归类的行政裁定、商品归类决定没有明确规定的,应当在接受申请之日起 7 个工作日内告知申请人按照规定申请行政裁定	申请人对预裁定决定不服的,可以向海关总署申请行政复议;对复议决定不服的,可以依法向人民法院提起行政

参考来源:海关发布 2016 年 8 月 26 日,海关总署 2017 年 12 月 26 日,《中国海关杂志》2018 年 1 月 31 日。

一、商品归类的依据和申报要求

(一) 对进出口商品进行归类的依据

我国的商品归类是以《协调制度》为体系,以海关进出口税则和海关统计商品目录为执法依据的。《中华人民共和国海关法》规定:"进出口货物的商品归类按照国家有关商品归类的规定确定。"具体而言包括以下两个方面:

1. 主要依据

(1)《中华人民共和国海关法》《中华人民共和国进出口关税条例》《中华人民共和国海关进出口货物征税管理办法》;

(2)《中华人民共和国进出口税则》,包括协调制度归类总规则、类注、章注、子目注释、目录条文;

(3)《海关进出口税则——统计目录商品及品目注释》;

(4)《中华人民共和国进出口税则本国子目注释》;

(5) 海关总署下发的关于商品归类的有关规定,包括总署的文件、归类问答书、预归类决定、行政裁定、归类技术委员会决议及总署转发的世界海关组织归类决定等。

2. 其他依据

在进出口商品归类过程中,海关可以要求进出口货物的收发货人提供商品归类所需的有关资料并将其作为商品归类的依据;必要时,海关可以组织化验、检验,并将海关认定的化验、检验结果作为商品归类的依据。

(二) 商品归类申报与海关审核

1. 对申报者要求

商品归类是一项技术性很强的工作。为了规范进出口企业申报行为,提高通关数据质量,加快通关速度,促进贸易便利化,海关总署关税征管司根据 2018 年版《中华人民共和国海关进出口税则》的变化情况,编制了 2018 年版《中华人民共和国海关进出口商品规范申报目录》(简称《规范申报目录》),《规范申报目录》的正文由"税则号列"、"商品名称"、"申报要素"、"说明举例"栏组成。进出口货物收发货人或代理人在填报海关进出口货物报关单的"商品名称、规格型号"栏目时,应按照《规范申报目录》中申报要素的内容填报。

(1) 如实、准确申报;

(2) 提供商品归类所需资料;

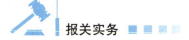

(3) 按《规范申报目录》填写；
(4) 补充申报。

案例应用 4-9

沃尔沃轿车不锈钢标牌归类申报要求

另外，对一时难以确定归类的商品，凡不涉及许可证管理的，经海关批准，可向海关交付保证金先予放行；如属于许可证管理的商品，则应按有关的法律、法规、规章办理。

按照有关规定需要化验的商品，必须由海关送验，然后再由海关根据化验结果做出归类决定。

2. 海关对申报的审核

海关在审核商品申报归类时可以查阅、复制有关单证与资料，可以要求收发货人（或代理人）提供必要的样品及相关资料，可以化验与检验货物并且根据结果予以归类。进出口收发货人（或代理人）应该积极配合。若进出口收发货人（或代理人）申报情况不实又不予配合，则海关可以根据申报内容依法审核确定进出口货物的商品归类。

（三）商品归类修改

收发货人（代理人）需要修改申报的商品编码，应该按照《中华人民共和国海关进出口货物报关单修改和撤销管理办法》等规定向海关提出申请。

海关根据《中华人民共和国海关进出口货物征税管理办法》有关规定，按照商品归类的有关规则和规定重新核定，并且根据《中华人民共和国海关进出口货物报关单修改和撤销管理办法》，通知收发货人（代理人）对报关单予以修改、删除。

二、预归类制度

由于商品归类工作技术性强，并涉及化验等诸多环节，需要一定的时间才能得出结论，因此，完全依靠在通关环节进行商品归类已不能完全适应进出口实际需要。为加速货物通关、提高归类的准确性、便利报关单位办理海关手续，我国海关对进出口商品实行了预归类制度。

（一）预归类的含义

预归类是指在海关注册登记的进出口货物经营单位（申请人）在货物实际进出口 45 日前，以海关规定的书面形式向直属海关提出预先进行商品归类的申请，海关依法做出具有法律效力的商品归类决定的行为。

（二）预归类申请的提出

预归类申请人应是在海关注册的进出口货物的经营单位或其代理人。

预归类申请应由申请人填写《中华人民共和国海关商品预归类申请表》一式两份提交进出口货物所在地直属海关。申请表样式如下：

中华人民共和国海关商品预归类申请表　　　　预归类申字_____号

申请人：
企业代码：
通讯地址：
联系电话：
商品名称(中、英文)：
其他名称：
商品详细描述(规格、型号、结构原理、性能指标、功能、用途、成分、加工方法、分析方法等)：
进出口计划(进出口日期、口岸、数量等)：
随附资料清单：
此前如就相同商品向海关申请预归类，请写明海关预归类决定书编码：
申请人(章) 年　月　日	海关(章)： 接受日期：　年　月　日 签收人：

注：1. 填写此申请表前应阅读《中华人民共和国进出口货物预归类管理规定》；
　　2. 本申请表一式二份，申请人和海关各执一份；
　　3. 本表加盖申请人和海关印章方为有效。

预归类申请应注意以下几点。

（1）申请人应按海关要求提供足以说明申报商品情况的资料，如进出口合同复印件、照片、说明书、分析报告、平面图等，必要时提供商品样品。申请所附文件如为外文，应同时提供中文译文。

（2）申请人应对其所提供资料的真实性负责，不得向海关隐瞒或向海关提供影响预归类准确性的倾向性资料；如实际进出口货物与决定书所述及的商品不相符，申请人应承担法律责任。

（3）一份预归类申请表只应包含一项商品，申请人对多项商品申请预归类的应分别提出。

（4）申请人不得就同一种商品向两个或两个以上海关提出预归类申请。

（5）申请人可向海关申请对其进出口货物所涉及的商业秘密进行保密。

（6）在预归类决定书的有效期内，申请人对归类决定持有异议，可向做出决定的海关提出复核。

（7）申请表必须加盖申请单位印章，所提供资料与申请书必须加盖骑缝章。

(三)海关对预归类申请的受理及预归类决定的作出

1. 申请的受理

海关根据规定对预归类申请进行审查,对下列情况海关可以不予受理:

(1) 不能满足预归类条件的申请;

(2) 所提申请与实际进出口无关的。

2. 决定的作出

经直属海关审核认为属于《进出口税则》《商品及品目注释》《本国子目注释》以及海关总署发布的关于商品归类的行政裁定、商品归类有明确规定的,直属海关应该在接受申请之日起15个工作日内制发《中华人民共和国海关商品预归类决定书》(决定书),通知申请人。属于没有明确规定的,应该在接受申请之日起7个工作日内告知申请人按照规定申请裁定。

(四)决定书的效力

申请人在制发决定书的直属海关所辖关区进出口预归类决定书中所属货物时,应向海关递交决定书,海关审核放行。

有关规定发生变化造成决定书不再适用,则由作出决定书的直属海关制发通知单,或者发公告,通知申请人停止使用有关的决定书。

(五)其他规定

因为商品归类引起的退税、补征、追征税款以及征收滞纳金,按照法律、法规以及海关总署规章的规定办理。

违反《中华人民共和国海关进出口货物商品归类管理规定》,构成走私行为、违反海关监管规定行为或者其他违反《海关法》行为的,由海关依照《海关法》和《海关行政处罚实施条例》的有关规定予以处理;构成犯罪的,依法追究刑事责任。

案例应用 4-10

宁波双喜公司申请办理预归类

三、海关行政裁定

海关行政裁定是指海关在货物实际进出口前,应对外贸易经营者的申请,依据有关海关法律、行政法规和规章,对与实际进出口活动有关的海关事务作出的具有普遍约束力的决定。行政裁定由海关总署或总署授权机构作出,由海关总署统一对外公布,具有海关规章的同等效力。

(一) 行政裁定的适用范围

海关行政裁定适用于以下情形：进出口商品的归类，进出口货物原产地的确定，禁止进出口措施和许可证件的适用，海关总署决定适用的其他海关事务。

(二) 行政裁定的其他规定

海关行政裁定的申请人应当是在海关注册登记的进出口货物经营单位。申请人可以自行向海关提出申请，也可以委托他人向海关提出申请。除特殊情况外，海关行政裁定的申请人，应当在货物拟作进口或出口的 3 个月前向海关总署或者直属海关提交书面申请。一份申请只应包含一项海关事务。申请人对多项海关事务申请行政裁定的，应当逐项提出。而且，申请人不得就同一项海关事务向两个或者两个以上海关提交行政裁定申请。

申请人应当按照海关要求填写行政裁定申请书，主要包括下列内容：申请人的基本情况，申请行政裁定的事项，申请行政裁定的货物的具体情况，预计进出口日期及进出口口岸，海关认为需要说明的其他情况。

申请人应当按照海关要求提供足以说明申请事项的资料，包括进出口合同或意向书的复印件、图片、说明书、分析报告等。申请书所附文件如为外文，申请人应同时提供外文原件及中文译文。

申请书应当加盖申请人印章，所提供文件与申请书应当加盖骑缝章。申请人委托他人申请的，应当提供授权委托书及代理人的身份证明。

海关认为必要时，可要求申请人提供货物样品。申请人为申请行政裁定向海关提供的资料，如果涉及商业秘密，可以要求海关予以保密。除司法程序要求提供的以外，未经申请人同意，海关不应泄露。申请人对所提供资料的保密要求，应当书面向海关提出，并具体列明需要保密的内容。

收到申请的直属海关应当按照规定对申请资料进行初审。对符合规定的申请，自接受申请之日起 3 个工作日内移送海关总署或总署授权机构。申请资料不符合有关规定的，海关应当书面通知申请人在 10 个工作日内补正。申请人逾期不补正的，视为撤回申请。海关总署或授权机构应当自收到申请书之日起 15 个工作日内，审核决定是否受理该申请，并书面告知申请人。对不予受理的应当说明理由。

海关在受理申请后，作出行政裁定以前，可以要求申请人补充提供相关资料或货物样品。申请人在规定期限内未能提供有效、完整的资料或样品，影响海关作出行政裁定的，海关可以终止审查。申请人主动向海关提供新的资料或样品作为补充的，应当说明原因。海关审查决定是否采用。海关接受补充材料的，根据补充的事实和资料为依据重新审查，作出行政裁定的期限自收到申请人补充材料之日起重新计算。申请人可以在海关作出行政裁定前以书面形式向海关申明撤回其申请。海关对申请人申请的海关事务应当根据有关事实和材料，依据有关法律、行政法规、规章进行审查并作出行政裁定。审查过程中，海关可以征求申请人以及其他利害关系人的意见。

海关应当自受理申请之日起 60 日内作出行政裁定。海关作出的行政裁定应当书面通知申请人，并对外公布，自公布之日起在中华人民共和国关境内统一适用。

本 章 小 结

《协调制度》是《商品名称及编码协调制度》的简称，它采用六位数编码，是一部科学、系统的国际贸易商品分类体系。其总体结构包括三大部分：归类总规则；类、章及子目注释；按顺序编排的品目与子目编码及条文。《协调制度》的主要特点是：完整、系统、通用、准确。

商品归类总规则共有6条，在对货物归类时应该依次运用，即当采用规则一不能够对商品予以正确归类时，可以应用规则二，若采用规则二也不能够对商品予以正确归类时，可以应用规则三，依次类推。

我国海关进出口商品分类目录包括《中华人民共和国进出口税则》和《中华人民共和国海关统计商品目录》，这两个目录都是在《协调制度》的基础上，结合我国进出口货物的实际情况编制而成的。其中，《中华人民共和国海关统计商品目录》在《协调制度》21类、97章的基础上，增列了第22类"特殊交易品及未分类商品"（包含98、99两章），而前21类、97章的商品目录编排结构与《协调制度》完全相同。

为加速货物通关，提高归类的准确性，便利报关单位办理海关手续，我国海关对进出口商品实行了预归类制度。

为便利对外贸易经营者办理海关手续，方便合法进出口，提高通关效率，我国海关还对进出口商品归类、进出口货物原产地的确定、禁止进出口措施和许可证件的适用，以及其他海关事务进行行政裁定。

海关行政裁定是指海关在货物实际进出口前，应对外贸易经营者的申请，依据有关海关法律、行政法规和规章，对与实际进出口活动有关的海关事务作出的具有普遍约束力的决定。行政裁定由海关总署或总署授权机构作出，由海关总署统一对外公布。

预归类决定适用于作出预归类决定书的直属海关关区范围；海关作出的行政裁定自公布之日起在中华人民共和国关境内统一适用。

主 要 概 念

商品名称及编码协调制度　归类总规则　《中华人民共和国海关进出口税则》《中华人民共和国海关统计商品目录》　预归类　海关行政裁定　行政预裁定

基 础 训 练

一、单项选择题

1．下列可以作出预归类决定的我国海关商品归类职能部门是（　　）。
A．海关总署　　　　　　　　　B．直属海关
C．隶属海关　　　　　　　　　D．北京（海关）商品归类办公室

2．下列叙述正确的是（　　）。
A．在进行商品税则分类时，列名比较具体的税目优先于一般税目
B．在进行商品税则分类时，混合物可以按照其中的一种成分进行税则归类
C．在进行商品税则分类时，商品包装容器应该单独进行税则归类
D．从后归类的原则是商品税则归类的普遍适用的原则

3．在进行商品税则归类时，对看起来可以归入两个或者以上的税号的商品，在税目条文和注释均无规定时，其归类次序是（　　）。
A．基本特征、最相类似、具体列名、从后归类
B．具体列名、基本特征、从后归类、最相类似

C. 最相类似、具体列名、从后归类、基本特征

D. 具体列名、最相类似、基本特征、从后归类

4. 以下各项中,对协调制度总规则理解正确的是( )。

A. 类、章及章的标题,不仅为查找方便而设,而且还可以作为归类的依据之一

B. 规则的运用没有先后次序,哪条规则适用于归类,就用哪条,无主次、先后之分

C. 类注、章注可以确定子目,子目的比较可以在不同的数级进行,类注、章注优于子目注释

D. 如果货品有两个或者两个以上税(品)目可归,列出品名比列出类名更具体

5. 经国务院批准,我国海关自( )起开始采用《协调制度》,使进出口商品归类工作成为我国海关最早实现与国际接轨的执法项目之一。

A. 2001 年 1 月 1 日   B. 1992 年 1 月 1 日
C. 2002 年 1 月 1 日   D. 2000 年 7 月 8 日

6. 只有在不能按照规则三(1)归类时,才能使用规则三(2)进行归类,不能按照前两款归类时,才能运用规则三(3)。因此,其优先权的次序为( )。

A. 具体列名、基本特征、从后归类   B. 从后归类、基本特征、具体列名
C. 具体列名、从后归类、基本特征   D. 基本特征、具体列名、从后归类

7. ( )是归类申报的基本要求。

A. 如实申报   B. 配合查验   C. 提供归类材料   D. 补充申报

8. 下列货品进出口时,包装物与所装物品应该分别归类的是( )。

A. 40 升专用钢瓶装液化氮气   B. 25 千克桶(塑料桶)装涂料
C. 纸箱包装的彩色电视机   D. 纸箱包装的木制婴儿床

二、多项选择题

1. 《协调制度》中的税(品)目所列货品,除完整品或制成品外,还应包括( )。

A. 在进出口时具有完整品基本特征的不完整品

B. 在进出口时具有制成品基本特征的未制成品

C. 完整品或制成品在进出口时的未组装件或拆散件

D. 具有完整品或制成品基本特征的不完整品或未制成品在进出口时的未组装件或拆散件

2. 以下选项中,符合货物与包装容器分别归类条件的正确表述是( )。

A. 适合长期使用的容器,其使用期限与盛装货物的使用期限相称,在货物不使用时,容器可以起到保护货物的作用

B. 包装容器本身构成整个货物的基本特征

C. 专门按所要盛装的物品进行设计的包装物或容器

D. 明显可以重复使用的包装容器

3. 关于预归类申请,以下表述错误的是( )。

A. 应由海关进出口商品预归类人向直属海关提出

B. 应由进出口货物的经营单位或其代理人向直属海关提出

C. 应由进出口货物的经营单位的代理人向直属海关提出

D. 应由在海关注册的进出口货物的经营单位向直属海关提出

4. 在《协调制度》中,常用的限定方法有(　　)。
   A. 定义法　　　　B. 列举法　　　　C. 详列法　　　　D. 排他法
5. 在《协调制度》中,规则五(一)仅适用于同时符合(　　)等规定的容器。
   A. 制成特定形状或形式、专门盛装某一物品或某套物品
   B. 适合长期使用的、与所装物品一同报检
   C. 通常与所装物品一同出售
   D. 本身并不构成货物基本特征的、容器本身只是物品的包装物,无论是从价值或者是从作用看,它都是从属于物品
6. 对进出口货物进行商品归类的主要依据包括(　　)。
   A.《中华人民共和国海关法》《中华人民共和国进出口关税条例》
   B.《中华人民共和国海关进出口货物征税管理办法》
   C. 海关总署公布下发的关于商品归类文件、归类决定、归类行政裁定、归类技术委员会决议以及总署转发的世界海关组织归类决定等
   D.《中华人民共和国海关进出口税则——统计目录商品及品目注释》《中华人民共和国海关进出口税则——统计目录本国子目注释》
7. 下列关于进出口货物的商品归类,表述正确的是(　　)。
   (参见2014年根据总署令第218号修改后重新发布的归类管理规定)
   A. 进出口货物的商品归类应当遵循客观、准确、统一的原则
   B. 进出口货物的商品归类应当按照收发货人或者其代理人向海关申报时货物的实际状态确定
   C. 海关经审核认为收发货人或者其代理人申报的商品编码不正确的,可以根据《中华人民共和国海关进出口货物征税管理办法》有关规定,按照商品归类的有关规则和规定予以重新确定,并且根据《中华人民共和国海关进出口货物报关单修改和撤销管理办法》等有关规定通知收发货人或者其代理人对报关单进行修改、删除
   D. 海关对货物的商品归类审核完毕前,收发货人或者其代理人要求放行货物的,应当按照海关事务担保的有关规定提供担保。国家对进出境货物有限制性规定,应当提供许可证件而不能提供的,以及法律、行政法规规定不得担保的其他情形,海关不得办理担保放行
8. 关于归类总规则六,下列表述错误的有(　　)。
   A. 该条款有条件地扩大了品目条文所列出的货品范围
   B. 该条款用于解决看起来可归入两个或两个以上品目的货品的归类
   C. 该条款用于解决容器或包装材料的归类
   D. 该条款是阐述某一品目下子目归类原则的条款

三、简答题

1.《协调制度》的编排规律如何?
2.《协调制度》的六条归类总规则分别有什么用途?
3. 预归类制度的含义及目的是什么?
4. 如何办理预归类申请?
5. 海关行政裁定适用于什么情形?
6. 预归类决定和商品归类行政裁定有何不同?

7. 行政预裁定和行政裁定有何区别？

四、案例分析

请思考：国际组织为什么要对商品进行分类？不同的分类体系有何差异？《协调制度》是在什么情况下产生的？有何意义？

业 务 实 训

1. 查找下列商品的编码：

尼龙针织女式游泳衣

红木制衣架（落地式）

石英手表（无表带）

狩猎用步枪

竹制一次性筷子（零售包装）

摩托车用头盔

小轿车用电动风挡刮雨器

硫酸铵化肥，每袋5千克装

精制玉米油

婴儿速食混合肉菜泥（含15％牛肉、30％胡萝卜、30％马铃薯、10％芹菜、10％西红柿及部分调料），真空塑料包装，每袋重200克

船舶用舵机及陀螺稳定器

麦芽酿造听装啤酒

心脏起搏器成套散件

男式大衣，面料为纯羊毛华达呢，里为兔毛皮

废纸制成的纸丝

核磁共振成像装置的外壳

2. 江苏泰兴某外贸出口企业出口汽车风扇，认为该货物应归入87章，遂自行归类并向海关申报，结果没能及时办理出口通关手续，造成不应有的损失，请分析可能的原因。

本章习题参考答案

第五章 基本通关制度（一）
——一般进出口货物通关制度

- 知识目标：了解一般进出口货物通关的基本程序和环节；
  掌握报关的时间、地点、方式、期限等相关规定；
  明确滞报金的含义和征收方式；
  了解海关查验制度及配合查验的主要任务；
  了解缴税和放行的具体做法。
- 技能目标：能够较为熟练地缮制报关单证，按规定的时间和方式完成一般进出口货物的申报，并配合海关查验，完成缴税和提运货物等工作。
- 能力目标：理解一般贸易货物与一般进出口货物的异同、一般进出口货物与其他海关监管货物在通关监管上的差异，并加以灵活运用。

华中进出口集团进口申报

第一节 一般进出口货物通关制度概述

通关是指进出境运输工具的负责人、进出口货物的收发货人及其代理人、进出境物品的所有人向海关办理报关对象进出境手续，海关对其提交的单证和进出境申请书依法进行审核、查验、征缴税费、批准进境或出境放行的全过程。通关又可以分为基本通关制度和特别通关制度。基本通关制度包括一般进出口货物通关、保税进出口货物通关、特定减免税进口货物通关和暂时进出口货物通关制度，不同的通关制度有不同的通关程序。

一、一般进出口货物通关含义

一般进出口货物是指在进出境环节缴纳了应征的进出口税费并办结了所有必要的海关

手续,海关放行后不再进行监管的进出口货物。

一般进出口通关制度是指货物在进出境环节完纳进出口税费,并办结了各项海关手续后,进口货物可以在境内自行处理,出口货物运离关境可以自由流通的海关通关制度。

适用一般进出口通关制度的进出口货物可以永久保留在境内或境外。但因本项制度包含完纳应缴的进出口税费和在进出境环节办结各项海关手续两重含义,因而不包括虽永远留在关境内,但可以享受特定减免税优惠的货物。

二、一般进出口货物通关主要特点

(一)进出口环节完纳进出口税费

"**进出境环节**"是指货物提取或装运前的通关环节,"**完纳**"是指按照《进出口税则》的税率全额计征,"**进出口税费**"是指货物在通关时,因其直接发生了一次合法的进口或出口,在海关税法上被规定应税,而须向海关缴纳的关税、海关代征税、规费和其他费用。

(二)进出口时交验相关的进出境国家管制许可证件

货物进出口时受国家法律、法规管制的,进出口货物的收发货人或其代理人应当向海关提交相关的进出口许可证件。

(三)海关放行即结关

海关征收了全额税费,核准了相关的进出口许可证件后,按规定签印放行。这时,进出口货物的收发货人或其代理人方能提取进口货物或装运出口货物。对一般进出口货物来说,海关放行即意味着海关手续已经全部办结,货物可以在关境内自由流通或运往境外。

案例应用 5-2

江苏雪山纺织品有限公司按照一般进出口货物报关

三、一般进出口货物通关适用

一般进出口货物通关制度适用于除能够享受特定减免税优惠以外的实际进出口货物。因此,下列货物适用一般进出口货物通关制度:

1. 一般贸易方式成交的进出口货物;
2. 易货贸易、补偿贸易进出口货物;
3. 不准予保税的寄售代销贸易货物;

4. 转为实际进口的原保税进口货物；
5. 转为实际出进口的原暂准进出境货物；
6. 承包工程项目实际进出口货物；
7. 边境小额贸易进出口货物；
8. 外国驻华商业机构进出口陈列用的样品；
9. 外国旅游者小批量订货出口的商品；
10. 随展览品进出境的小卖品；
11. 免费提供的进口货物，如外商在经济贸易活动中赠送的进口货物，外商在经济贸易活动中免费提供的试车材料，我国在境外的企业、机构向国内单位赠送的进口货物。

租赁贸易方式进出口货物适用海关一般进出口监管制度，即在进出境环节提交进出口许可证件，按进口完税价格一次性或按租金分期缴纳进出口税费。租赁贸易方式进出口货物实际进出口后，海关对货物一次性予以进出口贸易统计。

四、一般进出口货物通关的基本手续

一般进出口货物通关的基本手续，通常是在进出境环节向海关申报、配合海关查验、缴纳进出口税费、提取或装运货物 4 个基本环节组成。由于本教材第 9 章重点介绍进出口税费，故本章主要对其余 3 个环节作简单介绍。

案例应用 5-3

申报不实影响国家税款征收

第二节 一般进出口货物申报

一、申报前看货取样

我国《海关法》第二十七条规定："进口货物收货人经海关同意，可以在申报前向海关要求查看货物或者提取货样。"进口货物收货人或其代理人由于境外发货人传递的信息资料等方面问题造成境内收货人单证不清，无法准确掌握货物的实际情况时，为了向海关如实申报，可以向海关申请先看货取样，后办理报关手续。

二、如实申报与交验单证

(一)申报地点

在一般情况下,进口货物的收货人或其代理人应当在货物的进境地向海关申报,出口货物的发货人或其代理人应当在货物的出境地向海关申报。

当进出口货物申请办理转关运输手续时,进口货物的收货人或其代理人应当在设有海关的货物指运地申报,出口货物的发货人或其代理人应当在设有海关的货物启运地申报。

经电缆、管道或其他特殊方式进出境的货物,进出口货物收发货人或其代理人应当按照海关的规定定期向指定的海关申报。

以保税、展览及其他特殊使用目的等方式进境后,因故改变性质,或者改变使用目的转为实际进口的货物,进口货物的收货人或其代理人应当向货物的主管海关申报。

谁是进口口岸?

(二)申报期限

进口货物的申报期限为自装载货物的运输工具申报进境之日起 14 日内。申报期限的最后一天为法定节假日或休息日的,顺延至法定节假日或休息日后的第一个工作日。

出口货物的申报期限为货物运抵海关监管区后、装货的 24 小时之前。

进口货物的收货人未按规定期限向海关申报的,由海关按《海关法》的规定征收滞报金。进口货物自装载货物运输工具申报进境之日起超过 3 个月仍未向海关申报的,货物由海关按照《海关法》的规定提取变卖处理。对不宜长期保存的货物,海关可以根据实际情况提前处理。

(三)申报单证

准备申报单证是报关人员开始进行货物申报的第一步,是整个报关工作能否顺利进行的关键。申报单证可以分为报关单和随附单证两大类,其中,随附单证按其性质又可分为基本单证和特殊单证。

报关单是由报关人员按照海关规定的格式填制的,反映进出口货物实际信息、海关及其他进出口管理部门据以办理监管、征税、缉私、统计、稽查、退税、外汇以及调查惩处等相关业务的重要凭证,是整个报关活动的核心单证。一般来说,任何进出境货物的申报,都应该提交报关单,包括进出口货物报关单、特殊监管区域进出境备案清单、进出口货物集中申报清单、进出境快件报关单等。

基本单证是指进出口货物的货运单据和商业单据，主要有进口提货单据、出口装货单据、商业发票、装箱单等。

特殊单证是指进出口许可证、原产地证明、国家外经贸主管部门的批准文件、进出口企业的有关证明文件、加工贸易登记手册、减免税证明、担保文件、代理报关委托书等，具体应提交哪些特殊单证，应视货物的监管类型和性质而定。

（四）申报方式

在一般情况下，进出口货物是收发货人或其代理人按先后顺序，先以电子数据报关单形式向海关申报，后提交纸质报关单。在某些边远地区，海关没有配备电子通关系统的，进出口货物的收发货人或其代理人可以单独以纸质报关单形式向海关申报。在实行无纸通关项目的海关，进出口货物收发货人或其代理人也可以单独以电子数据报关单形式向海关申报。

由于申报方式的原因，我国海关接受申报也有两种情况，即接受电子数据报关单和接受纸质报关单的申报。

（1）接受电子数据报关单的申报，是指海关电子通关系统接收到进出口货物收发货人或其代理人发送的报关单电子数据后，按预先设定的参数进行逻辑处理，并将处理结果发送给原进出口收发货人或其代理人，或者公布于海关业务现场，即为"海关接受申报"。

（2）接受纸质报关单的申报，是指海关关员接受进出口货物收发货人或其代理人提交的纸质报关单及随附单据后，进行登记处理。凡是海关关员已在报关单上作登记处理的，即为"海关接受申报"。

（五）申报的修改和撤销

申报是进出口货物的收发货人履行海关义务的一种法律行为。申报一旦被海关接受，海关可据此判断货物进出是否合法，税率适用是否准确，实际货物是否与申报相符等。因此，《海关法》规定，海关接受申报后，报关单及其内容不得修改或撤销；确有以下正当理由的，经海关同意，方可修改或者撤销申报后重新申报：

（1）由于计算机技术等方面的原因导致电子数据的错误；

（2）海关放行出口货物后，由于配载、装运等原因造成原申报货物部分或全部退关时；

（3）报关员或者专业预录入企业人员在计算机操作或书写上的失误造成非涉及国家贸易管制制度、税费征收、海关统计指标等内容的差错；

（4）进出口货物在装载、运输、储存过程中因溢短装、不可抗力的灭失、短损等原因造成原申报数据与实际货物不符的；

（5）根据贸易惯例现行采用暂时价格成交、实际结算时按商检品质认定或国际市场实际价格付款方式需要修改申报内容的；

（6）其他特殊情况经海关核准同意的。

（六）申报日期和滞报金

申报日期是指申报数据被海关接受的日期。进出口货物收发货人或其代理人的申报数据自被海关接受之日起，其申报的数据就产生法律效力，需向海关承担如实申报、如期申报或缴纳滞报金等法律责任。因此，海关接受申报数据的日期非常重要。

（1）在不使用电子数据报关只提供纸质报关单申报的情况下，海关工作人员在报关单上登记处理的日期，为海关接受申报的日期。

（2）以电子数据报关单形式申报的，申报日期为海关计算机系统接受申报数据时记录的日期。若电子数据报关单经海关计算机系统逻辑检查被退回,视为海关不接受申报,进出口货物收发货人或其代理人应当按照要求修改后重新申报,申报日期为海关接受重新申报的日期。若海关已接受电子数据申报,经人工审核后,需要对部分内容修改的,进出口货物收发货人、受委托的报关企业应当按照海关规定进行修改并重新发送,申报日期仍为海关接受原申报的日期。

（3）在先采用电子数据申报,后提交纸质报关单申报的情况下,申报日期以海关接受电子数据报关单申报的日期为准。

（4）进出口货物滞报金按日计征,日征收金额为进口货物完税价格的 0.5‰,以人民币"元"为计征单位,不足人民币 1 元的部分免予计征;滞报金起征点为人民币 50 元,应征收滞报金金额不满人民币 50 元的,不予征收。滞报金的计算公式为:

$$滞报金金额 = 进口货物完税价格 \times 0.5‰ \times 滞报期间$$

其中,滞报期间的计算以运输工具申报进境之日起第 15 日为起始日,以海关接受申报之日为截止日,起始日与截止日均计入滞报天数。起始日如遇法定节假日,则顺延至其后第一个工作日。

> **相 关 链 接 5-5**
>
> **海关总署"双随机、一公开"的典型经验做法**
>
>

第三节 一般进出口货物的查验

一、海关对查验货物及其时间与地点的确定

海关查验是指海关根据海关法确定进出境货物的性质、价格、数量、原产地、货物状况等是否与报关单上已申报的内容相符,对货物进行实际检查的行政执法行为。

海关通过查验,核实有无伪报、瞒报、申报不实等走私、违规行为,同时也为海关的征税、统计、后续管理提供可靠的资料。

海关查验时,进出口货物的收发货人或其代理人应当到场。

查验地点一般在海关监管区内。对进出口大宗散货、危险品、鲜活商品、落驳运输的货物,经货物收发货人或其代理人申请,海关也可同意在装卸作业的现场进行查验。在特殊情况下,经货物收发货人或其代理人申请,海关可派员到海关监管区以外的地方查验货物。

当海关决定查验时,即将查验的决定以书面通知的形式通知进出口货物收发货人或其代理人,约定查验的时间。查验时间一般约定在海关正常工作时间内。但是在一些进出口业务繁忙的口岸,海关也可应进出口货物收发货人或其代理人的请求,在海关正常工作时间以外安排查验作业。

二、海关查验方式

海关查验的方式一般分为两种。

（1）彻底查验：即对货物逐件开箱、开包查验。对货物的品名、规格、数量、重量、原产地、货物状况等逐一与申报的数据进行详细核对。

（2）抽查：即按一定比例,对货物有选择地开箱、开包查验。

查验操作可以分为人工查验和设备查验。

（1）人工查验：包括外形查验、开箱查验。外形查验,即对货物外部特征直观、易于判断基本属性的包装、运输标志和外观等进行核查、核验；开箱查验是指将货物从集装箱、货柜车厢等箱体中取出并拆除外包装后对货物实际状况进行验核。

（2）设备查验：是指以技术检查设备为主对货物实际状况进行的验核,如使用地磅、X光机等设施和设备进行查验。

三、海关查验结果

查验完毕后,海关实施查验的关员应当填写《海关进出境货物查验记录单》一式两份,配合海关查验的报关员应当注意阅读查验记录是否如实反映查验情况。特别注意以下情况的记录是否与实际相符：

（1）开箱的具体情况；

（2）货物残损情况及造成残损的原因；

（3）提取货样的情况；

（4）查验结论。

配合查验的报关员审阅查验记录准确清楚的,应即签字确认,至此,配合海关查验结束。

四、径行开验与复验

"径行开验"是指海关在进出口货物收发货人或其代理人不在场的情况下,也可自行开拆货物进行查验。有下列情形之一的,海关可以径行开验：进出口货物有违法嫌疑的；经海关通知查验,进出口货物收发货人或代理人届时未到场的。海关行使"径行开验"的权利时,应当通知货物存放场所的管理人员或其他见证人当场,并由其在海关的查验记录上签字。

"复验"是指海关对查验过程中已经查验过的货物再次进行查验。有下列情形之一,海关可以复验：经初次查验未能查明货物真实属性,需要对已查验货物的某些性状做进一步确认的；货物涉嫌走私违规,需要重新查验的；进出口货物收发货人对海关查验结论有异议,提出复验要求并经海关同意的;其他海关认为必要的情形。"复验"时收发货人仍应到场,但已参加过查验的查验人员不得参加对同一票货物的复验。

五、配合查验

海关查验货物时,进出口货物的收发货人或其代理人应当到场,配合海关查验。配合查验应做好如下工作:

(1) 负责按照海关要求搬移货物、开拆包装,以及重新封装货物;
(2) 预先了解和熟悉所申报货物的情况,如实回答查验人员的询问以及提供必要的资料;
(3) 协助海关提取需要作进一步查验、化验或鉴定的货样,收取海关出具的取样清单;
(4) 查验结束后,认真阅读查验人员填写的《海关进出境货物查验记录单》,如无异议应即签名确认。如不签名的,海关查验人员在查验记录中予以注明,并由货物所在监管场所的经营人签名证明。

六、货物损坏赔偿

在查验过程中,或者证实海关在径行开验过程中,因为海关关员的责任造成被查验货物损坏的,进出口货物的收发货人或其代理人可以要求海关赔偿。海关赔偿的范围仅限于在实施查验过程中,由于海关关员的责任造成被查验货物损坏的直接经济损失。直接经济损失的金额根据被损坏货物及其部件的受损程度确定,或者根据修理费确定。以下情况下的损失海关不予赔偿:

(1) 进出口货物的收发货人或其代理人搬移、开拆、重封包装或保管不善造成的损失;
(2) 易腐、易失效货物在海关正常工作程序所需时间内(含扣留或代管期间)所发生的变质或失效;
(3) 海关正常查验时产生的不可避免的磨损;
(4) 在海关查验之前已经发生的损坏和海关查验之后发生的损坏;
(5) 由于不可抗拒的原因造成货物的损坏、损失;
(6) 进出口货物收发货人及其代理人在提取或装运经海关查验货物时未提出疑义,以后发现货物有损坏的。

海关可以径行查验吗?

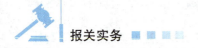

> **案例应用 5-7**
>
> **海关应该承担部分赔偿责任**
>
>

第四节 一般进出口货物缴纳税费与放行

▶ 一、缴纳税费或提供担保

对于应向海关缴纳进出口税费的进出口货物，在海关查验（或不予、免予查验）后，应按时向海关缴清税费。

缴纳税费的通常方式是进出口货物收发货人及其代理人，在接到海关开出的税款缴纳书后，以开具支票、本票、银行汇票或现金的形式，向海关指定的银行办理缴纳税费的手续，由银行将税款缴入海关专用账户。进出口货物收发货人或其代理人也可以通过电子口岸接受海关发出的税款缴款书和收费票据，在网上向签有协议的银行进行电子支付税款。一旦银行收到缴款成功的信息，即可报请海关办理货物放行手续。

对于一些进出口货物的商品归类、完税价格、原产地尚未确定的；有效报关单证尚未提供的；在纳税期限内税款尚未缴纳的；滞报金尚未缴纳的；其他海关手续尚未办结的，当事人可以在办结海关手续前向海关申请提供担保，要求提前放行货物。

担保的形式既可以是海关依法认可的财产、权利，也可以是保函。保函必须以海关为受益人，并载明规定事项。①

▶ 二、海关放行

海关放行是指海关接受进出口货物的申报、审核电子数据报关单和纸质报关单及随附单证、查验货物、征收税费或接受担保后，对进出口货物作出结束海关进出境现场监管决定，允许进出口货物离开海关监管场所的工作环节。对于担保放行的货物，海关应当自收到当事人提交的材料之日起 5 个工作日内对相关财产、权利等进行审核，并决定是否接受担保。当事人申请办理总担保的，海关应当在 10 个工作日内审核并决定是否接受担保。符合规定的担保，自海关决定接受之日起生效。对不符合规定的担保，海关应当书面通知当事人不予

---

① 《中华人民共和国海关事务担保条例》（国务院令第 581 号）。

接受,并说明理由。

海关放行的形式,一般由海关在进口货物提货凭证上或出口货物装货凭证上签盖"海关放行章",进出口货物的收发货人或其代理人签收进口提货凭证或者出口装货凭证,凭以提取进口货物或将出口货物装运到运输工具上离境。

对于一般进出口货物,海关放行即等于结关。

案例应用 5-8

厦门果品公司要求担保放行进口台湾水果

案例应用 5-9

不按规定交税,被处罚缴纳滞纳金

本章小结

一般进出口货物通关制度是指货物在进出境环节完纳进出口税费,并办结了各项海关手续后,可以进口在境内使用、消费,或者在境外自由流通的海关通关制度。

一般进出口货物通关环节包括申报、配合查验、缴纳进出口税费、海关放行并提运或发运货物。

进出口货物的收发货人或其代理人应当在规定的时间和地点,以纸质报关单或电子数据报关单的形式向海关申报。

进口货物的申报期限为自装载货物的运输工具申报进境之日起 14 日内,申报期限的最后一天为法定节假日或休息日的,顺延至法定节假日或休息日后的第一个工作日;出口货物的申报期限为货物运抵海关监管区后、装货的 24 小时之前。

一般情况下,进口货物的收货人或其代理人应当在货物的进境地向海关申报,出口货物的发货人或其代理人应当在货物的出境地向海关申报。经收发货人申请,海关同意,进口货物的收货人或其代理人可以在设有海关的货物指运地申报,出口货物的发货人或其代理人可以在设有海关的货物启运地申报。

申报日期是指申报数据被海关接受的日期。进出口货物收发货人或其代理人的申报数据自被海关接受之日起,其申报的数据就产生法律效力,需向海关承担如实申报、如期申报或缴纳滞报金等法律责任。

进出口货物滞报金按日计征,日征收金额为进口货物完税价格的 0.5‰,以人民币"元"为计征单位,不足人民币 1 元的部分免予计征;滞报金起征点为人民币 50 元,应征收滞报金金额不满人民币 50 元的,不予征收。

海关查验是指海关根据海关法确定进出境货物的性质、价格、数量、原产地、货物状况等是否与报关单上已申报的内容相符,对货物进行实际检查的行政执法行为。

对于应向海关缴纳进出口税费的进出口货物,在海关查验(或不予、免予查验)后,应按时向海关缴清税费。

海关放行是指海关接受进出口货物的申报、审核电子数据报关单和纸质报关单及随附单证、查验货物、征收税费或接受担保后,对进出口货物作出结束海关进出境现场监管决定,允许进出口货物离开海关监管场所的工作环节。

主 要 概 念

一般进出口货物　报关单　随附单证　申报期限　海关查验　复验　径行开验　配合查验　海关放行

基 础 训 练

一、单项选择题

1. 下列单证属于报关特殊单证的是(　　)。

A. 装箱单　　　　　B. 提单　　　　　C. 商业发票　　　　　D. 进口许可证

2. (　　)在进口前不需向海关办理备案申请手续。

A. 暂时进口货物　　　　　　　　B. 加工贸易保税货物

C. 特定减免税进口货物　　　　　D. 一般贸易进口货物

3. 申报日期是指(　　)。

A. 向海关提交申请的日期

B. 申报数据被海关接受的日期

C. 运输工具申报进境的日期

D. 所申报货物进入海关监管场所或仓库的日期

4. 某批易腐进口货物通关时,因涉嫌走私被海关扣留,在此期间发生霉变,对此损失处理方式是(　　)。

A. 因货物发生霉变与收货人或代理人涉嫌走私有关,故该损失由其承担50%,海关承担50%

B. 因其霉变与海关扣留有关,故该损失应由海关承担

C. 因其霉变是海关正常工作程序所需时间内发生,海关不予赔偿

D. 构成走私,损失由收货人或代理人自负,未构成走私,损失由海关负责赔偿

5. 对于自载运货物的运输工具申报进境之日起超过三个月收货人或其代理人仍未向海关申报的进口货物,海关应当采取的方式是(　　)。

A. 将货物没收,全部变价上缴国库

B. 将货物提取变卖,全部变价上缴国库

C. 将货物扣留,待收货人或其代理人报关时罚款处理

D. 对货物提取变卖,价款扣除各项税费后尚有余款的,自货物变卖之日起一年内,经收货人申请予以返还

6. 关于海关接受申报的时间,下列表述错误的是(   )。

A. 经海关批准单独以电子数据报关单形式向海关申报的,以"海关接受申报"的消息发送给进出口货物收发货人或其代理人,或者公布于海关业务现场的时间为接受申报的时间

B. 经海关批准单独一纸质报关单形式向海关申报的,以海关在纸质报关单上进行登记处理的时间为接受申报的时间

C. 在先以电子数据报关单向海关申报,后以纸质报关单向海关申报的情况下,海关接受申报的时间以海关接受纸质报关单申报的时间为准

D. 在采用电子和纸质报关单申报的一般情况下,海关接受申报的时间以接受电子数据报关单申报的时间为准

7. 关于报关单的修改和撤销,以下表述正确的是①(   )。

A. 进出口货物报关单的修改或者撤销,应当遵循修改优先原则,确实不能修改的,予以撤销

B. 海关发现进出口货物报关单需要进行修改或者撤销的,可直接撤销相应报关单

C. 货物放行以后,报关单证及其内容不得修改或者撤销

D. 海关已经决定布控、查验以及涉嫌走私或者违反海关监管规定的进出口货物,海关可直接撤销其报关单及其电子数据

8. 关于申报地点的表述错误的是(   )。

A. 进口货物应当在进境地海关申报

B. 出口货物应当在出境地海关申报

C. 经海关同意,进口货物可以在指运地海关申报,出口货物可以在起运地海关申报

D. 特定减免税货物改变性质转为一般进口时,应当在货物原进境地海关申报

二、多项选择题

1. 下列有关进出口货物的报关时限说法正确的有(   )。

A. 进口货物自运输工具申报进境之日起7日内

B. 进口货物自运输工具申报进境之日起14日内

C. 出口货物运抵海关监管区后、装货的24小时以前

D. 出口货物自装货的48小时以前

2. 下列属于一般进出口货物特征的有(   )。

A. 进出境时缴纳进出口税费

B. 进出口时提交相关的许可证件

C. 海关放行即办结了海关手续

D. 向海关申报时报关单贸易方式栏填报为一般贸易的货物

---

① 《中华人民共和国海关进出口货物报关单修改和撤销管理办法》(海关总署令第220号公布,并根据第238号,第240号令进行修改)。

3. 因海关关员导致被查验货物损坏的,进出口货物收发货人或其代理人可以要求海关赔偿。海关将不予赔偿的情况是( )。
   A. 海关正常查验时所产生的不可避免的磨损
   B. 由于不可抗拒的原因造成货物的损坏、损失
   C. 由于海关关员的责任造成被查验货物损坏的直接经济损失以外的其他经济损失
   D. 海关查验时进出口货物收发货人或其代理人对货物是否受损坏未提出异议,事后发现货物有损坏的

4. 一般情况下,报关人员向海关报关时应当提交的单证主要有( )。
   A. 进出口货物报关单   B. 基本单证
   C. 特殊单   D. 减免税证明

5. 以下关于海关查验的表达正确的是( )。
   A. 进出口货物收发货人对海关查验结论有异议的,可以向海关提出复验要求
   B. 已经参加过查验的查验人员应当参加同一票货物的复验
   C. 经海关通知查验,进出口货物收发货人或其代理人届时未到场的,海关可以径行开验
   D. 进出口货物收发货人在海关查验时,对货物是否受损坏未提出异议,事后发现货物有损坏,海关不负赔偿责任。对于一些进出口货物的商品归类、完税价格、原产地尚未确定的;有效报关单证尚未提供的;在纳税期限内税款尚未缴纳的;滞报金尚未缴纳的;其他海关手续尚未办结的,当事人可以在办结海关手续前向海关申请提供担保,要求提前放行货物

6. 下列情形,当事人可以在办结海关手续前向海关申请提供担保,要求提前放行货物的是( )。
   A. 进出口货物的商品归类、完税价格、原产地尚未确定的
   B. 有效报关单证尚未提供的
   C. 在纳税期限内税款尚未缴纳的
   D. 滞报金尚未缴纳的

7. 进出口货物收发货人或其代理人在一般进出口货物进出境时,向海关办理的通关手续是( )。
   A. 申报   B. 缴纳税费   C. 备案   D. 配合查验

8. 海关接受申报后,报关单证及其内容不得修改或者撤销。但确有正当理由,当事人可向原接受申报的海关办理进出口货物报关单修改或者撤销手续的情形有( )。
   A. 由于计算机、网络系统等技术原因导致电子数据申报错误的
   B. 出口货物放行后,由于装运、配载等原因造成原申报货物部分或者全部退关、变更运输工具的
   C. 进出口货物在装载、运输、存储过程中发生溢短装,或者由于不可抗力造成灭失、短损等,导致原申报数据与实际货物不符的
   D. 由于办理退补税、海关事务担保等其他海关手续而需要修改或者撤销报关单数据的

三、简答题
1. 一般进出口货物的适用范围有哪些?
2. 一般进出口货物与一般贸易货物有何关系?

3. 申报单证有哪些？申报时提交的几类单证中处于核心地位的单证是什么？
4. 进出口货物申报期限是怎样规定的？
5. 明确申报日期有何意义？
6. 进出口货物申报地点是怎样规定的？
7. 进口货物申报前看货取样的目的是什么？
8. 配合查验主要涉及哪些工作？

四、案例分析

请思考：海关是否有权变卖处理超期未报关的货物？海关应如何变卖处理超期未报关货物？申领变卖余款需具备哪些条件？

业 务 实 训

1. 某报关公司安排小孙跟随报关员老刘学习报关知识，第一次进报关大厅，小孙看到各个窗口上的标识说："老刘，海关对进出口货物监管是否分为预录入、申报、查验、征税、退税5个环节，各个环节之间是否串联关系？"老刘说："5个环节你只讲对了3个，而且，串联关系也是过去式了。"老刘的话是什么意思？

2. 2017年3月，黑龙江省某进出口公司以FOB价格向海关申报进口某国生产的"烟草制的雪茄烟"500千克。根据国家有关规定，该产品属于自动进口许可证管理及法定检验检疫商品范围，问进口报关时应向海关提供哪些单证？

本章习题参考答案

第六章 基本通关制度(二)
——保税进出口货物通关制度

- **知识目标**：了解保税货物的含义与特点、我国海关保税制度的主要形式,相关保税业务；

  了解保税物流货物和保税加工货物的不同类型及报关手续；

  熟悉保税物流货物和保税加工货物的海关监管政策；

  熟悉海关特殊监管区域保税货物通关管理规范。

- **技能目标**：能熟练完成各类保税货物的报备报核工作；

  办理保税仓库、出口监管仓库、保税区、保税港区、出口加工区、保税物流园区、保税物流中心等各类海关特殊监管区域、场所之间的货物转入转出手续；

  办理加工贸易手册、保证金台账的设立、变更与核销工作,熟练进行单损耗核算；熟练办理边角料、剩余料件、残次品、副产品和受灾保税货物的内销、退运、结转、销毁等手续。

- **能力目标**：能按规定设立和运营各类保税物流企业或保税加工企业,根据不同的监管政策进行关务筹划。

引 例 6-1

未经许可在海关监管区以外存放海关监管货物

第一节 保税进出口货物通关制度概述

保税制度在国际贸易中广泛应用,使这一制度所涉及的保税货物成为进出口货物中的一个重要组成部分。因此保税进出口货物通关制度是重要的基本通关制度之一。

一、保税进出口货物通关制度的含义

(一) 保税货物的定义与特征

《海关法》第一百条将**"保税货物"**定义为"经海关批准未办理纳税手续进境,在境内储存、加工、装配后复运出境的货物"。从这一定义可以看出保税货物具有四个特征。

(1) 特定目的。我国《海关法》将保税货物限定于两种特定目的而进口的货物,即进行贸易活动(储存)和加工制造活动(加工、装配)。将保税货物与为其他目的暂时进口的货物(如工程施工、科学实验、文化体育活动等)区别开来。

(2) 暂缓纳税。《海关法》第五十九条规定:"经海关批准暂时进口或暂时出口的货物,以及特准进口的保税货物,在货物收发货人向海关缴纳相当于税款的保证金或者提供担保后,准予暂时免纳关税。"保税货物未办理纳税手续进境,属于暂时免税,而不是免税,待货物最终流向确定后,海关再决定征税或免税。

(3) 复运出境。这是构成保税货物的重要前提。从法律上讲,保税货物未按一般货物办理进口和纳税手续,因此,保税货物必须以原状或加工后产品复运出境,这既是海关对保税货物的监管原则,也是经营者必须履行的法律义务。

(4) 保障措施。为了监管进境的储存、加工、装配货物实现其复出口的经营目标,确保进出口关税政策和措施的有效实施,海关以严密的担保和监管机制作为保障措施,使"暂缓纳税"得到确实保全。

(二) 保税进出口货物通关制度的含义

保税进出口通关制度是一项适用于因贸易或生产加工需要而临时进口货物的海关制度。货物在进口时缓办纳税手续,进口后按规定储存或加工,在直接复出口或重新办理进口报关纳税手续后,经核销解除海关监管。

二、保税制度基本形式

在海关合作理事会(现为世界海关组织)主持制定的《京都公约》中,涉及保税业务的有两个基本制度。

(一) 海关保税储存制度

海关保税储存制度是指进口货物在海关监管下储存于指定场所,并可以暂缓缴纳进口税的一种海关制度。这种保税储存形式为进口货物能在不须缴纳进口税状态下较为长期储存提供了便利,使货物储存人有充分时间在国内或国外推销货物。

海关合作理事会订立的海关监管原则中,对保税储存状态下的货物"准许的活动"规定为:"有权处置货物的人员在货物存库期间,可以:① 检查货物。② 提取货样。③ 进出仓库和保存货物所需的操作。海关当局还允许对货物进行开包、分包、分类、分级、重包和混合。"

可以看出,海关保税储存制度是一种以仓库为依托,以货物储存为主要内容(储存中只允许对货物进行整理、分拣以及为保存货物的惯常操作,不得进行实质性加工),为国际商品贸易服务的海关保税形式。

(二)暂准进口在国内加工制度

暂准进口在国内加工制度是指准许某些货物有条件地暂时豁免进口税进入关境的一种海关制度。这些货物应是为某一特定目的进口,并在规定的时间内以进口时的原状或经特定制造、加工或修理后复运出口。这种制度对货物为特定目的而暂时进入境内使用或加工制造提供了便利。在这一制度下,货物进口目的虽有不同,但原则上都要复运出口,可以按原状复运出口或加工制造后的产品复运出口。申请实施这一海关制度通常须有担保,并须受海关某种形式的监管。

可见,《暂准进口在国内加工制度》提供了一种超出单纯国际商品贸易,使保税制度由储存扩展到使用或加工制造,为世界各国充分利用本国资金、技术、劳动力资源发展加工贸易的海关保税形式。

综上所述,国际上海关保税制度所涉及的范围包括国际商品贸易、进口使用和加工制造,其表现形式主要有三大类型:

第一种,商品贸易型,如保税仓库、保税货棚(栈)、保税陈列场等;

第二种,加工制造型,如保税工厂、加工贸易、出口加工区等;

第三种,商品贸易与加工制造混合型,如保税区、自由港、自由贸易区等。

我国的保税制度借鉴和参照了国际上通行的做法,其主要类型与海关合作理事会《京都公约》中的内容基本一致。但考虑到我国是发展中国家,我国保税制度的重点是促进对外加工制造业的发展,以充分利用国外资金、技术,发挥本国劳动力资源优势,加快国民经济建设的步伐。

目前,我国海关保税制度的主要形式有两种。

(1)保税物流。**保税物流**又称保税储存,是指进口货物在海关监管下储存于指定场所并暂缓缴纳进口税的一种保税形式,它主要为国际商品贸易服务,其表现形式有保税仓库、出口监管仓库、保税物流中心(A型)、保税物流中心(B型)、保税物流园区、保税区和保税港区等。

(2)保税加工。参与国际贸易并跨境流动的货物,除了有交易方面的属性以外,还有加工增值方面的特征。在国际生产分割大背景下,贸易商品往往由处在不同生产阶段或拥有不同加工工序的国家共同完成,产品内贸易展示给世人的景象是,不同加工程度的产品在分工国家之间不断被加工、流通(通关)与再加工,直到成为最终产品。这种全球价值链分工所主导的贸易活动,当其产品跨越或进入一国关境时,因其在某种意义上具有临时进口的性质,故一般暂缓办理纳税手续,形成另一种区别于储存的保税形式,即保税加工。因此**保税加工**是指拟用于制造、加工的货物在海关监管下暂缓缴纳进口税,作为原材料、半成品临时进口,经加工后复运出口的一种保税形式。主要有来料加工、进料加工和出口加工区等。

除此以外,为适应我国经济发展形势的需要,在海关特殊监管区域(场所)也拓展了一些其他保税业务,如保税维修、期货保税交割(原油)、保税跨境电子商务等。

第二节 保税进出口货物通关程序与管理规范

一、保税物流货物

(一) 保税仓库货物

保税仓库是指经海关批准设立的专门存放保税货物及其他未办结海关手续货物的仓库。经海关批准可以存入保税仓库的货物包括：加工贸易进口货物，转口货物，供应国际航行船舶和航空器的油料、物料和维修用零部件，供维修外国产品所进口寄售的零配件，外商暂存货物，未办结海关手续的一般贸易货物，经海关批准的其他未办结海关手续的货物。

保税仓库应当按照海关批准的存放货物范围和商品种类开展保税仓储业务。保税仓库不得存放国家禁止进境货物，不得存放未经批准的影响公共安全、公共卫生或健康、公共道德或秩序的国家限制进境货物以及其他不得存入保税仓库的货物。

1. 保税仓库类型

保税仓库按照使用对象不同分为公用型保税仓库、自用型保税仓库。公用型保税仓库由主营仓储业务的中国境内独立企业法人经营，专门向社会提供保税仓储服务。自用型保税仓库由特定的中国境内独立企业法人经营，仅存储供本企业自用的保税货物。

保税仓库中专门用来存储具有特定用途或特殊种类商品的称为专用型保税仓库。专用型保税仓库包括液体保税仓库、备料保税仓库、寄售维修保税仓库和其他专用型保税仓库。液体危险品保税仓库，是指符合国家关于危险化学品仓储规定的，专门提供石油、成品油或者其他散装液体危险化学品保税仓储服务的保税仓库。备料保税仓库，是指加工贸易企业存储为加工复出口产品所进口的原材料、设备及其零部件的保税仓库，所存保税货物仅限于供应本企业。寄售维修保税仓库，是指专门存储为维修外国产品所进口寄售零配件的保税仓库。

2. 保税仓库设立的条件和程序

根据《中华人民共和国海关对保税仓库及所存货物的管理规定》(根据海关总署令第235号、240号修改并重新发布)，保税仓库应当设立在设有海关机构、便于海关监管的区域。经营保税仓库的企业，应当具备下列条件：

(1) 经工商行政管理部门注册登记，具有企业法人资格；

(2) 经营备料保税仓库的加工贸易企业，年出口额最低为1 000万美元；

(3) 法律、行政法规、海关规章规定的其他条件。

保税仓库应当具备下列条件：

(1) 符合海关对保税仓库布局的要求；

(2) 具备符合海关监管要求的隔离设施、监管设施和办理业务必需的其他设施；

(3) 具备符合海关监管要求的保税仓库计算机管理系统并与海关联网；

(4) 具备符合海关监管要求的保税仓库管理制度；

(5) 公用保税仓库面积最低为2 000平方米；

(6) 液体保税仓库容积最低为 5 000 立方米;
(7) 法律、行政法规、海关规章规定的其他条件。

企业申请设立保税仓库的,应当向仓库所在地主管海关提交以下书面材料:① 保税仓库申请书;② 申请设立的保税仓库位置图及平面图;③ 对申请设立寄售维修型保税仓库的还应当提交经营企业与外商的维修协议。申请材料齐全有效的,主管海关予以受理。申请材料不齐全或者不符合法定形式的,主管海关应当在 5 个工作日内一次告知申请人需要补正的全部内容。主管海关应当自受理申请之日起 20 个工作日内提出初审意见并将有关材料报送直属海关审批。

直属海关应当自接到材料之日起 20 个工作日内审查完毕,对符合条件的,出具批准文件,批准文件的有效期为 1 年;对不符合条件的,应当书面告知申请人理由。

申请设立保税仓库的企业应当自海关出具保税仓库批准文件 1 年内向海关申请保税仓库验收,由主管海关按照规定的条件进行审核验收。申请企业无正当理由逾期未申请验收或者保税仓库验收不合格的,该保税仓库的批准文件自动失效。

保税仓库验收合格后,经海关注册登记并核发《保税仓库注册登记证书》,方可以开展有关业务,《保税仓库注册登记证书》有效期为 3 年。

3. 保税仓库货物的报关手续和管理规范

保税仓储货物入库时,收发货人或其代理人凭有关单证向海关办理货物报关入库手续,海关对报关入库货物的品种、数量、金额进行审核,并对入库货物进行核注登记。

保税仓储货物可以进行包装、分级分类、加刷唛码、分拆、拼装等简单加工,不得进行实质性加工。未经海关批准,不得擅自出售、转让、抵押、质押、留置、移作他用或者进行其他处置。保税仓储货物存储期限为 1 年。确有正当理由的,经海关同意可予以延期;除特殊情况外,延期不得超过 1 年。

下列保税仓储货物出库时依法免征关税和进口环节代征税:
(1) 用于在保修期限内免费维修有关外国产品并符合无代价抵偿货物有关规定的零部件;
(2) 用于国际航行船舶和航空器的油料、物料;
(3) 国家规定免税的其他货物。

下列情形的保税仓储货物,经海关批准可以办理出库手续,海关按照相应的规定进行管理和验放:
(1) 运往境外的;
(2) 运往境内保税区、出口加工区或者调拨到其他保税仓库继续实施保税监管的;
(3) 转为加工贸易进口的;
(4) 转入国内市场销售的;
(5) 海关规定的其他情形。

保税仓储货物出库运往境内其他地方的,收发货人或其代理人应当填写进口报关单,并随附出库单据等相关单证向海关申报,保税仓库向海关办理出库手续并凭海关签印放行的报关单发运货物。出库保税仓储货物批量少、批次频繁的,经海关批准可以办理集中报关手续。

保税仓储货物出库复运往境外的,发货人或其代理人应当填写出口报关单,并随附出库单据等相关单证向海关申报,保税仓库向海关办理出库手续并凭海关签印放行的报关单发运货物。

4. 海关对保税仓库的管理措施

(1) 保税仓库不得转租、转借给他人经营,不得下设分库。

(2) 海关对保税仓库实施计算机联网管理,并可以随时派员进入保税仓库检查货物的收、付、存情况及有关账册。海关认为必要时,可以会同保税仓库经营企业双方共同对保税仓库加锁或者直接派员驻库监管,保税仓库经营企业应当为海关提供办公场所和必要的办公条件。

(3) 保税仓库经营企业负责人和保税仓库管理人员应当熟悉海关有关法律法规,遵守海关监管规定,接受海关培训。

(4) 保税仓库经营企业应当如实填写有关单证、仓库账册,真实记录并全面反映其业务活动和财务状况,编制仓库月度收、付、存情况表和年度财务会计报告,并定期报送主管海关。

(5) 保税仓库经营企业需变更企业名称、组织形式、法定代表人等事项的,应当在变更前向直属海关提交书面报告,说明变更事项、事由和变更时间;变更后,海关按照本规定第八条的规定对其进行重新审核;保税仓库需变更名称、地址、仓储面积(容积)等事项的,主管海关受理企业申请后,报直属海关审批。

(6) 保税仓库终止保税仓储业务的,由保税仓库经营企业提出书面申请,经主管海关受理报直属海关审批后,交回《保税仓库注册登记证书》并办理注销手续。

5. 法律责任

(1) 保税仓储货物在存储期间发生损毁或者灭失的,除不可抗力外,保税仓库应当依法向海关缴纳损毁、灭失货物的税款,并承担相应的法律责任。

(2) 保税仓储货物在保税仓库内存储期满,未及时向海关申请延期或者延长期限届满后既不复运出境也不转为进口的,海关应当按照《中华人民共和国海关关于超期未报关进口货物、误卸或者溢卸的进境货物和放弃进口货物的处理办法》第五条的规定处理。

(3) 海关在保税仓库设立、变更、注销后,发现原申请材料不完整或者不准确的,应当责令经营企业限期补正,发现企业有隐瞒真实情况、提供虚假资料等违法情形的,依法予以处罚。

(4) 保税仓库经营企业有下列行为之一的,海关责令其改正,可以给予警告,或者处1万元以下的罚款;有违法所得的,处违法所得3倍以下的罚款,但最高不得超过3万元:未经海关批准,在保税仓库擅自存放非保税货物的;私自设立保税仓库分库的;保税货物管理混乱,账目不清的;经营事项发生变更,未按规定办理海关手续的。

(二) 出口监管仓库货物

出口监管仓库是指经海关批准设立,对已办结海关出口手续的货物进行存储、保税物流配送、提供流通性增值服务的仓库。出口监管仓库分为出口配送型仓库和国内结转型仓库。出口配送型仓库是指存储以实际离境为目的的出口货物的仓库。国内结转型仓库是指存储用于国内结转的出口货物的仓库。

经海关批准,出口监管仓库可以存入下列货物:一般贸易出口货物;加工贸易出口货物;从其他海关特殊监管区域、场所转入的出口货物;出口配送型仓库可以存放为拼装出口货物而进口的货物,以及为改换出口监管仓库货物包装而进口的包装物料;其他已办结海关出口手续的货物。

出口监管仓库不得存放下列货物：国家禁止进出境货物，未经批准的国家限制进出境货物，海关规定不得存放的其他货物。

1. 出口监管仓库的设立

《中华人民共和国海关对出口监管仓库及所存货物的管理办法》（根据海关总署令第227号、235号、240号修改并重新发布）规定，出口监管仓库的设立应当符合海关对出口监管仓库布局的要求。出口监管仓库的设立，由出口监管仓库所在地主管海关受理，报直属海关审批。

申请设立出口监管仓库的经营企业，应当具备下列条件：

（1）已经在工商行政管理部门注册登记，具有企业法人资格；
（2）具有进出口经营权和仓储经营权；
（3）具备向海关缴纳税款的能力；
（4）具有专门存储货物的场所，其中出口配送型仓库的面积不得低于2 000平方米，国内结转型仓库的面积不得低于1 000平方米；

企业申请设立出口监管仓库，应当向仓库所在地主管海关递交以下加盖企业印章的书面材料：

（1）出口监管仓库申请书；
（2）出口监管仓库库址土地使用权证明文件或者租赁仓库的租赁协议复印件；
（3）仓库地理位置示意图及平面图。

海关依据《中华人民共和国行政许可法》和《中华人民共和国海关实施〈中华人民共和国行政许可法〉办法》的规定，受理、审查设立出口监管仓库的申请。对于符合条件的，作出准予设立出口监管仓库的行政许可决定，并出具批准文件；对于不符合条件的，作出不予设立出口监管仓库的行政许可决定，并应当书面告知申请企业。

申请设立出口监管仓库的企业应当自海关出具批准文件之日起1年内向海关申请验收出口监管仓库。申请验收应当符合以下条件：

（1）具有专门存储货物的场所，其中出口配送型仓库的面积不得低于5 000平方米，国内结转型仓库的面积不得低于1 000平方米；
（2）具有符合海关监管要求的安全隔离设施、监管设施和办理业务必需的其他设施；
（3）具有符合海关监管要求的计算机管理系统，并与海关联网；
（4）建立了出口监管仓库的章程、机构设置、仓储设施及账册管理、会计制度等仓库管理制度；
（5）自有仓库的企业具有出口监管仓库的产权证明，租赁仓库的企业具有租赁期限5年以上的租赁合同；
（6）消防验收合格。

企业无正当理由逾期未申请验收或者验收不合格的，该出口监管仓库的批准文件自动失效。出口监管仓库验收合格后，经海关注册登记并核发《出口监管仓库注册登记证书》，方可以开展有关业务。《出口监管仓库注册登记证书》有效期为3年。

2. 出口监管仓库的管理措施

出口监管仓库必须专库专用，不得转租、转借他人经营，不得下设分库。海关对出口监管仓库实施计算机联网管理。海关可以随时派员进入出口监管仓库检查货物的进、出、转、存情况及有关账册、记录。海关可以会同出口监管仓库经营企业共同对出口监管仓库加锁或者直接派员驻库监管。

出口监管仓库经营企业负责人和出口监管仓库管理人员应当熟悉和遵守海关有关规定,并接受海关培训。出口监管仓库经营企业应当如实填写有关单证、仓库账册、真实记录并全面反映其业务活动和财务状况,编制仓库月度进、出、转、存情况表和年度财务会计报告,并定期报送主管海关。出口监管仓库经营企业需变更企业名称、组织形式、法定代表人等事项的,应当在变更前向直属海关提交书面报告,说明变更事项、事由和变更时间。变更后,海关按照规定对其进行重新审核。出口监管仓库变更类型的,按照出口监管仓库设立的有关规定办理。出口监管仓库需变更名称、地址、仓储面积等事项的,主管海关受理企业申请后,报直属海关审批。

出口监管仓库有下列情形之一的,海关注销其注册登记,并收回《出口监管仓库注册登记证书》:

(1) 无正当理由逾期未申请延期审查或者延期审查不合格的;
(2) 仓库经营企业书面申请变更出口监管仓库类型的;
(3) 仓库经营企业书面申请终止出口监管仓库仓储业务的;
(4) 仓库经营企业,丧失上述规定的申请设立条件的;
(5) 法律、法规规定的应当注销行政许可的其他情形。

3. 海关对出口监管仓库货物的管理措施

出口监管仓库所存货物存储期限为6个月。经主管海关同意可以延期,但延期不得超过6个月。货物存储期满前,仓库经营企业应当通知发货人或者其代理人办理货物的出境或者进口手续。

存入出口监管仓库的货物不得进行实质性加工。经主管海关同意,可以在仓库内进行品质检验、分级分类、分拣分装、加刷唛码、刷贴标志、打膜、改换包装等流通性增值服务。对经批准享受入仓即予退税政策的出口监管仓库,海关在货物入仓结关后予以办理出口货物退税证明手续。对不享受入仓即予退税政策的出口监管仓库,海关在货物实际离境后签发出口货物报关单证明联。

出口监管仓库与海关特殊监管区域、其他保税监管场所之间的货物流转应当符合海关监管要求并按照规定办理相关手续。货物流转涉及出口退税的,按照国家有关规定办理。

存入出口监管仓库的出口货物,按照国家规定应当提交许可证件或者缴纳出口关税的,发货人或者其代理人应当提交许可证件或者缴纳税款。出口货物存入出口监管仓库时,发货人或者其代理人应当按照规定办理海关手续。发货人或者其代理人除按照海关规定提交有关单证外,还应当提交仓库经营企业填制的"出口监管仓库货物入仓清单"。海关对报关入仓货物的品种、数量、金额等进行审核、核注和登记。经主管海关批准,对批量少、批次频繁的入仓货物,可以办理集中报关手续。

出仓货物出口时,仓库经营企业或者其代理人应当按照规定办理海关手续。仓库经营企业或者其代理人除按照海关规定提交有关单证外,还应当提交仓库经营企业填制的"出口监管仓库货物出仓清单"。

出口监管仓库货物转进口的,应当经海关批准,按照进口货物有关规定办理相关手续。

对已存入出口监管仓库因质量等原因要求更换的货物,经仓库所在地主管海关批准,可以更换货物。被更换货物出仓前,更换货物应当先行入仓,并应当与原货物的商品编码、品名、规格型号、数量和价值相同。出口监管仓库货物,因特殊原因确需退运、退仓,应当经海关批准,并按照有关规定办理相关手续。

4. 相关法律责任

出口监管仓库所存货物在存储期间发生损毁或者灭失的,除不可抗力外,仓库应当依法向海关缴纳损毁、灭失货物的税款,并承担相应的法律责任。企业以隐瞒真实情况、提供虚假资料等不正当手段取得设立出口监管仓库行政许可的,由海关依法予以撤销。

出口监管仓库经营企业有下列行为之一的,海关责令其改正,可以给予警告,或者处1万元以下的罚款;有违法所得的,处违法所得3倍以下的罚款,但最高不得超过3万元。

(1) 未经海关批准,在出口监管仓库擅自存放非出口监管仓库货物;

(2) 出口监管仓库货物管理混乱、账目不清的;

(3) 未能做到专库专用,转租、转借给他人经营,下设分库的;

(4) 经营事项发生变更,未按照规定办理海关手续的。

案 例 应 用 6-2

公用型保税物流中心的设立

(三) 保税物流中心货物

1. 保税物流中心(A 型)

保税物流中心(A 型)是指经海关批准,由中国境内企业法人经营、专门从事保税仓储物流业务的保税监管场所。经海关批准可以存入物流中心(A 型)的货物包括:国内出口货物;外商暂存货物;加工贸易进出口货物;供应国际航行船舶和航空器的物料、维修用零部件;供维修外国产品所进口寄售的零配件;未办结海关手续的一般贸易进口货物;经海关批准的其他未办结海关手续的货物。物流中心(A 型)经营企业按照海关批准的存储货物范围和商品种类开展保税仓储物流业务。

保税物流中心(A 型)按照服务范围分为公用型物流中心和自用型物流中心。公用型物流中心是指由专门从事仓储物流业务的中国境内企业法人经营,向社会提供保税仓储物流综合服务的海关监管场所。自用型物流中心是指中国境内企业法人经营,仅向本企业或者本企业集团内部成员提供保税仓储物流服务的海关监管场所。

(1) 保税物流中心(A 型)设立的条件和程序。保税物流中心(A 型)应当设在国际物流需求量较大、交通便利且便于海关监管的地方。物流中心经营企业应当具备下列资格条件:经工商行政管理部门注册登记,具有独立的企业法人资格;具备向海关缴纳税款和履行其他法律义务的能力;经营自用型物流中心的企业,年进出口金额(含深加工结转)东部地区不低于2亿美元,中西部地区不低于5 000万美元;具有符合海关监管要求的管理制度。

保税物流中心(A型)经营企业申请设立保税物流中心(A型)应当具备下列条件:符合海关对物流中心的监管规划建设要求;公用型物流中心的仓储面积,东部地区不低于4 000平方米,中西部地区不低于2 000平方米;物流中心为储罐的,容积不低于5 000立方米;自用型物流中心的仓储面积(含堆场),东部地区不低于2 000平方米,中西部地区不低于1 000平方米;建立符合海关监管要求的计算机管理系统,提供供海关查阅数据的终端设备,并按照海关规定的认证方式和数据标准与海关联网,设置符合海关监管要求的隔离设施、监管设施和办理业务必需的其他设施。

申请设立保税物流中心(A型)的企业应当向所在地主管海关提出书面申请,并递交以下加盖企业印章的材料:申请书,符合海关监管要求的物流中心管理制度,物流中心地理位置图、平面规划图,报关单位报关注册登记证书复印件。

企业申请设立物流中心,由主管海关受理,报直属海关审批。企业自海关总署出具批准其筹建物流中心文件之日起1年内向海关申请验收,由主管海关按照规定的条件进行审核验收。

保税物流中心(A型)验收合格后,由直属海关向企业核发"保税物流中心(A型)注册登记证书"。保税物流中心(A型)在验收合格后方可以开展有关业务。

获准设立保税物流中心(A型)的企业确有正当理由未按时申请验收的,经直属海关同意可以延期验收,除特殊情况外,延期不得超过6个月。获准设立保税物流中心(A型)的企业无正当理由逾期未申请验收或者验收不合格的,视同其撤回设立保税物流中心(A型)的申请。

(2) 保税物流中心(A型)的经营管理规范。保税物流中心(A型)负责人及其工作人员应当熟悉海关有关法律行政法规,遵守海关监管规定。保税物流中心(A型)不得转租、转借他人经营,不得下设分中心。

保税物流中心(A型)经营企业可以开展以下业务:
① 保税存储进出口货物及其他未办结海关手续货物;
② 对所存货物开展流通性简单加工和增值服务;
③ 全球采购和国际分拨、配送;
④ 转口贸易和国际中转业务;
⑤ 经海关批准的其他国际物流业务。

保税物流中心(A型)经营企业在物流中心内不得开展下列业务:商业零售;生产和加工制造;维修、翻新和拆解;存储国家禁止进出口货物,以及危害公共安全、公共卫生或者健康、公共道德或者秩序的国家限制进出口货物;法律、行政法规明确规定不能享受保税政策的货物;其他与保税物流中心(A型)无关的业务。

(3) 海关对保税物流中心(A型)进出货物的监管。包括境外间的进出货物监管与境内间的进出货物监管两大部分。

① 保税物流中心(A型)与境外间的进出货物。保税物流中心(A型)与境外间进出的货物,应当按照规定向海关办理相关手续。

保税物流中心(A型)与境外间进出的货物,除实行出口被动配额管理和中华人民共和国参加或者缔结的国际条约及国家另有明确规定的以外,不实行进出口配额、许可证件管理。

从境外进入保税物流中心(A型)内的货物,其关税和进口环节海关代征税,按照下列规定办理:经海关批准存入保税物流中心(A型)的货物,予以保税;保税物流中心(A型)企业进口自用的办公用品、交通、运输工具、生活消费用品等,以及保税物流中心(A型)开展综合物流服务所需进口的机器、装卸设备、管理设备等,按照进口货物的有关规定和税收政策办理相关手续。

② 保税物流中心(A型)与境内间的进出货物。保税物流中心(A型)内货物跨关区提取,可以在物流中心主管海关办理手续,也可以按照海关其他规定办理相关手续。

企业根据需要经主管海关批准,可以分批进出货物,并按照海关规定办理月度集中报关,但集中报关不得跨年度办理。

保税物流中心(A型)货物进入境内视同进口,按照货物实际贸易方式和实际状态办理进口报关手续;货物属许可证件管理商品的,企业还应当向海关出具有效的许可证件;实行集中申报的进出口货物,应当适用每次货物进出口时海关接受申报之日实施的税率、汇率。货物从境内进入保税物流中心(A型)视同出口,办理出口报关手续。如需缴纳出口关税的,应当按照规定纳税;属许可证件管理商品,还应当向海关出具有效的出口许可证件。

从境内运入保税物流中心(A型)的原进口货物,境内发货人应当向海关办理出口报关手续,经主管海关验放;已经缴纳的关税和进口环节海关代征税,不予退还;对于是否签发出口货物报关单证明联,除法律、行政法规另有规定外,按照以下规定办理:

货物从境内进入保税物流中心(A型)已办结报关手续的;转关出口货物,启运地海关在已收到保税物流中心(A型)主管海关确认转关货物进入保税物流中心(A型)的转关回执后;境内运入保税物流中心(A型)供物流中心企业自用的国产的机器设备、装卸设备、管理设备、检验检测设备等情况,海关给予签发用于办理出口退税的出口货物报关单证明联。

境内运入保税物流中心(A型)供物流中心企业自用的生活消费用品、交通运输工具;境内运入保税物流中心(A型)供物流中心企业自用的进口的机器设备、装卸设备、管理设备、检验检测设备等;物流中心之间,保税物流中心(A型)与出口加工区、保税物流园区、物流中心(B型)和已实行国内货物入仓环节出口退税政策的出口监管仓库等海关特殊监管区域或者海关保税监管场所的货物往来等情况,海关不予签发用于办理出口退税的出口货物报关单证明联。

企业按照国家税务总局的有关税收管理办法办理出口退税手续。按照国家外汇管理局有关外汇管理办法办理收付汇手续。

下列货物从保税物流中心(A型)进入境内时依法免征关税和进口环节海关代征税:用于在保修期限内免费维修有关外国产品并符合无代价抵偿货物有关规定的零部件;用于国际航行船舶和航空器的物料;国家规定免税的其他货物。

(4) 海关对保税物流中心(A型)的监管。海关可以采取联网监管、视频监控、实地核查等方式对进出保税物流中心(A型)的货物、物品、运输工具等实施动态监管。

海关对保税物流中心(A型)实施计算机联网监管。保税物流中心(A型)应当建立符合海关监管要求的计算机管理系统并与海关联网,形成完整真实的货物进、出、转、存电子数据,保证海关开展对有关业务数据的查询、统计、采集、交换和核查等监管工作。

《保税物流中心(A型)注册登记证书》有效期为3年。保税物流中心(A型)经营企业应当在"保税物流中心(A型)注册登记证书"每次有效期满30日前办理延期手续,由主管海关受理,报直属海关审批。物流中心经营企业办理延期手续应当提交《保税物流中心(A型)注册登记证书》。

保税物流中心(A型)需变更经营单位名称、地址、仓储面积等事项的,企业申请并由直属海关报海关总署审批。其他变更事项报直属海关备案。

物流中心经营企业因故终止业务的,由物流中心提出书面申请,主管海关受理后报直属海关审批,办理注销手续并交回《保税物流中心(A型)注册登记证书》。

保税物流中心(A型)内货物保税存储期限为1年。确有正当理由的,经主管海关同意可以予以延期,除特殊情况外,延期不得超过1年。

保税仓储货物在存储期间发生损毁或者灭失的,除不可抗力外,保税物流中心(A型)经营企业应当依法向海关缴纳损毁、灭失货物的税款,并承担相应的法律责任。

表6-1 各种监管形式下的保税物流货物部分监管要点比较

监管场所或区域名称	存货范围	储存期限	服务功能	年进出口金额不低于	面积不低于		审批权限	入区退税	备注
					东部	中西部			
保税仓库	进口	1年+1年	储存	备料型出口1 000万美元	公用/维修2 000 m² 液体5 000 m³		直属海关	否	主管海关受理,报直属海关审批
出口监管仓库	出口	半年+半年	储存、出口配送、国内结转		配送2 000 m² 结转1 000 m²		直属海关	否	主管海关受理,报直属海关审批
保税物流中心(A)	进出口	1年+1年	储存、全球采购配送、转口、中转	自用型 东部2亿美元 中西部5 000万美元	公用型4 000 m² 自用型2 000 m²	公用型2 000 m² 自用型1 000 m²	直属海关	是	可以联网监管、视频监控、实地核查
保税物流中心(B)	进出口	2年+1年	储存、出口配送、转口、中转		5万m²	2万m²	海关总署会同有关部门	是	可以联网监管、视频监控、实地核查
保税物流园区	进出口	无期限	储存、贸易、全球采购配送、中转、展示、检测维修				国务院	是	电子账册监管和计算机联网管理
保税区	进出口	无期限	物流园区功能+维修、加工				国务院	按国家规定	实行海关稽查制度
保税港区	进出口	无期限	保税区+港口功能				国务院	是	实行封闭式管理,对区内企业实行计算机联网管理和海关稽查

资料来源:根据唐卫红(2016)①进行修改。

---

① 唐卫红:《进出口报关实务》,南京大学出版社2016年版。

2. 保税物流中心(B型)

保税物流中心(B型)是指经海关批准,由中国境内一家企业法人经营,多家企业进入并从事保税仓储物流业务的保税监管场所。经海关批准可以存入保税物流中心(B型)的货物包括:国内出口货物,外商暂存货物,加工贸易进出口货物,供应国际航行船舶和航空器的物料、维修用零部件,供维修外国产品所进口寄售的零配件,未办结海关手续的一般贸易进口货物,经海关批准的其他未办结海关手续的货物。中心内企业按照海关批准的存储货物范围和商品种类开展保税物流业务。

(1) 保税物流中心(B型)及中心内企业的设立。包括保税物流中心(B型)设立的条件及程序和中心内企业的设立及程序两部分内容。

① 保税物流中心(B型)设立的条件及程序。设立保税物流中心(B型)应当具备下列条件:物流中心仓储面积,东部地区不低于5万平方米,中西部地区不低于2万平方米;符合海关对保税物流中心(B型)的监管规划建设要求;选址在靠近海港、空港、陆路交通枢纽及内陆国际物流需求量较大,交通便利,设有海关机构且便于海关集中监管的地方;经省级人民政府确认,符合地方经济发展总体布局,满足加工贸易发展对保税物流的需求;建立符合海关监管要求的计算机管理系统,提供供海关查阅数据的终端设备,并按照海关规定的认证方式和数据标准,通过"电子口岸"平台与海关联网,以便海关在统一平台上与国税、外汇管理等部门实现数据交换及信息共享;设置符合海关监管要求的隔离设施、监管设施和办理业务必需的其他设施。

保税物流中心(B型)经营企业应当具备下列资格条件:经工商行政管理部门注册登记,具有独立企业法人资格;具备对中心内企业进行日常管理的能力;具备协助海关对进出保税物流中心(B型)的货物和中心内企业的经营行为实施监管的能力。

申请设立保税物流中心(B型)的企业应当向直属海关提出书面申请,并递交以下加盖企业印章的材料:申请书;省级人民政府意见书;保税物流中心(B型)所用土地使用权的合法证明及地理位置图、平面规划图。

设立保税物流中心(B型)的申请由直属海关受理,报海关总署会同有关部门审批。企业自海关总署出具其批准其筹建物流中心文件之日起1年内向海关总署申请验收,由海关总署会同有关部门或者委托被授权的机构按照规定进行审核验收。物流中心验收合格后,由海关总署向物流中心经营企业核发《保税物流中心(B型)注册登记证书》。保税物流中心(B型)在验收合格后方可以开展有关业务。

获准设立保税物流中心(B型)的企业确有正当理由未按时申请验收的,经海关总署同意可以延期验收。无正当理由逾期未申请验收或者验收不合格的,视同其撤回设立物流中心的申请。

经批准设立保税物流中心(B型)的经营企业具有以下责任和义务:设立管理机构负责物流中心的日常管理工作;遵守海关法及有关管理规定;制定完善的物流中心管理制度,协助海关实施对进出物流中心的货物及中心内企业经营行为的监管。经营企业不得在本物流中心内直接从事保税仓储物流的经营活动。保税物流中心(B型)内只能设立仓库、堆场和海关监管工作区,不得建立商业性消费设施。

② 中心内企业的设立条件及程序。中心内企业应当具备下列条件:具有独立的法人资格或者特殊情况下的中心外企业的分支机构,具备向海关缴纳税款和履行其他法律义务的

能力,建立符合海关监管要求的计算机管理系统并与海关联网,在物流中心内有专门存储海关监管货物的场所。

企业申请进入物流中心应当向所在地主管海关提出书面申请,并递交以下加盖企业印章的材料:申请书,物流中心内所承租仓库位置图、仓库布局图。

主管海关受理后对符合条件的企业制发《保税物流中心(B型)企业注册登记证书》。

(2) 保税物流中心(B型)的经营管理规范。保税物流中心(B型)经营企业及中心内企业负责人及其工作人员应当熟悉海关有关法律法规,遵守海关监管规定。保税物流中心(B型)不得转租、转借他人经营,不得下设分中心。

保税物流中心(B型)内企业可以开展以下业务:保税存储进出口货物及其他未办结海关手续货物;对所存货物开展流通性简单加工和增值服务;全球采购和国际分拨、配送;转口贸易和国际中转;经海关批准的其他国际物流业务。

保税物流中心(B型)内企业不得在保税物流中心(B型)内开展下列业务:商业零售;生产和加工制造;维修、翻新和拆解;存储国家禁止进出口货物,以及危害公共安全、公共卫生或者健康、公共道德或者秩序的国家限制进出口货物;法律、行政法规明确规定不能享受保税政策的货物;其他与物流中心无关的业务。

(3) 海关对保税物流中心(B型)进出货物的监管。包括:保税物流中心(B型)与境外间进出的货物的监管、其与境内间进出货物的监管以及其内企业间的货物流转的监管三部分内容。

① 保税物流中心(B型)与境外间进出的货物。保税物流中心(B型)与境外间进出的货物,应当按照规定向海关办理相关手续。保税物流中心(B型)与口岸不在同一主管海关的,经主管海关批准,可以在口岸海关办理相关手续。

保税物流中心(B型)与境外之间进出的货物,除实行出口被动配额管理和中华人民共和国参加或者缔结的国际条约及国家另有明确规定的以外,不实行进出口配额、许可证件管理。

从境外进入保税物流中心(B型)的货物,其关税和进口环节海关代征税,按照下列规定办理:经海关批准存入保税物流中心(B型)的货物予以保税;中心内企业进口自用的办公用品、交通、运输工具、生活消费用品等,以及企业在物流中心内开展综合物流服务所需的进口机器、装卸设备、管理设备等,按照进口货物的有关规定和税收政策办理相关手续。

② 保税物流中心(B型)与境内间的进出货物。保税物流中心(B型)货物跨关区提取,可以在保税物流中心(B型)主管海关办理手续,也可以按照海关其他规定办理相关手续。中心内企业根据需要经主管海关批准,可以分批进出货物,并按照海关规定办理月度集中报关,但集中报关不得跨年度办理。

保税物流中心(B型)货物进入境内视同进口,按照货物实际贸易方式和实际状态办理进口报关手续;货物属许可证件管理商品的,企业还应当向海关出具有效的许可证件;实行集中申报的进出口货物,应当适用每次货物进出口时海关接受申报之日实施的税率、汇率。

除另有规定外,货物从境内进入保税物流中心(B型)视同出口,办理出口报关手续,享受出口退税,如需缴纳出口关税的,应当按照规定纳税;属许可证件管理商品,还应当向海关出具有效的出口许可证件。

从境内运入保税物流中心(B型)的原进口货物,境内发货人应当向海关办理出口报关手续,经主管海关验放;已经缴纳的关税和进口环节海关代征税,不予退还。

对于境内运入保税物流中心(B型)供中心内企业自用的生活消费用品、交通运输工具;境内运入物流中心供中心内企业自用的进口的机器设备、装卸设备、管理设备、检验检测设备等;物流中心之间,物流中心与出口加工区、保税物流园区、物流中心(A型)和已实行国内货物入仓环节出口退税政策的出口监管仓库等海关特殊监管区域或者海关保税监管场所的货物往来等情况,海关不予签发用于办理出口退税的出口货物报关单证明联。

下列货物从保税物流中心(B型)进入境内时依法免征关税和进口环节海关代征税:用于在保修期限内免费维修有关外国产品并符合无代价抵偿货物有关规定的零部件;用于国际航行船舶和航空器的物料;国家规定免税的其他货物。

③ 保税物流中心(B型)内企业间的货物流转。保税物流中心(B型)内货物可以在中心内企业之间进行转让、转移并办理相关海关手续。未经海关批准,中心内企业不得擅自将所存货物抵押、质押、留置、移作他用或者进行其他处置。

(4) 海关对保税物流中心(B型)及中心内企业的监管。海关可以采取联网监管、视频监控、实地核查等方式对进出保税物流中心(B型)的货物、物品、运输工具等实施动态监管。

海关对保税物流中心(B型)及中心内企业实施计算机联网监管。保税物流中心(B型)及中心内企业应当建立符合海关监管要求的计算机管理系统并与海关联网,形成完整真实的货物进、出、转、存电子数据,保证海关开展对有关业务数据的查询、统计、采集、交换和核查等监管工作。

《保税物流中心(B型)注册登记证书》有效期为3年。保税物流中心(B型)经营企业应当在"保税物流中心(B型)注册登记证书"每次有效期满30日前办理延期手续,由直属海关受理,报海关总署审批。物流中心经营企业办理延期手续应当提交《保税物流中心(B型)注册登记证书》。对审查合格的企业准予延期3年。

保税物流中心(B型)需变更名称、地址、面积及所有权等事项的,由直属海关受理报海关总署审批。其他变更事项报直属海关备案。中心内企业需变更有关事项的,应当向主管海关备案。

保税物流中心(B型)经营企业因故终止业务的,物流中心经营企业向直属海关提出书面申请,经海关总署会同有关部门审批后,办理注销手续并交回《保税物流中心(B型)注册登记证书》。

保税物流中心(B型)内货物保税存储期限为2年。确有正当理由的,经主管海关同意可以予以延期,除特殊情况外,延期不得超过1年。

保税仓储货物在存储期间发生损毁或者灭失的,除不可抗力外,保税物流中心(B型)内企业应当依法向海关缴纳损毁、灭失货物的税款,并承担相应的法律责任。

二、保税加工货物

保税加工货物主要指的是加工贸易货物。加工贸易是我国对外贸易和开放型经济的重要组成部分,对于推动产业升级、稳定就业发挥了重要作用。国务院于2016年1月印发了《关于促进加工贸易创新发展的若干意见》,提出要以创新驱动和扩大开放为动力,以国际产业分工深度调整和实施"中国制造2025"为契机,立足我国国情,创新发展加工贸易,推动我国产业向全球价值链高端跃升,助力贸易大国向贸易强国转变,为构建开放型经济新体制作出更大贡献。因此,大力实施创新驱动,改革加工贸易货物通关制度,对于优化营商环境,引导企业有序开展国际产能合作具有重要意义。

加工贸易是指经营企业进口全部或者部分原辅材料、零部件、元器件、包装物料(简称料件),经加工或者装配后,将制成品复出口的经营活动,包括来料加工和进料加工。**来料加工**是指原料、材料、辅料、元器件、零部件和包装物料等进口料件由境外企业提供,经营企业不需要付汇进口,按照境外企业的要求进行加工或者装配,只收取加工费,制成品由境外企业销售的经营活动。**进料加工**是指原料、材料、辅料、元器件、零部件和包装物料等进口料件由经营企业付汇进口,制成品由经营企业外销出口的经营活动。

加工贸易货物是指加工贸易项下的进口料件、加工成品以及加工过程中产生的边角料、残次品、副产品等。加工贸易货物的报关程序除了进出境阶段的手续外,在向海关申报前还须办理加工贸易货物手册设立手续,在海关放行后还须办理核销结案等其他海关手续。

(一) 加工贸易手册设立[①]

经营企业应当向加工企业所在地主管海关办理加工贸易货物的手册设立手续。经营企业是指负责对外签订加工贸易进出口合同的各类进出口企业和外商投资企业,以及经批准获得来料加工经营许可的对外加工装配服务公司。加工企业是指接受经营企业委托,负责对进口料件进行加工或者装配,并且具有法人资格的生产企业,以及由经营企业设立的虽不具有法人资格,但是实行相对独立核算并已经办理工商营业证(执照)的工厂。经营企业与加工企业不在同一直属海关管辖的区域范围的,应当按照海关对异地加工贸易的管理规定办理手册设立手续。

除另有规定外,经营企业办理加工贸易货物的手册设立,应当向海关如实申报贸易方式、单耗、进出口口岸,以及进口料件和出口成品的商品名称、商品编号、规格型号、价格和原产地等情况,并且提交下列单证:主管部门签发的同意开展加工贸易业务的有效批准文件;经营企业自身有加工能力的,应当提交主管部门签发的"加工贸易加工企业生产能力证明";经营企业委托加工的,应当提交经营企业与加工企业签订的委托加工合同、主管部门签发的加工企业"加工贸易加工企业生产能力证明";经营企业对外签订的合同;海关认为需要提交的其他证明文件和材料。

经营企业按照规定提交齐全、有效的单证材料,申报设立手册的,海关应当自接受企业手册设立申报之日起 5 个工作日内完成加工贸易手册设立手续。需要办理担保手续的,经营企业按照规定提供担保后,海关办理手册设立手续。

有下列情形之一的,海关应当在经营企业提供相当于应缴税款金额的保证金或者银行、非银行金融机构保函后办理手册设立手续:涉嫌走私,已经被海关立案侦查,案件尚未审结的;由于管理混乱被海关要求整改,在整改期内的。

有下列情形之一的,海关可以要求经营企业在办理手册设立手续时提供相当于应缴税款金额的保证金或者银行、非银行金融机构保函:租赁厂房或者设备的;首次开展加工贸易业务的;加工贸易手册延期两次(含两次)以上的;办理异地加工贸易手续的;涉嫌违规,已经被海关立案调查,案件尚未审结的。

---

① 《中华人民共和国海关加工贸易货物监管办法》(海关总署令第 219 号)。

加工贸易企业有下列情形之一的,不得办理手册设立手续:进口料件或者出口成品属于国家禁止进出口的;加工产品属于国家禁止在我国境内加工生产的;进口料件不宜实行保税监管的;经营企业或者加工企业属于国家规定不允许开展加工贸易的;经营企业未在规定期限内向海关报核已到期的加工贸易手册,又重新申报设立手册的。

经营企业办理加工贸易货物的手册设立,申报内容、提交单证与事实不符的,海关按照下列规定处理:货物尚未进口的,海关注销其手册;货物已进口的,责令企业将货物退运出境。在此情形下,经营企业可以向海关申请提供相当于应缴税款金额的保证金或者银行、非银行金融机构保函,并且继续履行合同。

已经办理加工贸易货物的手册设立手续的经营企业可以向海关领取加工贸易手册分册、续册。加工贸易货物手册设立内容发生变更的,经营企业应当在加工贸易手册有效期内办理变更手续。需要报原审批机关批准的,还应当报原审批机关批准,另有规定的除外。

(二)加工贸易货物进出口和加工

经营企业进口加工贸易货物,可以从境外或者海关特殊监管区域、保税监管场所进口,也可以通过深加工结转方式转入。**深加工结转**是指加工贸易企业将保税进口料件加工的产品转至另一加工贸易企业进一步加工后复出口的经营活动。经营企业出口加工贸易货物,可以向境外或者海关特殊监管区域、保税监管场所出口,也可以通过深加工结转方式转出。

经营企业应当凭加工贸易手册、加工贸易进出口货物专用报关单等有关单证办理加工贸易货物进出口报关手续。

加工贸易企业开展深加工结转的,转入企业、转出企业应当向各自的主管海关申报,办理实际收发货以及报关手续。有下列情形之一的,加工贸易企业不得办理深加工结转手续:

(1)不符合海关监管要求,被海关责令限期整改,在整改期内的;

(2)有逾期未报核手册的;

(3)由于涉嫌走私已经被海关立案调查,尚未结案的。

加工贸易企业未按照海关规定进行收发货的,不得再次办理深加工结转手续。

经营企业开展外发加工业务,应当按照外发加工的相关管理规定自外发之日起3个工作日内向海关办理备案手续。**外发加工**是指经营企业委托承揽者对加工贸易货物进行加工,在规定期限内将加工后的产品最终复出口的行为。经营企业开展外发加工业务,不得将加工贸易货物转卖给承揽者;承揽者不得将加工贸易货物再次外发(承揽者是指与经营企业签订加工合同,承接经营企业委托的外发加工业务的企业或者个人)。经营企业将全部工序外发加工的,应当在办理备案手续的同时向海关提供相当于外发加工货物应缴税款金额的保证金或者银行、非银行金融机构保函。外发加工的成品、剩余料件以及生产过程中产生的边角料、残次品、副产品等加工贸易货物,经营企业向所在地主管海关办理相关手续后,可以不运回本企业。

海关对加工贸易货物实施监管的,经营企业和承揽者应当予以配合。加工贸易货物应当专料专用。经海关核准,经营企业可以在保税料件之间、保税料件与非保税料件之间进行串换,但是被串换的料件应当属于同一企业,并且应当遵循同品种、同规格、同数量、不牟利的原则。来料加工保税进口料件不得串换。

由于加工工艺需要使用非保税料件的,经营企业应当事先向海关如实申报使用非保税料件的比例、品种、规格、型号、数量。经营企业按照规定向海关申报的,海关核销时应当在出口成品总耗用量中予以核扣。经营企业进口料件由于质量存在瑕疵、规格型号与合同不符等原因，需要返还原供货商进行退换，以及由于加工贸易出口产品售后服务需要而出口未加工保税料件的，可以直接向口岸海关办理报关手续。已经加工的保税进口料件不得进行退换。

(三) 加工贸易货物核销手续

加工贸易核销是指加工贸易经营企业加工复出口或者办理内销等海关手续后，凭规定单证向海关报核，海关按照规定进行核查以后办理解除监管手续的行为。

经营企业应当在规定的期限内将进口料件加工复出口，并且自加工贸易手册项下最后一批成品出口或者加工贸易手册到期之日起 30 日内向海关报核。经营企业对外签订的合同提前终止的，应当自合同终止之日起 30 日内向海关报核。

经营企业报核时应当向海关如实申报进口料件、出口成品、边角料、剩余料件、残次品、副产品以及单耗等情况，并且按照规定提交相关单证。经营企业按照规定向海关报核，单证齐全、有效的，海关应当受理报核。

海关核销可以采取纸质单证核销、电子数据核销的方式，必要时可以下厂核查，企业应当予以配合。海关应当自受理报核之日起 30 日内予以核销。特殊情况需要延长的，经直属海关关长或者其授权的隶属海关关长批准可以延长 30 日。

加工贸易保税进口料件或者成品因故转为内销的，海关凭主管部门准予内销的有效批准文件，对保税进口料件依法征收税款并且加征缓税利息，另有规定的除外。进口料件属于国家对进口有限制性规定的，经营企业还应当向海关提交进口许可证件。经营企业因故将加工贸易进口料件退运出境的，海关凭有关退运单证核销。经营企业在生产过程中产生的边角料、剩余料件、残次品、副产品和受灾保税货物，按照海关对加工贸易边角料、剩余料件、残次品、副产品和受灾保税货物的管理规定办理，海关凭有关单证核销。

经营企业遗失加工贸易手册的，应当及时向海关报告。海关按照有关规定处理后对遗失的加工贸易手册予以核销。对经核销结案的加工贸易手册，海关向经营企业签发"核销结案通知书"。经营企业已经办理担保的，海关在核销结案后按照规定解除担保。加工贸易货物的手册设立和核销单证自加工贸易手册核销结案之日起留存 3 年。

加工贸易企业出现分立、合并、破产、解散或者其他停止正常生产经营活动情形的，应当及时向海关报告，并且办结海关手续。加工贸易货物被人民法院或者有关行政执法部门封存的，加工贸易企业应当自加工贸易货物被封存之日起 5 个工作日内向海关报告。

(四) 加工贸易银行保证金台账制度

1. 概念与内容

加工贸易银行台账保证金制度是指经营加工贸易单位或企业在加工贸易合同签订后，经外经贸主管部门和海关批准，按合同备案料件金额向指定银行申请设立加工贸易进口料件保证金台账。加工成品在规定的加工期限内全部出口，经海关核销后，由银行核销保证金台账，保证金和利息予以退还的管理制度。加工贸易银行保证金台账是国家对加工贸易业务管理的一项制度。[1]

---

[1] 中华人民共和国上海海关，加工贸易银行保证金台账，http://shanghai.customs.gov.cn/publish/portal27/tab70682/info783995.htm。

传统上,加工贸易经营企业在开展加工贸易时,先要到商务主管部门办理合同审批手续,经审批后,凭商务主管部门审批同意的加工贸易合同、审批出具的"加工贸易业务批准证书"和"加工贸易企业经营状况和生产能力证明"等到所在地海关办理加工贸易合同备案手续或者申请设立联网监管,建立电子账册、电子化手册。但是,随着经济形势的发展,传统监管方式的弊端也日益显现。根据《国务院关于促进加工贸易创新发展的若干意见》(国发〔2016〕4号)、《国务院关于促进外贸回稳向好的若干意见》(国发〔2016〕27号)的要求和国务院行政审批改革总体部署,商务部、海关总署于2016年8月25日联合发布第45号公告,在全国范围内取消加工贸易业务审批,各级商务主管部门不再签发"加工贸易业务批准证""联网监管企业加工贸易业务批准证""加工贸易保税进口料件内销批准证""加工贸易不作价设备批准证"。海关特殊监管区域管委会也不再签发"出口加工区加工贸易业务批准证"和"出口加工区深加工结转业务批准证"。开展加工贸易业务的企业,凭商务主管部门或海关特殊监管区域管委会出具的有效期内的"加工贸易企业经营状况和生产能力证明"到海关办理加工贸易手(账)册设立(变更)手续,海关不再验核相关许可证件,并按"加工贸易企业经营状况和生产能力证明"中列名的税目范围(即商品编码前4位)进行手册设立(变更)。涉及禁止或限制开展加工贸易商品的,企业应在取得商务部批准文件后到海关办理有关业务。

加工贸易银行保证金台账制度的核心是对不同地区(分为东部、中西部)、不同信用等级的加工贸易企业(原AA、A、B、C、D类)[①],以及加工贸易所涉不同类型的进出口商品(禁止类、限制类、允许类)实行分类管理,商务部、海关总署根据需要适时调整并公布《加工贸易禁止类商品目录》《加工贸易限制类商品目录》,目录中未列明的即为允许类商品。

为保持外贸稳定增长、调整进出口商品结构,商务部、海关总署发布了2015年第63号公告(《关于加工贸易限制类商品目录的公告》)。调整后的限制类目录共计451项商品编码,其中,限制出口95项商品编码,限制进口356项商品编码。对管理方式为"实转"的81个商品编码,高级认证企业与一般认证企业实行"空转"管理(即无须缴纳台账保证金),东部地区一般信用企业缴纳按实转商品项下保税进口料件应缴进口关税和进口环节增值税之和50%的保证金;对其他370个商品编码,高级认证企业、一般认证企业与一般信用企业均实行"空转"管理。经营企业及其加工企业同时属于中西部地区[②]的,开展限制类商品加工贸易业务,高级认证企业、一般认证企业和一般信用企业实行银行保证金台账"空转"管理。失信企业开展限制类商品加工贸易业务均须缴纳100%台账保证金。

2. 具体程序

(1) 台账开设。第一步,经营单位或企业向主管海关申请办理加工贸易手册设立。第二步,经主管海关审核符合加工贸易手册设立要求的,海关为企业办理加工贸易手册设立手续,并向银行发送"银行保证金台账开设联系单"(以下简称"开设联系单")。第三步,银行按照"开设联系单"注明的保证金金额收取现金保证金或税款保付保函后,为企业办理台账开设,向海关发送"银行保证金台账登记通知单",系统自动登记。

(2) 台账变更。第一步,当加工贸易合同发生变更时,经营单位或企业向主管海关提出

---

① 不同信用等级企业与原企业分类之间的对接主参照前面相关章节。
② 中西部地区是指除东部地区以外的其他地区,东部地区包括北京市、天津市、上海市、辽宁省、河北省、山东省、江苏省、浙江省、福建省、广东省。

变更申请。第二步,经主管海关审核可以办理手册变更手续的,海关为企业办理加工贸易手册变更手续,并向银行发送"银行保证金台账变更联系单"(以下简称"变更联系单")。第三步,银行按照"变更联系单"注明的变更内容办理变更手续后,向海关发送"银行保证金台账变更通知单",系统自动登记。如涉及增加台账保证金的,企业应按规定补交,但合同变更后减少的台账保证金暂不退还,待合同结案后予以退还。

(3) 台账核销。第一步,加工贸易合同执行完毕后,经营单位或企业向主管海关提出核销申请。第二步,经主管海关审核可以核销结案的,主管海关按规定为企业办理核销结案手续后,向银行发送"银行保证金台账核销联系单"(以下简称"核销联系单")。第三步,银行在收到海关发送的"核销联系单"后,为企业办理台账核销手续,向海关发送"银行保证金台账核销通知单"。海关收到银行发送的"银行保证金台账核销通知单"后,系统自动登记。对需办理台账保证金的退还手续的,银行按活期存款利率计付利息。对在合同规定的加工期限内未能出口或经批准转内销的,海关通知银行将保证金转为税款,并由企业支付缓税利息。

值得一提的是,保证金台账制度虽然在过去的几十年内曾为加工贸易的合理发展发挥了重要作用,但也在一定程度上增加了企业负担,降低了创新积极性。为落实《国务院关于促进加工贸易创新发展的若干意见》(国发〔2016〕4号),进一步简化手续,降低制度性交易成本,海关总署和商务部于2017年7月26日联合发文,在全国范围内取消了这一制度①。②

相 关 链 接 6-3

"取消加工贸易银行保证金台账制度"后怎么办?

(五) 异地加工贸易管理

异地加工贸易是指加工贸易经营单位将进口料件委托另一直属海关关区内加工生产企业开展的加工业务。不包括加工出口产品过程中某一加工工序的外发加工业务。

1. 异地加工贸易相关手续

经营单位开展异地加工贸易,应当凭加工企业所在地外经贸主管部门出具的"加工贸易加工企业生产能力证明",填制"中华人民共和国海关异地加工贸易申报表"(简称申报表),向经营单位主管海关办理异地加工手续。

经营单位主管海关在办理异地加工手续时,对于办理过异地加工贸易业务的经营单位,

---

① 参见《关于取消加工贸易银行保证金台账制度有关事宜的公告》(海关总署、商务部公告2017年第33号)。

② 这里仍需注意的是,取消加工贸易银行保证金台账制度,实际上只是取消了台账制度,并不是取消保证金,原海关总署令第219号《中华人民共和国海关加工贸易货物监管办法》中第十四、第十五、第十七条所涉及的保证金并不受影响(参考上海海关学院海关法论坛专家、德和衡律师所史东海、湖州海关俞悦的观点)。

应当查阅由加工企业主管海关反馈的"中华人民共和国海关异地加工贸易回执"。经核实合同执行情况正常的,在申报表(一式二联)内批注签章,与"加工贸易加工企业生产能力证明"一并制作关封,交经营单位凭以向加工企业主管海关办理手册设立手续。

加工企业主管海关凭经营单位提供的委托加工合同、加工贸易加工企业生产能力证明、申报表以及其他有关单证办理手册设立手续。由加工企业向海关办理手册设立手续的,应当持有经营单位出具的委托书。

2. 其他有关规定

经营单位与加工企业开展异地加工业务,双方应当签订符合《中华人民共和国合同法》规定的"委托加工合同"。经营单位与加工企业双方应当遵守国家对加工贸易管理的有关规定,经营单位不得将保税进口料件转卖给加工企业。

海关对开展异地加工贸易的经营单位和加工企业实行分类管理,如果两者的管理类别不相同,按照其中较低类别采取监管措施。如果需要实行保证金台账"实转"的,经营单位应当按照规定交付备案进口料件税款等额的台账保证金。经营单位不得委托按失信企业管理的加工企业开展异地加工贸易。

异地加工贸易合同执行过程中,如果遇有走私违规行为或者无法正常核销结案的,加工企业主管海关应当负责将台账保证金转税和罚款。台账保证金转税数额不足的,由加工企业主管海关负责向经营单位追缴税款,经营单位主管海关应予协助。

对违反本规定,构成走私、违规的,由海关依照《海关法》及《中华人民共和国海关行政处罚实施条例》有关规定处理。经营单位和加工企业在执行本办法和海关各项规定时,负有共同责任。对其违法行为,海关可以根据实际情况分别追究法律责任。

经营单位与加工企业不在同一直属关区,但是属于同一法人开展异地加工贸易业务的,也适用上述各项规定。

违规办理外发加工业务

(六) 加工贸易单耗管理①

1. 单耗和单耗标准

加工贸易单耗是指加工贸易企业在正常加工条件下加工单位成品所耗用的料件量,单耗包括净耗和工艺损耗。净耗是指在加工后,料件通过物理变化或者化学反应存在或者转化到单位成品中的量。工艺损耗是指因加工工艺原因,料件在正常加工过程中除净耗外所

---

① 参见《中华人民共和国加工贸易单耗管理办法》(海关总署第155号公布,根据总署令第218号、240号修改)。

必需耗用,但不能存在或者转化到成品中的量,包括有形损耗和无形损耗。单耗＝净耗/(1－工艺损耗率),其中,工艺损耗率是指工艺损耗占所耗用料件的百分比。

下列情况不列入工艺损耗范围:因突发停电、停水、停气或者其他人为原因造成保税料件、半成品、成品的损耗;因丢失、破损等原因造成的保税料件、半成品、成品的损耗;因不可抗力造成保税料件、半成品、成品灭失、损毁或者短少的损耗;因进口保税料件和出口成品的品质、规格不符合合同要求,造成用料量增加的损耗;因工艺性配料所用的非保税料件所产生的损耗;加工过程中消耗性材料的损耗。

加工贸易企业应当在加工贸易手册设立环节向海关进行单耗备案。单耗管理应当遵循如实申报、据实核销的原则。

单耗标准是指供通用或者重复使用的加工贸易单位成品耗料量的准则。单耗标准设定最高上限值,其中出口应税成品单耗标准增设最低下限值。单耗标准由海关根据有关规定会同相关部门制定,并以海关公告形式对外发布。单耗标准适用于海关特殊监管区域、保税监管场所外的加工贸易企业,海关特殊监管区域、保税监管场所内的加工贸易企业不适用单耗标准。海关特殊监管区域、保税监管场所外的加工贸易企业应当在单耗标准内向海关进行单耗备案或者单耗申报。海关特殊监管区域、保税监管场所外的加工贸易企业申报的单耗在单耗标准内的,海关按照申报的单耗对保税料件进行核销;申报的单耗超出单耗标准的,海关按照单耗标准的最高上限值或者最低下限值对保税料件进行核销。尚未公布单耗标准的,加工贸易企业应当如实向海关申报单耗,海关按照加工贸易企业的实际单耗对保税料件进行核销。

2. 单耗的申报和审核

加工贸易企业应当在成品出口、深加工结转或者内销前如实向海关申报单耗。加工贸易企业确有正当理由无法按期申报单耗的,应当留存成品样品以及相关单证,并在成品出口、深加工结转或者内销前提出书面申请,经主管海关批准的,加工贸易企业可以在报核前申报单耗。加工贸易企业申报单耗应当包括以下内容:加工贸易项下料件和成品的商品名称、商品编号、计量单位、规格型号和品质;加工贸易项下成品的单耗;加工贸易同一料件有保税和非保税料件的,应当申报非保税料件的比例、商品名称、计量单位、规格型号和品质。

加工贸易企业可以向海关申请办理单耗变更或者撤销手续,但下列情形除外:保税成品已经申报出口的,保税成品已经办理深加工结转的,保税成品已经申请内销的,海关已经对单耗进行核定的,海关已经对加工贸易企业立案调查的。

海关对加工贸易企业申报的单耗进行审核,符合规定的,接受加工贸易企业的申报。海关对加工贸易企业申报单耗的真实性、准确性有疑问的,应当制发"中华人民共和国海关加工贸易单耗质疑通知书",将质疑理由书面告知加工贸易企业的法定代表人或者其代理人。加工贸易企业的法定代表人或者其代理人应当自收到"单耗质疑通知书"之日起10个工作日内,以书面形式向海关提供有关资料。加工贸易企业未能在海关规定期限内提供有关资料、提供的资料不充分或者提供的资料无法确定单耗的,海关应当对单耗进行核定。海关可以单独或者综合使用技术分析、实际测定、成本核算等方法对加工贸易企业申报的单耗进行核定。单耗核定前,加工贸易企业缴纳保证金或者提供银行担保,并经海关同意的,可以先行办理加工贸易料件和成品的进出口、深加工结转或者内销等海关手续;加工贸易企业实行银行保证金台账实转,且台账实转金额不低于应缴税款金额的,可以免予提供担保。加工贸易企业对单耗核定结果有异议的,可以向作出单耗核定海关的上一级海关提出书面复核申请,上一级海关应当自收到复核申请后45日内作出复核决定。

(七) 加工贸易边角料、剩余料件、残次品、副产品和受灾保税货物的管理

边角料是指加工贸易企业从事加工复出口业务,在海关核定的单位耗料量内(即单耗)、加工过程中产生的、无法再用于加工该合同项下出口制成品的数量合理的废、碎料及下脚料。剩余料件是指加工贸易企业在从事加工复出口业务过程中剩余的、可以继续用于加工制成品的加工贸易进口料件。残次品是指加工贸易企业从事加工复出口业务,在生产过程中产生的有严重缺陷或者达不到出口合同标准,无法复出口的制品(包括完成品和未完成品)。副产品,是指加工贸易企业从事加工复出口业务,在加工生产出口合同规定的制成品(即主产品)过程中同时产生的,并且出口合同未规定应当复出口的一个或者一个以上的其他产品。受灾保税货物,是指加工贸易企业从事加工出口业务中,由于不可抗力原因或者其他经海关审核认可的正当理由造成灭失、短少、损毁等导致无法复出口的保税进口料件和制品。

(1) 加工贸易保税进口料件加工后产生的边角料、剩余料件、残次品、副产品及受灾保税货物属海关监管货物,未经海关许可,任何企业、单位、个人不得擅自销售或者移作他用。

(2) 加工贸易企业申请内销边角料的,商务主管部门免予审批,企业直接报主管海关核准并办理内销有关手续。海关按照加工贸易企业向海关申请内销边角料的报验状态归类后适用的税率和审定的边角料价格计征税款,免征缓税利息;海关按照加工贸易企业向海关申请内销边角料的报验状态归类后,属于发展改革委员会、商务部、环保总局及其授权部门进口许可证件管理范围的,免于提交许可证件。

(3) 加工贸易企业申报将剩余料件结转到另一个加工贸易合同使用,限同一经营企业、同一加工企业、同样进口料件和同一加工贸易方式。凡具备条件的,海关按规定核定单耗后,企业可以办理该合同核销及其剩余料件结转手续。剩余料件转入合同已经商务主管部门审批的,由原审批部门按变更方式办理相关手续,如剩余料件的转入量不增加已批合同的进口总量,则免于办理变更手续;转入合同为新建合同的,由商务主管部门按现行加工贸易审批管理规定办理。

加工贸易企业申报剩余料件结转有下列情形之一的,企业缴纳不超过结转保税料件应缴纳税款金额的风险担保金后,海关予以办理:同一经营企业申报将剩余料件结转到另一加工企业的;剩余料件转出金额达到该加工贸易合同项下实际进口料件总额50%及以上的;剩余料件所属加工贸易合同办理两次及两次以上延期手续的。

剩余料件结转涉及不同主管海关的,在双方海关办理相关手续,并由转入地海关收取风险担保金。前述所列须缴纳风险担保金的加工贸易企业有下列情形之一的,免于缴纳风险担保金:适用加工贸易认证企业管理的;已实行台账实转的合同,台账实转金额不低于结转保税料件应缴税款金额的;原企业发生搬迁、合并、分立、重组、改制、股权变更等法律规定的情形,且现企业继承原企业主要权利义务或者债权债务关系的,剩余料件结转不受同一经营企业、同一加工企业、同一贸易方式限制。

(4) 加工贸易企业申请内销剩余料件或者内销用剩余料件生产的制成品,按照下列情况办理:

剩余料件金额占该加工贸易合同项下实际进口料件总额3%以内(含3%),并且总值在

人民币1万元以下(含1万元)的,商务主管部门免予审批,企业直接报主管海关核准,由主管海关对剩余料件按照规定计征税款和税款缓税利息后予以核销。剩余料件属于发展改革委、商务部、环保总局及其授权部门进口许可证件管理范围的,免于提交许可证件。

剩余料件金额占该加工贸易合同项下实际进口料件总额3%以上或者总值在人民币1万元以上的,由商务主管部门按照有关内销审批规定审批,海关凭商务主管部门批件对合同内销的全部剩余料件按照规定计征税款和缓税利息。剩余料件属于进口许可证件管理的,企业还应当按照规定向海关提交有关进口许可证件。

使用剩余料件生产的制成品需要内销的,海关根据其对应的进口料件价值,按照前两项的规定办理。

(5) 加工贸易企业需要内销残次品的,根据其对应的进口料件价值,比照前述内销剩余料件或内销用剩余料件生产的制成品的规定办理。

(6) 加工贸易企业在加工生产过程中产生或者经回收能够提取的副产品,未复出口的,加工贸易企业在向海关办理手册设立或者核销手续时应当如实申报。加工贸易企业需要内销的副产品,由商务主管部门按照副产品实物状态列明内销商品名称,并且按照加工贸易有关内销规定审批,海关凭商务主管部门批件办理内销有关手续。对于需要内销的副产品,海关按照加工贸易企业向海关申请内销副产品的报验状态归类后的适用税率和审定的价格,计征税款和缓税利息。海关按照加工贸易企业向海关申请内销副产品的报验状态归类后,如果属于进口许可证件管理的,企业还应当按照规定向海关提交有关进口许可证件。

(7) 加工贸易受灾保税货物(包括边角料、剩余料件、残次品、副产品)在运输、仓储、加工期间发生灭失、短少、损毁等情形的,加工贸易企业应当及时向主管海关报告,海关可以视情派员核查取证。

① 因不可抗力因素造成的加工贸易受灾保税货物,经海关核实,对受灾保税货物灭失或者虽未灭失,但是完全失去使用价值且无法再利用的,海关予以免税核销;对受灾保税货物虽失去原使用价值,但是可以再利用的,海关按照审定的受灾保税货物价格,其对应进口料件适用的税率计征税款和税款缓税利息后核销。受灾保税货物对应的原进口料件,属于发展改革委员会、商务部、生态环境部及其授权部门进口许可证件管理范围的,免于提交许可证件。企业在规定的核销期内报核时,应当提供下列证明材料:商务主管部门的签注意见;保险公司出具的保险赔款通知书或者检验检疫部门出具的有关检验检疫证明文件;海关认可的其他有效证明文件。

② 除不可抗力因素外,加工贸易企业因其他经海关审核认可的正当理由导致加工贸易保税货物在运输、仓储、加工期间发生灭失、短少、损毁等情形的,海关凭商务主管部门的签注意见、有关主管部门出具的证明文件和保险公司出具的保险赔款通知书或者检验检疫部门出具的有关检验检疫证明文件,按照规定予以计征税款和缓税利息后办理核销手续。本款所规定的受灾保税货物对应的原进口料件,如果属于进口许可证件管理范围的,企业应当按照规定向海关提交有关进口许可证件。前述规定免于提交进口许可证件的除外。

(8) 加工贸易企业因故申请将边角料、剩余料件、残次品、副产品或者受灾保税货物退运出境的,海关按照退运的有关规定办理,凭有关退运证明材料办理核销手续。

(9) 加工贸易企业因故无法内销或者退运的边角料、剩余料件、残次品、副产品或者受灾保税货物,由加工贸易企业委托具有法定资质的单位进行销毁处置,海关凭相关单证、处置单位出具的接收单据和处置证明等资料办理核销手续。海关可以派员监督处置,加工贸易企业及有关处置单位应当给予配合。加工贸易企业因处置获得的收入,应当向海关如实申报,海关比照边角料内销征税的管理规定办理征税手续。

(10) 对实行进口关税配额管理的边角料、剩余料件、残次品、副产品和受灾保税货物,按照下列情况办理:

① 边角料按照加工贸易企业向海关申请内销的报验状态归类属于实行关税配额管理商品的,海关按照关税配额税率计征税款;

② 副产品按照加工贸易企业向海关申请内销的报验状态归类属于实行关税配额管理的,企业如果能够按照规定向海关提交有关进口配额许可证件,海关按照关税配额税率计征税款;企业如果未能按照规定向海关提交有关进口配额许可证件,海关按照有关规定办理;

③ 剩余料件、残次品对应进口料件属于实行关税配额管理的,企业如果能够按照规定向海关提交有关进口配额许可证件,海关按照关税配额税率计征税款;企业如果未能按照规定向海关提交有关进口配额许可证件,海关按照有关规定办理;

④ 因不可抗力因素造成的受灾保税货物,其对应进口料件属于实行关税配额管理商品的,海关按照关税配额税率计征税款;因其他经海关审核认可的正当理由造成的受灾保税货物,其对应进口料件属于实行关税配额管理的,企业如果能够按照规定向海关提交有关进口配额许可证件,海关按照关税配额税率计征税款;企业如果未能按照规定向海关提交有关进口配额许可证件,按照有关规定办理。

(11) 属于加征反倾销税、反补贴税、保障措施关税或者报复性关税(以下统称特别关税)的,按照下列情况办理:

边角料按照加工贸易企业向海关申请内销的报验状态归类属于加征特别关税的,海关免于征收需要加征的特别关税;

副产品按照加工贸易企业向海关申请内销的报验状态归类属于加征特别关税的,海关按照规定征收需加征的特别关税;

剩余料件、残次品对应进口料件属于加征特别关税的,海关按照规定征收需加征的特别关税;

因不可抗力因素造成的受灾保税货物,如果失去原使用价值的,其对应进口料件属于加征特别关税的,海关免于征收需要加征的特别关税;因其他经海关审核认可的正当理由造成的受灾保税货物,其对应进口料件属于加征特别关税的,海关按照规定征收需加征的特别关税。

(12) 加工贸易企业办理边角料、剩余料件、残次品、副产品和受灾保税货物内销的进出口通关手续时,应当按照下列情况办理:加工贸易剩余料件、残次品以及受灾保税货物内销,企业按照其加工贸易的原进口料件品名进行申报;加工贸易边角料以及副产品,企业按照向海关申请内销的报验状态申报。

(13) 保税区、出口加工区内加工贸易企业的加工贸易保税进口料件加工后产生的边角料、剩余料件、残次品、副产品等的内销审批和海关监管,按照保税区、出口加工区的规定办理。

案例应用 6-5

擅自调换进料加工保税进口料件、擅自销售保税边角料

(八) 加工贸易联网监管

海关对加工贸易企业实施联网监管,是指加工贸易企业通过数据交换平台或者其他计算机网络方式向海关报送能满足海关监管要求的物流、生产经营等数据,海关对数据进行核对、核算,并结合实物进行核查的一种加工贸易海关监管方式。

1. 实施联网监管的条件

根据《中华人民共和国海关加工贸易企业联网监管办法》的规定,海关实施联网监管的加工贸易企业(以下简称联网企业)应当具备以下条件:

(1) 具有加工贸易经营资格;
(2) 在海关注册;
(3) 属于生产型企业。

海关特殊监管区域、保税监管场所内的加工贸易企业不适用该管理办法。

加工贸易企业需要实施联网监管的,可以向主管海关提出申请;经审核符合规定条件的,海关应当对其实施联网监管。联网企业通过数据交换平台或者其他计算机网络方式向海关报送数据前,应当进行加工贸易联网监管身份认证。

2. 实施联网监管的方法和措施

联网企业应当将开展加工贸易业务所需进口料件、出口成品清单及对应的商品编号报送主管海关,必要时还应当按照海关要求提供确认商品编号所需的相关资料。主管海关应当根据监管需要,按照商品名称、商品编码和计量单位等条件,将联网企业内部管理的料号级商品与电子底账备案的项号级商品进行归并或者拆分,建立一对多或者多对一的对应关系。

联网企业应当在料件进口、成品出口前,分别向主管海关办理进口料件、出口成品的备案、变更手续。同时,联网企业应当根据海关总署的有关规定向海关办理单耗备案、变更手续。

海关应当根据联网企业报送备案的资料建立电子底账(电子底账是指海关根据联网企业申请,为其建立的用于记录加工贸易备案、进出口、核销等资料的电子数据库),对联网企业实施电子底账管理。电子底账包括电子账册和电子手册。电子账册是海关以企业为单元为联网企业建立的电子底账;实施电子账册管理的,联网企业只设立一个电子账册。海关应当根据联网企业的生产情况和海关的监管需要确定核销周期,按照核销周期对实行电子账册管理的联网企业进行核销管理。电子手册是海关以加工贸易合同为单元为联网企业建立的电子底账;实施电子手册管理的,联网企业的每个加工贸易合同设立一个电子手册。海关应当根据加工贸易合同的有效期限确定核销日期,对实行电子手册管理的联网企业进行定期核销管理。

联网企业应当如实向海关报送加工贸易货物物流、库存、生产管理以及满足海关监管需要的其他动态数据。联网企业的外发加工实行主管海关备案制。加工贸易企业开展外发加工前应当将外发加工承接企业、货物名称和周转数量向主管海关备案。

海关可以采取数据核对和下厂核查等方式对联网企业进行核查。下厂核查包括专项核查和盘点核查。专项核查是指海关根据监管需要,对联网企业就某一项或者多项内容实施的核查行为。盘点核查是指海关在联网企业盘点时,对一定期间的部分保税货物进行实物核对、数据核查的一种监管方式。

经主管海关批准,联网企业可以按照月度集中办理内销补税手续;联网企业内销加工贸易货物后,应当在当月集中办理内销补税手续。联网企业加工贸易货物内销后,应当按照规定向海关缴纳缓税利息。缴纳缓税利息的终止日期为海关签发税款缴款书之日,起始日期按照以下办法确定:

(1) 实行电子手册管理的,起始日期为内销料件或者制成品所对应的加工贸易合同项下首批料件进口之日;

(2) 实行电子账册管理的,起始日期为内销料件或者制成品对应的电子账册最近一次核销之日。没有核销日期的,起始日期为内销料件或者制成品对应的电子账册首批料件进口之日。

联网企业应当在海关确定的核销期结束之日起 30 日内完成报核。确有正当理由不能按期报核的,经主管海关批准可以延期,但延长期限不得超过 60 日。

联网企业实施盘点前,应当告知海关;海关可以结合企业盘点实施核查核销。海关结合企业盘点实施核查核销时,应当将电子底账核算结果与联网企业实际库存量进行对比,并分别进行以下处理:

(1) 实际库存量多于电子底账核算结果的,海关应当按照实际库存量调整电子底账的当期余额;

(2) 实际库存量少于电子底账核算结果且联网企业可以提供正当理由的,对短缺的部分,海关应当责令联网企业申请内销处理;

(3) 实际库存量少于电子底账核算结果且联网企业不能提供正当理由的,对短缺的部分,海关除责令联网企业申请内销处理外,还可以按照《中华人民共和国海关行政处罚实施条例》对联网企业予以处罚。

采用电子账册模式进行联网监管的,不实行银行保证金台账制度;采用电子手册模式进行联网监管的,仍实行银行保证金台账制度。

联网企业有下列情形之一的,海关可以要求其提供保证金或者银行保函作为担保:企业管理类别下调的,未如实向海关报送数据的,海关核查、核销时拒不提供相关账册、单证、数据的,未按照规定时间向海关办理报核手续的,未按照海关要求设立账册、账册管理混乱或者账目不清的。

对于违反《中华人民共和国海关加工贸易企业联网监管办法》的规定,构成走私或者违反海关监管规定行为的,由海关依照《中华人民共和国海关法》和《中华人民共和国海关行政处罚实施条例》的有关规定予以处理;构成犯罪的,依法追究刑事责任。

(九)加工贸易电子化手册管理

电子化手册是海关为适应当前加工贸易新形势、新发展的需要,从提高效率、方便企业的角度,运用现代信息技术和先进管理理念,以加工贸易手册为管理对象,在加工贸易手册备案、通关、核销等环节采用"电子化手册+自动核算"的模式取代现有的纸质手册,并逐步通过与相关部委的联网取消纸质单证作业,最终实现"电子申报、网上备案、无纸通关、无纸报核"的新监管模式。我国海关在推行H2000电子手册系统的基础上,开发了H2000电子化手册系统,现已在全国范围面向广大中小型企业推广应用。在海关备案的所有加工贸易企业(实施电子账册管理的企业以及海关特殊监管区域内企业和保税场除外)均需实施电子化手册管理模式。

1. 电子化手册管理的特点

(1)电子身份认证。电子化手册以电子数据取代纸质的加工贸易手册,提供了全国统一的电子身份认证系统和数据传输安全保障机制,企业使IC卡或I-Key卡进行身份认证和业务操作。

(2)备案资料库管理。电子化手册管理对现有的加工贸易备案模式进行改革,通过对加工贸易料件及成品进行预归类,建立企业备案资料库,企业在进行通关手册备案时可直接调用备案资料库数据,以此减少企业在办理电子化手册通关时的审批时间。

(3)网上作业:若采用企业端录入方式,企业的备案资料库数据、电子化手册数据、报核数据通过网络办理,在企业本地即可完成,仅当企业需要提交资料、样品或领取相关单证时,才需要到海关业务现场,从而可以缩短业务操作周期、增强操作效率、降低企业成本、提高效益。

2. 电子化手册业务的基本流程

(1)备案资料库备案。加工贸易企业通过代理或自理录入模式录入企业料件、成品等数据信息,建立备案资料库,用于今后企业备案电子化手册时调用有关数据资料。料件、成品等数据信息包括货号、商品编码、商品名称、计量单位、是否主料等数据。海关审批通过后,向企业返回备案资料库编号。企业备案资料库可办理数据变更手续。

(2)电子化手册备案。企业建立备案资料库后,可依据签订的加工贸易合同和有关部门的批准文件向海关申请备案电子化手册。企业通过代理或自理录入模式,录入电子化手册表头信息,表体料件和成品的货号、商品编码、商品名称、计量单位等信息可以调用备案资料库数据,进出口数量、价格、单耗等信息依据合同录入。海关审核通过后系统生成电子化手册。

(3)通关数据申报。企业通过代理录入报关单通关数据,办理电子化手册货物的通关手续。

(4)电子化手册报核。企业加工贸易合同执行完成后,通过代理或自理录入模式录入电子化手册报核数据,向海关办理核销手续。

3. 电子化手册模式下加工贸易银行保证金台账电子化联网管理

为进一步简化和完善现行加工贸易银行保证金台账管理,在不改变台账管理流程基础上,我国海关对采用电子化手册管理的加工贸易企业实行台账电子化联网管理,增加办理台账手续银行,以方便加工贸易企业办理台账业务,提高台账管理质量和效率。

各海关关区内采用电子化手册管理的加工贸易企业可以在与各海关关区对应的中国银

行或中国工商银行辖属分支机构办理台账手续。企业在申请电子化手册备案时,应在海关手册录入环节选择拟开设台账账户的银行,并在录入端收到海关已开出"银行保证金台账开设联单"的回执后,持"企业法人营业执照""海关注册登记证明"及其他相关材料至所选择的银行办理台账账户设立手续。对此前已在中国银行网点设立过台账保证金专用账户的企业,也应凭"海关注册登记证明"向中国银行进行一次性备案登记。同一加工贸易合同项下,企业在录入时选择的台账银行(中国银行或中国工商银行)以及实转台账缴纳方式(保证金或税款保付保函)不得变更。

银行与海关间采用台账电子化联网管理模式后,在有关业务流程不变的同时,企业无须再往返于海关与银行之间传递单证,有关单证的电子数据均实现网上传输。企业在预录入端收到回执后,直接凭银行签发的电子"银行保证金台账登记通知单""银行保证金台账变更通知单""银行保证金台账核销通知单"向海关办理加工贸易备案、合同变更和核销手续。

实转台账开设或变更需缴纳保证金的,企业应按照主管海关签发的"开设联系单"或"银行保证金台账变更联系单"向台账开户银行办理保证金缴纳或被缴手续。选择以税款保付保函方式进行实转的,企业可在向银行申请开立或变更后,选择自行或由银行将税款保付保函正本或修改函正本送交主管海关留存。对因特殊情况海关出具"税款保付保函展期通知单"的,企业须持通知单第三、四联、税款保付保函展期申请书及有关材料,向银行申请税款保付保函展期。

挂账、停账的联系单和通知单全部采用电子方式进行传输。挂账待销和停账待销期间,银行不向企业退还该笔台账业务项下的保证金。对海关向银行签发的"银行保证金台账核销联系单"中注有"停设台账"的,银行在确认该笔台账保证金账户余额已经为零后,根据海关联系单办理关闭账户手续,并出具"银行保证金台账账户关闭通知单"。如该笔台账项下保证金尚有余款,且企业无欠缴税款情况,主管海关与银行应按照共同商定的意见进行处理,再办理关闭账户手续。如该笔台账保证金账户采用的是税款保付保函方式,则税款保付保函在核销结案后自动失效。

若因企业原因提出对海关发送的"变更联系单"做出修改时,企业凭银行出具的"企业未缴款证明"向海关申请更改并重新发送"变更联系单"。对于采用台账电子化联网管理的加工贸易业务,如银行因技术原因未收到台账联系单,海关可打印纸质台账联系单并加盖海关台账专用章交企业办理保证金台账业务。对于采用台账电子化联网管理的加工贸易业务,如海关因技术原因未收到台账通知单,银行可打印纸质台账通知单并加盖银行台账专用章交企业办理台账登记手续。

上述"开设联系单""变更联系单""核销联系单""登记通知单""变更通知单""核销通知单""银行保证金台账挂账待销通知单""银行保证金台账停账待销通知单""关闭通知单"均以电子报文的形式由海关、银行通过电子口岸平台直接发送对方。企业应在电子报文发出后3日内(最后一日逢法定节假日顺延)办理有关台账业务。"开设联系单"的有效期为自出具之日起80天(含80天),超过80天自动失效。海关对失效的"开设联系单"及对应手册进行删除处理。

税款保付保函及其修改函(企业选择由银行传送的)、索赔函、"税款保付保函遗失补办申请书""保证金台账联网异常情况处理联系单",以及"停账待销"和"关闭台账"情况下的"税款缴纳扣划通知书""海关×××专用缴款书"等纸质单证由主管海关、银行直接送交对方。其他纸质单证由申请设立台账的企业及时传送至主管海关和银行。

(十) 加工贸易工单式核销

工单式核销是指加工贸易企业向海关报送报关单、报关清单数据,以及企业 ERP 系统(企业资源计划系统)中工单数据,海关以报关单对应的报关清单料号级数据和企业生产工单作为料件耗用依据生成电子底账,并根据料号级料件、半成品以及成品的进、出、耗、转、存的情况,对加工贸易料件、半成品以及成品进行核算核销的海关管理制度。实施工单式核销的加工贸易企业应具备以下条件:

(1) 信用状况为一般信用及以上企业;

(2) 使用 ERP 等系统对企业采购、生产、库存和销售等过程实行全程信息化管理,通过工单可实现生产加工成品对耗用进口保税料件的追溯管理,并以电子工单方式记录生产加工、检测维修成品的实际使用料件情况;

(3) 建立符合海关监管要求的计算机管理系统,能够通过数据交换平台或者其他计算机网络,按照海关规定的认证方式与海关辅助系统(平台)联网,向海关报送能够满足海关监管要求的相关数据;

(4) 保税物料与非保税物料分开管理;

(5) 工单内容应包含企业生产的日期、产品、用料、数量及状态等信息。

实施工单式核销的加工贸易企业应根据海关监管要求定期报送 ERP 系统中的工单数据。实施工单式核销的加工贸易企业应在海关确定的核销周期结束之日起 30 日内完成报核。确有正当理由不能按期报核的,经主管海关核批可以延期,但延长期限不得超过 60 日。核销周期由主管海关按实际监管需要确定,最长不得超过 1 年。

海关将加工贸易企业核销期截止日的料号级实际库存数与辅助系统中的料号级法定计算库存数进行比对后,视情分别进行以下处理:

(1) 实际库存数多于法定计算库存数,且企业可以提供正当理由的,海关按照实际库存数确认当期结余;

(2) 实际库存数少于法定计算库存数,且企业可以提供正当理由的,海关按照实际库存数确认当期结余;对于短缺部分,海关应当责令企业办理后续补税手续,边角料按照实际报验状态确定归类并征税。

加工贸易企业内部管理混乱或存在违法情事的,海关可停止其实施工单式核销。

(十一) 加工贸易货物销毁处置

加工贸易货物销毁处置是指加工贸易企业对因故无法内销或者退运的边角料、剩余料件、残次品、副产品或者受灾保税货物,向海关申报,委托具有法定资质的单位,采取焚烧、填埋和用其他无害化方式,改变货物物理、化学和生物等特性的处置活动。

加工贸易企业应委托工商营业执照的经营范围中列明废物处理的单位进行销毁处置;法律、行政法规对废物处置资质有特殊规定的,从其规定。

加工贸易企业向海关申报办理加工贸易货物销毁处置,应提交以下单证资料:

(1) "海关加工贸易货物销毁处置申报表(销毁处置后有收入)""海关加工贸易货物销毁处置申报表(销毁处置后无收入)"及销毁处置方案;

(2) 申报销毁处置的加工贸易货物无法内销或退运的说明;

(3) 销毁处置单位的资质证明,及企业与该单位签订的委托合同;

(4) 海关认为需要提供的其他资料。

申报销毁处置来料加工货物的,应同时提交货物所有人的销毁声明;申报销毁处置残次品的,应同时提交残次品单耗资料以及根据单耗折算的残次品所耗用的原进口料件清单。

企业应明确销毁处置时限,及时完成货物销毁处置,并在手册有效期或电子账册核销周期内办理报关手续。

(1) 企业销毁处置加工贸易货物未获得收入,销毁处置货物为料件、残次品的,报关适用监管方式为"料件销毁(代码0200)"(残次品按照单耗关系折成料件,以料件进行申报);销毁处置货物为边角料、副产品的,报关适用监管方式为"边角料销毁(代码0400)"。

(2) 企业销毁处置加工贸易货物获得收入的,按销毁处置后的货物报验状态向海关申报,报关适用的监管方式为"进料边角料内销(代码0844)"或"来料边角料内销(代码0845)"。海关比照边角料内销征税的管理规定办理征税手续。

报关单备注栏内应注明"海关加工贸易货物销毁处置申报表编号"。海关可以派员监督销毁处置加工贸易货物,企业及销毁处置单位应当给予配合。

加工贸易企业报核时应当向海关提交"海关加工贸易货物销毁处置申报表"、处置单位出具的接收单据、"加工贸易货物销毁处置证明"及报关单等单证,海关按照规定办理核销手续。

(1) 企业未获得销毁处置收入的,海关凭销毁处置报关单证进行核算核销。

(2) 企业获得销毁处置收入,且销毁处置货物为边角料、副产品的,凭"海关加工贸易货物销毁处置申报表"所列明的货物清单及报关单证进行核销。

(3) 企业获得销毁处置收入,且销毁处置货物为料件、残次品需按料件核扣手(账)册的,按照"海关加工贸易货物销毁处置申报表"所列明的货物清单及报关单证以料件或折料进行核算核销。

企业未如实申报加工贸易货物销毁处置的,海关按照《中华人民共和国海关法》和《中华人民共和国海关行政处罚实施条例》的有关规定进行处理。

第三节 海关特殊监管区域保税货物通关管理规范

一、海关特殊监管区域发展趋势

为适应我国不同时期对外开放和经济发展的需要,国务院先后批准设立了保税区、出口加工区、保税物流园区、跨境工业区、保税港区、综合保税区6类海关特殊监管区域(以下简称特殊监管区域)。20多年来,特殊监管区域在承接国际产业转移、推进加工贸易转型升级、扩大对外贸易和促进就业等方面发挥了积极作用,但发展中也存在种类过多、功能单一、重申请设立轻建设发展等问题。为推动海关特殊监管区域科学发展和优化整合,国务院先后于2012年、2015年出台了《国务院关于促进海关特殊监管区域科学发展的指导意见》(国发〔2012〕58号)、《国务院办公厅关于印发加快海关特殊监管区域整合优化方案的通知》(国办发〔2015〕66号),要求坚持市场导向、问题导向、法治导向、效能导向原则,深入贯彻落实党的十八大和十八届二中、三中、四中全会精神,按照党中央、国务院决策部署,主动适应经济发展新常态,紧紧围绕国家战略,解放思想、改革创新、简政放权、转变职能、依法行政、强化监管、优化服务、促进发展,加快海关特殊监管区域整合优化,推动海关特殊监管区域创新升级,提高发展质量和效益。

(一) 发展目标

1. 增强科学发展内生动力

完善政策、创新制度、拓展功能、优化管理,营造国际化、市场化、法治化环境,促进区内企业参与国际市场竞争,更好地服务外向型经济发展和改革开放,推动海关特殊监管区域量质并举。

2. 促进加工贸易转型升级

优化产业结构,推进加工贸易向中西部和东北地区梯度转移、向海关特殊监管区域集中,充分发挥海关特殊监管区域统筹国际国内两个市场、两种资源的作用。

3. 发挥要素集聚和辐射带动作用

服务"一带一路"、京津冀协同发展和长江经济带等重大国家战略实施,促进区域经济协调发展。

(二) 重点任务

1. 创新制度

借鉴自由贸易试验区创新制度的成功经验,进一步优化作业流程,创新管理模式,提高管理效能,激发企业活力。

2. 统一类型

统筹考虑不同地区经济发展的特点和需求,因地制宜,加快存量整合。结合实施《推进"三个1亿人"城镇化实施方案》,支持中西部和东北地区符合条件的大中城市设立综合保税区。逐步统一各类海关特殊监管区域的监管模式,规范海关特殊监管区域政策。

3. 拓展功能

在大力发展高端制造业的基础上,促进区内产业向研发、物流、销售、维修、再制造等产业链高端发展,提升附加值,促进新技术、新产品、新业态、新商业模式发展,促进海关特殊监管区域产业转型升级和多元化发展。

4. 规范管理

切实落实好准入、退出机制,坚持按需设立,适度控制增量,整合优化存量,规范运行管理。严格执行土地管理政策,提高土地利用率和综合运营效益,对土地利用率低、运行效益差,责令整改、核减面积或予以撤销。

(三) 整合方向

1. 整合类型

逐步将现有出口加工区、保税物流园区、跨境工业区、保税港区及符合条件的保税区整合为综合保税区。新设立的海关特殊监管区域统一命名为综合保税区。

2. 整合功能

逐步整合海关特殊监管区域保税功能,使其具有服务外向型经济发展和改革开放,连接国际和国内两个市场、支持企业创新发展、满足产业多元化需求、发挥集约用地和要素集聚辐射带动作用等基本功能。

3. 整合政策

规范、完善海关特殊监管区域税收政策，促进区内企业参与国际市场竞争，同时为其参与国内市场竞争创造公平的政策环境。

4. 整合管理

逐步统一海关特殊监管区域信息化管理系统，统一监管模式。整合管理资源，加快完善管理部门间的合作机制，实现相关管理部门信息互换、监管互认、执法互助（简称"三互"），加强事中事后监管。简化整合、新设海关特殊监管区域的审核和验收程序，提高行政效率。

（四）优化方向

1. 优化产业结构

鼓励辐射带动能力强的大型项目入区发展。引导加工贸易向中西部和东北地区转移，鼓励加工贸易企业向与当地产业结构相配套的海关特殊监管区域集中，延伸产业链，充分发挥海关特殊监管区域辐射带动作用。推动区内制造企业实现技术创新和产业转型，促进与制造业相关联的销售、结算、物流、检测、维修和研发等生产性服务业有序发展。在自由贸易试验区内的海关特殊监管区域积极推进内销选择性征收关税政策先行先试。

2. 优化业务形态

促进海关特殊监管区域发展保税加工、保税物流和保税服务等多元化业务。支持区内企业利用剩余产能承接境内区外委托加工。促进企业提高统筹两个市场、利用两种资源的能力，助推企业提升创新能力和核心竞争力。在中国（上海）自由贸易试验区、中国（福建）自由贸易试验区的海关特殊监管区域统筹研究推进货物状态分类监管试点。继续推进苏州、重庆贸易多元化试点。

3. 优化贸易方式

鼓励区内企业开展高技术含量、高附加值项目的境内外维修、再制造业务。支持企业运用跨境电子商务开拓国际市场，按照公平竞争原则开展跨境电子商务进口业务。支持海关特殊监管区域企业开展期货保税交割和仓单质押融资等业务，允许在海关特殊监管区域内设立保税展示交易平台。支持开展融资租赁业务，对注册在中国（广东）自由贸易试验区、中国（天津）自由贸易试验区海关特殊监管区域内的融资租赁企业进出口飞机、船舶和海洋工程结构物等大型设备涉及跨关区的，在执行现行相关税收政策前提下，根据物流实际需要，实行海关异地委托监管。

4. 优化监管服务

创新通关监管服务模式，深化"一线放开""二线安全高效管住"贸易便利化改革。落实"三互"推进大通关建设，创新监管查验机制。优化保税货物流转管理系统，实现海关特殊监管区域间保税货物流转便利化。加强口岸与海关特殊监管区域以及海关特殊监管区域间联动发展，将海关特殊监管区域纳入通关一体化格局。加快推广中国（上海）自由贸易试验区"单一窗口"建设试点经验。加快复制推广自由贸易试验区及海关特殊监管区域试点成熟的创新制度措施。

（五）实施步骤

1. 试点阶段（2015—2016年）

严格准入退出，推进简政放权，强化部门协作，创新监管制度，积极推动试点工作。

按照《海关特殊监管区域设立审核办法》，严格新设审批，推动条件成熟的地区设立综合保税区；推动符合条件的各类海关特殊监管区域整合为综合保税区；落实《海关特殊监管区域退出管理办法》,对现有海关特殊监管区域开展复核评估,对土地节约集约利用及运行效益较差的,责令整改、核减面积或予以撤销;简化海关特殊监管区域整合、新设的审核和验收程序;加快信息化系统建设步伐,探索实现相关管理部门"三互",加快推广中国(上海)自由贸易试验区"单一窗口"建设试点经验;在自由贸易试验区内的海关特殊监管区域积极推进内销选择性征收关税政策先行先试;扎实做好苏州、重庆贸易多元化试点工作,及时总结评估,适时研究扩大试点;研究制定方案,在中国(上海)自由贸易试验区、中国(福建)自由贸易试验区的海关特殊监管区域内统筹推进货物状态分类监管试点;按照公平竞争原则开展并扩大跨境电子商务进口业务;支持区内企业利用剩余产能承接境内区外委托加工;推广期货保税交割海关监管制度、境内外维修海关监管制度,在中国(广东)自由贸易试验区、中国(天津)自由贸易试验区试点融资租赁海关监管制度;推动口岸与海关特殊监管区域以及海关特殊监管区域间联动发展,将海关特殊监管区域纳入通关一体化格局。

2. 推广阶段(2017—2018 年)

总结经验,制定相配套的管理办法,复制推广创新制度措施。

在总结前期试点经验和成效的基础上,加快复制推广自由贸易试验区、海关特殊监管区域试点成熟的创新制度措施;将海关保税港区管理暂行办法修订为海关综合保税区管理办法;构建海关特殊监管区域发展绩效评估体系,引导海关特殊监管区域科学发展;建立健全与海关特殊监管区域发展要求相适应、相配套的制度体系。

3. 完善阶段(2019—2020 年)

健全法制,完善政策,全面实现发展目标,促进海关特殊监管区域又好又快发展。

按程序制定海关综合保税区管理条例;完善促进海关特殊监管区域科学发展的相关政策;按照国际化、法治化标准,不断培育海关特殊监管区域竞争新优势,努力将海关特殊监管区域打造为自由贸易试验区的重要载体;服务"一带一路"发展战略,推进跨国产业联动发展;建立与沿线国家海关特殊监管区域的常态化和务实性合作机制,共商合作规划、合作内容,开展海关制度、建设标准和数据交换等各领域的务实合作。

结转报关手续怎样办理

二、海关特殊监管区域间保税货物结转管理[①]

区间结转是指海关特殊监管区域内企业(简称转出企业)将保税货物(指经海关批准未

---

① 参见海关总署公告 2014 年第 83 号。

办理纳税手续进境或者已办理出口手续未出境,在海关特殊监管区域内储存、加工、装配的货物)转入其他海关特殊监管区域内企业(简称转入企业)的经营活动。区间结转企业应当根据海关对区间结转业务信息化管理的有关规定与海关联网,建立企业保税货物电子底账,并在规定的时限内,通过信息化管理系统,向海关如实申报结转备案、收发货、报关等信息。区间结转企业可以采用"分批送货、集中报关"的方式办理海关手续,收发货可采用企业自行运输或者比照转关运输的方式进行。海关特殊监管区域间保税货物流转,按照转关运输的有关规定办理,符合要求的也可以按照下述区间结转方式办理。

（一）结转备案

企业开展区间结转业务,应当按照以下流程向主管海关申报"海关特殊监管区域保税货物结转申报表"(简称申报表),办理区间结转备案手续:

① 转入企业填报申报表转入信息向转入地主管海关申报。

② 转入地主管海关确认后,转出企业填报申报表相应的转出信息向转出地主管海关申报,转出地主管海关进行确认。

③ 申报表从转出地主管海关确认之日起生效,企业可以按照经海关确认后的申报表进行实际收发货,办理报关手续。

申报表应符合以下要求:一份申报表对应转出企业一本电子账册和转入企业一本电子账册;申报表中区间结转保税货物品名、商品编号和计量单位等信息应与企业对应电子账册一致;区间结转双方对应商品申报计量单位和申报数量应当一致,申报计量单位不一致的法定数量应当一致;区间结转双方的商品编号前8位应当一致;申报表有效期一般为半年,最长不超过1年,逾期不能发货;申报表由转入地主管海关进行登记编号,"S"(代表区间结转)+转入关别4位+年份2位+顺序号5位;申报表备案后已备案商品不能变更。

企业有下列情形之一的,企业申报的申报表海关不予受理:不符合海关监管要求,被海关责令限期整改,在整改期内的;涉嫌走私、违规已被海关立案调查,尚未结案的(经海关同意,并已收取担保金的涉案企业除外);未按规定要求报关或者收发货的;企业电子账册被海关暂停进出口的;其他不符合海关监管条件的。

备案后如发生上述情况,海关可对申报表进行暂停处理,在暂停期间企业不能进行收发货,但申报表项下已实际收发货的,允许办理报关手续。

（二）收发货与运输

企业办理区间结转备案手续后,应当按照申报表进行实际收发货。企业的每批次收发货,应向海关如实申报,海关予以登记:转出企业按照申报表向转出地主管海关申报区间结转出区核放单,转出地主管海关卡口核放确认后,海关登记发货信息;转入企业按照申报表向转入地主管海关申报对应的区间结转入区核放单,转入地主管海关卡口核放确认后,海关登记收货信息。

符合海关监管要求的,区间结转保税货物可由企业自行运输。

进出卡口的企业自行运输工具应经海关备案,并遵守海关对运输工具及其所载货物管理的规定。转出企业可以使用转入企业自行运输工具进行运输。企业自行运输的线路、时间、在运输途中换装运输工具等事项,需提前向海关报备。

区间结转保税货物比照转关运输方式实际收发货的,应按转关运输有关规定使用海关监管车辆运输,施加海关封志。

(三) 结转报关

转出、转入企业每次实际发货、收货后,应当在每次实际发货、收货之日起 30 日内在各自主管海关按照先报进、后报出的顺序办结集中报关手续,转出与转入报关数据应对碰一致。集中报关手续不得跨年度办理。

转入企业应在结转进口报关之日起 2 个工作日内将报关情况通知转出企业。

企业实际收发货后,应当按照以下规定办理结转报关手续:

(1) 企业按照申报表项下实际收货逐批或者多批次合并向主管海关办理报关手续。

(2) 企业填制备案清单时,应当按照海关规定如实、准确地向海关申报结转保税货物的品名、商品编号、规格、数量、价格等项目。

一份结转进区备案清单对应一份结转出区备案清单,进区、出区备案清单之间对应的申报序号、商品编号前 8 位、价格、数量(或折算后数量)应当一致。

出区备案清单中"关联报关单号"栏应填写所对应的进区备案清单号。

备案清单所填写的"关联备案"栏应相互对应,进区备案清单的"关联备案"栏应填写出区企业备案的账册号,出区备案清单的"关联备案"栏应填写进区企业备案的账册号。

随附单证代码填写"K"(深加工结转),进区、出区备案清单随附单证的单证编号栏内填写对应申报表编号。

运输方式应当填写"其他"(代码"9")。

以来料加工贸易方式结转的,企业监管方式应当填写"来料深加工结转"(代码"0255");以进料加工贸易方式结转的,企业监管方式应当填写"进料深加工结转"(代码"0654")。

启抵国(地区)应当填写"中国"(代码"142")。

(3) 企业逐批或者多批次合并向主管海关办理报关手续时,应根据结转双方实际收发货数量确定结转报关数量。实际收货数量与实际发货数量相同的,结转双方按相同数量报关;实际收货数量少于实际发货数量的,结转双方按实际收货数量进行报关,实际发货数量与报关数量差异部分由转出企业向转出地主管海关办理补税手续,如属许可证件管理商品,还应向海关出具有效的进口许可证件;实际收货数量大于实际发货数量的,结转双方按实际发货数量进行报关,实际收货数量与报关数量差异部分由转入企业向转入地海关申报入区备案清单,办理货物入区报关手续。

(4) 企业发生申报不实等违规行为的结转货物,经海关按照相关规定作出处罚或者经海关办案部门同意并收取足额担保金后,可以办理报关手续。

(5) 企业电子账册核销时,结转双方进出区备案清单应对碰一致,进出区备案清单不能一一对应的,海关不予接受报核;

因质量不符等原因发生退运、退换的,转入企业、转出企业分别在其主管海关按退运、退换的有关规定办理相关手续。

三、海关特殊监管区域内保税维修业务[①]

对于保税区、出口加工区、保税物流园区、保税港区、综合保税区、珠澳跨境工业区珠海

---

① 参见海关总署公告 2015 年第 59 号。

园区以及中哈霍尔果斯边境合作中心中方配套区等区域内所开展的保税维修业务,按以下方法进行管理。

(一)业务范围

上述区域内可以开展的保税维修业务范围包括:

(1)以保税方式将存在部件损坏、功能失效、质量缺陷等问题的货物(统称"待维修货物")从境外运入区域内进行检测、维修后复运出境;

(2)待维修货物从境内(区域外)运入区域内进行检测、维修后复运回境内(区域外)。

以运输工具申报进境维修的外籍船舶、航空器不属此范围。

区域内企业可开展以下保税维修业务:

(1)法律、法规和规章允许的;

(2)国务院批准和国家有关部门批准同意开展的;

(3)区域内企业内销产品包括区域内企业自产或本集团内其他境内企业生产的在境内(区域外)销售的产品的返区维修。

除国务院和国家有关部门特别准许外,不得开展国家禁止进出口货物的维修业务。

(二)保税维修账册

企业开展保税维修业务,应当开设 H 账册,建立待维修货物、已维修货物(包括经检测维修不能修复的货物)、维修用料件的电子底账。设立保税维修账册应当符合以下条件:

(1)建立符合海关监管要求的管理制度和计算机管理系统,能够实现对维修耗用等信息的全程跟踪;

(2)与海关之间实行计算机联网并能够按照海关监管要求进行数据交换;

(3)能够对待维修货物、已维修货物、维修用料件、维修过程中替换下的坏损零部件(以下简称"维修坏件")、维修用料件在维修过程中产生的边角料(以下简称"维修边角料")进行专门管理。

按照法律、法规和规章规定须由区域管理部门批准的,企业应当提供有关批准文件。

(三)保税维修的申报与核销

企业应当向海关如实申报保税维修货物的进、出、转、存和耗用情况,并向海关办理核销手续。

待维修货物从境外运入区域内进行检测、维修(包括经检测维修不能修复的)后应当复运出境。待维修货物从境外进入区域和已维修货物复运出境,区域内企业应当填报进(出)境货物备案清单,监管方式为"保税维修"(代码1371)。

待维修货物从境内(区域外)进入区域,区域外企业或区域内企业应当填报出口货物报关单,监管方式为"修理物品"(代码1300),同时区域内企业应当填报进境货物备案清单,监管方式为"保税维修"(代码1371)。

已维修货物复运回境内(区域外),区域外企业或区域内企业应当填报进口货物报关单,监管方式为"修理物品"(代码1300),已维修货物和维修费用分列商品项填报。已维修货物商品项数量为实际出区域数量,征减免税方式为"全免";维修费用商品项数量为0.1,征减免税方式为"照章征税",商品编号栏目按已维修货物的编码填报;适用海关接受已维修货物申报复运回境内(区域外)之日的税率、汇率。

区域内企业应当填报出境货物备案清单,监管方式为"保税维修"(代码1371),商品名称按已维修货物的实际名称填报。企业应当向海关提交维修合同(或含有保修条款的内销合同)、维修发票等单证。保税维修业务产生的维修费用完税价格以耗用的保税料件费和修理费为基础审查确定。对外发至区域外进行部分工序维修时发生的维修费用,如能单独列明的,可以从完税价格中予以扣除。

待维修货物从境内(区域外)进入区域和已维修货物复运回境内(区域外)需要进行集中申报的,企业应当参照《中华人民共和国海关保税港区管理暂行办法》(海关总署令第191号)有关规定办理手续。

维修用料件按照保税货物实施管理,企业应当按照《海关特殊监管区域进出口货物报关单、进出境货物备案清单填制规范》和《中华人民共和国海关进出口货物报关单填制规范》对维修用料件进出境、进出区域、结转等进行申报。

对从境外进入区域的待维修货物产生的维修坏件和维修边角料原则上应复运出境,监管方式为"进料边角料复出"(代码0865)或"来料边角料复出"(代码0864)。确实无法复运出境的,可参照《海关总署 环境保护部 商务部 质检总局关于出口加工区边角料、废品、残次品出区处理问题的通知》(署加发〔2009〕172号)办理运至境内(区域外)的相关手续。对从境内(区域外)进入区域的待维修货物产生的维修坏件和维修边角料,可通过辅助管理系统登记后运至境内(区域外)。维修坏件和维修边角料属于固体废物的,应当按照环境保护部(现为生态环境部)、商务部、发展改革委、海关总署、质检总局联合制发的《固体废物进口管理办法》(环境保护部令第12号)有关规定办理。

在进出境申报时,企业应当按进出境实际运输方式填报进(出)境货物备案清单的运输方式栏目。在自境内进出区申报时,企业应当按《海关特殊监管区域进出口货物报关单、进出境货物备案清单填制规范》的规定填报进出口货物报关单、进(出)境货物备案清单的运输方式栏目。维修业务开展过程中,由于部分工艺受限等原因,区域内企业需将维修货物外发至区域外进行部分工序维修时,可比照《中华人民共和国海关保税港区管理暂行办法》(海关总署令第191号)第28条规定办理有关手续,并遵守有关规定。

保税维修业务账册核销周期不超过两年。有下列情形之一的,企业应当予以整改。整改期间,海关不受理新的保税维修业务:

(1) 不符合上述保税维修业务开展条件的;
(2) 涉嫌走私被海关立案调查的;
(3) 一年内两次发生违规的;
(4) 未能在规定期限内将已维修货物、待维修货物、维修坏件或维修边角料按规定处置的。

企业完成整改,并将整改结果报主管海关认可后,企业方可开展新的保税维修业务。

四、海关特殊监管区域和保税监管场所内销货物适用优惠税率管理规定

根据《中华人民共和国海关进出口货物优惠原产地管理规定》(海关总署令第181号)第二十九条的有关规定,海关特殊监管区域(简称"区域")和保税监管场所(简称"场所")内销货物可以申请适用协定税率或者特惠税率。对于出区域(场所)内销时申请适用协定税率或者特惠税率的进口货物,其收货人或者代理人(以下统称"进口人")应在货物从境外首次申

报入区域（场所）时按照《中华人民共和国海关进出口货物报关单填制规范》的有关要求填制进口报关单或者进境货物备案清单，并以"有纸报关"方式录入电子数据报关单和备案清单。同时进口人须向区域（场所）所在地海关（简称"所在地海关"）提出内销申请，并提交下列单证：

（1）有效的原产地证书（正本或者正本及第二副本）或者原产地声明；

（2）商业单证和运输单证；

（3）"入区域（场所）优惠贸易协定项下货物内销申请登记表"（简称登记表）；

（4）海关认为必要的其他证明文件。

经所在地海关审核，原产地证书（原产地声明）真实有效、货物属于"同一批次"进口且货物运输符合有关"直接运输"要求的，所在地海关应在原产地证书（原产地声明）正本上进行批注，并填写登记表有关内容，同时在原产地证书（原产地声明）正本和登记表上加盖骑缝章后退还进口人，作为所在地海关同意进口人内销申请的凭证。

对于原产地证书的真实性或者对货物是否原产于优惠贸易协定成员方存疑的，所在地海关将留存原产地证书（原产地声明）正本，并按照有关程序开展原产地对外核查，同时所在地海关填写登记表并在原产地补充申报单复印件和登记表上加盖骑缝章后退还进口人。由于不可抗力等客观原因，进口人在货物首次申报入区域（场所）提出内销申请时无法提交原产地证书的，应按照海关有关规定进行原产地补充申报。同时所在地海关填写登记表并在原产地补充申报单复印件和登记表上加盖骑缝章后退还进口人。

货物出区域（场所）内销时，进口人应向所在地海关提交第二款所述的已加盖骑缝章的有关单证和填写完"企业填写（内销环节）"栏目有关内容的登记表，按照《中华人民共和国海关进出口货物报关单填制规范》的有关要求填制进口报关单。经所在地海关审核无误的，有关货物可适用相应的协定税率或者特惠税率。所在地海关同时收回原产地证书（原产地声明）正本和登记表。

对于进口人申请分批内销有关货物的，所在地海关将在有关货物首次内销时收回原产地证书（原产地声明）正本，同时在登记表上签章后，在原产地证书（原产地声明）正本复印件和登记表上加盖骑缝章后退还进口人。货物再次申请内销时，所在地海关在登记表上签章后，将已加盖骑缝章的原产地证书（原产地声明）正本复印件和《登记表》退还进口人。当原产地证书（原产地声明）所列货物内销完毕或者办理最后一次内销申请时，进口人应将登记表正本交所在地海关。

货物出区（场所）内销时，如进口人仍无法补充提交符合要求的原产地证书或者正在开展原产地对外核查的，进口人应向所在地海关提出凭保放行的申请，所在地海关应进口人的申请可以按照有关规定收取相当于应缴税款的等值保证金后办理货物放行手续。进口人及时补充提交符合要求的原产地证书或者经核查有关货物的原产地真实无误的，所在地海关可准予适用相应的协定税率或者特惠税率，已收取保证金的，同时办理保证金转退手续。

具有下列情形之一的，货物出区域（场所）内销时不能适用协定税率或者特惠税率：进口人在货物首次申报入区域（场所）时未向所在地海关提出内销申请或者内销申请未获得批准的；内销时进口人提交的有关单证上所在地海关施加的骑缝章有缺失的；内销时原产地证书超出有效期的；内销时货物的实际报验状态超出相关优惠贸易协定原产地管理办法中所述的微小加工或处理范围的；其他海关认定的情形。

对于《中国-新西兰自由贸易协定》项下特殊保障措施农产品,如从境外首次申报入区域(场所)时相关农产品已达到当年触发水平的,除在途农产品外,相关农产品不论在当年还是跨年度内销时,均不能享受协定税率。

五、海关特殊监管区域及保税监管场所实施区域通关一体化改革

为深化海关区域通关一体化改革,建立与保税加工、保税物流和保税服务发展要求相适应的区域通关监管机制,更好地服务国家发展战略,海关总署将区域通关一体化改革拓展至海关特殊监管区域(简称"特殊区域")和保税监管场所。具体改革措施如下:①

(1) 海关区域通关一体化方式适用于特殊区域和保税监管场所内企业在各口岸进出境的货物。

(2) 企业可根据实际需要,自主选择口岸清关、转关、区域通关一体化等任何一种通关方式。

(3) 特殊区域和保税物流中心(B型)企业对采用区域通关一体化方式的进境货物应向主管海关办理申报,企业可根据物流实际需求,自主选择在特殊区域或进境口岸实施查验,但海关查验有特殊要求的除外。

(4) 特殊区域和保税物流中心(B型)企业可以采用自行运输方式将进境货物运至特殊区域或保税物流中心(B型)。对需转运分流至特殊区域实施查验的,进境货物及其运输工具应符合海关途中监管的要求。

(5) 特殊区域通关一体化的备案清单审核、查验、转运分流、备案清单修改撤销、应急保障等操作均参照现行区域通关一体化规定办理。

(6) 保税物流中心(A型)、保税仓库和出口监管仓库的进出境货物参照现行区域通关一体化方式操作。

(7) 海关通过"中国海关网上服务大厅"和海关"12360"服务热线,为企业提供通关、舱单状态查询、疑难咨询等公共服务。

为进一步提升保税监管领域贸易便利化水平,海关总署于2016年4月27日发布公告,决定进一步深化海关特殊监管区域(简称特殊区域)和保税物流中心(B型)进出境货物区域通关一体化改革,具体方案如下:②

(1) 特殊区域和保税物流中心(B型)企业采用区域通关一体化方式申报进境的货物,可自主选择向主管海关或进境地海关办理申报手续。

(2) 企业选择向主管海关申报的,可根据物流实际需求,自主选择在特殊区域或进境口岸实施查验,但海关查验有特殊要求的除外。

(3) 企业选择向进境地海关申报的,按照现有规定办理申报手续。需要查验的,应当在进境口岸实施查验。企业在进境口岸完成申报手续后,其货物可自行运输至特殊区域或保税物流中心(B型),主管海关凭相应的进境备案清单或进口报关单信息办理卡口验放手续。

(4) 特殊区域和保税物流中心(B型)企业采用区域通关一体化方式申报出境的货物,应

---

① 参见海关总署公告2015年第47号。
② 参见海关总署公告2016年第29号。

向主管海关办理申报手续。货物需要查验的,应在出境口岸实施查验。企业可以采用自行运输方式将出境货物运至出境口岸。

本 章 小 结

目前,我国的保税制度主要有两种形式:保税加工和保税物流。此外,海关特殊监管区域(保税场所)也有一些新型保税业务,如保税维修、期货保税交割、保税跨境电子商务等。

保税物流是指进口货物在海关监管下储存于指定场所并暂缓缴纳进口税的一种保税形式,实施该制度的载体主要有:保税仓库、出口监管仓库、保税物流中心(A型)、保税物流中心(B型)、保税物流园区、保税区和保税港区等。

保税加工是指拟用于制造、加工的货物在海关监管下暂缓缴纳进口税,作为原材料、半成品临时进口,经加工后复运出口的一种保税形式。其在我国的表现主要有:来料加工、进料加工和出口加工区等。

保税仓库是指经海关批准设立的专门存放保税货物及其他未办结海关手续货物的仓库。保税仓库按照使用对象不同可分为公用型保税仓库、自用型保税仓库。公用型保税仓库由主营仓储业务的中国境内独立企业法人经营,专门向社会提供保税仓储服务。自用型保税仓库由特定的中国境内独立企业法人经营,仅存储供本企业自用的保税货物。此外,还有专用型保税仓库。出口监管仓库是指经海关批准设立,对已办结海关出口手续的货物进行存储、保税物流配送、提供流通性增值服务的海关专用监管仓库。出口监管仓库分为出口配送型仓库和国内结转型仓库。保税物流中心(A型)是指经海关批准,由中国境内企业法人经营、专门从事保税仓储物流业务的海关监管场所。保税物流中心(A型)按照服务范围分为公用型物流中心和自用型物流中心。保税物流中心(B型)是指经海关批准,由中国境内一家企业法人经营,多家企业进入并从事保税仓储物流业务的海关集中监管场所。

加工贸易是指经营企业进口全部或者部分原辅材料、零部件、元器件、包装物料,经加工或者装配后,将制成品复出口的经营活动,包括来料加工和进料加工。来料加工是指原料、材料、辅料、元器件、零部件和包装物料等进口料件由境外企业提供,经营企业不需要付汇进口,按照境外企业的要求进行加工或者装配,只收取加工费,制成品由境外企业销售的经营活动。进料加工是指原料、材料、辅料、元器件、零部件和包装物料等进口料件由经营企业付汇进口,制成品由经营企业外销出口的经营活动。加工贸易货物的报关程序除了进出境阶段的手续外,在向海关申报前还需办理加工贸易货物手册设立,在海关放行后还需办理核销结案等其他海关手续。加工贸易外发加工是指经营企业委托承揽者对加工贸易货物进行加工,在规定期限内将加工后的产品最终复出口的行为。加工贸易核销是指加工贸易经营企业加工复出口或者办理内销等海关手续后,凭规定单证向海关报核,海关按照规定进行核查以后办理解除监管手续的行为。加工贸易银行台账保证金制度是指经营加工贸易单位或企业在加工贸易合同签订后,经外经贸主管部门和海关批准,按合同备案料件金额向指定银行申请设立加工贸易进口料件保证金台账。加工成品在规定的加工期限内全部出口,经海关核销后,由银行核销保证金台账,保证金和利息予以退还的管理制度。2017年7月26日,海关总署和商务部联合发文,将在全国范围内取消这一制度,目前处于过渡期内。

区间结转是指海关特殊监管区域内企业(简称转出企业)将保税货物(指经海关批准未

办理纳税手续进境或者已办理出口手续未出境,在海关特殊监管区域内储存、加工、装配的货物)转入其他海关特殊监管区域内企业(简称转入企业)的经营活动。区域结转包括备案、申报等环节。

保税区、出口加工区、保税物流园区、保税港区、综合保税区、珠澳跨境工业区珠海园区以及中哈霍尔果斯边境合作中心中方配套区等海关特殊监管区域内可开展规定范围内的保税维修业务。

特殊区域和保税物流中心(B型)企业采用区域通关一体化方式申报进境的货物,可自主选择向主管海关或进境地海关办理申报手续。企业选择向主管海关申报的,可根据物流实际需求,自主选择在特殊区域或进境口岸实施查验,但海关查验有特殊要求的除外。企业选择向进境地海关申报的,按照现有规定办理申报手续。需要查验的,应当在进境口岸实施查验。特殊区域和保税物流中心(B型)企业采用区域通关一体化方式申报出境的货物,应向主管海关办理申报手续。货物需要查验的,应在出境口岸实施查验。企业可以采用自行运输方式将出境货物运至出境口岸。

我国海关特殊监管区域的整合方向主要表现为:

(1) 整合类型。将逐步将现有出口加工区、保税物流园区、跨境工业区、保税港区及符合条件的保税区整合为综合保税区。新设立的海关特殊监管区域统一命名为综合保税区。

(2) 整合功能。逐步整合海关特殊监管区域保税功能,使其具有服务外向型经济发展和改革开放、连接国际和国内两个市场、支持企业创新发展、满足产业多元化需求、发挥集约用地和要素集聚辐射带动作用等基本功能。

(3) 整合政策。规范、完善海关特殊监管区域税收政策,促进区内企业参与国际市场竞争,同时为其参与国内市场竞争创造公平的政策环境。

(4) 整合管理。逐步统一海关特殊监管区域信息化管理系统,统一监管模式。整合管理资源,加快完善管理部门间的合作机制,实现相关管理部门信息互换、监管互认、执法互助(简称"三互"),加强事中事后监管。简化整合、新设海关特殊监管区域的审核和验收程序,提高行政效率。

主 要 概 念

保税货物 保税仓库 出口监管仓库 保税物流中心(A) 保税物流中心(B) 来料加工 进料加工 银行保证金台账制度 异地加工 外发加工 单耗 联网监管 电子化手册 工单式核销 加工贸易货物销毁处置 区间结转 海关特殊监管区 保税维修 区域通关一体化改革

基 础 训 练

一、单项选择题

1. "保税物流中心(A型)注册登记证书"有效期为(　　)。
   A. 1年　　　　　B. 2年　　　　　C. 3年　　　　　D. 4年

2. 保税物流中心(A型)内货物保税存储期限为(　　)年。确有正当理由的,经主管海关同意可以予以延期,除特殊情况外,延期不得超过(　　)年。
   A. 1年　1年　B. 1年　2年　C. 2年　1年　D. 2年　2年

3. "保税物流中心(B型)注册登记证书"有效期为( )年,保税物流中心(B型)经营企业应当在"保税物流中心(B型)注册登记证书"每次有效期满( )前向直属海关办理延期审查申请手续。

A. 1年 30日　　B. 2年 60日　　C. 3年 30日　　D. 3年 90日

4. 保税物流中心(B型)内货物保税存储期限为( )年。确有正当理由的,经主管海关同意可以予以延期,除特殊情况外,延期不得超过( )年。

A. 1年 1年　　B. 1年 2年　　C. 2年 1年　　D. 2年 2年

5. 天津某保税仓库存放了一批冷压薄板,2016年4月5日已经存满了一年,仍然未能转为进口或退运出境,企业要求延长该批保税货物存放期限,最多可延长至( )。

A. 2016年5月5日　　　　　　　　B. 2016年7月5日

C. 2016年10月5日　　　　　　　D. 2017年4月5日

6. 深圳某出口监管仓库存放一批电子元器件,2016年1月5日已经存满了半年,由于一些原因仍未办理出口或退仓手续,企业要求延长该批货物的存放期限,最多可延长至( )。

A. 2016年7月5日　　　　　　　　B. 2017年1月5日

C. 2016年10月5日　　　　　　　D. 2017年4月5日

7. 出口货物的发货人或代理人在货物存入出口监管仓库时应当向主管海关办理出口报关手续,该报关属于( )。

A. 进仓报关　　B. 出口报关　　C. 结转报关　　D. 更换报关

8. 企业销毁处置加工贸易货物未获得收入,销毁处置货物为料件、残次品的,报关适用监管方式为( )

A. 料件销毁(代码0200)　　　　　B. 边角料销毁(代码0400)

C. 进料边角料内销(代码0844)　　D. 来料边角料内销(代码0845)

二、多项选择题

1. 经批准设立保税物流中心(B型)的经营企业,其责任和义务表述正确的是( )。

A. 应设立管理机构负责物流中心的日常管理工作

B. 应遵守国家土地管理、规划、消防、安全、质检、环保等方面法律、行政法规及有关规定

C. 应设立仓库、堆场和海关监管工作区,以及商业性消费设施

D. 不得在本物流中心内直接从事保税仓储物流的经营活动

2. 货物从境内进入保税物流中心(A型)时,下列说法正确的有( )。

A. 视同出口,办理出口报关手续

B. 视同进口,按照货物实际贸易方式和实际状态办理进口报关手续

C. 如需缴纳出口关税的,应当按照规定纳税

D. 属许可证件管理商品,还应当向海关出具有效的出口许可证件

3. 以下属于加工贸易企业申报单耗应包括的内容有( )。

A. 加工贸易项下料件和成品的商品名称、商品编号

B. 加工贸易项下料件和成品的计量单位、规格型号和品质

C. 加工贸易项下成品的单耗

D. 加工贸易同一料件有保税和非保税料件的,应当申报非保料件的比例、商品名称、计

量单位、规格型号和品质

4. 以下关于加工贸易企业申请内销边角料的理解,正确的有( )。
   A. 商务主管部门免予审批
   B. 企业直接报主管海关核准并办理内销有关手续
   C. 海关按照加工贸易企业向海关申请内销边角料的报验状态归类后适用的税率和审定的边角料价格计征税款,免征缓税利息
   D. 海关按照加工贸易企业向海关申请内销边角料的报验状态归类后,属于发展改革委员会、商务部、环保总局生态环境部及其授权部门进口许可证件管理范围的,免于提交许可证件

5. 实施工单式核销的加工贸易企业应具备的条件至少包含( )。
   A. 信用状况为一般信用及以上企业
   B. 使用ERP等系统对企业采购、生产、库存和销售等过程实行全程信息化管理,通过工单可实现生产加工成品对耗用进口保税料件的追溯管理,并以电子工单方式记录生产加工、检测维修成品的实际使用料件情况
   C. 建立符合海关监管要求的计算机管理系统,能够通过数据交换平台或者其他计算机网络,按照海关规定的认证方式与海关辅助系统(平台)联网,向海关报送能够满足海关监管要求的相关数据
   D. 保税物料与非保税物料分开管理

6. 《国务院办公厅关于印发加快海关特殊监管区域整合优化方案的通知》(国办发〔2015〕66号)对海关特殊监管区的优化内容包括( )。
   A. 优化产业结构   B. 优化业务形态
   C. 优化贸易方式   D. 优化监管服务

7. 以下属于《国务院办公厅关于印发加快海关特殊监管区域整合优化方案的通知》(国办发〔2015〕66号)中期目标的有( )。
   A. 严格准入退出,推进简政放权,强化部门协作,创新监管制度,积极推动试点工作
   B. 在总结前期试点经验和成效的基础上,加快复制推广自由贸易试验区、海关特殊监管区域试点成熟的创新制度措施;将海关保税港区管理暂行办法修订为海关综合保税区管理办法
   C. 构建海关特殊监管区域发展绩效评估体系,引导海关特殊监管区域科学发展;建立健全与海关特殊监管区域发展要求相适应、相配套的制度体系
   D. 服务"一带一路"发展战略,推进跨国产业联动发展。建立与沿线国家海关特殊监管区域的常态化和务实性合作机制,共商合作规划、合作内容,开展海关制度、建设标准和数据交换等各领域的务实合作

8. 下列不列入加工贸易工艺损耗的情形包括( )。
   A. 因突发停电、停水、停气或者其他人为原因造成保税料件、半成品、成品的损耗;因丢失、破损等原因造成的保税料件、半成品、成品的损耗;因不可抗力造成保税料件、半成品、成品灭失、损毁或者短少的损耗
   B. 因进口保税料件和出口成品的品质、规格不符合合同要求,造成用料量增加的损耗
   C. 因工艺性配料所用的非保税料件所产生的损耗
   D. 加工过程中消耗性材料的损耗

三、简答题

1. 我国海关保税制度的主要形式有哪些？
2. 如何正确理解保税货物的基本特征？
3. 经营保税仓库的企业应当具备哪些条件？
4. 什么是异地加工，它与深加工结转有何不同？
5. 什么是加工贸易的单耗、净耗与工艺损耗？
6. 我国海关对于加工贸易边角料、剩余料件、残次品、副产品和受灾保税货物有何管理规范？
7. 简述我国海关对于加工贸易实施联网监管的方法和措施。
8. 电子账册和电子化手册有何区别？

四、案例分析

哈尔滨海关破案值 1.75 亿元木材走私案

请思考：加工贸易企业为何不经营加工贸易而去经营加工贸易手册？他们是如何逃避海关监管，实现手册进出平衡的？他们的做法对国家和进出口秩序有何危害？应如何建立防范机制？

业 务 实 训

1. 天鹤电子元件公司是一家从事电子元器件加工贸易的公司，在加工过程中有剩余料件与副产品，该公司想将它们转为内销，应该怎么办理有关手续。

2. A 是天津海关关区所辖范围内的一家高级认证加工贸易经营单位，B 是银川海关关区所辖范围内的一家一般认证生产企业，2018 年初，A 公司将一批进口料件委托 B 企业进行加工，这种做法属于加工贸易的哪种情形，应如何办理相关手续？

3. 画出海关特殊监管区之间结转备案、收发货与运输、结转报关的操作流程图。

本章习题参考答案

第七章 基本通关制度(三)
——特定减免税货物与暂时进出境货物通关制度

- **知识目标**：能够掌握特定减免税货物的含义和监管特征，熟悉特定减免税货物的适用范围和通关管理规范；
  掌握暂时进出境货物的特征和适用范围，熟悉ATA单证册的使用规范。了解ATA单证册和ATA/IBCC担保连环系统。
- **技能目标**：能够熟练办理特定减免税货物的备案、审批、担保及其他通关手续；
  能使用ATA单证册系统熟练办理展览会、交易会、会议及类似活动项下的暂时进出境货物通关手续。
- **能力目标**：在熟练掌握不同海关监管货物特征和通关制度的基础上，结合企业贸易发展战略及经营意图，在不同的通关程序之间进行合理筹划，降低交易成本。

进境展品应该怎样报关？

第一节 特定减免税货物通关制度

一、特定减免税进口货物概述

特定减免税货物是指海关根据国家的政策规定准予减免税的特定地区、特定企业、特定用途的货物。

特定地区是指我国关境内由行政法规规定的某一特别限定区域，如保税区、出口加工区、保税物流园区等，享受减免税优惠的进口货物只能在这一特别限定的区域内使用。

特定企业是指由国务院制定的行政法规或国务院各职能部门制定的部门规章中所专门规定的企业,享受减免税优惠的进口货物只能由这些专门规定的企业使用。如根据规定,在中国境内设立的集成电路线宽小于0.8微米的集成电路生产企业,[①]进口国内无法生产的属于《线宽小于0.8微米(含)集成电路企业免税进口自用生产性原材料、消耗品目录》所列自用生产性原材料、消耗品,免征进口关税和进口环节增值税。

特定用途是指国家规定可以享受减免税优惠的进口货物只能用于行政法规专门规定的用途,如鼓励发展的国内投资项目、利用外资项目、科技开发用品、重大装备技术项目等。

(一) 特定减免税货物的监管特征

1. 在特定条件或范围内可享受减免政策

特定减免税是我国关税优惠政策的重要组成部分,其目的是优先发展特定地区的经济,鼓励外商在我国直接投资,促进国有大中型企业和科学、教育、文化、卫生事业的发展。因而,这种减免税优惠具有鲜明的特定性,只能在国家行政法规规定的特定条件下使用。

2. 不豁免进口许可证

特定减免税货物是实际进口货物。按照国家有关进出境管理的法律法规,凡属于进口配额许可证管理、进口自动许可证管理、其他有关进口管制的,以及纳入国家检验检疫范围的进口货物,进口收货人或其代理人都应当在进口申报时向海关提交进口许可证件。

3. 有特定的海关监管期限

海关放行特定减免税进口货物,该货物进入关境后有条件在境内使用。进口货物享受特定减免税的条件之一就是在规定的期限内,只能在规定的地区、企业、规定的用途范围内使用,并接受海关监管。特定减免税进口货物的海关监管期限按照货物种类不同而不同,具体监管年限为:[②]

(1) 船舶、飞机,8年;

(2) 机动车辆,6年;

(3) 其他货物,3年。

在特定减免税进口货物的监管年限内,纳税义务人应当自减免税货物放行之日起每年一次向主管海关报告减免税货物的状况,除经海关批准转让给其他享受同等税收优惠待遇的项目单位外,纳税义务人在补缴税款并办理解除监管手续后,方可转让或者进行其他处置。

4. 超过特定的使用范围应当补税

以特定地区、特定用途或特定企业的形式享受减免税优惠进口的货物,只能由规定的地区或企业在限定的范围内使用,将货物移至特定地区以外,或用于其他用途或转给其他企业的,必须经海关批准并依法补缴原减征或免征的税款。

5. 擅自出售牟利属于走私行为

特定减免税货物进口后,在海关监管期限内,未经海关许可,未补缴原减征或免征的税款,擅自在境内出售牟利的,属于走私行为。走私行为构成犯罪的,依法移送海关缉私机构、地方公安机关追究刑事责任;走私行为不构成犯罪的,由海关给予行政处罚。

---

① 最新企业名录参见国家发改委、工信部、财政部、海关总署公告2016年第24号。

② 参见海关总署2017年10月24日发布的第51号公告《关于调整进口减免税货物监管年限的公告》。

案例应用 7-2

某大学的进口货物能够享受特定减免税待遇吗？

(二) 特定减免税货物的适用范围

1. 特定地区或企业货物

(1) 对保税区进口区内生产性的基础设施建设项目所需的机器、设备和建设生产厂房、仓储设施所需的基建物资，区内企业生产所需的机器、设备、模具及其维修用零配件，区内企业和行政管理机构自用合理数量的办公用品，海关免征进口关税和进口环节海关代征税。

(2) 对从境外进入出口加工区的货物，如属区内生产性的基础设施建设项目所需的机器、设备和建设生产厂房、仓储设施所需的基建物资，予以免税；属区内企业生产所需的机器、设备、模具及其维修用零配件，予以免税；属区内企业为加工出口产品所需的原材料、零部件、元器件、包装物料及消耗性材料，予以保税；属区内企业和行政管理机构自用合理数量的办公用品，予以免税。区内企业加工的制成品及其在加工生产过程中产生的边角料、余料、残次品、废品等销往境外的，免征出口关税。

(3) 对从境外进入保税港区的区内生产性的基础设施建设项目所需的机器、设备和建设生产厂房、仓储设施所需的基建物资，区内企业生产所需的机器、设备、模具及其维修用零配件，区内企业和行政管理机构自用合理数量的办公用品，海关免征进口关税和进口环节海关代征税。对从保税港区运往境外的货物免征出口关税，但法律、行政法规另有规定的除外。

(4) 对保税物流园区，从园区运往境外的货物，除法律、行政法规另有规定外，免征出口关税。从境外进入园区的基础设施建设项目所需的设备、物资等，园区企业为开展业务所需的机器、装卸设备、仓储设施、管理设备及其维修用消耗品、零配件及工具，园区行政管理机构及其经营主体和园区企业自用合理数量的办公用品，海关予以办理免税手续。

(5) 对境内区外进入所有海关特殊监管区域用于建区和企业厂房基础建设的，属于取消出口退税或加征出口关税的基建物资(以下简称基建物资)，入区时不予退税，海关办理登记手续，不征收出口关税。对具有保税加工功能的出口加工区、保税港区、综合保税区、珠澳跨境工业区(珠海园区)和中哈霍尔果斯国际边境合作中心(中方配套区域)的区内生产企业在国内(境内区外)采购用于生产出口产品的原材料，进区时不征收出口关税。

(6) 集成电路企业进口物资。根据《关于线宽小于 0.8 微米(含)集成电路企业进口自用生产性原材料、消耗品享受税收优惠政策的通知》(财关税〔2004〕45 号)、《国务院关于印发进一步鼓励软件产业和集成电路产业发展若干政策的通知》(国发〔2011〕4 号)、《国家发改委、工信部、财政部、海关总署有关集成电路生产企业名单的公告》(2016 年第 24 号)，对于名单内线宽小于 0.25 微米或投资额超过 80 亿元、线宽小于 0.5 微米(含)的集成电路生产企业,进口国内无法生产的属于《线宽小于 0.8 微米(含)集成电路企业免税进口自用生产性原材料、消耗品目录》所列自用生产性原材料、消耗品,免征进口关税和进口环节增值税。

2. 特定用途货物

(1)科技开发与科教用品。根据财政部海关总署国家税务总局令第 63 号,关于修改《科技开发用品免征进口税收暂行规定》和《科学研究和教学用品免征进口税收规定》的决定,对专门从事科学研究开发的机构和国家教委承认学历的大专以上全日制高等院校,不以营利为目的,在合理数量范围内不能生产的科学研究和教学用品,并且直接用于科学研究或者教学的,免征进口关税和进口环节增值税、消费税。此外,为贯彻落实中共中央国务院关于深化科技体制改革、加快国家创新体系建设的有关精神,鼓励和支持科技类民办非企业单位开展科技创新,根据《关于科技类民办非企业单位进口科学研究用品免征进口税收的规定》(财关税〔2012〕54 号)的附件,对符合条件的民办非企业单位进口与本单位所承担的科研任务直接相关的科研用品,在规定范围内免征进口关税和进口环节增值税、消费税。

(2)残疾人用品。根据《残疾人专用品免征进口税收暂行规定》,对民政部直属企事业单位和省、自治区、直辖市民政部门所属福利机构、假肢厂和荣复军人康复医院,中国残联和省、自治区、直辖市残联所属福利机构和康复机构,为方便残疾人所需而进口的专用物品;进口国内不能生产的残疾人组织专用物品免征进口关税和进口环节增值税、消费税。

(3)救灾捐赠进口物资。根据《关于救灾捐赠物资免征进口税收的暂行办法》,对规定范围内的物资准予免征进口关税和进口环节增值税、消费税。

(4)扶贫慈善捐赠物资。根据《慈善捐赠物资免征进口税收暂行办法》,对境外捐赠人无偿向受赠人捐赠的直接用于慈善事业的物资免征进口关税和进口环节增值税。

(5)藏品。根据《国有公益性收藏单位进口藏品免税暂行规定》,对国有公益性收藏单位以从事永久收藏、展示和研究等公益性活动为目的,以接受境外捐赠、归还、追索和购买等方式进口的藏品,免征进口关税和进口环节增值税、消费税。

(6)国内投资项目物资或产品。对属于《产业结构调整指导目录(2011 年本)》鼓励类范围的国内投资项目,在投资总额内进口的自用设备,除《国内投资项目不予免税的进口商品目录》和《进口不予免税的重大技术装备和产品目录》所列商品外,免征关税(照章征收进口环节增值税);对于未列入《产业结构调整指导目录(2011 年本)》的国内投资在建项目,凡符合《产业结构调整指导目录(2011 年本)(修正)》鼓励类范围的,可按有关规定向投资主管部门申请补办项目确认书。在取得项目确认书之后,在建项目进口的自用设备以及按照合同随设备进口的技术和配套件、备件,可参照规定免征关税(照章征收进口环节增值税),但进口设备已经征税的,税款不予退还。

(7)利用外资项目物资或产品。对属于《外资目录(2017 年修订)》鼓励类范围的外商投资项目(包括增资项目),在投资总额内进口的自用设备以及按照合同随上述设备进口的技术和配套件、备件,除《外商投资项目不予免税的进口商品目录》和《进口不予免税的重大技术装备和产品目录》所列商品外,按照《国务院关于调整进口设备税收政策的通知》(国发〔1997〕37 号)、海关总署公告 2008 年第 103 号及其他相关规定,免征关税(照章征收进口环节增值税);对属于《中西部地区外商投资优势产业目录(2017 年修订)》范围的外商投资项目(包括增资项目),在投资总额内进口的自用设备以及按照合同随上述设备进口的技术和配套件、备件,按照《国务院关于调整进口设备税收政策的通知》(国发〔1997〕37 号)和海关总署公告2008年第103号及其他有关规定,除《外商投资项目不予免税的进口商品目录》和《进口不予免税的重大技术装备和产品目录》所列商品外,免征进口关税(照章征收进口环节增值税);外国政府贷款和国际金融组织贷款项目、外商提供不作价进口设备的加工贸易企业、中西部地区外商投资优势产业项目以及外商投资企业和外商投资设立的研究中心利用自有资金进行技术改造项目进口自用设备以及按照合同随上述设备进口的技术及配套件、备件,除《外商投资不予免税的进口商品目录》和《进口不予免税的重大技术装备和产品目录》所列商品外,免征关税(照章征收进口环节增值税)。

(8) 重大技术装备项目物资或产品。符合规定条件的国内企业为生产《国家支持发展的重大技术装备和产品目录(2014年修订)》所列装备或产品而确有必要进口《重大技术装备和产品进口关键零部件及原材料商品目录(2014年修订)》所列商品,免征关税和进口环节增值税。[1]

(9) 无偿援助项目进口物资。根据《中华人民共和国海关法》第五十六条和《中华人民共和国进出口关税条例》第四十五条的规定,对联合国开发计划署无偿援助项目进口物资免征进口关税、进口环节增值税和消费税。

二、特定减免税进口货物通关制度

特定减免税货物报关程序涵盖前期阶段、进出境阶段和后续阶段。前期阶段主要是办理减免税申请手续,进出境阶段主要是办理货物进口申报手续,后续阶段主要是办理申请解除监管手续。

(一) 减免税申请与审批[2]

1. 申请形式

除海关总署有明确规定外,减免税申请人或者其代理人(以下简称"申请人")可通过中国电子口岸QP预录入客户端减免税申报系统(以下简称"QP系统")向海关提交减免税申请表及随附单证资料电子数据,无须以纸质形式提交。

(1) 海关根据审核需要要求提供纸质单证资料的,申请人应予提供。

(2) 随附单证资料的电子扫描或转换文件格式标准,参照海关总署2014年第69号公告相关规定执行。

2. 资格资质

申请人可在首次办理进口货物减免税手续时一并向海关提交涉及主体资格、项目资质、免税进口额度(数量)等信息(以下简称"政策项目信息")相关材料,无须提前单独向海关办理政策项目备案。

(1) 申请人登录QP系统向海关提交申请材料时,应通过"减免税申请"功能模块提交。

(2) 申请人首次填报政策项目信息时,对征免性质为789的,应将"国家鼓励发展的内

---

[1] 参见财政部、国家发展改革委、工业和信息化部、海关总署、国家税务总局、国家能源局关于调整重大技术装备进口税收政策的通知(财关税〔2014〕2号)。

[2] 根据海关总署2017年12月10日发布的第58号公告,自2017年12月15日起,在全国海关推广减免税申请无纸化,同时取消减免税备案。

外资项目确认书"(以下简称项目确认书)中编号填入申请表；无项目确认书的，将海关提供的项目编号填入。其他征免性质的政策项目编号由系统自动生成。

(3) 申请人为同一政策或项目进口货物办理减免税手续时，应将该政策项目信息编号填入所有申请表中。

3. 办理减免税申请无纸化操作的规范

在满足海关减免税确认的前提下，申请人可简化上传随附单证：

(1) 随附单证中涉及申请人主体资格、免税额度(数量)以及进口商业发票等，应全文上传。

(2) 进口合同页数较多的，含有买卖双方及进口代理人的基本信息，进口货物的名称、规格型号、技术参数、单价及总价、生产国别，合同随附的供货清单，运输方式及付款条件，价格组成条款，双方签字等内容的页面应当上传。

进口合同有电子文本的，可上传合同的 PDF 格式文件，同时上传纸质合同的第一页和所有签章页。

进口合同为外文的，应将以下条款翻译成中文，并将翻译文本签章扫描上传：

合同或协议标题；买卖双方、进口代理人的名称及相互之间关系；买卖双方的权利及义务；货物的名称、规格型号及技术参数、数量、单价、总价、生产国别或制造商、包装等；与货物价格及运输相关的条款(如采购条款、定价及支付条款、运输交付条款、保险条款等)；合同或协议授权事项(如经销协议的授权经销区域及授权范围、合同或协议授予的权利及义务)；合同或协议的终止条款；与商品数量及其价格有关的合同附件(如各型号零部件等的数量及价格清单等)；买卖双方、代理人的签字人及签字日期；其他与减免税审核确认有关的条款。

(3) 进口货物相关技术资料和说明文件中，属于判定该货物能否享受优惠政策的内容应当上传。

通过"无纸申报"方式办理减免税手续的，申请人应按以下要求妥善保管纸质单证资料备海关核查：有专用库房或者独立区域；有专门的档案管理人员；按照征免税证明编号单独成档，分年度保存；建立索引，便于查找。

有关纸质单证资料的保管期限，为自向海关申请之日起，至进口货物海关监管年限结束再延长 3 年；与政策项目信息有关纸质单证资料的保管期限，为自向海关申请之日起，至该政策或项目最后一批进口货物海关监管年限结束再延长 3 年。

申请人以"无纸申报"方式办理减免税手续，有遗失、伪造、变造相关单证档案等情形的，暂停申请人"无纸申报"。

4. 减免税审批

减免税申请人应当在首次办理进口货物减免税手续时，一并向主管海关提交下列材料：

(1) "进出口货物征免税申请表"；

(2) 企业营业执照或者事业单位法人证书、国家机关设立文件、社团登记证书、民办非企业单位登记证书、基金会登记证书等证明材料；

(3) 进出口合同、发票以及相关货物的产品情况资料；

(4) 相关政策规定的享受进出口税收优惠政策资格的证明材料；

(5) 海关认为需要提供的其他材料。

减免税申请人按照规定提交证明材料的，应当交验原件，同时提交加盖减免税申请人有效印章的复印件。

海关收到减免税申请人的减免税审批申请后,应当审核确认所提交的申请材料是否齐全、有效,填报是否规范。减免税申请人的申请材料符合规定的,海关应当予以受理,海关收到申请材料之日为受理之日;减免税申请人提交的申请材料不齐全或者不符合规定的,海关应当一次性告知减免税申请人需要补正的有关材料,海关收到全部补正的申请材料之日为受理之日。不能按照规定向海关提交齐全、有效材料,或者未按照规定办理减免税备案手续的,海关不予受理。

海关受理减免税申请人的减免税审批申请后,应当对进出口货物相关情况是否符合有关进出口税收优惠政策规定、进出口货物的金额、数量等是否在减免税额度内等情况进行审核。经审核符合相关规定的,应当作出进出口货物征税、减税或者免税的决定,并签发"中华人民共和国海关进出口货物征免税证明"(以下简称征免税证明)。

海关应当自受理减免税审批申请之日起 10 个工作日内作出是否准予减免税的决定。有下列情形之一,不能在受理减免税审批申请之日起 10 个工作日内作出决定的,海关应当书面向减免税申请人说明理由:政策规定不明确或者涉及其他部门管理职责需要与相关部门进一步协商、核实有关情况的;需要对货物进行化验、鉴定以确定是否符合减免税政策规定的;因其他合理原因不能在规定期限内作出决定的。

有上述情形之一的,海关应当自情形消除之日起 15 个工作日内作出是否准予减免税的决定。

减免税申请人申请变更或者撤销已签发的征免税证明的,应当在征免税证明有效期内向主管海关提出申请,说明理由,并提交相关材料。经审核符合规定的,海关准予变更或者撤销。准予变更的,海关应当在变更完成后签发新的征免税证明,并收回原征免税证明。准予撤销的,海关应当收回原征免税证明。

减免税申请人应当在征免税证明有效期内办理有关进出口货物通关手续。不能在有效期内办理,需要延期的,应当在征免税证明有效期内向海关提出延期申请。经海关审核同意,准予办理延长征免税证明有效期手续。征免税证明可以延期一次,延期时间自有效期届满之日起算,延长期限不得超过 6 个月。海关总署批准的特殊情况除外。征免税证明有效期限届满仍未使用的,该征免税证明效力终止。减免税申请人需要减免税进出口该征免税证明所列货物的,应当重新向海关申请办理。

减免税申请人遗失征免税证明需要补办的,应当在征免税证明有效期内向主管海关提出申请。经核实原征免税证明尚未使用的,主管海关应当重新签发征免税证明,原征免税证明同时作废。原征免税证明已经使用的,不予补办。

除国家政策调整等原因并经海关总署批准外,货物征税放行后,减免税申请人申请补办减免税审批手续的,海关不予受理。

(二)减免税货物报关与担保

1. 减免税货物报关

减免税货物的报关程序包括前期备案、进出口申报、配合查验、提取或装运货物、解除监管等环节。减免税货物一般不予豁免进出口许可证,但对某些外商投资和某些许可证件种类,国家规定有特殊优惠政策的,可以豁免许可证件。为进一步便利减免税申请和货物通关,海关总署 2017 年第 19 号公告规定,对通过中国电子口岸 QP 预录入客户端减免税申报系统申请办理减免税手续并通过了海关审核的,收发货人或受委托的报关企业在进口通关环节无须提交纸质征免税证明第二联(即送海关凭以减免税联)或其扫描件,如果征免税证明电子数据与申报数据不一致,海关需要验核纸质单证的,有关企业应予以提供。

2. 减免税货物放行担保

有下列情形之一的,减免税申请人可以向海关申请凭税款担保先予办理货物放行手续:

(1) 主管海关按照规定已经受理减免税备案或者审批申请,尚未办理完毕的;

(2) 有关进出口税收优惠政策已经国务院批准,具体实施措施尚未明确,海关总署已确认减免税申请人属于享受该政策范围的;

(3) 其他经海关总署核准的情况。

减免税申请人需要办理税款担保手续的,应当在货物申报进出口前向主管海关提出申请,并按照有关进出口税收优惠政策的规定向海关提交相关材料。主管海关应当在受理申请之日起7个工作日内,作出是否准予担保的决定。准予担保的,应当出具《中华人民共和国海关准予办理减免税货物税款担保证明》(以下简称《准予担保证明》);不准予担保的,应当出具《中华人民共和国海关不准予办理减免税货物税款担保决定》。进出口地海关凭主管海关出具的《准予担保证明》,办理货物的税款担保和验放手续。国家对进出口货物有限制性规定,应当提供许可证件而不能提供的,以及法律、行政法规规定不得担保的其他情形,进出口地海关不得办理减免税货物凭税款担保放行手续。

税款担保期限不超过6个月,经直属海关关长或者其授权人批准可以予以延期,延期时间自税款担保期限届满之日起算,延长期限不超过6个月。特殊情况仍需要延期的,应当经海关总署批准。海关依照本办法规定延长减免税备案、审批手续办理时限的,减免税货物税款担保时限可以相应延长,主管海关应当及时通知减免税申请人向海关申请办理减免税货物税款担保延期的手续。

减免税申请人在减免税货物税款担保期限届满前未取得《征免税证明》,申请延长税款担保期限的,应当在《准予担保证明》规定期限届满的10个工作日以前向主管海关提出申请。主管海关应当在受理申请后7个工作日内,作出是否准予延长担保期限的决定。准予延长的,应当出具《中华人民共和国海关准予办理减免税货物税款担保延期证明》(以下简称《准予延期证明》);不准予延长的,应当出具《中华人民共和国海关不准予办理减免税货物税款担保延期决定》。

减免税申请人按照海关要求申请延长减免税货物税款担保期限的,比照上述规定办理。进出口地海关凭《准予延期证明》办理减免税货物税款担保延期手续。

减免税申请人在减免税货物税款担保期限届满前取得《征免税证明》的,海关应当解除税款担保,办理征免税进出口手续。担保期限届满,减免税申请人未按照规定申请办理减免税货物税款担保延期手续的,海关应当要求担保人履行相应的担保责任或者将税款保证金转为税款。

(三) 减免税货物的处置和管理

1. 减免税货物的处置

在进口减免税货物的海关监管年限内,未经海关许可,减免税申请人不得擅自将减免税货物转让、抵押、质押、移作他用或者进行其他处置。按照国家有关规定在进口时免予提交许可证件的进口减免税货物,减免税申请人向海关申请进行转让、抵押、质押、移作他用或者其他处置时,按照规定需要补办许可证件的,应当补办有关许可证件。

在海关监管年限内,减免税申请人将进口减免税货物转让给进口同一货物享受同等减免税优惠待遇的其他单位的,应当按照下列规定办理减免税货物结转手续:

(1) 减免税货物的转出申请人持有关单证向转出地主管海关提出申请,转出地主管海关审核同意后,通知转入地主管海关。

(2) 减免税货物的转入申请人向转入地主管海关申请办理减免税审批手续。转入地主管海关审核无误后签发《征免税证明》。

(3) 转出、转入减免税货物的申请人应当分别向各自的主管海关申请办理减免税货物的出口、进口报关手续。转出地主管海关办理转出减免税货物的解除监管手续。结转减免税货物的监管年限应当连续计算。转入地主管海关在剩余监管年限内对结转减免税货物继续实施后续监管。

转入地海关和转出地海关为同一海关的,按照第(1)项规定办理。

在海关监管年限内,减免税申请人将进口减免税货物转让给不享受进口税收优惠政策或者进口同一货物不享受同等减免税优惠待遇的其他单位的,应当事先向减免税申请人主管海关申请办理减免税货物补缴税款和解除监管手续。

在海关监管年限内,减免税申请人需要将减免税货物移作他用的(包括将减免税货物交给减免税申请人以外的其他单位使用;未按照原定用途、地区使用减免税货物;未按照特定地区、特定企业或者特定用途使用减免税货物的其他情形),应当事先向主管海关提出申请。经海关批准,减免税申请人可以按照海关批准的使用地区、用途、企业将减免税货物移作他用。

除海关总署另有规定外,按照上述规定将减免税货物移作他用的,减免税申请人还应当按照移作他用的时间补缴相应税款;移作他用时间不能确定的,应当提交相应的税款担保,税款担保不得低于剩余监管年限应补缴税款总额。

在海关监管年限内,减免税申请人要求以减免税货物向金融机构办理贷款抵押的,应当向主管海关提出书面申请。经审核符合有关规定的,主管海关可以批准其办理贷款抵押手续。减免税申请人不得以减免税货物向金融机构以外的公民、法人或者其他组织办理贷款抵押。

减免税申请人以减免税货物向境内金融机构办理贷款抵押的,应当向海关提供下列形式的担保:

(1) 与货物应缴税款等值的保证金;

(2) 境内金融机构提供的相当于货物应缴税款的保函;

(3) 减免税申请人、境内金融机构共同向海关提交《进口减免税货物贷款抵押承诺保证书》,书面承诺当减免税申请人抵押贷款无法清偿需要以抵押物抵偿时,抵押人或者抵押权人先补缴海关税款,或者从抵押物的折(变)价款中优先偿付海关税款。

减免税申请人以减免税货物向境外金融机构办理贷款抵押的,应当向海关提交与货物应缴税款等值的保证金或者相当于货物应缴税款的保函形式的担保。

海关在收到贷款抵押申请材料后,应当审核申请材料是否齐全、有效,必要时可以实地核查减免税货物情况,了解减免税申请人经营状况。经审核同意的,主管海关应当出具《中华人民共和国海关准予进口减免税货物贷款抵押通知》。海关同意以进口减免税货物办理贷款抵押的,减免税申请人应当于正式签订抵押合同、贷款合同之日起30日内将抵押合同、贷款合同正本或者复印件交海关备案。提交复印件备案的,减免税申请人应当在复印件上标注"与正本核实一致",并予以签章。抵押合同、贷款合同的签订日期不是同一日的,按照后签订的日期计算规定的备案时限。贷款抵押需要延期的,减免税申请人应当在贷款期限届满前20日内向主管海关申请办理贷款抵押的延期手续。经审核同意的,主管海关签发准予延期通知,并出具《中华人民共和国海关准予办理进口减免税货物贷款抵押延期通知》。

2. 减免税货物的管理

除海关总署另有规定外,在海关监管年限内,减免税申请人应当按照海关规定保管、使用进口减免税货物,并依法接受海关监管。进口减免税货物的监管年限为:

(1) 船舶、飞机:8年;

(2) 机动车辆:6年;

(3) 其他货物:3年。

监管年限自货物进口放行之日起计算。

在海关监管年限内,减免税申请人应当自进口减免税货物放行之日起,在每年的第1季度向主管海关递交《减免税货物使用状况报告书》,报告减免税货物使用状况。减免税申请人未按规定向海关报告其减免税货物状况,向海关申请办理减免税备案、审批手续的,海关不予受理。

在海关监管年限内,减免税货物应当在主管海关核准的地点使用。需要变更使用地点的,减免税申请人应当向主管海关提出申请,说明理由,经海关批准后方可变更使用地点。减免税货物需要移出主管海关管辖地使用的,减免税申请人应当事先持有关单证以及需要异地使用的说明材料向主管海关申请办理异地监管手续,经主管海关审核同意并通知转入地海关后,减免税申请人可以将减免税货物运至转入地海关管辖地,转入地海关确认减免税货物情况后进行异地监管。减免税货物在异地使用结束后,减免税申请人应当及时向转入地海关申请办结异地监管手续,经转入地海关审核同意并通知主管海关后,减免税申请人应当将减免税货物运回主管海关管辖地。

在海关监管年限内,减免税申请人发生分立、合并、股东变更、改制等变更情形的,权利义务承受人(以下简称承受人)应当自营业执照颁发之日起30日内,向原减免税申请人的主管海关报告主体变更情况及原减免税申请人进口减免税货物的情况。经海关审核,需要补征税款的,承受人应当向原减免税申请人主管海关办理补税手续;可以继续享受减免税待遇的,承受人应当按照规定申请办理减免税备案变更或者减免税货物结转手续。在海关监管年限内,因破产、改制或者其他情形导致减免税申请人终止,没有承受人的,原减免税申请人或者其他依法应当承担关税及进口环节海关代征税缴纳义务的主体应当自资产清算之日起30日内向主管海关申请办理减免税货物的补缴税款和解除监管手续。

在海关监管年限内,减免税申请人要求将进口减免税货物退运出境或者出口的,应当报主管海关核准。减免税货物退运出境或者出口后,减免税申请人应当持出口报关单向主管海关办理原进口减免税货物的解除监管手续。减免税货物退运出境或者出口的,海关不再对退运出境或者出口的减免税货物补征相关税款。

减免税货物海关监管年限届满的,自动解除监管。在海关监管年限内的进口减免税货物,减免税申请人书面申请提前解除监管的,应当向主管海关申请办理补缴税款和解除监管手续。按照国家有关规定在进口时免予提交许可证件的进口减免税货物,减免税申请人还应当补交有关许可证件。减免税申请人需要海关出具解除监管证明的,可以自办结补缴税款和解除监管等相关手续之日或者自海关监管年限届满之日起 1 年内,向主管海关申请领取解除监管证明。海关审核同意后出具《中华人民共和国海关进口减免税货物解除监管证明》。在海关监管年限及其后 3 年内,海关依照《海关法》和《中华人民共和国海关稽查条例》有关规定对减免税申请人进口和使用减免税货物情况实施稽查。

减免税货物转让给进口同一货物享受同等减免税优惠待遇的其他单位的,不予恢复减免税货物转出申请人的减免税额度,减免税货物转入申请人的减免税额度按照海关审定的货物结转时的价格、数量或者应缴税款予以扣减。减免税货物因品质或者规格原因原状退运出境,减免税申请人以无代价抵偿方式进口同一类型货物的,不予恢复其减免税额度;未以无代价抵偿方式进口同一类型货物的,减免税申请人在原减免税货物退运出境之日起 3 个月内向海关提出申请,经海关批准,可以恢复其减免税额度。对于其他提前解除监管的情形,不予恢复减免税额度。

减免税货物因转让或者其他原因需要补征税款的,补税的完税价格以海关审定的货物原进口时的价格为基础,按照减免税货物已进口时间与监管年限的比例进行折旧,其计算公式如下:

$$补税的完税价格 = 海关审定的货物原进口时的价格 \times \left[1 - \frac{减免税货物已进口时间}{监管年限 \times 12}\right]$$

减免税货物已进口时间自减免税货物的放行之日起按月计算。不足 1 个月但超过 15 日的按 1 个月计算;不超过 15 日的,不予计算。

按照上述规定计算减免税货物补征税款的,已进口时间的截止日期按以下规定确定:

(1) 转让减免税货物的,应当以海关接受减免税申请人申请办理补税手续之日作为计算其已进口时间的截止之日;

(2) 减免税申请人未经海关批准,擅自转让减免税货物的,应当以货物实际转让之日作为计算其已进口时间的截止之日;转让之日不能确定的,应当以海关发现之日作为截止之日;

(3) 在海关监管年限内,减免税申请人发生破产、撤销、解散或者其他依法终止经营情形的,已进口时间的截止日期应当为减免税申请人破产清算之日或者被依法认定终止生产经营活动的日期。

减免税申请人将减免税货物移作他用,应当补缴税款的,税款的计算公式为:

$$补缴税款 = 海关审定的货物原进口时的价格 \times 税率 \times \left[\frac{需补缴税款的时间}{监管年限 \times 12 \times 30}\right]$$

上述计算公式中的税率,应当按照《关税条例》的有关规定,采用相应的适用税率;需补缴税款的时间是指减免税货物移作他用的实际时间,按日计算,每日实际生产不满 8 小时或者超过 8 小时的均按 1 日计算。

海关在办理减免税货物异地监管、结转、主体变更、退运出口、解除监管、贷款抵押等后续管理事务时,应当自受理申请之日起 10 个工作日内作出是否同意的决定。因特殊情形不能在 10 个工作日内作出决定的,海关应当书面向申请人说明理由。海关总署对重大减免税事项实施备案管理。

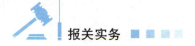

案例应用 7-3

牧业公司擅自抵押减免税货物

第二节 暂时进出境货物通关制度

一、暂时进出境货物概述

暂时进出境货物是指为了特定的目的暂时进口或出口,税收征管依照《关税条例》有关规定执行,并免予效验许可证件,在规定的期限内除因不可抗力原因灭失的以外,须按原状复运出境或复运进境的货物。[①] 暂时进出境货物也是海关监管货物的一种。用于装载海关监管货物的进出境集装箱不属于本节讨论范围。[②]

暂时进出境货物种类很多,在国际公约中对暂时进出境货物的海关监管都有比较详细的规定。我国已经加入的《货物暂准进境公约》(伊斯坦布尔公约)和《京都公约》中将"暂准进境"定义为一项海关业务制度。因此,暂准进出境货物可以理解为:按照一个国家的海关业务制度暂时进境或出境的货物。

(一)暂时进出境货物的特征

1. 免予交验许可证件

除我国缔结或者参加的国际条约、协定以及国家法律、行政法规和海关总署规章另有规定外,暂时进出境货物免予交验许可证件。但涉及公共道德、公共安全、公共卫生、动植和检验、濒危野生动植物保护或知识产权方面所实施的进出境管制制度的暂准进出口货物应凭许可证件进出境。

2. 规定期限内按原状复运进出境

暂时进出境货物除因正常使用而产生的折旧或者损耗外,应当按照原状复运出境、复运进境。暂准进出境货物应自进境或出境之日起 6 个月内复运出境或进境;经申请,海关可根据规定延长。

3. 向主管地海关办理结案手续

暂准进出境货物收发货人在货物复运出境、复运进境后,应当向主管地海关办理结案手续。

---

① 参见总署令第 233 号,自 2018 年 2 月 1 日起实行。
② 总署令第 233 号第 33 条将其排除在外,用于装载海关监管货物的集装箱和集装箱式货车车厢的监管,适用署令第 110 号。

(二) 暂时进出境货物的适用范围

根据《中华人民共和国海关暂时进出境货物管理办法》(署令第 233 号),暂时进出境货物主要涵盖文体活动、新闻报道或科研、教学等其他活动中使用的暂时进出境货物和展览会中使用的暂时进出境展览品两大类,具体范围包括:

1. 暂时进出境货物

(1) 文化、体育交流活动中使用的表演、比赛用品;

(2) 进行新闻报道或者摄制电影、电视节目使用的仪器、设备及用品;

(3) 开展科研、教学、医疗活动使用的仪器、设备和用品;

(4) 在上述活动中使用的交通工具及特种车辆;

(5) 货样;

(6) 慈善活动使用的仪器、设备及用品;

(7) 供安装、调试、检测、修理设备时使用的仪器及工具;

(8) 盛装货物的包装材料;

(9) 旅游用自驾交通工具及其用品;

(10) 工程施工中使用的设备、仪器及用品;

(11) 测试用产品、设备、车辆;

(12) 海关总署规定的其他暂时进出境货物;

(13) 超出自用合理数量的暂时进出境物品。

2. 暂时进出境展览品

暂时进出境展览品是指在展览会、交易会、会议及类似活动中展示或者使用的货物。其中,展览会、交易会、会议及类似活动是指:

(1) 贸易、工业、农业、工艺展览会及交易会、博览会;

(2) 因慈善目的而组织的展览会或者会议;

(3) 为促进科技、教育、文化、体育交流,开展旅游活动或者民间友谊而组织的展览会或者会议;

(4) 国际组织或者国际团体组织代表会议;

(5) 政府举办的纪念性代表大会。

在商店或者其他营业场所以销售国外货物为目的而组织的非公共展览会不属于上述展览会、交易会、会议及类似活动的范围。

使用货物暂准进口单证册(即 ATA 单证册)暂时进境的货物限于我国加入的有关货物暂准进口的国际公约中规定的货物。暂时进出境货物的税收征管依照《关税条例》的有关规定执行。

二、暂时进出境货物的通关监管

(一) 暂时进出境货物管理规范

1. 申报

ATA 单证册持证人、非 ATA 单证册项下暂时进出境货物收发货人(以下简称"持证人""收发货人")可以在申报前向主管地海关提交《暂时进出境货物确认申请书》,申请对有关货物是否属于暂时进出境货物进行审核确认,并且办理相关手续,也可以在申报环节直接向主管地海关办理暂时进出境货物的有关手续。ATA单证册持证人应当向海关提交有效的ATA单证册以及相关商业单据或者证明材料。

2. 担保

ATA单证册项下暂时出境货物,由中国国际贸易促进委员会(中国国际商会)向海关总署提供总担保。除另有规定外,非ATA单证册项下暂时进出境货物收发货人应当按照有关规定向主管地海关提供担保。

3. 期限与延期

暂时进出境货物应当在进出境之日起6个月内复运出境或者复运进境。因特殊情况需要延长期限的,持证人、收发货人应当向主管地海关办理延期手续,延期最多不超过3次,每次延长期限不超过6个月。延长期届满应当复运出境、复运进境或者办理进出口手续。国家重点工程、国家科研项目使用的暂时进出境货物以及参加展期在24个月以上展览会的展览品,在上述规定的延长期届满后仍需要延期的,由主管地直属海关批准。

暂时进出境货物需要延长复运进境、复运出境期限的,持证人、收发货人应当在规定期限届满前向主管地海关办理延期手续,并且提交《货物暂时进/出境延期办理单》以及相关材料。

4. 异地复运进、出境管理

暂时进出境货物可以异地复运出境、复运进境,由复运出境、复运进境地海关调取原暂时进出境货物报关单电子数据办理有关手续。ATA单证册持证人应当持ATA单证册向复运出境、复运进境地海关办理有关手续。

5. 暂时进出境转实际进出口

暂时进出境货物需要进出口的,暂时进出境货物收发货人应当在货物复运出境、复运进境期限届满前向主管地海关办理进出口手续。

6. 结案

暂时进出境货物收发货人在货物复运出境、复运进境后,应当向主管地海关办理结案手续。海关通过风险管理、信用管理等方式对暂时进出境业务实施监督管理。

7. 不可抗力的处理

暂时进出境货物因不可抗力的原因受损,无法原状复运出境、复运进境的,持证人、收发货人应当及时向主管地海关报告,可以凭有关部门出具的证明材料办理复运出境、复运进境手续;因不可抗力的原因灭失的,经主管地海关核实后可以视为该货物已经复运出境、复运进境。暂时进出境货物因不可抗力以外其他原因受损或者灭失的,持证人、收发货人应当按照货物进出口的有关规定办理海关手续。

(二)暂时进出境展览品的管理规范

为了举办交易会、会议或者类似活动而暂时进出境的货物,适用以下管理规定。

1. 申报

境内展览会的办展人以及出境举办或者参加展览会的办展人、参展人(以下简称办展人、参展人)可以在展览品进境或者出境前向主管地海关报告,并且提交展览品清单和展览会证明材料,也可以在展览品进境或者出境时,向主管地海关提交上述材料,办理有关手续。

对于申请海关派员监管的境内展览会,办展人、参展人应当在展览品进境前向主管地海关提交有关材料,办理海关手续。

2. 担保

展览会需要在我国境内两个或者两个以上关区内举办的,对于没有向海关提供全程担保的进境展览品应当按照规定办理转关手续。海关派员进驻展览场所的,经主管地海关同意,展览会办展人可以就参展的展览品免予向海关提交担保。展览会办展人应当提供必要的办公条件,配合海关工作人员执行公务。未向海关提供担保的进境展览品在非展出期间应当存放在海关监管作业场所。因特殊原因需要移出的,应当经主管地海关同意,并且提供相应担保。

3. 征免规定

下列在境内展览会期间供消耗、散发的用品(以下简称"展览用品"),由海关根据展览会的性质、参展商的规模、观众人数等情况,对其数量和总值进行核定,在合理范围内的,按照有关规定免征进口关税和进口环节税。

(1) 在展览活动中的小件样品,包括原装进口的或者在展览期间用进口的散装原料制成的食品或者饮料的样品。这些样品或货物应符合下述条件:由参展人免费提供并且在展览期间专供免费分送给观众使用或者消费的;单价较低,作广告样品用的;不适用于商业用途,并且单位容量明显小于最小零售包装容量的;食品以及饮料的样品虽未按前一条规定的包装分发,但是确实在活动中消耗掉的。

(2) 为展出的机器或者器件进行操作示范被消耗或者损坏的物料。

(3) 布置、装饰临时展台消耗的低值货物。

(4) 展览期间免费向观众散发的有关宣传品。

(5) 供展览会使用的档案、表格以及其他文件。

展览用品中的酒精饮料、烟草制品以及燃料不适用有关免税的规定。以上所列第(1)项展览用品超出限量进口的,超出部分应当依法征税,第(2)(3)(4)项展览用品,未使用或者未被消耗完的,应当复运出境,不复运出境的,应当按照规定办理进口手续。

案例应用 7-4

暂时进出境货物未依规定复运进境

案例应用 7-5

工程设备暂时进出境

(三) ATA 单证册管理规范

我国海关只接受用中文或者英文填写的 ATA 单证册。中国国际商会是我国 ATA 单证册的出证和担保机构,负责签发出境 ATA 单证册,向海关报送所签发单证册的中文电子文本,协助海关确认 ATA 单证册的真伪,并且向海关承担 ATA 单证册持证人因违反暂时进出境规定而产生的相关税费、罚款。

海关总署在北京海关设立 ATA 核销中心。ATA 核销中心对 ATA 单证册的进出境凭证进行核销、统计以及追索,应成员国担保人的要求,依据有关原始凭证,提供 ATA 单证册项下暂时进出境货物已经进境或者从我国复运出境的证明,并且对全国海关 ATA 单证册的有关核销业务进行协调和管理。

ATA 单证册发生毁坏、灭失等情况的,ATA 单证册持证人应当持原出证机构补发的 ATA 单证册到主管地海关进行确认。补发的 ATA 单证册所填项目应当与原 ATA 单证册相同。

ATA 单证册项下暂时进出境货物在境内外停留期限超过 ATA 单证册有效期的,ATA 单证册持证人应当向原出证机构续签 ATA 单证册。续签的 ATA 单证册经主管地海关确认后可以替代原 ATA 单证册。续签的 ATA 单证册只能变更单证册有效期限和单证册编号,其他项目应当与原单证册一致。续签的 ATA 单证册启用时,原 ATA 单证册失效。

ATA 单证册项下暂时进境货物未能按照规定复运出境或者过境的,ATA 核销中心应当向中国国际贸易促进委员会(中国国际商会)提出追索。自提出追索之日起 9 个月内,中国国际贸易促进委员会(中国国际商会)向海关提供货物已经在规定期限内复运出境或者已经办理进口手续证明的,ATA 核销中心可以撤销追索;9 个月期满后未能提供上述证明的,中国国际贸易促进委员会(中国国际商会)应当向海关支付税费和罚款。

ATA 单证册项下暂时进境货物复运出境时,因故未经我国海关核销、签注的,ATA 核销中心凭由另一缔约国海关在 ATA 单证上签注的该批货物从该国进境或者复运进境的证明,或者我国海关认可的能够证明该批货物已经实际离开我国境内的其他文件,作为已经从我国复运出境的证明,对 ATA 单证册予以核销。

相 关 链 接 7-6

ATA 单证册业务介绍

本 章 小 结

特定减免税货物是指海关根据国家的政策规定准予减免税的特定地区、特定企业、特定用途的货物。特定减免税货物主要适用于保税区、出口加工区、保税物流园区、保税港区、跨境工业园区等海关特殊监管区域及特定企业的物资进出,还包括一些规定范围和用途的科技开发与科教用品、残疾人用品、救灾捐赠进口物资、扶贫慈善捐赠物资、藏品、国内投资项目物资或产品、利用外资项目物资或产品、重大技术装备项目物资或产品、偿援助项目进口物资等的进出。

特定减免税货物报关程序涵盖前期阶段、进出境阶段和后续阶段。前期阶段主要是办理减免税申请手续,进出境阶段主要是办理货物进口申报手续,后续阶段主要是办理申请解除监管手续。

暂时进出境货物是指为了特定的目的暂时进口或出口,税收征管依照《关税条例》有关规定执行,并免予效验许可证件,在规定的期限内除因不可抗力原因灭失的以外,须按原状复运出境或复运进境的货物。

除我国缔结或者参加的国际条约、协定及国家法律、行政法规和海关总署规章另有规定外,暂时进出境货物免于交验许可证件。ATA单证册持证人、非ATA单证册项下暂时进出境货物收发货人可以在申报前向主管地海关提交《暂时进出境货物确认申请书》,申请对有关货物是否属于暂时进出境货物进行审核确认,并且办理相关手续,也可以在申报环节直接向主管地海关办理暂时进出境货物的有关手续。

暂时进出境货物应当在进出境之日起6个月内复运出境或者复运进境。因特殊情况需要延长期限的,持证人、收发货人应当向主管地海关办理延期手续,延期最多不超过3次,每次延长期限不超过6个月。延长期届满应当复运出境、复运进境或者办理进出口手续。国家重点工程、国家科研项目使用的暂时进出境货物以及参加展期在24个月以上展览会的展览品,在前款所规定的延长期届满后仍需要延期的,由主管地直属海关批准。

暂时进出境货物需要进出口的,暂时进出境货物收发货人应当在货物复运出境、复运进境期限届满前向主管地海关办理进出口手续。暂时进出境货物收发货人在货物复运出境、复运进境后,应当向主管地海关办理结案手续。

暂准进口单证册,简称ATA单证册(ATA是由法语Admission Temporaire〔暂准进口〕和英语Temporary Admission〔暂准进口〕两词的第一个字母组合,表示"暂准进口"),是指世界海关组织通过的《货物暂准进口公约》及其附约A和《关于货物暂准进口的ATA单证册海关公约》(简称《ATA公约》)中规定使用的,用于替代各缔约方海关暂准进出口货物报关单和税费担保的国际性通关文件。我国于1993年加入《ATA公约》及与其相关的《展览会、交易会公约》《货物暂准进口公约》及其附约A《关于暂准进口单证的附约》和附约B1《关于在展览会、交易会、会议及类似活动中供陈列或使用的货物的附约》。因此,在我国,使用《ATA单证册》的范围仅限于展览会、交易会、会议及类似活动项下的货物。除此以外的货物,我国海关不接受持《ATA单证册》办理进出口申报手续。

中国国际贸易促进委员会(中国国际商会)是我国ATA单证册的出证和担保机构,负责签发出境ATA单证册,向海关报送所签发单证册的中文电子文本,协助海关确认ATA单证册的真伪,并且向海关承担ATA单证册持证人因违反暂时进出境规定而产生的相关税费、罚款。

主 要 概 念

特定减免税货物　减免税申请　征免税证明　暂时进出境货物　暂时进出境展览品

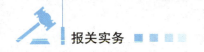

ATA 单证册　中国国际贸易促进委员会(中国国际商会)

基 础 训 练

一、单项选择题

1. 以下关于减免税申请无纸化，不正确的是（　　）。
   A. 在满足海关减免税确认的前提下，申请人可简化上传随附单证
   B. 随附单证中涉及申请人主体资格、免税额度（数量）以及进口商业发票等，应全文上传
   C. 进口货物相关技术资料和说明文件中，属于判定该货物能否享受优惠政策的内容应当上传
   D. 通过"无纸申报"方式办理减免税手续的，申请人无须保管纸质单证资料

2. 我国已经在 1992 年加入了《ATA 公约》，下列被确定为履行上述公约担保单位的是（　　）。
   A. 中国国际贸易促进会　　　　　　B. 中国国际商会
   C. 中国人民保险公司　　　　　　　D. 中国太平洋保险公司

3. 海关对享受特定减免税进口的船舶、飞机，机动车辆，其他货物的监管年限分别为（　　）年。
   A. 5、6、8　　　B. 8、6、3　　　C. 6、8、5　　　D. 5、8、6

4. 海关总署在（　　）设立 ATA 核销中心。
   A. 上海海关　　　　　　　　　　　B. 广州海关
   C. 海关总署广东分署　　　　　　　D. 北京海关

5. 减免税申请人可以向海关申请凭税款担保先予办理货物放行手续的情形不包括（　　）。
   A. 有关进出口税收优惠政策尚未明确，海关总署不能确认减免税申请人是否属于享受该政策范围的
   B. 主管海关按照规定已经受理减免税备案或者审批申请，尚未办理完毕的
   C. 有关进出口税收优惠政策已经国务院批准，具体实施措施尚未明确，海关总署已确认减免税申请人属于享受该政策范围的
   D. 其他经海关总署核准的情况

6. ATA 单证册项下暂时进境货物未能按照规定复运出境或者过境的，ATA 核销中心应向（　　）提出追索。
   A. 中国国际商会　　　　　　　　　B. 持证人
   C. 中国人民保险公司　　　　　　　D. 进境地海关

7. 下列不属于暂时进出境货物的是（　　）。
   A. 易货贸易进出口货物　　　　　　B. 进口或出口的展览品
   C. 摄制电影所使用的仪器　　　　　D. 商业货样及广告品

8. 下列属于特定减免税货物的是（　　）。
   A. 关税税额不足 50 元人民币的一票货物
   B. 国际航班中携带的燃料
   C. 外商投资企业在投资总额内进口的可以享受减免税的设备

D. 美国华侨捐赠的物资

二、多项选择题

1. 下列属于特定减免税货物监管特征的是( )。
A. 在特定条件或范围内可享受减免政策
B. 有特定的海关监管期限
C. 豁免进口许可证
D. 超过特定的使用范围应当补税

2. 海关对进口展览会所用的( )物品,不属于免税范围,照章征税。
A. 酒精饮料　　　B. 小件样品　　　C. 香烟　　　D. 燃料

3. 下列关于特定地区或企业的货物,说法正确的是( )。
A. 对保税区进口区内生产性的基础设施建设项目所需的机器、设备和建设生产厂房、仓储设施所需的基建物资;区内企业生产所需的机器、设备、模具及其维修用零配件;区内企业和行政管理机构自用合理数量的办公用品,海关免征进口关税和进口环节海关代征税
B. 出口加工区内企业加工的制成品及其在加工生产过程中产生的边角料、余料、残次品、废品等销往境外的,免征出口关税
C. 对具有保税加工功能的出口加工区、保税港区、综合保税区、珠澳跨境工业区(珠海园区)和中哈霍尔果斯国际边境合作中心(中方配套区域)的区内生产企业在国内(境内区外)采购用于生产出口产品的原材料,进区时不征收出口关税
D. 对于指定名录内线宽小于0.25微米或投资额超过80亿元、线宽小于0.5微米(含)的集成电路生产企业,进口规定的生产性原材料、消耗品的,免征进口关税和进口环节增值税

4. 下列属于暂时进出境货物范围是( )。
A. 贸易、工业、农业、工艺展览会,及交易会、博览会所用货物
B. 在商店或者其他营业场所以销售国外货物为目的而组织的非公共展览会使用货物
C. 政府举办的纪念性代表大会所用进出口货物
D. 国际组织或者国际团体组织代表会议所用进出口货物

5. 下列关于暂时进出境货物的说法,正确的有( )。
A. 除我国缔结或者参加的国际条约、协定及国家法律、行政法规和海关总署规章另有规定外,暂时进出境货物免于交验许可证件
B. 暂时进出境货物应当在进出境之日起6个月内复运出境或者复运进境
C. 暂时进出境货物因特殊情况需要延长期限的,持证人、收发货人应当向主管地海关办理延期手续,延期最多不超过3次,每次延长期限不超过6个月
D. 国家重点工程、国家科研项目使用的暂时进出境货物以及参加展期在24个月以上展览会的展览品,在18个月延长期届满后仍需要延期的,由主管地直属海关报海关总署审批

6. 在海关监管年限内,减免税申请人将进口减免税货物转让给进口同一货物享受同等减免税优惠待遇的其他单位的,应办理货物结转手续。下列说法正确的是( )。
A. 减免税货物的转出申请人持有关单证向转出地主管海关提出申请,转出地主管海关审核同意后,通知转入地主管海关
B. 减免税货物的转入申请人向转入地主管海关申请办理减免税审批手续。转入地主管

海关审核无误后签发《征免税证明》

  C. 转出、转入减免税货物的申请人应当分别向各自的主管海关申请办理减免税货物的出口、进口报关手续

  D. 转出地主管海关办理转出减免税货物的解除监管手续。结转减免税货物的监管年限到转出地主管海关解除监管日截止

  7. 减免税申请人以减免税货物向境内外金融机构办理贷款抵押的,应当向海关提供下列形式的担保(　　)。

  A. 与货物应缴税款等值的保证金

  B. 境内金融机构提供的相当于货物应缴税款的保函

  C. 减免税申请人、境内金融机构共同向海关提交《进口减免税货物贷款抵押承诺保证书》,书面承诺当减免税申请人抵押贷款无法清偿需要以抵押物抵偿时,抵押人或者抵押权人先补缴海关税款,或者从抵押物的折(变)价款中优先偿付海关税款

  D. 减免税申请人以减免税货物向境外金融机构办理贷款抵押的,应当向海关提交与货物应缴税款等值的保证金或者相当于货物应缴税款的保函形式的担保

  8. 下列可免征进口关税、进口环节增值税和消费税的特定用途货物有(　　)。

  A. 规定范围内的科技开发与科教用品

  B. 规定范围内的残疾人用品

  C. 规定范围内的救灾捐赠进口物资

  D. 规定范围内的藏品

三、简答题

1. 特定减免税货物包括哪些范围?
2. 特定减免税货物的海关监管期限有哪些规定?
3. 特定减免税货物的监管特征有哪些?
4. 什么是暂时进出境货物?
5. 暂时进出境货物的适用范围有哪些?
6. ATA单证册的性质是什么?
7. ATA单证册系统是如何运作的?

四、案例分析

ATA单证册:一册在手,通行天下

  请思考:ATA单证册有何用途,主要用在什么领域? ATA单证册的使用对于贸易与通关便利化有何启示?

业 务 实 训

  1. 广州某电器公司是外商独资企业,海关注册号是＊＊＊＊＊＊0032,投资总额为

1 000万美元,其中办公用品、厂房等实物投资为285万美元,截至2017年8月15日已经申请免税进口设备总额为586万美元,因为生产需要,2017年8月16日又要进口两台原产于台湾的注塑机,单件净重分别为8 500千克与10 000千克,单价均为35 000美元。2017年9月26日,注塑机从台湾运至香港并且委托车牌号码为粤ZAY＊＊港的集装箱车运到广州,集装箱号为TCKU9194822×40,当天就向广州保税区海关申报。问:应该怎样办理报关手续?(根据姜维主编:《报关业务实战教程(第三版)》,立信会计出版社2015年版改编)

2. 某外商投资企业享受特定减免税优惠进口的机器设备自进口之日起已超过5年时间,其要求解除监管的手续应怎样办理?

3. 美国森瑞公司因2018年6月13日要参加由美国消费技术协会在上海新国际博览中心举办的亚洲消费电子展,有以下产品需要入境供展览使用:

品名规格	数量	单价	总价
整流器/KH-6116	120台	3美元	360美元
变压器/6 V—30 V	150台	5美元	750美元
开关/用于电压<1 000 W线路	10 000个	0.1美元	1 000美元

美国森瑞公司委托上海昌荣报关公司办理有关展览事宜的一切手续。上海展出后该批货物又应邀到青岛展览。在青岛展出期间,整流器及变压器无偿赠送给青岛海林电器公司,其余货品在展览结束后退回美国。问:应如何办理报关手续?(根据姜维主编:《报关业务实战教程(第三版)》,立信会计出版社2015年版改编)

本章习题参考答案

第八章 特别通关制度

- **知识目标**：了解进出口转关运输货物的形式和报关手续，海关事务担保的方式和实施；
  了解过境、转运、通运货物的海关监管要求，无代价抵偿货物、超期未报关进口货物、误卸或溢卸进境货物、放弃进口货物、退运进出口货物、跨境电子商务进出口商品的通关规则和管理规范等。
- **技能目标**：根据有关部门规章和规范性文件，完成对一些特殊形式进出口货物（物品）的进出口申报。
- **能力目标**：能结合法律法规、部门规章及企业进出口实际，灵活处理和应对一些特殊情况、突发事件，降低企业运营风险。

出口转关的手续怎样办

第一节 进出口货物转关制度

一、转关运输货物的含义和限制范围

（一）转关运输及转关运输货物的含义

转关运输是指海关为加速口岸进出口货物的疏运，方便收、发货人办理海关手续，依照有关法规规定，在海关监管下，允许海关监管货物由一个设关地点转运到另一设关地点办理进出口海关手续的行为。

根据《中华人民共和国海关关于转关货物监管办法》（根据海关总署令第 235 号修改并重新发布），转关货物包括以下两种情形：

（1）进口转关货物，即由进境地入境，向海关申请转关、运往另一设关地点办理进口海关手续的货物。

（2）出口转关货物，即在启运地已办理出口海关手续运往出境地，由出境地海关监管放行的货物。

其中，进境地是指货物进入关境的口岸，出境地是指货物离开关境的口岸，指运地是指进口转关货物运抵报关的地点，启运地是指出口转关货物报关发运的地点。

（二）转关运输货物的限制范围

海关总署令第89号附件《限制转关物品清单》中规定的限制转关运输的货物包括：动物废料、冶炼渣、木和木质品废料、纺织品废物、贱金属及其制品的废料、各种废旧五金、电机、电器产品、废运输设备、废塑料、碎料及下脚料、可作为化学武器的化学品、消耗臭氧层物质、化学武器关键前体、化学武器原料、易制毒化学品、氰化钠、汽车整车等。其中，汽车整车的出口转关限制已于2012年被取消。①

二、转关运输货物的转关方式和期限

（一）转关方式

转关货物的收发货人或者代理人，可以采取以下三种方式办理转关手续：

（1）在指运地或者启运地海关以提前报关方式办理。提前报关方式，即在指运地或启运地海关提前以电子数据录入的方式申报进出口，待计算机自动生成转关货物申报单，并传输至进境地海关或货物运抵启运地海关监管现场后，办理进口和出口转关手续。

（2）在进境地或者启运地海关以直接填报转关货物申报单的直转方式办理转关手续。

（3）以境内承运人或者其代理人统一向进境地或者启运地海关申报的中转方式办理。中转方式即在收、发货人或其代理人向指运地或启运地海关办理进出口报关手续后，由境内承运人或其代理人统一向进境地或启运地海关办理进口或出口转关手续。

上述三种方式中，具有全程提运单，需换装境内运输工具的进出口中转货物应采取中转方式办理转关手续；其他进口转关、出口转关及境内转关的货物可采用提前报关方式或直转方式办理转关手续。

（二）转关运输的期限

1. 直转方式转关的期限

直转方式转关的进口货物应当自运输工具申报进境之日起14日内向进境地海关办理转关手续，在海关限定期限内运抵指运地之日起14日内，向指运地海关办理报关手续。逾期按规定征收滞报金。在进境地办理转关手续逾期的，以自载运进口货物的运输工具申报进境之日起第15日为征收滞报金的起始日；在指运地申报逾期的，以自货物运抵指运地之日起第15日为征收滞报金的起始日。

2. 提前报关方式转关的期限

（1）进口转关货物应当在电子数据申报之日起的5日内，向进境地海关办理转关手续，

---

① 最新限制请参阅海关总署公告2017年第48号。

超过期限仍未到进境地海关办理转关手续的,指运地海关撤销提前报关的电子数据。

(2) 出口转关货物应当在电子数据申报之日起5日内,运抵起运地海关监管场所,办理转关和验放手续,超过期限的,起运地海关撤销提前报关的电子数据。

案例应用 8-2

进出口公司进口转关申报

三、转关运输货物的通关程序

(一) 进口转关的程序

1. 提前报关的转关

进口货物的收货人或其代理人应在进境地海关办理进口货物转关手续前,向指运地海关传送进口货物报关单电子数据。指运地海关提前受理电子申报,接受申报后,计算机自动生成进口转关货物申报单,向进境地海关传输有关数据。

提前报关的转关货物收货人或其代理人应向进境地海关提供进口转关货物申报单编号,并提交下列单证办理转关运输手续:

(1) 进口转关货物核放单(广东省内公路运输的,交验进境汽车载货清单);

(2) 中华人民共和国海关境内汽车载运海关监管货物载货登记簿(简称汽车载货登记簿)或船舶监管簿;

(3) 提货单。

提前报关的进口转关货物,进境地海关因故无法调阅进口转关数据时,可以按直转方式办理转关手续。

2. 直转方式的转关

货物的收货人或其代理人在进境地录入转关申报数据,凭下列单证直接办理转关手续:

(1) 进口转关货物申报单(广东省内公路运输的,交验进境汽车载货清单);

(2) 汽车载货登记簿或船舶监管簿。

3. 中转方式的转关

中转方式的进口转关一般采用提前报关转关。

具有全程提运单、需要换装境内运输工具的中转转关货物的收货人或其代理人向指运地海关办理进口报关手续后,由境内承运人或其代理人批量办理货物转关手续。

中转的转关货物,运输工具代理人应凭以下单证向进境地海关办理转关手续:

(1) 进口转物申报单;
(2) 进口货物中转通知书;
(3) 按指运地目的港分列的电子或纸质舱单(空运方式提交联程运单)。

（二）出口转关的程序

1. 提前报关的转关

由货物的发货人或其代理人在货物未运抵启运地海关监管场所前,先向启运地海关填报录入出口货物报关单电子数据,启运地海关提前受理电子申报,生成出口转关货报单数据,传输至出境地海关。发货人或其代理人应凭下列单证向启运地海关办理出口转关手续:

(1) 出口货物报关单;
(2) 汽车载货登记簿或船舶监管簿;
(3) 广东省内公路运输的,提交出境汽车载货清单。

货物到达出境地后,发货人或其代理人应持下列单证向出境地海关办理转关货物手续:启运地海关签发的出口货物报关单、出口转关货物申报单或出境汽车载货清单(广东省内公路运输)、汽车载货登记簿或船舶监管簿。

2. 直转方式的转关

由发货人或其代理人在货物运抵启运地海关监管场所后,向启运地海关填报录入出口货物报关单电子数据,启运地海关受理电子申报,生成出口转关货物申报单数据,传送至出境地海关。发货人或其代理人应持下列单证在启运地海关办理出口转关手续:

(1) 出口货物报关单;
(2) 汽车载货登记簿或船舶监管簿;
(3) 广东省内公路运输的,提交出境汽车载货清单。

直转的出口转关货物到达出境地后,发货人或其代理人应持下列单证向出境地海关办理转关货物的出境手续:启运地海关签发的出口货物报关单、出口转关货物申报单或出境汽车载货清单(广东省内公路运输)、汽车载货登记簿或船舶监管簿。

3. 中转方式的转关

具有全程提运单、需要换装境内运输工具的出口中转转关货物,货物的发货人向启运地海关办理出口报关手续后,由承运人或其代理人向启运地海关录入并提交下列单证:

(1) 出口转关货物申报单;
(2) 按出境运输工具分列的电子或纸质舱单;
(3) 汽车载货登记簿或船舶监管簿等单证。

经启运地海关核准后,签发出口货物中转通知书,出境地海关验核由承运人或其代理人提交的上述单证,办理中转货物的出境手续。

四、转关运输货物的核销

进口转关货物在运抵指运地海关监管场所后,指运地海关方可办理转关核销。对于进口大宗散装转关货物分批运输的,在第一批货物运抵指运地海关监管作业场所后,指运地海关办理整批货物的转关核销手续,发货人或者代理人同时办理整批货物的进口报关手续。指运地海关按规定办理余下货物的验放。最后一批货物到齐后,指运地海关完成整批货物核销。

出口转关货物在运抵出境地海关监管作业场所后,出境地海关方可办理转关核销。货物实际离境后,出境地海关核销清洁舱单并且反馈启运地海关,启运地海关凭以签发有关报关单证明联。

转关工具未办结转关核销的,不得再次承运转关货物。

▶ 五、转关运输货物的其他管理规范

转关货物是海关监管货物,海关对进出口转关货物施加海关封志。

转关货物应当由已经在海关注册登记的承运人承运。海关对转关限定路线范围,限定途中运输时间,承运人应当按海关要求将货物运抵指定的场所。海关根据工作需要,可以派员押运转关货物,货物收发货人或者其代理人、承运人应当提供方便。

转关货物的指运地或者启运地应当设在经海关批准的海关监管作业场所。转关货物的存放、装卸、查验应当在海关监管作业场所内进行。特殊情况需要在海关监管场所以外存放、装卸、查验货物的,应当向海关事先提出申请,海关按照规定监管。

海关对转关货物的查验,由指运地或者启运地海关实施。进、出境地海关认为必要时也可以查验或者复验。

转关货物未经海关许可,不得开拆、提取、交付、发运、调换、改装、抵押、质押、留置、转让、更换标记、移作他用或者进行其他处置。

转关货物申报的电子数据与书面单证具有同等的法律效力。对确因填报或者传输错误的数据,符合进出口货物报关单修改和撤销管理相关规定的,可以进行修改或者撤销。对海关已经决定查验的转关货物,不再允许修改或者撤销申报内容。广东省内公路运输的进境汽车载货清单或者出境汽车载货清单视同转关申报书面单证,具有法律效力。

转关货物运输途中因交通意外等原因需要更换运输工具或者驾驶员的,承运人或者驾驶员应当通知附近海关;附近海关核实同意后,监管换装并书面通知进境地、指运地海关或者出境地、启运地海关。

转关货物在国内储运中发生损坏、短少、灭失情事时,除不可抗力外,承运人、货物所有人、存放场所负责人应承担税赋责任。

相关链接 8-3

《关于规范转关运输业务的公告》(海关总署公告 2017 年第 48 号)

第二节 海关事务担保制度[①]

一、海关事务担保的含义与范围

(一) 海关事务担保的含义

海关事务担保是指与进出境有关的自然人、法人或者其他组织在向海关申请从事特定的进出境经营业务或者办理特定的海关事务时,以向海关提交现金、保函等方式,保证行为的合法性,或保证在一定期限内履行其承诺的义务的法律行为。

(二) 海关事务担保的适用范围

1. 申请提供担保的范围

《海关法》第六十六条规定:"在确定货物归类、估价和提供有效报关单或者办结其他海关手续前,收发货人要求放行货物的,海关应当在其提供与其依法应当履行的法律义务相适应的担保后放行。"

《中华人民共和国海关事务担保条例》第四条第一款规定,有下列情形之一的,当事人可以在办结海关手续前向海关申请提供担保,要求提前放行货物:

(1) 进出口货物的商品归类、完税价格、原产地尚未确定的;
(2) 有效报关单证尚未提供的;
(3) 在纳税期限内税款尚未缴纳的;
(4) 滞报金尚未缴纳的;
(5) 其他海关手续尚未办结的。

2. 规定提供担保的范围

《中华人民共和国海关事务担保条例》第五条规定,当事人申请办理下列特定海关业务的,按照海关规定提供担保:

(1) 运输企业承担来往内地与港澳公路货物运输、承担海关监管货物境内公路运输的;
(2) 货物、物品暂时进出境的;
(3) 货物进境修理和出境加工的;
(4) 租赁货物进口的;
(5) 货物和运输工具过境的;
(6) 将海关监管货物暂时存放在海关监管区外的;
(7) 将海关监管货物向金融机构抵押的;
(8) 为保税货物办理有关海关业务的。

当事人不提供或者提供的担保不符合规定的,海关不予办理前款所列特定海关业务。

3. 其他情形

根据《海关法》第六十六条:"法律、行政法规对履行海关义务的担保另有规定的,从其规

[①] 参见刘达芳:《海关法教程》,中国海关出版社 2015 年版。

定。"《中华人民共和国海关事务担保条例》第六、七、八、九条也列举了一些具体的情形,主要有:

(1) 进出口货物的纳税义务人在规定的纳税期限内有明显的转移、藏匿其应税货物以及其他财产迹象的,海关可以责令纳税义务人提供担保;纳税义务人不能提供担保的,海关依法采取税收保全措施;

(2) 有违法嫌疑的货物、物品、运输工具应当或者已经被海关依法扣留、封存的,当事人可以向海关提供担保,申请免予或者解除扣留、封存;有违法嫌疑的货物、物品、运输工具无法或者不便扣留的,当事人或者运输工具负责人应当向海关提供等值的担保;未提供等值担保的,海关可以扣留当事人等值的其他财产。

(3) 法人、其他组织受到海关处罚,在罚款、违法所得或者依法应当追缴的货物、物品、走私运输工具的等值价款未缴清前,其法定代表人、主要负责人出境的,应当向海关提供担保;未提供担保的,海关可以通知出境管理机关阻止其法定代表人、主要负责人出境。受海关处罚的自然人出境的,同样应当向海关提供担保。

(4) 进口已采取临时反倾销措施、临时反补贴措施的货物应当提供担保的,或者进出口货物收发货人、知识产权权利人申请办理知识产权海关保护相关事务等的,应按规定办理海关事务担保。

4. 免予适用的范围

《中华人民共和国海关事务担保条例》第十条规定,当事人连续两年同时具备下列条件的,可以向直属海关申请免除担保,并按照海关规定办理有关手续:

(1) 通过海关验证稽查;

(2) 年度进出口报关差错率在3‰以下;

(3) 没有拖欠应纳税款;

(4) 没有受到海关行政处罚,在相关行政管理部门无不良记录;

(5) 没有被追究刑事责任等。

当事人不再符合上述规定条件的,海关应当停止对其适用免除担保。

5. 不予适用的范围

《海关法》第六十六条、《中华人民共和国海关事务担保条例》第四条第二款规定:"国家对进出境货物、物品有限制性规定,应当提供许可证件而不能提供的,以及法律、行政法规规定不得担保的其他情形,海关不予办理担保放行。"

《中华人民共和国海关事务担保条例》第七条规定:"有违法嫌疑的货物、物品、运输工具属于禁止进出境,或者必须以原物作为证据,或者依法应当予以没收的,海关不予办理担保。"

二、海关事务担保方式

《海关法》第六十八条通过列举的方式,明确规定了财产或权利担保的范围:

(1) 人民币、可自由兑换的货币。人民币是我国的法定货币,支付我国境内一切公共的和私人的债务,任何单位或个人均不能拒收;可自由兑换货币,指国家外汇管理局公布挂牌的作为国际支付手段的外币现钞。

(2) 汇票、本票、支票、债券、存单。汇票是指由出票人签发的委托付款人在见票时或在指定日期，无条件支付确定金额给收款人或持票人的票据。分为银行承兑汇票和商业承兑汇票两种。本票是由出票人签发的，承诺自己在见票时无条件支付确定的金额给收款人或持票人的票据。支票是指出票人签发的，委托办理支票存款业务的银行或者其他金融机构，在见票时无条件支付确定的金额给收款人或者持票人的票据。债券是指依照法定程序发行的，约定在一定期限还本付息的有价证券，包括国债券、企业债券、金融债券等。存单是指储蓄机构发给存款人的证明其债权的单据。此外，本项可担保的权利还包括外币支付凭证、外币有价证券等。

(3) 银行或者非银行金融机构出具的保函。保函及法律上的保证属于人的担保范畴。保函不是以具体的财产提供担保，而是以保证人的信誉和不特定的财产为他人的债务提供担保；保证人必须是第三人；保证人应当具有清偿债务的能力。

根据《中国人民银行法》的规定：中国人民银行作为中央银行，不能为任何单位和个人提供担保，故不属担保银行的范畴。

对于ATA单证项下进出口的货物，可由担保协会这一特殊的第三方作为担保人，为展览品等暂准(时)进出口货物提供保函方式的担保。

(4) 海关依法认可的其他财产、权利。指除上述财产、权利外的其他财产和权利。

三、海关事务担保实施

(一) 担保的形式与内容

当事人在一定期限内多次办理同一类海关事务的，可以向海关申请提供总担保。海关接受总担保的，当事人办理该类海关事务，不再单独提供担保。总担保的适用范围、担保金额、担保期限、终止情形等由海关总署规定。

当事人可以以海关依法认可的财产、权利提供担保，担保财产、权利的具体范围由海关总署规定。

当事人以保函向海关提供担保的，保函应当以海关为受益人，并且载明下列事项：
(1) 担保人、被担保人的基本情况；
(2) 被担保的法律义务；
(3) 担保金额；
(4) 担保期限；
(5) 担保责任；
(6) 需要说明的其他事项。

担保人应当在保函上加盖印章，并注明日期。

(二) 担保的标准

当事人提供的担保应当与其需要履行的法律义务相当，除有违法嫌疑的货物、物品、运输工具无法或者不便扣留的，当事人或者运输工具负责人应当向海关提供等值的担保外，担保金额按照下列标准确定：
(1) 为提前放行货物提供的担保，担保金额不得超过可能承担的最高税款总额；
(2) 为办理特定海关业务提供的担保，担保金额不得超过可能承担的最高税款总额或者海关总署规定的金额；

（3）因有明显的转移、藏匿应税货物以及其他财产迹象被责令提供的担保，担保金额不得超过可能承担的最高税款总额；

（4）为有关货物、物品、运输工具免予或者解除扣留、封存提供的担保，担保金额不得超过该货物、物品、运输工具的等值价款；

（5）为罚款、违法所得或者依法应当追缴的货物、物品、走私运输工具的等值价款未缴清前出境提供的担保，担保金额应当相当于罚款、违法所得数额或者依法应当追缴的货物、物品、走私运输工具的等值价款。

（三）担保的申请、审核与变更

（1）办理担保，当事人应当提交书面申请以及真实、合法、有效的财产、权利凭证和身份或者资格证明等材料。

（2）海关应当自收到当事人提交的材料之日起5个工作日内对相关财产、权利等进行审核，并决定是否接受担保。当事人申请办理总担保的，海关应当在10个工作日内审核并决定是否接受担保。符合规定的担保，自海关决定接受之日起生效。对不符合规定的担保，海关应当书面通知当事人不予接受，并说明理由。

（3）被担保人履行法律义务期限届满前，担保人和被担保人因特殊原因要求变更担保内容的，应当向接受担保的海关提交书面申请以及有关证明材料。海关应当自收到当事人提交的材料之日起5个工作日内作出是否同意变更的决定，并书面通知当事人，不同意变更的，应当说明理由。

（四）担保的责任与义务

（1）被担保人在规定的期限内未履行有关法律义务的，海关可以依法从担保财产、权利中抵缴。当事人以保函提供担保的，海关可以直接要求承担连带责任的担保人履行担保责任。

（2）担保人履行担保责任的，不免除被担保人办理有关海关手续的义务。海关应当及时为被担保人办理有关海关手续。

（3）担保财产、权利不足以抵偿被担保人有关法律义务的，海关应当书面通知被担保人另行提供担保或者履行法律义务。

（五）担保的退还与处理

有下列情形之一的，海关应当书面通知当事人办理担保财产、权利退还手续：

（1）当事人已经履行有关法律义务的；

（2）当事人不再从事特定海关业务的；

（3）担保财产、权利被海关采取抵缴措施后仍有剩余的；

（4）其他需要退还的情形。

自海关要求办理担保财产、权利退还手续的书面通知送达之日起3个月内，当事人无正当理由未办理退还手续的，海关应当发布公告。自海关公告发布之日起1年内，当事人仍未办理退还手续的，海关应当将担保财产、权利依法变卖或者兑付后，上缴国库。

担保人、被担保人违反担保条例规定的，使用欺骗、隐瞒等手段提供担保的，由海关责令其继续履行法律义务，处5 000元以上50 000元以下的罚款；情节严重的，可以暂停被担保人从事有关海关业务或者撤销其从事有关海关业务的注册登记。

四、担保人资格及担保责任

(一) 担保人的资格

《海关法》第六十七条规定:"具有履行海关事务担保义务能力的法人、其他组织或公民,可以成为担保人。法律规定不得为担保人的除外。"

具有履行海关担保义务能力是对法人、其他组织和公民作为担保人的基本要求。对于担保人而言,其履行义务的能力主要表现在他(它)应当拥有足以承担担保责任的财产。公民作为担保人还应当具有民事行为能力,无民事行为能力或者限制行为能力的,即使拥有足以承担担保责任的财产,也不能作为担保人。

同样基于担保人应当具有履行能力的基本要求,《海关法》对担保人的资格又做了必要的限制。规定如其他有关法律对担保人资格已作出限制规定的,则这种法人、其他组织或公民就不能作为担保人。例如《中国人民银行法》规定:鉴于中国人民银行作为中央银行在国务院的领导下,制定和实施货币政策,对金融业实施监督管理,故不得向任何单位或个人提供担保。

(二) 担保人的担保责任

《海关法》第六十九条规定:"担保人应当在担保期限内承担担保责任。担保人履行担保责任的,不免除被担保人应当办理有关海关手续的义务。"

(1) 担保人的担保责任。担保人应当承担的担保责任,主要是被担保人应当在规定的期限内全面、正确地履行其承诺的海关义务。根据担保个案的不同情况,其责任范围也有区别。例如仅担保税款,或担保税款和利息,或在担保人与海关约定下将担保扩大至税款、利息及罚款。

(2) 担保的期限。这是指担保人承担担保责任的起止时间。担保人在规定的担保期间内承担担保责任,逾期,即使被担保人未履行海关义务,担保人也不再承担担保责任。鉴于法律规定可适用担保的范围内所涉及的事项千差万别,不可能对此做一刀切的规定,因而担保期间主要由海关行政法规来制定。

(3) 担保责任的解除。被担保人如能在规定的期间内履行其承诺的义务,如按时补交单证、按时缴纳税款、按时缴纳罚款等,担保人的担保责任则应当依法予以解除,由海关及时办理销案手续,退回有关保证金等。

商品归类异议可否申请海关事务担保

> **案例应用 8-5**
>
> **有关单证未到,能否申请海关事务担保**
>
>

第三节 过境、转运、通运货物通关制度

一、过境货物通关制度

(一) 过境货物的含义

过境货物是指从境外启运,通过我国境内陆路运输,继续运往境外的货物。在国际贸易中,由于各国面临不同的地理环境和交通网络,为了尽可能缩短货物的在途距离、降低运输成本,从而产生了货物的过境运输。

世界海关组织为促进国家经济贸易交流,协调各国海关管理,于 1973 年在日本京都主持签定了《关于简化和协调海关制度的国际公约》,又称《京都公约》。该公约要求各国海关简化过境货物的通关手续,提供便利,免征过境货物进口关税,除为维护过境安全、公共卫生、公共道德外,一般免于提交进口管理和限制证件,免于查验过境货物,但要求过境货物的运输工具应便于海关加封。我国海关依照《京都公约》规定的国际通行做法,对过境货物与一般进出口货物区别开来,简化进出境手续,免征进口税款,同时,为维护国际主权和利益,依照国家有关法律、法规对过境货物进行监管。

(二) 过境货物的经营人、承运人及其责任

过境运输的经营人是指经国家经贸主管部门批准、认可,具有国际货物运输代理业务经营权并拥有过境货物运输代理业务经营范围(国际多式联运)的有关企业。过境货物的承运人,是指经国家运输主管部门批准从事过境货物运输业务的企业。

过境货物的经营人应当持主管部门的批准文件和工商行政管理部门颁发的营业执照,向海关申请办理报关注册登记手续。经海关核准后,才能负责办理报关事宜。

装载过境货物的运输工具,应当具有海关认可的加封条件和装置。海关认为必要时,可以对过境货物及其装载装置加封。运输部门和经营人,应当负责保护海关封志的完整,任何人不得擅自开启或损毁。

(三) 过境货物的范围

(1) 对于同我国签有过境货物协定国家的过境货物,或属于同我国签有铁路联运协定国家收、发货的过境货物,按有关协定准予过境。

(2) 对于同我国未签有上述协定国家的过境货物,应当经国家经贸、运输主管部门批

准,并向入境地海关备案后准予过境。

下列货物禁止过境:

(1) 来自或运往我国停止或禁止贸易的国家和地区的货物;

(2) 各种武器、弹药、爆炸物品及军需品(通过军事途径运输的除外);

(3) 各种烈性毒药、麻醉品和鸦片、吗啡、海洛因、可卡因等毒品;

(4) 我国法律、法规禁止过境的其他货物、物品。

(四) 过境货物的报关程序

海关对过境货物监管的目的,是为了防止过境货物在我国境内运输过程中滞留在国内或将我国货物混入过境货物随运出境,防止禁止过境货物从我国过境。因此,海关要求过境货物经营人必须办理相应的过境货物通关手续。

1. 过境货物进境手续

过境货物进境时,经营人应当向进境地海关如实申报,并递交下列单证:

(1) 中华人民共和国海关过境货物报关单(一式四份);

(2) 过境货物运输单据(运单、装载清单、载货清单等);

(3) 海关需要的其他单证(发票、装箱清单等)。

海关认为必要时,可以查验过境货物。海关在查验过境货物时,经营人或承运人应当到场,按照海关的要求负责搬移货物,开拆和重封货物的包装,并在海关查验记录上签字。

过境货物经进境地海关审核无讹后,海关在运单上加盖"海关监管货物"戳记,并将二份过境货物报关单和过境货物清单制作关封后加盖"海关监管货物"专用章,连同上述运单一并交给经营人。经营人或承运人应当负责将进境地海关签发的关封完整、及时地带交出境地海关。

2. 过境货物的其他监管要求

(1) 过境货物自进境之日起超过3个月未向海关申报的,海关视其为进口货物,按《中华人民共和国海关法》的规定提取变卖处理。

(2) 过境货物应当自进境之日起6个月内运输出境;在特殊情况下,经海关同意,可以延期,但延长期不得超过3个月。过境货物在规定时间内不能出境的,海关按《中华人民共和国海关法行政处罚实施细则》的有关规定处罚。

(3) 过境货物在进境以后、出境之前,应当按照运输主管部门规定的路线运输,运输主管部门没有规定的,由海关指定。根据实际情况,海关需要派员押运过境货物时,经营人或承运人应免费提供交通工具和执行监管任务的便利,并按照规定缴纳规费。过境货物进境后因换装运输工具等原因需卸地储存时,应当经海关批准并在海关监管下存入经海关指定或同意的仓库或场所。

(4) 过境货物出境时,经营人应当向出境地海关申报,并交验进境地海关签发的关封和海关需要的其他单证。如货物有变动情况,经营人还应当提交书面证明。过境货物经出境地海关审核有关单证、关封或货物无讹后,由海关在运单上加盖放行章,在海关监管下出境。

(5) 过境货物,由于不可抗力的原因,被迫在运输途中换装运输工具,起卸货物或遇有意外情况时,经营人或承运人应当立即报告所在地海关或附近海关,接受海关监管。

(6) 过境货物自进境起到出境止属海关监管货物,应当接受海关监管。未经海关许可,任何单位和个人不得开拆、提取、交付、发运、调换、改装、抵押、转让,或者更换标记。过境货物在境内发生灭失和短少时(除不可抗力的原因外),应当由经营人负责向出境地海关补办进口纳税手续。

案例应用 8-6

过境货物的报关手续

二、转运货物通关

(一) 转运货物的含义

转运货物是指由境外启运,通过我国境内设立海关的地点换装运输工具后,不通过境内陆路运输,继续运往境外的货物。

(二) 转运货物的条件

进境运输工具装载的货物具备下列条件之一的,可办理转运手续:
(1) 持有转运或联运提单的;
(2) 进口载货清单上注明是转运货物的;
(3) 持有普通提单,但在起卸前已向海关声明转运的;
(4) 误卸的进口货物,经运输过境经营人提供确实证明的;
(5) 因特殊情况申请转运,经海关核准的。

(三) 转运货物的报关程序

海关对转运货物实施监管,主要是防止货物在口岸换装过程中混卸进口或混装出口。为此,转运货物承运人的责任就是确保其继续运往境外。载有转运货物的运输进境后,承运人应当在"进口载货清单"上列明转运货物的名称、数量、起运地和到达地,并向海关申报。经海关核准后,转运货物在海关监管下换装运输工具,并在规定时间内出境。

(四) 海关对转运货物的监管要求

(1) 转运货物自进境起至出境止,属海关监管货物,应接受海关监管。转运货物在中国口岸存放期间,不得开拆、改换包装或进行加工。口岸海关对转运的外国货物有权开箱查验,但是如果没有发现违法或可疑情况的,一般仅对转运货物做外形查验。

(2) 转运货物应在进境后 3 个月内办理海关手续转运出境。超出规定期限的,海关将按规定提取变卖。

三、通运货物通关制度

(一) 通运货物的含义

通运货物是指由境外启运,由船舶、航空器载运进境,并由原运输工具载运出境的货物。

由于国际货物运输的原因,运输工具需中途靠港或降落,其装载的未到达目的国的货物并不卸下,在运输工具完成靠、降作业后出境继续运输。海关对此类货物管理主要是防止通运货物与其他货物的混卸、误卸,监管其继续运往境外。

(二)通运货物的报关程序

运输工具进境时,运输工具负责人应在"船舶进口报告书"或在国际民航航班使用的"进口载货舱单"上注明通运货物的名称和数量,并向进境地海关申报。海关对申报内容核实后,监管有关通运货物出境。

(三)海关对通运货物的监管要求

(1)通运货物自进境起至出境止,属于海关监管货物,未经海关许可不得从运输工具上卸下;

(2)运输工具因装卸其他货物需要搬运或倒装卸下通运货物时,应向海关申请,在海关监管下进行,并如数装回原运输工具。

日本东京丸株式会社应该办理转运报关手续

第四节 其他特殊货物通关制度

一、无代价抵偿货物

(一)无代价抵偿货物的含义和特征

1. 无代价抵偿货物的含义

无代价抵偿货物是指进出口货物在海关放行后,因残损、短少、品质不良或者规格不符原因,由进出口货物的发货人、承运人或者保险公司免费补偿或者更换的与原货物相同或者与合同规定相符的货物。

2. 无代价抵偿货物的特征

(1)是执行合同过程中发生的损害赔偿。即买卖双方在执行交易合同中,我方根据货物损害的事实状态向对方索赔,而由对方进行的赔偿。对于违反进口管理规定而索赔进口的,不能按无代价抵偿货物办理。

(2)已经海关放行。即被抵偿进口的货物已办理了进口手续,并已按规定缴纳了关税或享受减免税的优惠,经海关放行之后,发现了损害而索赔进口。

(3) 仅抵偿直接损失部分。根据国际惯例,除合同另有规定者外,抵偿一般只限于在成交商品所发生的直接损失方面(即残损、短少、品质不良等)以及合同规定的有关方面(如对迟交货物罚款等)。对于所发生的间接损失(如因设备问题延误投产所造成的损失),一般不包括在抵偿的范围内。

(4) 抵偿形式。常见抵偿形式有:

① 补缺,即补足短少部分;

② 更换错发货物,即退运错发货物,换进应发货物;

③ 更换品质不良货物,即退运品质不良货物,换进质量合格货物;

④ 贬值,即因品质不良而削价补偿;

⑤ 补偿备价,即对残损进行补偿,由我方自行修理;

⑥ 修理,即因残损,原货退运境外修理后再进口。

(二) 无代价抵偿货物的报关要求

1. 申报期限

纳税义务人应当在原进出口合同规定的索赔期内且不超过原货物进出口之日起 3 年,向海关申报办理无代价抵偿货物的进出口手续。

2. 进口申报

纳税义务人申报进口无代价抵偿货物,应当提交下列单证:

(1) 原进口货物报关单;

(2) 原进口货物退运出境的出口报关单或者原进口货物交由海关处理的货物放弃处理证明;

(3) 原进口货物税款缴款书或者《征免税证明》;

(4) 买卖双方签订的索赔协议。

因原进口货物短少而进口无代价抵偿货物,不需要提交第(2)项单证。海关认为需要时,纳税义务人还应当提交具有资质的商品检验机构出具的原进口货物残损、短少、品质不良或者规格不符的检验证明书或者其他有关证明文件。

3. 出口申报

纳税义务人申报出口无代价抵偿货物,应当提交下列单证:

(1) 原出口货物报关单;

(2) 原出口货物退运进境的进口报关单;

(3) 原出口货物税款缴款书或者《征免税证明》;

(4) 买卖双方签订的索赔协议。

因原出口货物短少而出口无代价抵偿货物,不需要提交第(2)项单证。海关认为需要时,纳税义务人还应当提交具有资质的商品检验机构出具的原出口货物残损、短少、品质不良或者规格不符的检验证明书或者其他有关证明文件。

(三) 海关对无代价抵偿货物的征免税规定

纳税义务人申报进出口的无代价抵偿货物,与退运出境或者退运进境的原货物不完全相同或者与合同规定不完全相符的,应当向海关说明原因。海关经审核认为理由正当,且其税则号列未发生改变的,应当按照审定进出口货物完税价格的有关规定和原进出口货物适用的计征汇率、税率,审核确定其完税价格、计算应征税款。应征税款高于原进出口货物已征税款的,应当补征税款的差额部分。应征税款低于原进出口货物已征税款,且原进出口货物的发货人、承运人或者保险公司同时补偿货款的,海关应当退还补偿货款部分的相应税款;未补偿货款的,税款的差额部分不予退还。纳税义务人申报进出口的免费补偿或者更换的货物,其税则号列与原货物的税则号列不一致的,不适用无代价抵偿货物的有关规定,海关应当按照一般进出口货物的有关规定征收税款。

纳税义务人申报进出口无代价抵偿货物,被更换的原进口货物不退运出境且不放弃交由海关处理的,或者被更换的原出口货物不退运进境的,海关应当按照接受无代价抵偿货物申报进出口之日适用的税率、计征汇率和有关规定对原进出口货物重新估价征税。

被更换的原进口货物退运出境时不征收出口关税。被更换的原出口货物退运进境时不征收进口关税和进口环节海关代征税。

案例应用 8-8

品质不良货物的替代是按无代价补偿还是样品进口报关?

案例应用 8-9

无代价抵偿货物贸易方式报关退运及出口报关资料

二、超期未报关进口货物、误卸或溢卸的进境货物和放弃进口货物

(1)进口货物的收货人应当自运输工具申报进境之日起 14 日内向海关申报。进口货物的收货人超过上述规定期限向海关申报的,由海关按照《中华人民共和国海关征收进口货物滞报金办法》的规定征收滞报金;超过 3 个月未向海关申报的,其进口货物由海关提取依法变卖处理。保税货物、暂时进口货物超过规定的期限 3 个月,未向海关办理复运出境或者其他海关有关手续的;过境、转运和通运货物超过规定的期限 3 个月,未运输出境的,按照前述规定处理。

(2)由进境运输工具载运进境并且因故卸至海关监管区或者其他经海关批准的场所,

未列入进口载货清单、运单向海关申报进境的误卸或者溢卸的进境货物,经海关审定确实的,由载运该货物的原运输工具负责人,自该运输工具卸货之日起3个月内,向海关办理直接退运出境手续;或者由该货物的收发货人,自该运输工具卸货之日起3个月内,向海关办理退运或者申报进口手续。经载运该货物的原运输工具负责人,或者该货物的收发货人申请,海关批准,可以延期3个月办理退运出境或者申报进口手续。超过前述规定的期限,未向海关办理退运出境或者申报进口手续的,由海关提取依法变卖处理。如果货物属于危险品或者鲜活、易腐、易烂、易失效、易变质、易贬值等不宜长期保存的货物,海关可以根据实际情况,提前提取依法变卖处理。

(3) 进口货物的收货人或者其所有人声明放弃的进口货物,由海关提取依法变卖处理。国家禁止或者限制进口的废物、对环境造成污染的货物不得声明放弃。除符合国家规定,并且办理申报进口手续,准予进口的外,由海关责令货物的收货人或者其所有人、载运该货物进境的运输工具负责人退运出境;无法退运的,由海关责令其在海关和有关主管部门监督下予以销毁或者进行其他妥善处理,销毁和处理的费用由收货人承担,收货人无法确认的,由相关运输工具负责人及承运人承担;违反国家有关法律法规的,由海关依法予以处罚,构成犯罪的,依法追究刑事责任。

(4) 超期未报关进口货物、误卸或者溢卸的进境货物和放弃进口货物属于《出入境检验检疫机构实施检验检疫的进出境商品目录》范围的,由海关在变卖前提请出入境检验检疫机构进行检验、检疫,检验、检疫的费用与其他变卖处理实际支出的费用从变卖款中支付。

按照上述规定由海关提取依法变卖处理的超期未报、误卸或者溢卸等货物的所得价款,在优先拨付变卖处理实际支出的费用后,按照下列顺序扣除相关费用和税款:

① 运输、装卸、储存等费用;

② 进口关税;

③ 进口环节海关代征税;

④ 滞报金。

所得价款不足以支付同一顺序的相关费用的,按照比例支付。扣除上述第②项进口关税的完税价格按照下列公式计算:

$$完税价格 = \frac{变卖所得价款 - 变卖费用 - 运储费用}{(1 + 关税率 + 增值税率 + 关税率 \times 增值税率)/(1 - 消费税率)}$$

实行从量、复合或者其他方式计征税款的货物,按照有关征税的规定计算和扣除税款。

(5) 按照以上规定扣除相关费用和税款后,尚有余款的,自货物依法变卖之日起1年内,经进口货物收货人申请,予以发还。其中属于国家限制进口的,应当提交许可证件而不能提供的,不予发还;不符合进口货物收货人资格、不能证明对进口货物享有权利的,申请不予受理。逾期无进口货物收货人申请、申请不予受理或者不予发还的,余款上缴国库。

申请发还余款的,申请人应当提供证明其为该进口货物收货人的相关资料。经海关审核同意后,申请人应当按照海关对进口货物的申报规定,补办进口申报手续,并提交有关进口许可证件和其他有关单证。不能提交有效进口许可证件的,由海关按照《中华人民共和国海关行政处罚实施条例》的规定处理。

(6) 由海关提取依法变卖处理的放弃进口货物的所得价款,优先拨付变卖处理实际支出的费用后,再扣除运输、装卸、储存等费用。所得价款不足以支付上述运输、装卸、储存等费用的,按比例支付。扣除相关费用后尚有余款的,上缴国库。

(7) 进口货物的收货人自运输工具申报进境之日起三个月后、海关决定提取依法变卖处理前申请退运或者进口超期未报进口货物的,应当经海关审核同意,并按照有关规定向海关申报。申报进口的,应当按照《中华人民共和国海关征收进口货物滞报金办法》的规定,缴纳滞报金(滞报期间的计算,自运输工具申报进境之日的第15日起至货物申报进口之日止)。

(8) 超期未报关进口货物、误卸或者溢卸的进境货物属于危险品或者鲜活、易腐、易烂、易失效、易变质、易贬值等不宜长期保存的货物的,海关可以根据实际情况,提前提取依法变卖处理。所得价款的后续支付顺序及发还程序按前述规定办理。

进出境物品所有人声明放弃的物品,在海关规定期限内未办理海关手续或者无人认领的物品,以及无法投递又无法退回的进境邮递物品,由海关按照超期未报关货物和放弃进口货物的有关规定处理。

三、退运进出口货物和出口退关货物

(一) 退运进出口货物

退运进出口货物是指货物因质量不良或交货时间延误等原因,被国外买方拒收退运或因错发、错运造成的溢装、漏卸而退运的货物。

退运货物分为一般退运货物与直接退运的货物。

一般退运货物是指已办理申报手续且海关已放行出口或进口,因各种原因造成退运进口或退运出口的货物。

直接退运货物是指在进境后、办结海关放行手续前,进口货物收发货人、原运输工具负责人或者其代理人(以下统称当事人)申请直接退运境外,或者海关根据国家有关规定责令直接退运境外的全部或者部分货物。

进口转关货物在进境地海关放行后,当事人申请办理退运手续的,不属于直接退运货物,应当按照一般退运货物办理退运手续。

1. 一般退运货物的报关手续

(1) 一般退运进口货物。一般退运进口货物的报关分两种情形:

原出口货物退运进境时,若该批出口货物已收汇、已核销,原发货人或其代理人应填写进口货物报关单向进境地海关申报,并提供原货物出口时的出口货物报关单,现场海关应凭报关单出口退税专用联正本,或税务部门出具的"出口商品退运已补税证明",保险公司证明或承运人溢装、漏卸的证明等有关资料办理退运进口手续,同时签发一份进口货物报关单。

原出口货物退运进境时,若出口未收汇,原发货人或其代理人在办理退运手续时,提交原出口货物报关单、报关单退税证明联向进境地海关申报退运进口,同时填制一份进口货物报关单;若出口货物部分退运进口,海关应在原出口货物报关单上批注退运的实际数量、金额后退回企业并留存复印件,海关核实无误后,验放有关货物进境。

因品质或者规格原因,出口货物自出口之日起1年内原状退货复运进境的,经海关核实后不予征收进口税,原出口时已经征收出口关税的,只要重新缴纳因出口而退还的国内环节税,纳税义务人自缴纳出口税款之日起1年内,可以申请退还已缴纳出口税。

(2) 一般退运出口货物。因故退运出口的进口货物,原收货人或其代理人应填写出口货物报关单申报出境,并提供原货物进口时的进口货物报关单、保险公司证明或承运人溢装、漏卸的证明等有关资料,经海关核实无误后,验放有关货物出境。

因品质或者规格原因,进口货物自进口之日起1年内原状退货复运出境的,经海关核实后可以免征出口关税,已征收的进口关税和进口环节海关代征税,纳税义务人自缴纳进口税款之日起1年内,可以申请退还。

2. 直接退运货物的报关手续①

(1) 当事人申请直接退运的货物。在货物进境后、办结海关放行手续前,有下列情形之一的,当事人可以向海关申请办理直接退运手续:因国家贸易管理政策调整,收货人无法提供相关证件的;属于错发、误卸或者溢卸货物,能够提供发货人或者承运人书面证明文书的;收发货人双方协商一致同意退运,能够提供双方同意退运的书面证明文书的;有关贸易发生纠纷,能够提供已生效的法院判决书、仲裁机构仲裁决定书或者无争议的有效货物所有权凭证的;货物残损或者国家检验检疫不合格,能够提供相关检验证明文书的。

办理直接退运手续的进口货物未向海关申报的,当事人应当向海关提交《进口货物直接退运表》以及证明进口实际情况的合同、发票、装箱清单、提运单或者载货清单等相关单证、符合申请条件的相关证明文书,按照规定填制报关单,办理直接退运的申报手续。

办理直接退运手续的进口货物已向海关申报的,当事人应当向海关提交《进口货物直接退运表》、原报关单或转关单以及证明进口实际情况的合同、发票、装箱清单、提运单或者载货清单等相关单证、证明文书,先行办理报关单或转关单删除手续。海关依法删除原报关单或者转关单数据的,当事人应当按照规定填制报关单,办理直接退运的申报手续。

对海关已经确定布控、查验或者认为有走私违规嫌疑的货物,不予办理直接退运,布控、查验或者案件处理完毕后,按照海关有关规定处理。

(2) 海关责令直接退运的货物。在货物进境后、办结海关放行手续前,有下列情形之一的,由海关责令当事人将进口货物直接退运境外:货物属于国家禁止进口的货物,已经海关依法处理的;违反国家检验检疫政策法规,已经海关依法处理的;未经许可擅自进口属于限制进口的固体废物,已经海关依法处理的;违反国家有关法律、行政法规,应当责令直接退运的其他情形。

责令进口货物直接退运的,由海关根据相关政府行政主管部门出具的证明文书,向当事人制发《中华人民共和国海关责令进口货物直接退运通知书》(以下简称《责令直接退运通知书》)。当事人收到《责令直接退运通知书》之日起30日内,应当按照海关要求向货物所在地海关办理进口货物直接退运的申报手续。

办理进口货物直接退运手续,应当按照报关单填制规范填制进出口货物报关单,并符合下列要求:"备注"栏填写《进口货物直接退运表》或《责令直接退运通知书》编号,"监管方式"栏填写"直接退运"(代码"4500")。

当事人办理进口货物直接退运的申报手续时,应当先填写出口货物报关单向海关申报,然后填写进口货物报关单办理直接退运申报手续,进口货物报关单应当在"关联报关单"栏填报出口报关单号。

---

① 参见《中华人民共和国海关进口货物直接退运管理办法》(海关总署令第217号,并根据第238号修改)。

直接退运的货物,海关不验核进出口许可证或者其他监管证件,免予征收进出口环节税费及滞报金,不列入海关统计。由于者承运人的责任造成货物错发、误卸或者溢卸的,当事人办理直接退运手续时可以免予填制报关单。进口货物直接退运应当从原进境地口岸退运出境。由于运输原因需要改变运输方式或者由另一口岸退运出境的,应当经由原进境地海关批准后,以转关运输方式出境。

(二) 出口退关货物

出口退关货物是指出口货物在向海关申报出口被海关放行后,因故未能装上出境运输工具,发货单位请求将货物退运出海关监管区域不再出口的行为。

对于出口退关货物,出口货物的发货人及其代理人应当在得知出口货物未装上运输工具,并决定不再出口之日起3天内向海关申请退关,经海关核准且撤销出口申报后方能将货物运出海关监管场所。已缴纳出口税的退关货物,可以在缴纳税款之日起1年内,提出书面申请,向海关申请退税。

四、跨境电子商务零售(企业对消费者,即B2C)进出口商品

电子商务企业、个人通过电子商务交易平台实现零售进出口商品交易,并根据海关要求传输相关交易电子数据的,按照海关总署2016年第26号公告接受海关监管。其中,电子商务企业是指通过自建或者利用第三方电子商务交易平台开展跨境电子商务业务的企业。

(一) 企业管理

参与跨境电子商务业务的企业(是指参与跨境电子商务业务的电子商务企业、电子商务交易平台企业、支付企业、物流企业等)应当事先向所在地海关提交以下材料:

(1) 企业法人营业执照副本复印件;

(2) 组织机构代码证书副本复印件(以统一社会信用代码注册的企业不需要提供);

(3) 企业情况登记表,具体包括企业组织机构代码或统一社会信用代码、中文名称、工商注册地址、营业执照注册号、法定代表人(负责人)、身份证件类型、身份证件号码、海关联系人、移动电话、固定电话、跨境电子商务网站网址等。

企业按照前款规定提交复印件的,应当同时向海关交验原件。如需向海关办理报关业务,应当按照海关对报关单位注册登记管理的相关规定办理注册登记。

(二) 通关管理

(1) 跨境电子商务零售进口商品申报前,电子商务企业或电子商务交易平台企业、支付企业、物流企业应当分别通过跨境电子商务通关服务平台(以下简称服务平台,是指由电子口岸搭建,实现企业、海关以及相关管理部门之间数据交换与信息共享的平台)如实向海关传输交易、支付、物流等电子信息。

(2) 进出境快件运营人、邮政企业可以受电子商务企业、支付企业委托,在书面承诺对传输数据真实性承担相应法律责任的前提下,向海关传输交易、支付等电子信息。

(3) 跨境电子商务零售出口商品申报前,电子商务企业或其代理人、物流企业应当分别通过服务平台如实向海关传输交易、收款、物流等电子信息。

(4) 电子商务企业或其代理人应提交"中华人民共和国海关跨境电子商务零售进出口商品申报清单"(以下简称申报清单),出口采取"清单核放、汇总申报"方式办理报关手续,进

口采取"清单核放"方式办理报关手续。申报清单与"中华人民共和国海关进(出)口货物报关单"具有同等法律效力。

(5) 电子商务企业应当对购买跨境电子商务零售进口商品的个人(订购人)身份信息进行核实,并向海关提供由国家主管部门认证的身份有效信息。无法提供或者无法核实订购人身份信息的,订购人与支付人应当为同一人。

(6) 跨境电子商务零售商品出口后,电子商务企业或其代理人应当于每月 10 日前(当月 10 日是法定节假日或者法定休息日的,顺延至其后的第一个工作日,第 12 月的清单汇总应当于当月最后一个工作日前完成),将上月(12 月为当月)结关的申报清单依据清单表头同一收发货人、同一运输方式、同一运抵国、同一出境口岸,以及清单表体同一 10 位海关商品编码、同一申报计量单位、同一币制规则进行归并,汇总形成"中华人民共和国海关出口货物报关单"向海关申报。

(7) 除特殊情况外,申报清单和"中华人民共和国海关进(出)口货物报关单"应当采取通关无纸化作业方式进行申报。

(8) 申报清单的修改或者撤销,参照海关"中华人民共和国海关进(出)口货物报关单"修改或者撤销有关规定办理。

(三) 税收征管

(1) 根据《财政部 海关总署 国家税务总局关于跨境电子商务零售进口税收政策的通知》(财关税〔2016〕18 号)的有关规定,跨境电子商务零售(企业对消费者,即 B2C)进口商品按照货物征收关税和进口环节增值税、消费税,完税价格为实际交易价格,包括商品零售价格、运费和保险费。

(2) 跨境电子商务零售进口税收政策适用于从其他国家或地区进口的、"跨境电子商务零售进口商品清单"范围内的以下商品:

① 所有通过与海关联网的电子商务交易平台交易,能够实现交易、支付、物流电子信息"三单"比对的跨境电子商务零售进口商品;

② 未通过与海关联网的电子商务交易平台交易,但快递、邮政企业能够统一提供交易、支付、物流等电子信息,并承诺承担相应法律责任进境的跨境电子商务零售进口商品。

不属于跨境电子商务零售进口的个人物品以及无法提供交易、支付、物流等电子信息的跨境电子商务零售进口商品,按现行规定执行。

(3) 跨境电子商务零售进口商品的单次交易限值为人民币 2 000 元,个人年度交易限值为人民币 20 000 元。在限值以内进口的跨境电子商务零售进口商品,关税税率暂设为 0%;进口环节增值税、消费税暂按法定应纳税额的 70% 征收。超过单次限值、累加后超过个人年度限值的单次交易,以及完税价格超过 2 000 元限值的单个不可分割商品,均按照一般贸易方式全额征税。

(4) 在海关注册登记的电子商务企业、电子商务交易平台企业或物流企业可作为税款的代收代缴义务人,代为履行纳税义务。代收代缴义务人应当如实、准确向海关申报跨境电子商务零售进口商品的商品名称、规格型号、税则号列、实际交易价格及相关费用等税收征管要素。跨境电子商务零售进口商品的申报币制为人民币。

(5) 为审核确定跨境电子商务零售进口商品的归类、完税价格等,海关可以要求代收代缴义务人按照有关规定进行补充申报。

(6)海关对满足监管规定的跨境电子商务零售进口商品按时段汇总计征税款,代收代缴义务人应当依法向海关提交足额有效的税款担保。

(7)海关放行后30日内未发生退货或修撤单的,代收代缴义务人在放行后第31日至第45日内向海关办理纳税手续。跨境电子商务零售进口商品自海关放行之日起30日内退货的,可申请退税,并相应调整个人年度交易总额。

(四)物流监控

(1)跨境电子商务零售进出口商品监管场所必须符合海关相关规定。监管场所经营人、仓储企业应当建立符合海关监管要求的计算机管理系统,并按照海关要求交换电子数据。

(2)跨境电子商务零售进出口商品的查验、放行均应当在监管场所内实施。

(3)海关实施查验时,电子商务企业或其代理人、监管场所经营人、仓储企业应当按照有关规定提供便利,配合海关查验。

(4)电子商务企业或其代理人、物流企业、监管场所经营人、仓储企业发现涉嫌违规或走私行为的,应当及时主动报告海关。

(五)退货管理

在跨境电子商务零售进口模式下,允许电子商务企业或其代理人申请退货,退回的商品应当在海关放行之日起30日内原状运抵原监管场所,相应税款不予征收,并调整个人年度交易累计金额。

在跨境电子商务零售出口模式下,退回的商品按照现行规定办理有关手续。

(六)其他事项

在海关注册登记的电子商务企业、电子商务交易平台企业、支付企业、物流企业等应当接受海关后续管理。

以保税模式从事跨境电子商务零售进口业务的,应当在海关特殊监管区域和保税物流中心(B型)内开展,除另有规定外,参照上述规定予以监管。

广东中山某电子有限公司办理退运进口货物报关

本 章 小 结

转关运输是指海关为加速口岸进出口货物的疏运,方便收、发货人办理海关手续,依照有关法规规定,在海关监管下,允许海关监管货物由一个设关地点转运到另一设关地点办理进出口海关手续的行为。转关运输包括进口转关、出口转关和境内转关三种情形。转关运输的申报方式有提前报关方式、直转方式和中转方式三种。

报关实务

海关事务担保是海关支持和促进对外贸易发展和科技文化交流的措施,既有利于保障国家利益不被侵害,又便利进出境活动,促进对外贸易效率的提高。同时,担保制度对进出境活动的当事人也将产生较强的制约作用,促进当事人守法自律,按时履行其承诺的诸如补交单证、补缴税款、按规定复出(进)口等义务。

过境货物是指从境外启运,通过我国境内陆路运输,继续运往境外的货物。转运货物是指由境外启运,通过我国境内设立海关的地点换装运输工具后,不通过境内陆路运输,继续运往境外的货物。通运货物是指由境外启运,由船舶、航空器载运进境,并由原运输工具载运出境的货物。这三类货物都由境外启运,通过我国境内并作短暂停留,然后继续运往境外而不做销售、加工、使用及贸易性储存,具有暂时进境的性质。但我国海关规定这三类货物不属暂准(时)进出口通关制度的适用范围,适用特别通关制度。

无代价抵偿货物是指进出口货物在海关放行后,因残损、短少、品质不良或者规格不符原因,由进出口货物的发货人、承运人或者保险公司免费补偿或者更换的与原货物相同或者与合同规定相符的货物。

进口货物的收货人应当自运输工具申报进境之日起 14 日内向海关申报。进口货物的收货人超过上述规定期限向海关申报的,由海关按照《中华人民共和国海关征收进口货物滞报金办法》的规定,征收滞报金;超过 3 个月未向海关申报的,其进口货物由海关提取依法变卖处理。

由进境运输工具载运进境并且因故卸至海关监管区或者其他经海关批准的场所,未列入进口载货清单、运单向海关申报进境的误卸或者溢卸的进境货物,经海关审定确实的,由载运该货物的原运输工具负责人,自该运输工具卸货之日起 3 个月内,向海关办理直接退运出境手续;或者由该货物的收发货人,自该运输工具卸货之日起 3 个月内,向海关办理退运或者申报进口手续。

进口货物的收货人或者其所有人声明放弃的进口货物,由海关提取依法变卖处理。国家禁止或者限制进口的废物、对环境造成污染的货物不得声明放弃。

退运进出口货物是指货物因质量不良或交货时间延误等原因,被国外买方拒收退运或因错发、错运造成的溢装、漏卸而退运的货物。退运货物分为一般退运货物与直接退运的货物。

跨境电子商务零售进出口商品申报前,电子商务企业或电子商务交易平台企业、支付企业、物流企业应当分别通过跨境电子商务通关服务平台(以下简称服务平台,是指由电子口岸搭建,实现企业、海关以及相关管理部门之间数据交换与信息共享的平台)如实向海关传输交易、支付、物流等电子信息。

主 要 概 念

转关运输　海关事务担保　过境货物　转运货物　通运货物　一般退运货物　直接退运货物　无代价抵偿货物　超期未报关货物　误卸或溢卸货物　跨境电商零售进出口商品

基 础 训 练

一、单项选择题

1. 海关不接受担保的货物是(　　)。

A. 国家对进出境货物、物品有限制性规定,应当提供许可证而不能提供的

B. 进出口货物的商品归类、完税价格、原产地尚未确定的
C. 有效报关单证尚未提供的
D. 在纳税期限内税款尚未缴纳的

2. 下列允许过境的货物是( )。
A. 各种武器、弹药、爆炸物品及军需品(通过军事途径运输的除外)
B. 各种烈性毒药、麻醉品和鸦片、吗啡、海洛因、可卡因等毒品
C. 同我国签有过境货物协定国家的过境货物,或属于同我国签有铁路联运协定国家收、发货的过境货物
D. 来自或运往我国停止或禁止贸易的国家和地区的货物

3. 进口溢卸、误卸货物由载运该货物的原运输工具负责人自该运输工具卸货之日起( )内,向海关办理直接退运出境手续。或者由该货物的收发货人申请,海关批准,可以延期3个月办理退运出境或者申报进口手续。超过上述规定的期限,由海关依法提取变卖处理。
A. 3个月　　　　B. 6个月　　　　C. 15天　　　　D. 1个月

4. 出口报关后发生退关情况的,应当在( )内向海关办理退关手续。
A. 7天　　　　　B. 3天　　　　　C. 10天　　　　D. 1天

5. 郑州某企业使用进口料件加工的成品,在郑州海关办妥出口手续,经天津海关复核放行后装船运往美国。这项加工成品复出口业务,除按规定已办理了出口手续外,同时,还要办理的手续是( )。
A. 境内转关运输手续　　　　B. 货物登记备案手续
C. 货物过境手续　　　　　　D. 出口转关运输手续

6. 某批货物由列车载运进境,经海关批准,收货人内地某外贸公司在列车申报进境21天后委托专业报关公司向进境地海关办理转关运输手续,并于货物运抵指运地后第8天向该企业所在地海关正式申报。因( )申报人必须缴付滞报金。
A. 未在规定期限向货物指运地海关正式报关
B. 未在规定期限向进境地海关办理转关运输手续
C. 未在规定期限向进境地海关正式报关
D. 既未在规定期限办理转关运输手续,又未在规定期限正式报关

7. 由海关提取依法变卖处理的超期未报、误卸或者溢卸等货物的所得价款,在优先拨付变卖处理实际支出的费用后,应按以下顺序扣除相关费用和税款( )。
A. 进口关税—运输、装卸、储存等费用—进口环节海关代征税—滞报金
B. 运输、装卸、储存等费用—进口关税—进口环节海关代征税—滞报金
C. 进口关税—滞报金—运输、装卸、储存等费用—进口环节海关代征税
D. 进口关税—进口环节海关代征税—滞报金—运输、装卸、储存等费用

8. 以某种运输工具从一个国家的境外启运,在该国边境不论换装运输工具与否,通过该国家境内的陆路运输,继续运往境外其他国家的货物称为( )。
A. 转关货物　　B. 转运货物　　C. 过境货物　　D. 通运货物

二、多项选择题
1. 关于无代价抵偿货物,下列说法正确的是( )。

A. 纳税义务人应当在原进出口合同规定的索赔期内且不超过原货物进出口之日起3年,向海关申报办理无代价抵偿货物的进出口手续

B. 纳税义务人申报进(出)口无代价抵偿货物时,应当提交原进(出)口货物报关单

C. 纳税义务人申报进出口的无代价抵偿货物与退运出境或者退运进境的原货物不完全相同或者与合同规定不完全相符的,应当向海关说明原因。海关经审核认为理由正当,且其税则号列未发生改变的,应当按照审定进出口货物完税价格的有关规定和原进出口货物适用的计征汇率、税率,审核确定其完税价格、计算应征税款。应征税款高于原进出口货物已征税款的,应当补征税款的差额部分

D. 被更换的原进口货物退运出境时不征收出口关税。被更换的原出口货物退运进境时不征收进口关税和进口环节海关代征税

2. 海关应当责令直接退运的情形有( )。

A. 货物属于国家禁止进口的货物,已经海关依法处理的

B. 因国家贸易管理政策调整,收货人无法提供相关证件的

C. 违反国家检验检疫政策法规,经国家检验检疫部门处理并且出具《检验检疫处理通知书》或者其他证明文书的

D. 未经许可擅自进口属于限制进口的固体废物,已经海关依法处理的

3. 在下列有关转关货物的说法,正确的是( )。

A. 转关货物未经海关许可,不得开拆、提取、交付、发运、调换、改装、抵押、质押、留置、转让、更换标记、移作他用或者进行其他处置

B. 转关货物在国内储运中发生损坏、短少、灭失情事时,除不可抗力外,承运人、货物所有人、存放场所负责人应承担税赋责任

C. 转关货物应当由已经在海关注册登记的承运人承运

D. 转关货物的指运地或者启运地应当设在经海关批准的监管场所

4. 当事人连续两年同时具备( )条件的,可以向直属海关申请免除担保,并按照海关规定办理有关手续。

A. 通过海关验证稽查

B. 年度进出口报关差错率在3%以下

C. 没有拖欠应纳税款

D. 没有受到海关行政处罚,在相关行政管理部门无不良记录;没有被追究刑事责任等

5. 下列( )是对过境货物管理的正确表述。

A. 过境货物自进境之日起超过6个月未向海关申报的,海关视其为进口货物,按《中华人民共和国海关法》的规定提取变卖处理

B. 过境货物应当自进境之日起6个月内运输出境;在特殊情况下,经海关同意,可以延期,但延长期不得超过3个月

C. 过境货物在进境以后、出境之前,应当按照运输主管部门规定的路线运输,运输主管部门没有规定的,由海关指定

D. 过境货物出境时,经营人应当向出境地海关申报,并交验进境地海关签发的关封和海关需要的其他单证

6. 海关事务担保人可以( )方式提供担保。

A. 人民币、可自由兑换货币　　　　　B. 汇票、本票、支票、债券、存单
C. 银行或非银行金融机构出具的保函　　D. 海关依法认可的其他财产、权利

7. 下列关于跨境电子商务零售进口的表述，正确的有(　　)。

A. 商品按照货物征收关税和进口环节增值税、消费税，完税价格为实际交易价格，包括商品零售价格、运费和保险费

B. 跨境电子商务零售进口商品的单次交易限值为人民币 2 000 元，个人年度交易限值为人民币 20 000 元

C. 在限值以内进口的跨境电子商务零售进口商品，关税税率暂设为 0%；进口环节增值税、消费税暂按法定应纳税额的 70%征收

D. 超过单次限值、累加后超过个人年度限值的单次交易，以及完税价格超过 2 000 元限值的单个不可分割商品，均按照一般贸易方式全额征税

8. 跨境电子商务零售进出口商品通关操作中，电子商务企业应(　　)。

A. 在进出口商品申报前，通过跨境电子商务通关服务平台如实向海关传输交易、收付、物流等电子信息

B. 对购买跨境电子商务零售进口商品的个人（订购人）身份信息进行核实，并向海关提供由国家主管部门认证的身份有效信息

C. 提交"中华人民共和国海关跨境电子商务零售进出口商品申报清单"，出口采取"清单核放、汇总申报"方式办理报关手续，进口采取"清单核放"方式办理报关手续

D. 在商品出口后，应于每月 10 日前，将上月（12 月为当月）结关的申报清单依据清单表头同一收发货人、同一运输方式、同一运抵国、同一出境口岸，以及清单表体同一 10 位海关商品编码、同一申报计量单位、同一币制规则进行归并，汇总形成"中华人民共和国海关出口货物报关单"向海关申报

三、简答题

1. 当事人办理哪些业务时，可按照海关规定提供担保？
2. 当事人哪些情形可以向直属海关申请免除担保，并按照海关规定办理有关手续？
3. 过境、转运、通运货物的区别何在？
4. 什么情况下当事人可以向海关申请办理直接退运手续？
5. 什么情况下海关可责令当事人将进口货物直接退运境外？
6. 海关对无代价抵偿货物的征免税规定有哪些？
7. 跨境电子商务零售进出口商品如何办理通关手续？

四、案例分析

该如何运用无代价补偿货物

请思考：无代价抵偿货物主要用于什么情形？纳税义务人应如何合理利用无代价抵偿货物来降低其他处理方式可能带来的高成本、高风险？

业 务 实 训

1. 2017年2月,香港海茂进出口公司与韩国一家公司签订了进口合同,进口一批三星牌电子产品,同时又与哈萨克斯坦一家公司签订了出口合同,将该批电子产品转售,2017年5月13日一艘韩国籍船舶载运该批货物向大连海关报关入境,入境后该批货物换装火车运往满洲里,我国海关对其实施了全程监管,5月14日该批货物在满洲里海关监督下顺利出境。(根据《报关员资格全国统一考试模拟试卷》改编),请问:

(1) 该批货物属于转运货物,转关货物,过境货物,还是通运货物?为什么?

(2) 转运货物必须在什么时间内办理海关有关手续并且转运出境?

(3) 转运手续应该具备什么条件?

2. 海关总署2017年48号关于规范转关业务的公告实施后,转关业务将发生很大变化,请结合海关规定的范围,对多式联运货物、满足相关条件的进口固体废物等四种情形下的进出口货物转关申报进行模拟。

本章习题参考答案

第九章　进出口税费

- 知识目标：了解我国关税的分类及进出口税费征纳的法律依据；

  掌握我国进口环节增值税、消费税、船舶吨税、滞报金、滞纳金的征收范围和计征标准；

  掌握一般进口货物、特殊进口货物、出口货物完税价格的审定，以及海关审价中的价格质疑与磋商程序；

  掌握原产地规则的含义、分类和认定标准，掌握关税税率的适用原则。
- 技能目标：能熟练掌握各类进出口税费的计算；

  根据有关规定和优惠贸易协定的要求，办理各类原产地证书、声明或文件。
- 能力目标：能依据法律、法规和规章，并结合金融、财务等专业知识，为企业进行关税税收筹划和成本分析。

引例 9-1

归类错误影响国家税款征收

第一节　进出口税费概述

进出口税费是指在进出口环节中由海关依法征收的关税、消费税、增值税、船舶吨税及滞报金、滞纳金等税费。依法征收税费是海关的重要任务之一。依法缴纳税费是有关纳税义务人的基本义务，也是报关人员必备的报关常识之一。

进出口环节税费征纳的法律依据主要是《海关法》《进出口关税条例》以及其他法律、行政法规等。

一、关税及其分类

关税是国家税收的重要组成部分，是由海关代表国家，按照国家制定的关税政策和公布实施的税法及进出口税则，对进出关境的货物和物品向纳税义务人征收的一种流转税。关税的征税主体是国家，由海关代表国家向纳税义务人征收。其课税对象是进出关境的货物和物品。关税的纳税义务人也称关税纳税人或关税纳税主体，包括进出口货物收发货人、进出境物品所有人。关税既是国家保护国内经济、调整产业结构、发展进出口贸易的重要手段，也是世界贸易组织允许各成员国保护其经济的一种手段。

关税按课税对象的流向可分为进口关税、出口关税和过境关税。过境关税现在已很少为各国采用。

（一）进口关税

进口关税是指一国海关以进境货物和物品为征税对象所征收的关税。进口关税是最主要的一种关税，它一般在外国货物或物品直接进入关境时征收，或者当外国货物或物品从自由港、自由贸易区或海关保税仓库等地提出运往进口国的国内市场销售或使用，在办理海关手续时征收。进口关税可以从不同的角度进行划分：

（1）从进口关税的税率栏目来看，可分为最惠国待遇关税、协定关税、特惠关税和普通关税等。

最惠国待遇税率适用于与我国共同适用最惠国待遇条款的世界贸易组织成员国或地区的进口货物，或原产于与我国签有相互给予最惠国待遇条款的双边贸易协定的国家和地区的进口货物。

协定税率适用于我国参加的含有关税优惠条款的区域性贸易协定的有关缔约方的进口货物。

特惠税率适用于与我国签订有特殊优惠关税协定的国家或地区的进口货物。

普通税率适用于上述国家或地区以外的国家或地区的进口货物。

（2）从征收进口关税的标准来看，可分为从价税、从量税、复合税和滑准税。

从价税是以货物的价格作为计税标准，以应征税额占货物价格的百分比为税率所征收的关税。

从量税是以货物的计量单位如重量、数量、容量等作为计税标准，以每一计量单位货物的应征税额为基础所征收的关税。

复合税是在海关税则中，一个税目中的商品同时使用从价、从量两种标准计税，计税时按两种税率合并计征的一种关税。

滑准税是在海关税则中，对同一税目的商品按其价格的高低分档并依此制订不同税率，依该商品的价格高低而适用其不同档次税率计征的一种关税，也称滑动税。滑准税的特点是可保持实行滑准税商品的国内市场价格的相对稳定，不受国际市场价格波动的影响。

（3）从征收进口关税的主次来看，进口关税有正税与附加税之分。

正税即按税则法定进口税率征收的关税。

进口附加税是由于一些特定需要对进口货物除征收关税正税之外另行征收的一种进口税，一般具有临时性。主要有反倾销税、反补贴税和保障措施关税。

此外，为应对他国对我国出口产品实施的歧视性关税或待遇，我国还相应对其产品征收报复性关税。根据最新规定，反倾销税、反补贴税、保障措施关税、报复性关税的起征点均为每票货物 50 元。①

(二) 出口关税

一国海关以出境货物和物品为课税对象所征收的关税。为鼓励出口,世界各国一般不征收出口税或仅对少数商品征收出口税。征收出口关税目的是限制、调控某些商品的出口,特别是防止本国一些重要自然资源和原材料的无序出口。2017 年我国对铬铁等 213 项出口商品征收出口关税,其中有 50 项暂定税率为零。②

二、进口环节海关代征税

进口货物和物品在办理海关手续被放行后即可进入国内流通领域,但应视为未征收国内税费的货物,所以应缴纳应征的国内税。为了简化征税手续,进口货物和物品的一些国内税,依法由海关在进口环节征收。目前,由海关征收的进口环节税主要有增值税和消费税。

(一) 增值税

增值税是以商品的生产、流通和劳务服务各个环节所创造的新增价值为课税对象的一种流转税。

1. 增值税的征纳

增值税由税务机关征收,但是进口环节的增值税由海关征收。进口环节增值税的免税、减税项目由国务院规定,任何地区、部门都无权擅自决定增值税的减免。财政部、海关总署、国家税务总局会根据国民经济发展和形势变化对部分商品进口环节增值税税率进行调整。

进口环节增值税以组成价格作为计税价格,其组成价格由关税完税价格加上关税税额组成;对于应征消费税的商品,其组成价格还要加上消费税税额。进口环节增值税的计算公式为:

$$组成价格 = 关税完税价格 + 关税税额 + 消费税税额$$
$$应纳增值税税额 = 组成价格 \times 增值税税率$$

2. 征收范围

在我国境内销售货物(指有形动产,包括电力、热力、气体在内③)或者提供加工、修理修配劳务以及进口货物的单位或个人,都应依法缴纳增值税④。对于纳税人销售或者进口下列货物的,按 10% 的税率计征增值税:⑤

农产品(含粮食)、自来水、暖气、石油液化气、天然气、食用植物油、冷气、热水、煤气、居民用煤炭制品、食用盐、农机、饲料、农药、农膜、化肥、沼气、二甲醚、图书、报纸、杂志、音像制品、电子出版物。

---

① 参见海关总署公告 2016 年第 40 号。
② 参见海关总署公告 2016 年第 89 号。
③ 参见国家税务总局令第 50 号《中华人民共和国增值税暂行条例实施细则》(2011 年修订)。
④ 参见《中华人民共和国增值税暂行条例》(中华人民共和国国务院令第 538 号)。
⑤ 参见财政部《关于简并增值税税率有关政策的通知》(财税〔2017〕37 号)和财政部《关于调整增值税税率的通知》(财税〔2018〕32 号)。

对于纳税人销售或者进口其他货物，提供加工、修理修配劳务的，税率为16％。

(二) 消费税

消费税是以消费品或消费行为的流转额作为课税对象而征收的一种流转税。

1. 消费税的征纳

在中华人民共和国境内生产、委托加工和进口《消费税暂行条例》规定的消费品（以下简称应税消费品）的单位和个人为消费税的纳税人，他们应当依照该条例缴纳消费税。进口的应税消费品，由纳税人（进口人或者其代理人）向报关地海关申报纳税。进口环节消费税除国务院另有规定者外，一律不得给予减税、免税。

我国消费税实行从价定率、从量定额，或者从价定率和从量定额复合计税（简称复合计税）的办法计算应纳税额。

从价征收的消费税按照组成的计税价格计算，我国消费税采用价内税的计税方法，即计税价格的组成中包括了消费税税额，其计算公式为：

$$组成计税价格＝（关税完税价格＋关税税额）÷（1－消费税税率）$$
$$应纳消费税税额＝组成计税价格×消费税税率$$

从量征收的消费税的计算公式为：

$$应纳消费税税额＝应征消费税消费品数量×单位税额$$

复合消费税是实行从量、从价两种征税方法之和，其计算公式为：

$$应纳消费税额＝应征消费税消费品数量×单位税额＋组成计税价格×消费税税率$$

2. 征收范围

消费税的征收范围，是根据我国经济社会发展现状和现行消费政策、人民群众的消费结构以及财政需要，并借鉴国外的通行做法确定的。目前，征税的消费品大体可分为以下四种类型：

(1) 一些过度消费会对人的身体健康、社会秩序、生态环境等方面造成危害的特殊消费品。例如，烟、酒、酒精、鞭炮、焰火、木制一次性筷子、实木地板、电池、涂料等。

(2) 奢侈品、非生活必需品。例如，贵重首饰及珠宝玉石、化妆品、高尔夫球及球具、高档手表等。

(3) 高能耗的高档消费品。例如，小轿车、摩托车、汽车轮胎等。

(4) 不可再生和替代的资源类消费品。例如，汽油、柴油、石脑油、溶剂油、润滑油等。

(三) 船舶吨税

船舶吨税是由海关代为在设关口岸对进出、停靠我国港口的国际航行船舶征收用以航道设施建设的一种使用税。

1. 征收依据

根据《中华人民共和国船舶吨税法》[①]规定征收船舶吨税，凡征收了船舶吨税的船舶不再征收车船税；对已经征收车船使用税的船舶，不再征收船舶吨税。

[①] 《中华人民共和国船舶吨税暂行条例》见国务院令第610号，最新的《中华人民共和国船舶吨税法》（主席令第八十五号）已于2017年12月27日通过，自2018年7月1日起施行。

船舶吨税分为优惠税率和普通税率两种。中华人民共和国籍的应税船舶,船籍国(地区)与中华人民共和国签订含有相互给予船舶税费最惠国(地区)待遇条款的条约或者协定的应税船舶,适用优惠税率,其他应税船舶,适用普通税率。目前,包括美国、俄罗斯、德国、法国、英国、日本、阿尔巴尼亚、朝鲜、也门、泰国、中国香港、中国澳门、利比里亚等在内的77个国家(地区)的船舶适用船舶吨税的优惠税率。①

2. 征免范围

根据《中华人民共和国船舶吨税暂行条例》,自中华人民共和国境外港口进入境内港口的船舶(简称应税船舶),均应依法缴纳船舶吨税。下列船舶免征吨税:

(1) 应纳税额在人民币50元以下的船舶;

(2) 自境外以购买、受赠、继承等方式取得船舶所有权的初次进口到港的空载船舶;

(3) 吨税执照期满后24小时内不上下客货的船舶;

(4) 非机动船舶(不包括非机动驳船);

(5) 捕捞、养殖渔船;

(6) 避难、防疫隔离、修理、终止运营或者拆解,并不上下客货的船舶;

(7) 军队、武装警察部队专用或者征用的船舶;

(8) 警用船舶;

(9) 依照法律规定应当予以免税的外国驻华使领馆、国际组织驻华代表机构及其有关人员的船舶;

(10) 国务院规定的其他船舶。

3. 吨税的计算与征收

吨税的计算公式为:

$$船舶吨税 = 船舶净吨位 \times 适用税率$$

净吨位是指由船籍国(地区)政府授权签发的船舶吨位证明书上标明的净吨位。

吨税由海关负责征收,海关征收吨税应当制发缴款凭证。船舶吨税分1年期、90天期、30天期缴纳三种,缴纳期限由应税船舶负责人或其代理人自行选择,选择了一种限期即选择了一种相应的税率(见表9-1)。应税船舶负责人应当自海关填发吨税缴款凭证之日起15日内缴清税款。缴款期限届满日遇星期六、星期日等休息日或者法定节假日的,顺延至休息日或者法定节假日之后的第一个工作日。国务院临时调整休息日与工作日的,按照调整后的情况计算缴款期限。未按期缴清税款的,自滞纳税款之日起,按日加收滞纳税款 $0.5‰$ 的滞纳金。

应税船舶负责人缴纳吨税或者提供担保后,海关按照其申领的执照期限填发吨税执照。应税船舶在进入港口办理入境手续时,应当向海关申报纳税领取吨税执照,或者交验吨税执照。应税船舶在离开港口办理出境手续时,应当交验吨税执照。应税船舶负责人申领吨税执照时,应当向海关提供下列文件:

(1) 船舶国籍证书或者海事部门签发的船舶国籍证书收存证明;

(2) 船舶吨位证明。

---

① 参见海关总署公告2012年第8号、2016年第9号。

吨税纳税义务发生时间为应税船舶进入港口的当日。应税船舶在吨税执照期满后尚未离开港口的,应当申领新的吨税执照,自上一次执照期满的次日起续缴吨税。

表 9-1 船舶吨税税目税率表

税目 (按船舶净吨位划分)	税率(元/净吨)						备注
	普通税率 (按执照期限划分)			优惠税率 (按执照期划分)			
	1年	90日	30日	1年	90日	30日	
不超过 2 000 净吨	12.6	4.2	2.1	9.0	3.0	1.5	拖船和非机动驳船分别按相同净吨位船舶税率的50%计征税款
超过 2 000 净吨,但不超过 10 000 净吨	24.0	8.0	4.0	17.4	5.8	2.9	
超过 10 000 净吨,但不超过 50 000 净吨	27.6	9.2	4.6	19.8	6.6	3.3	
超过 50 000 净吨	31.8	10.6	5.3	22.8	7.6	3.8	

三、其他税费

(一) 滞纳金

滞纳金是指应纳关税的单位或个人因在规定期限内未向海关缴纳税款依法应缴纳的款项。

1. 征收范围

按照规定,关税、进口环节增值税、消费税、船舶吨税等纳税人或其代理人,应当自海关填发税款缴款书之日起 15 日内向指定银行缴纳进口税款,逾期缴纳税款的,由海关自缴款期限届满之日起至缴清税款之日止,按日加收滞纳税款万分之五的滞纳金。纳税义务人应当自海关填发滞纳金缴款书之日起 15 日内向指定银行缴纳滞纳金。

滞纳金的计算公式为:

$$关税滞纳金金额 = 滞纳关税税额 \times 0.5‰ \times 滞纳天数$$
$$代征税滞纳金金额 = 滞纳代征税税额 \times 0.5‰ \times 滞纳天数$$

缴款期限届满日遇星期六、星期日等休息日或者法定节假日的,应当顺延至休息日或者法定节假日之后的第一个工作日。国务院临时调整休息日与工作日的,海关应当按照调整后的情况计算缴款期限。

滞纳金的起征额为人民币 50 元,不足人民币 50 元的免予征收。

2. 其他相关规定

《中华人民共和国进出口关税条例》和《中华人民共和国海关进出口货物征税管理办法》等法律、法规对征收滞纳金还做出了如下规定:①

---

① 参见《中华人民共和国海关进出口货物征税管理办法》(根据总署令第 235 号修改并重新发布)。

(1) 进出口货物放行后,海关发现少征(或者漏征)税款的,应当自缴纳税款(或者货物放行)之日起 1 年内,向纳税义务人补征税款。但因纳税义务人违反规定造成少征(或者漏征)税款的,海关应当自缴纳税款(或者货物放行)之日起 3 年内追征税款,并从缴纳税款(或者货物放行)之日起至海关发现违规行为之日止按日加收少征或者漏征税款万分之五的滞纳金。

(2) 因纳税义务人违反规定造成海关监管货物少征或者漏征税款的,海关应当自纳税义务人应缴纳税款之日起 3 年内追征税款,并且自应缴纳税款之日起至海关发现违规行为之日止按日加收少征或者漏征税款万分之五的滞纳金。

(3) 租赁进口货物,分期支付租金的,纳税义务人应当在申报租赁货物进口时,按照第一期应当支付的租金办理纳税手续,缴纳相应税款;在其后分期支付租金时,纳税义务人向海关申报办理纳税手续应当不迟于每次支付租金后的第 15 日。纳税义务人未在规定期限内申报纳税的,海关按照纳税义务人每次支付租金后第 15 日该货物适用的税率、计征汇率征收相应税款,并且自规定的申报办理纳税手续期限届满之日起至纳税义务人申报纳税之日止按日加收应缴纳税款万分之五的滞纳金。

纳税义务人应当自租赁进口货物租期届满之日起 30 日内,向海关申请办结监管手续,将租赁进口货物复运出境。需留购、续租租赁进口货物的,纳税义务人向海关申报办理相关手续应当不迟于租赁进口货物租期届满后的第 30 日。

纳税义务人未在规定的期限内向海关申报办理留购租赁进口货物的相关手续的,海关除按照审定进口货物完税价格的有关规定和租期届满后第 30 日该货物适用的计征汇率、税率,审核确定其完税价格、计征应缴纳的税款外,还应当自租赁期限届满后 30 日起至纳税义务人申报纳税之日止按日加收应缴纳税款万分之五的滞纳金。

纳税义务人未在规定的期限内向海关申报办理续租租赁进口货物的相关手续的,海关除按照规定征收续租租赁进口货物应缴纳的税款外,还应当自租赁期限届满后 30 日起至纳税义务人申报纳税之日止按日加收应缴纳税款万分之五的滞纳金。

(4) 暂时进出境货物未在规定期限内复运出境或者复运进境,且纳税义务人未在规定期限届满前向海关申报办理进出口及纳税手续的,海关除按照规定征收应缴纳的税款外,还应当自规定期限届满之日起至纳税义务人申报纳税之日止按日加收应缴纳税款万分之五的滞纳金。

(二) 滞报金

滞报金是海关对未在法定期限内向海关申报进口货物的收货人采取的依法加收的经济制裁性的款项。

征收滞报金的目的是为了加强海关对进口货物的通关管理,加快口岸货物运输,促使进口货物收货人(包括受委托的报关企业)及时申报。

1. 征收范围

《海关法》第二十四条规定:进口货物收货人应当自运输工具申报进境之日起 14 日内向海关申报,逾期由海关依法征收滞报金。滞报金按日计征,以自运输工具申报进境之日起第十五日为起征日,以海关接受申报之日为截止日,除另有规定外,起征日和截止日均计入滞报期间。下列情形的起征日计算分别为:①

---

① 参见《中华人民共和国海关征收进口货物滞报金办法》(根据海关总署令第 218 号修改并重新发布)。

邮运进口货物以邮政企业向海关驻邮局办事机构申报总包之日起第十五日为起征日。

转关运输货物在进境地申报的,以载运进口货物的运输工具申报进境之日起第十五日为起征日;在指运地申报的,以自货物运抵指运地之日起第十五日为起征日。

邮运进口转关运输货物在进境地申报的,以运输工具申报进境之日起第十五日为起征日;在指运地申报的,以邮政企业向海关驻邮局办事机构申报总包之日起第十五日为起征日。

进口货物收货人向海关传送报关单电子数据申报后,未在规定期限或者核准的期限内递交纸质报关单及随附单证,海关予以撤销报关单电子数据处理。进口货物收货人重新向海关申报,产生滞报的,以自运输工具申报进境之日起第十五日为起征日。

进口货物收货人申报后依法撤销原报关单电子数据重新申报的,以撤销原报关单之日起第十五日为起征日。

进口货物因收货人在运输工具申报进境之日起超过三个月未向海关申报,被海关提取作变卖处理后,收货人申请发还余款的,以自运输工具申报进境之日起第十五日为起征日,以该三个月期限的最后一日为滞报金的截止日。

2. 征收标准

滞报金的日征收金额为进口货物完税价格的 0.5‰,以人民币"元"为计征单位,不足人民币一元的部分免予计征。

征收滞报金的计算公式为:

$$滞报金 = 进口货物完税价格 \times 0.5‰ \times 滞报期间$$

滞报金的起征点为人民币 50 元。

第二节 进出口货物完税价格审定

我国海关对实行从价税的进出口货物征收关税时,必须依法确定货物应缴纳税款的价格。经海关审查并确定作为凭以计征关税的货物价格称为**完税价格**,又称为海关价格。他是海关凭以计征进出口货物关税及进口环节税税额的基础。海关审定货物完税价格的过程称为**海关估价**。WTO《海关估价协议》对 WTO 成员国海关估价行为作了规范。

▶ 一、进口货物完税价格审定

(一) 一般进口货物完税价格审定

《海关法》第五十五条规定:"进口货物的完税价格,由海关以该货物的成交价格为基础审查确定。成交价格不能确定时由海关依法估定。"

进口货物的完税价格包括货物的货价、货物运抵中华人民共和国境内输入地点起卸前的运输及其相关费用、保险费。"相关费用"主要是指与运输有关,如装卸费、搬运费、包装费等属于广义的运费范畴时的费用。

海关应当遵循客观、公平、统一的估价原则,依据《中华人民共和国海关审定进出口货物完税价格办法》(以下简称《审价办法》)审定进出口货物的完税价格。

进出口货物的收发货人应当向海关如实申报进出口货物的成交价格,提供包括发票、合同、装箱清单及其他证明申报价格真实、完整的单证、书面材料和电子数据。海关认为必要时,收发货人还应向海关补充申报反映买卖双方关系和成交活动的情况以及其他与成交价格有关的资料,对此,收发货人不得拒绝、拖延和隐瞒。

海关确定进口货物完税价格有6种估价方法:成交价格方法、相同货物成交价格方法、类似货物成交价格方法、倒扣价格方法、计算价格方法和合理方法。这6种估价方法必须依次使用。即只有在不能使用前一种估价方法的情况下,才可以顺延使用其他估价方法。如果进口货物收货人提出要求并提供相关资料,经海关同意,可以颠倒倒扣价格方法和计算价格方法的适用次序。

1. 成交价格方法

成交价格方法是建立在进口货物实际发票或合同价格的基础上来确定完税价格,在海关估价实践中使用率最高。

(1) 定义。**成交价格**是指卖方向中华人民共和国境内销售该货物时买方为进口该货物向卖方实付、应付的,并按有关规定调整后的价款总额,包括直接支付的价款和间接支付的价款。在这一定义中,"卖方"是指销售货物的自然人、法人或者其他组织,其中进口货物的卖方是指向中华人民共和国境内销售进口货物的卖方;"买方"是指通过履行付款义务,购入货物,并且为此承担风险、享有收益的自然人、法人或者其他组织,其中进口货物的买方是指向中华人民共和国境内购入进口货物的买方;"向中华人民共和国境内销售",是指将进口货物实际运入中华人民共和国境内,货物的所有权和风险由卖方转移给买方,买方为此向卖方支付价款的行为;"实付、应付价格"是指买方为购买进口货物而直接或者间接支付的价款总额,即作为卖方销售进口货物的条件,由买方向卖方或者为履行卖方义务向第三方已经支付或者将要支付的全部款项;"间接支付"是指买方根据卖方的要求,将货款全部或者部分支付给第三方,或者冲抵买卖双方之间的其他资金往来的付款方式。

(2) 条件。进口货物的成交价格应当符合下列条件:对买方处置或者使用进口货物不予限制,但是法律、行政法规规定实施的限制、对货物销售地域的限制和对货物价格无实质性影响的限制除外;进口货物的价格不得受到使该货物成交价格无法确定的条件或者因素的影响;卖方不得直接或者间接获得因买方销售、处置或者使用进口货物而产生的任何收益,或者虽然有收益但是能够按照《中华人民共和国海关审定进出口货物完税价格办法》第十一条第一款第四项的规定做出调整;买卖双方之间没有特殊关系,或者虽然有特殊关系但是按照规定未对成交价格产生影响。

有下列情形之一的,应当视为对买方处置或者使用进口货物进行了限制:进口货物只能用于展示或者免费赠送的;进口货物只能销售给指定第三方的;进口货物加工为成品后只能销售给卖方或者指定第三方的;其他经海关审查,认定买方对进口货物的处置或者使用受到限制的。

有下列情形之一的,应当视为进口货物的价格受到了使该货物成交价格无法确定的条件或者因素的影响:进口货物的价格是以买方向卖方购买一定数量的其他货物为条件而确定的;进口货物的价格是以买方向卖方销售其他货物为条件而确定的;其他经海关审查,认定货物的价格受到使该货物成交价格无法确定的条件或者因素影响的。

有下列情形之一的,应当认为买卖双方存在特殊关系:买卖双方为同一家族成员的;买卖双方互为商业上的高级职员或者董事的;一方直接或者间接地受另一方控制的;买卖双方都直接或者间接地受第三方控制的;买卖双方共同直接或者间接地控制第三方的;一方直接或者间接地拥有、控制或者持有对方5%以上(含5%)公开发行的有表决权的股票或者股份的;一方是另一方的雇员、高级职员或者董事的;买卖双方是同一合伙的成员的。

买卖双方在经营上相互有联系,一方是另一方的独家代理、独家经销或者独家受让人,如果符合前款的规定,也应当视为存在特殊关系。

买卖双方之间存在特殊关系,但是纳税义务人能证明其成交价格与同时或者大约同时发生的下列任何一款价格相近的,应当视为特殊关系未对进口货物的成交价格产生影响:向境内无特殊关系的买方出售的相同或者类似进口货物的成交价格;按照《中华人民共和国海关审定进出口货物完税价格办法》规定的倒扣价格估价方法所确定的相同或者类似进口货物的完税价格;按照《中华人民共和国海关审定进出口货物完税价格办法》规定的计算价格估价方法所确定的相同或者类似进口货物的完税价格。

海关在使用上述价格进行比较时,应当考虑商业水平和进口数量的不同,以及买卖双方有无特殊关系造成的费用差异。

海关经对与货物销售有关的情况进行审查,认为符合一般商业惯例的,可以确定特殊关系未对进口货物的成交价格产生影响。

(3)调整项目。包括如下三项内容。

第一,以成交价格为基础审查确定进口货物的完税价格时,未包括在该货物实付、应付价格中的下列费用或者价值应当计入完税价格:

① 由买方负担的下列费用:除购货佣金以外的佣金和经纪费,与该货物视为一体的容器费用,包装材料费用和包装劳务费用。

② 与进口货物的生产和向中华人民共和国境内销售有关的,由买方以免费或者以低于成本的方式提供,并且可以按适当比例分摊的下列货物或者服务的价值:进口货物包含的材料、部件、零件和类似货物,在生产进口货物过程中使用的工具、模具和类似货物,在生产进口货物过程中消耗的材料,在境外进行的为生产进口货物所需的工程设计、技术研发、工艺及制图等相关服务。

③ 买方需向卖方或者有关方直接或者间接支付的特许权使用费,但是符合下列情形之一的除外:特许权使用费与该货物无关,特许权使用费的支付不构成该货物向中华人民共和国境内销售的条件。

④ 卖方直接或者间接从买方对该货物进口后销售、处置或者使用所得中获得的收益。纳税义务人应当向海关提供本条所述费用或者价值的客观量化数据资料。纳税义务人不能提供的,海关与纳税义务人进行价格磋商后,按照《中华人民共和国海关审定进出口货物完税价格办法》列明的方法审查确定完税价格。

在根据上述第②点确定应当计入进口货物完税价格的货物价值时,应当按照下列方法计算有关费用:

由买方从与其无特殊关系的第三方购买的,应当计入的价值为购入价格;由买方自行生产或者从有特殊关系的第三方获得的,应当计入的价值为生产成本;由买方租赁获得的,应当计入的价值为买方承担的租赁成本;生产进口货物过程中使用的工具、模具和类似货物的价值,应当包括其工程设计、技术研发、工艺及制图等费用。

如果货物在被提供给卖方前已经被买方使用过,应当计入的价值为根据国内公认的会计原则对其进行折旧后的价值。

符合下列条件之一的特许权使用费,应当视为与进口货物有关:

① 特许权使用费是用于支付专利权或者专有技术使用权,且进口货物属于下列情形之一的:含有专利或者专有技术的,用专利方法或者专有技术生产的,为实施专利或者专有技术而专门设计或者制造的。

② 特许权使用费是用于支付商标权,且进口货物属于下列情形之一的:附有商标的;进口后附上商标直接可以销售的;进口时已含有商标权,经过轻度加工后附上商标即可以销售的。

③ 特许权使用费是用于支付著作权,且进口货物属于下列情形之一的:含有软件、文字、乐曲、图片、图像或者其他类似内容的进口货物,包括磁带、磁盘、光盘或者其他类似载体的形式;含有其他享有著作权内容的进口货物。

④ 特许权使用费是用于支付分销权、销售权或者其他类似权利,且进口货物属于下列情形之一的:进口后可以直接销售的;经过轻度加工即可以销售的。

买方不支付特许权使用费则不能购得进口货物,或者买方不支付特许权使用费则该货物不能以合同议定的条件成交的,应当视为特许权使用费的支付构成进口货物向中华人民共和国境内销售的条件。

第二,进口货物的价款中单独列明的下列税收、费用,不计入该货物的完税价格:

① 厂房、机械或者设备等货物进口后发生的建设、安装、装配、维修或者技术援助费用,但是保修费用除外;

② 进口货物运抵中华人民共和国境内输入地点起卸后发生的运输及其相关费用、保险费;

③ 进口关税、进口环节海关代征税及其他国内税;

④ 为在境内复制进口货物而支付的费用;

⑤ 境内外技术培训及境外考察费用。

第三,同时符合下列条件的利息费用不计入完税价格:

① 利息费用是买方为购买进口货物而融资所产生的;

② 有书面的融资协议的;

③ 利息费用单独列明的;

④ 纳税义务人可以证明有关利率不高于在融资当时当地此类交易通常应当具有的利率水平,且没有融资安排的相同或者类似进口货物的价格与进口货物的实付、应付价格非常接近的。

2. 相同货物成交价格方法

相同货物成交价格方法,是指海关以与进口货物同时或者大约同时向中华人民共和国境内销售的相同货物的成交价格为基础,审查确定进口货物的完税价格的估价方法。"**相同货物**"是指与进口货物在同一国家或地区生产的,在物理性质、质量和信誉等所有方面都相同的货物,但表面允许存在微小差异。"**大约同时**"是指海关接受货物申报之日的大约同时,最长不应超过前后 45 日。

3. 类似货物成交价格方法

类似货物成交价格方法,是指海关以与进口货物同时或者大约同时向中华人民共和国境内销售的类似货物的成交价格为基础,审查确定进口货物的完税价格的估价方法。"**类似货物**"是指与进口货物在同一国家或地区生产的,虽然不是在所在方面都相同,但是却有相似的特征、组成材质和相同的功能,并且在商业中可以相互替代的货物。"**大约同时**"也是指海关接受货物申报之日的大约同时,最长不应超过前后 45 日。

按照相同或者类似货物成交价格估价方法的规定审查确定进口货物的完税价格时,应当使用与该货物具有相同商业水平且进口数量基本一致的相同或者类似货物的成交价格。使用上述价格时,应当以客观量化的数据资料,对该货物与相同或者类似货物之间由于运输距离和运输方式不同而在成本和其他费用方面产生的差异进行调整。

在没有前述的相同或者类似货物的成交价格的情况下,可以使用不同商业水平或者不同进口数量的相同或者类似货物的成交价格。使用上述价格时,应当以客观量化的数据资料,对因商业水平、进口数量、运输距离和运输方式不同而在价格、成本和其他费用方面产生的差异做出调整。

按照相同或者类似货物成交价格估价方法审查确定进口货物的完税价格时,应当首先使用同一生产商生产的相同或者类似货物的成交价格。没有同一生产商生产的相同或者类似货物的成交价格的,可以使用同一生产国或者地区其他生产商生产的相同或者类似货物的成交价格。如果有多个相同或者类似货物的成交价格,应当以最低的成交价格为基础审查确定进口货物的完税价格。

4. 倒扣价格方法

倒扣价格估价方法,是指海关以进口货物、相同或者类似进口货物在境内的销售价格为基础,扣除境内发生的有关费用后,审查确定进口货物完税价格的估价方法。

该销售价格应当同时符合下列条件:是在该货物进口的同时或者大约同时,将该货物、相同或者类似进口货物在境内销售的价格;是按照货物进口时的状态销售的价格;是向境内无特殊关系方销售的价格;按照该价格销售的货物合计销售总量最大。

按照倒扣价格估价方法审查确定进口货物完税价格的,下列各项应当扣除:

(1) 同等级或者同种类货物在境内第一销售环节销售时,通常的利润和一般费用(包括直接费用和间接费用)以及通常支付的佣金;

(2) 货物运抵境内输入地点起卸后的运输及其相关费用、保险费;

(3) 进口关税、进口环节海关代征税及其他国内税。

如果该货物、相同或者类似货物没有按照进口时的状态在境内销售,应纳税义务人要求,可以在符合《中华人民共和国海关审定进出口货物完税价格办法》规定的其他条件的情形下,使用经进一步加工后的货物的销售价格审查确定完税价格,但是应当同时扣除加工增值额,加工增值额应当依据与加工成本有关的客观量化数据资料、该行业公认的标准、计算方法及其他的行业惯例计算。

按照上述规定确定扣除的项目时,应当使用与国内公认的会计原则相一致的原则和方法。

5. 计算价格方法

计算价格估价方法,是指海关以下列各项的总和为基础,审查确定进口货物完税价格的估价方法。

采用计算价格方法的进口货物的完税价格由下列各项目的总和构成:

(1) 生产该货物所使用的料件成本和加工费用;

(2) 向境内销售同等级或者同种类货物通常的利润和一般费用(包括直接费用和间接费用);

(3) 该货物运抵境内输入地点起卸前的运输及相关费用、保险费。

按照上述规定审查确定进口货物的完税价格时,海关在征得境外生产商同意并且提前通知有关国家或者地区政府后,可以在境外核实该企业提供的有关资料。按照规定确定有关价值或者费用时,应当使用与生产国或者地区公认的会计原则相一致的原则和方法。

6. 合理方法

合理方法,是指当海关不能根据成交价格估价方法、相同货物成交价格估价方法、类似货物成交价格估价方法、倒扣价格估价方法和计算价格估价方法确定完税价格时,海关根据《中华人民共和国海关审定进出口货物完税价格办法》规定的客观、公平、统一的原则,以客观量化的数据资料为基础审查确定进口货物完税价格的估价方法。

海关在采用合理方法确定进口货物的完税价格时,不得使用以下价格:

(1) 境内生产的货物在境内的销售价格;

(2) 可供选择的价格中较高的价格;

(3) 货物在出口地市场的销售价格;

(4) 以《中华人民共和国海关审定进出口货物完税价格办法》中计算价格估价方法规定之外的价值或者费用计算的相同或者类似货物的价格;

(5) 出口到第三国或者地区的货物的销售价格;

(6) 最低限价或者武断、虚构的价格。

(二) 特殊进口货物完税价格审定

1. 内销保税货物的完税价格[①]

内销保税货物的完税价格,由海关以该货物的成交价格为基础审查确定。**内销保税货物**,包括因故转为内销需要征税的加工贸易货物、海关特殊监管区域内货物、保税监管场所内货物和因其他原因需要按照内销征税办理的保税货物,但不包括以下项目:海关特殊监管区域、保税监管场所内生产性的基础设施建设项目所需的机器、设备和建设所需的基建物资;海关特殊监管区域、保税监管场所内企业开展生产或综合物流服务所需的机器、设备、模具及其维修用零配件;海关特殊监管区域、保税监管场所内企业和行政管理机构自用的办公用品、生活消费用品和交通运输工具。

进料加工进口料件或者其制成品(包括残次品)内销时,海关以料件原进口成交价格为基础审查确定完税价格。属于料件分批进口,并且内销时不能确定料件原进口一一对应批次的,海关可按照同项号、同品名和同税号的原则,以其合同有效期内或电子账册核销周期内已进口料件的成交价格计算所得的加权平均价为基础审查确定完税价格。合同有效期内

---

① 参见总署令〔2013〕211号公布《中华人民共和国海关审定内销保税货物完税价格办法》。

或电子账册核销周期内已进口料件的成交价格加权平均价难以计算或者难以确定的,海关以客观可量化的当期进口料件成交价格的加权平均价为基础审查确定完税价格。

来料加工进口料件或者其制成品(包括残次品)内销时,海关以接受内销申报的同时或者大约同时进口的与料件相同或者类似的保税货物的进口成交价格为基础审查确定完税价格。

加工企业内销的加工过程中产生的边角料或者副产品,以其内销价格为基础审查确定完税价格。**内销价格**,是国内企业为购买保税货物而向卖方(保税企业)实际支付或者应当支付的全部价款,但不包括关税和进口环节海关代征税。副产品并非全部使用保税料件生产所得的,海关以保税料件在投入成本核算中所占比重计算结果为基础审查确定完税价格。按照规定需要以残留价值征税的受灾保税货物,海关以其内销价格为基础审查确定完税价格。按照规定应折算成料件征税的,海关以各项保税料件占构成制成品(包括残次品)全部料件的价值比重计算结果为基础审查确定完税价格。边角料、副产品和按照规定需要以残留价值征税的受灾保税货物经海关允许采用拍卖方式内销时,海关以其拍卖价格为基础审查确定完税价格。这里的**拍卖价格**,是指国家注册的拍卖机构对海关核准参与交易的保税货物履行合法有效的拍卖程序,竞买人依拍卖规定获得拍卖标的物的价格。

深加工结转货物内销时,海关以该结转货物的结转价格为基础审查确定完税价格。

保税区内企业内销的保税加工进口料件或者其制成品,海关以其内销价格为基础审查确定完税价格。保税区内企业内销的保税加工制成品中,如果含有从境内采购的料件,海关以制成品所含从境外购入料件的原进口成交价格为基础审查确定完税价格。保税区内企业内销的保税加工进口料件或者其制成品的完税价格依据前述规定不能确定的,海关以接受内销申报的同时或者大约同时内销的相同或者类似的保税货物的内销价格为基础审查确定完税价格。

除保税区以外的海关特殊监管区域内企业内销的保税加工料件或者其制成品,以其内销价格为基础审查确定完税价格。除保税区以外的海关特殊监管区域内企业内销的保税加工料件或者其制成品的内销价格不能确定的,海关以接受内销申报的同时或者大约同时内销的相同或者类似的保税货物的内销价格为基础审查确定完税价格。除保税区以外的海关特殊监管区域内企业内销的保税加工制成品、相同或者类似的保税货物的内销价格不能确定的,海关以生产该货物的成本、利润和一般费用计算所得的价格为基础审查确定完税价格。

海关特殊监管区域内企业内销的保税加工过程中产生的边角料、废品、残次品和副产品,以其内销价格为基础审查确定完税价格。海关特殊监管区域内企业经海关允许采用拍卖方式内销的边角料、废品、残次品和副产品,海关以其拍卖价格为基础审查确定完税价格。

海关特殊监管区域、保税监管场所内企业内销的保税物流货物,海关以该货物运出海关特殊监管区域、保税监管场所时的内销价格为基础审查确定完税价格;该内销价格包含的能够单独列明的海关特殊监管区域、保税监管场所内发生的保险费、仓储费和运输及其相关费用,不计入完税价格。

海关特殊监管区域内企业内销的研发货物,海关依据上述保税区和其他海关特殊监管区域内企业内销货物的相关规定审查确定完税价格。海关特殊监管区域内企业内销的检测、展示货物,海关依据海关特殊监管区域、保税监管场所内企业内销保税物流货物的相关规定审查确定完税价格。

内销保税货物的完税价格不能依据上述规定确定的,海关依次以下列价格估定该货物的完税价格:

(1) 与该货物同时或者大约同时向中华人民共和国境内销售的相同货物的成交价格。

(2) 与该货物同时或者大约同时向中华人民共和国境内销售的类似货物的成交价格。

(3) 与该货物进口的同时或者大约同时,将该进口货物、相同或者类似进口货物在第一级销售环节销售给无特殊关系买方最大销售总量的单位价格,但应当扣除以下项目:同等级或者同种类货物在中华人民共和国境内第一级销售环节销售时通常的利润和一般费用以及通常支付的佣金,进口货物运抵境内输入地点起卸后的运输及其相关费用、保险费,进口关税及国内税收。

(4) 按照下列各项总和计算的价格。生产该货物所使用的料件成本和加工费用,向中华人民共和国境内销售同等级或者同种类货物通常的利润和一般费用,该货物运抵境内输入地点起卸前的运输及其相关费用、保险费。

(5) 以合理方法估定的价格。

纳税义务人向海关提供有关资料后,可以提出申请,颠倒上述第(3)项和第(4)项的适用次序。

2. 出境修理和加工货物的完税价格

运往境外修理的机械器具、运输工具或者其他货物,出境时已向海关报明,并且在海关规定的期限内复运进境的,应当以境外修理费和料件费为基础审查确定完税价格。出境修理货物复运进境超过海关规定期限的,由海关按照《中华人民共和国海关审定进出口货物完税价格办法》规定的进口货物完税价格确定方法审查确定完税价格。

运往境外加工的货物,出境时已向海关报明,并且在海关规定期限内复运进境的,应当以境外加工费和料件费以及该货物复运进境的运输及其相关费用、保险费为基础审查确定完税价格。出境加工货物复运进境超过海关规定期限的,由海关按照《中华人民共和国海关审定进出口货物完税价格办法》规定的进口货物完税价格确定方法审查确定完税价格。

3. 暂时进境货物的完税价格

经海关批准的暂时进境货物,应当缴纳税款的,由海关按照《中华人民共和国海关审定进出口货物完税价格办法》规定的进口货物完税价格确定方法审查确定完税价格。经海关批准留购的暂时进境货物,以海关审查确定的留购价格作为完税价格。

留购租赁货物如何办理手续

> **案例应用 9-3**
>
> **租赁进口货物按月支付租金如何确定完税价格和征税**
>
>

4. 租赁进口货物的完税价格

租赁方式进口的货物,按照下列方法审查确定完税价格:①

(1) 以租金方式对外支付的租赁货物,在租赁期间以海关审定的租金作为完税价格,利息应当予以计入;

(2) 留购的租赁货物以海关审定的留购价格作为完税价格;

(3) 纳税义务人申请一次性缴纳税款的,可以选择申请按照《中华人民共和国海关审定进出口货物完税价格办法》列明的方法确定完税价格,或者按照海关审查确定的租金总额作为完税价格。

5. 减免税进口货物的完税价格

减税或者免税进口的货物应当补税时,应当以海关审查确定的该货物原进口时的价格,扣除折旧部分价值作为完税价格,其计算公式如下:

$$完税价格 = 海关审定原进口时的价格 \times \left[1 - \frac{申请补税时实际已进口时间(月)}{监管年限 \times 12} \right]$$

上述计算公式中"补税时实际已进口的时间"按月计算,不足1个月但是超过15日的,按照1个月计算;不超过15日的,不予计算。

6. 不存在成交价格的进口货物的完税价格

易货贸易、寄售、捐赠、赠送等不存在成交价格的进口货物,海关与纳税义务人进行价格磋商后,按照《中华人民共和国海关审定进出口货物完税价格办法》列明的方法审查确定完税价格。

7. 进口介质的完税价格

进口载有专供数据处理设备用软件的介质,具有下列情形之一的,应当以介质本身的价值或者成本为基础审查确定完税价格:

(1) 介质本身的价值或者成本与所载软件的价值分列;

(2) 介质本身的价值或者成本与所载软件的价值虽未分列,但是纳税义务人能够提供介质本身的价值或者成本的证明文件,或者能提供所载软件价值的证明文件。

含有美术、摄影、声音、图像、影视、游戏、电子出版物的介质不适用这一规定。

8. 公式定价进口货物完税价格的审定

所谓**公式定价**,是指在向中华人民共和国境内销售货物所签订的合同中,买卖双方未以

---

① 参见总署令〔2013〕213号《中华人民共和国海关审定进出口货物完税价格办法》第31条。

具体明确的数值约定货物价格,而是以约定的定价公式来确定货物结算价格的定价方式。① 为规范公式定价进口货物完税价格的审核,便利企业通关,根据《中华人民共和国进出口关税条例》和《中华人民共和国海关审定进出口货物完税价格办法》的规定,海关对同时符合下列条件的进口货物,以买卖双方约定的定价公式所确定的结算价格(指买方为购买该货物实付、应付的价款总额)为基础审定完税价格:

(1) 在货物运抵中华人民共和国境内前,买卖双方已书面约定定价公式;
(2) 结算价格取决于买卖双方均无法控制的客观条件和因素;
(3) 自货物申报进口之日起 6 个月内,能够根据定价公式确定结算价格;
(4) 结算价格符合《中华人民共和国海关审定进出口货物完税价格办法》中成交价格的有关规定。

纳税义务人应在公式定价合同项下首批货物进口前,向首批货物进口地海关或企业所在地海关提出备案申请,海关自收齐申请材料后 5 个工作日内完成备案,对符合规定的,出具"公式定价合同海关备案表"(以下简称备案表)。备案结果在全国海关互认,无须重复备案。对于货物进口时能够确定结算价格的公式定价合同,纳税义务人无须向海关申请备案。

纳税义务人申请备案需提供的材料包括:进口货物合同(如有长期合同应一并提供);进口货物定价公式的作价标准、选价期、结算期、折扣等影响价格的要素,以及进口口岸、批次和数量等情况说明;其他相关材料。

海关经过审核,对符合规定的公式定价货物,在备案表中注明以结算价格为基础审查确定完税价格;对不符合规定的公式定价货物,在备案表中注明不符合规定,按《中华人民共和国海关审定进出口货物完税价格办法》的相关规定审查确定完税价格。

纳税义务人进口公式定价货物,因故未能事先向海关备案的,应在申报进口的同时向海关办理备案手续。经海关备案的合同发生变更的,纳税义务人应当在变更合同项下货物首次申报进口前,向原备案地海关重新备案。海关自收齐材料后 5 个工作日内出具备案结果。

纳税义务人申报进口已备案的公式定价货物时,应当在报关单备注栏中准确填报备案号,并向海关提供确定货物完税价格所需的相关材料。

自货物申报进口之日起 6 个月内不能确定结算价格,海关根据《中华人民共和国海关审定进出口货物完税价格办法》的相关规定审定完税价格。特殊情况经备案地海关同意,可延长结算期限至 9 个月。

纳税义务人应在公式定价货物结算价格确定后 10 个工作日内向海关提供确定结算价格所需材料并办理相关手续。公式定价合同执行完毕后,海关实行总量核销。经核销发现实际进口数量与备案合同总量差异较大,超过备案商品溢短装合理范围的,海关应当按《中华人民共和国海关审定进出口货物完税价格办法》的有关规定重新审核合同条款,并可视情况作出重新估价的决定。

(三) 进口货物完税价格中的运输及其相关费用、保险费的计算

进口货物的运输及其相关费用,应当按照由买方实际支付或者应当支付的费用计算。如果进口货物的运输及其相关费用无法确定的,海关应当按照该货物进口同期的正常运输

---

① 参见海关总署公告 2015 年第 15 号《关于修订公式定价进口货物审定完税价格有关规定》,不包括仅受成分含量、进口数量影响,进口时不能确定结算价格等的情形。

成本审查确定。

运输工具作为进口货物,利用自身动力进境的,海关在审查确定完税价格时,不再另行计入运输及其相关费用。

进口货物的保险费,应当按照实际支付的费用计算。如果进口货物的保险费无法确定或者未实际发生,海关应当按照"货价加运费"两者总额的3‰计算保险费,其计算公式如下:

$$保险费 = (货价 + 运费) \times 3‰$$

邮运进口的货物,应当以邮费作为运输及其相关费用、保险费。

二、出口货物完税价格审定

出口货物的完税价格由海关以该货物的成交价格为基础审查确定,并且应当包括货物运至中华人民共和国境内输出地点装载前的运输及其相关费用、保险费。

出口货物的成交价格,是指该货物出口销售时,卖方为出口该货物应当向买方直接收取和间接收取的价款总额。下列税收、费用不计入出口货物的完税价格:

(1) 出口关税;

(2) 在货物价款中单独列明的货物运至中华人民共和国境内输出地点装载后的运输及其相关费用、保险费。

出口货物的成交价格不能确定的,海关经了解有关情况,并且与纳税义务人进行价格磋商后,依次以下列价格审查确定该货物的完税价格:同时或者大约同时向同一国家或者地区出口的相同货物的成交价格;同时或者大约同时向同一国家或者地区出口的类似货物的成交价格;根据境内生产相同或者类似货物的成本、利润和一般费用(包括直接费用和间接费用)、境内发生的运输及其相关费用、保险费计算所得的价格;按照合理方法估定的价格。

三、审价中的权责关系及价格磋商

(一) 海关与纳税义务人的权责关系

纳税义务人向海关申报时,应当按规定如实向海关提供发票、合同、提单、装箱清单等单证。除此以外,纳税义务人还应当如实提供与货物买卖有关的支付凭证以及证明申报价格真实、准确的其他商业单证、书面资料和电子数据。货物买卖中发生《中华人民共和国海关审定进出口货物完税价格办法》所列的价格调整项目或者运输及其相关费用的,纳税义务人应当如实向海关申报。价格调整项目或者运输及其相关费用如果需要分摊计算的,纳税义务人应当根据客观量化的标准进行分摊,并且同时向海关提供分摊的依据。

海关为审查申报价格的真实性、准确性,可以行使下列职权进行价格核查:查阅、复制与进出口货物有关的合同、发票、账册、结付汇凭证、单据、业务函电、录音录像制品和其他反映买卖双方关系及交易活动的商业单证、书面资料和电子数据;向进出口货物的纳税义务人及与其有资金往来或者有其他业务往来的公民、法人或者其他组织调查与进出口货物价格有关的问题;对进出口货物进行查验或者提取货样进行检验或者化验;进入纳税义务人的生产经营场所、货物存放场所,检查与进出口活动有关的货物和生产经营情况;经直属海关关长或者其授权的隶属海关关长批准,凭"中华人民共和国海关账户查询通知书"及有关海关工作人员的工作证件,可以查询纳税义务人在银行或者其他金融机构开立的单位账户的资金往来情况,并且向银行业监督管理机构通报有关情况,以及向税务部门查询了解与进出口货物有关的缴纳国内税情况。

海关在行使上述各项职权时,纳税义务人及有关公民、法人或者其他组织应当如实反映情况,提供有关书面资料和电子数据,不得拒绝、拖延和隐瞒。

海关审查确定进出口货物的完税价格期间,纳税义务人可以在依法向海关提供担保后,先行提取货物。海关审查确定进出口货物的完税价格后,纳税义务人可以提出书面申请,要求海关就如何确定其进出口货物的完税价格做出书面说明。海关应当根据要求出具"中华人民共和国海关估价告知书"。

(二) 价格质疑与价格磋商

海关对申报价格的真实性、准确性有疑问时,或者认为买卖双方之间的特殊关系影响成交价格时,应当制发"中华人民共和国海关价格质疑通知书"(简称价格质疑通知书),将质疑的理由书面告知纳税义务人或者其代理人,纳税义务人或者其代理人应当自收到价格质疑通知书之日起 5 个工作日内,以书面形式提供相关资料或者其他证据,证明其申报价格真实、准确或者双方之间的特殊关系未影响成交价格。纳税义务人或者其代理人确有正当理由无法在规定时间内提供前款资料的,可以在规定期限届满前以书面形式向海关申请延期。除特殊情况外,延期不得超过 10 个工作日。

海关制发价格质疑通知书后,有下列情形之一的,海关与纳税义务人进行价格磋商后,按照《中华人民共和国海关审定进出口货物完税价格办法》列明的方法审查确定进出口货物的完税价格:纳税义务人或者其代理人在海关规定期限内,未能提供进一步说明的;纳税义务人或者其代理人提供有关资料、证据后,海关经审核其所提供的资料、证据,仍然有理由怀疑申报价格的真实性、准确性的;纳税义务人或者其代理人提供有关资料、证据后,海关经审核其所提供的资料、证据,仍然有理由认为买卖双方之间的特殊关系影响成交价格的。

海关经过审查认为进口或出口货物无成交价格的,可以不进行价格质疑,经与纳税义务人进行价格磋商后,按照《中华人民共和国海关审定进出口货物完税价格办法》列明的方法审查确定完税价格。

按照《中华人民共和国海关审定进出口货物完税价格办法》规定需要价格磋商的,海关应当依法向纳税义务人制发"中华人民共和国海关价格磋商通知书"。纳税义务人应当自收到通知之日起 5 个工作日内与海关进行价格磋商。纳税义务人在海关规定期限内与海关进行价格磋商的,海关应当制作"中华人民共和国海关价格磋商纪录表"。纳税义务人未在通知规定的时限内与海关进行磋商的,视为其放弃价格磋商的权利,海关可以直接使用《中华人民共和国海关审定进出口货物完税价格办法》列明的方法审查确定进出口货物的完税价格。

对符合下列情形之一的,经纳税义务人书面申请,海关可以不进行价格质疑以及价格磋商,按照《中华人民共和国海关审定进出口货物完税价格办法》列明的方法审查确定进出口货物的完税价格:同一合同项下分批进出口的货物,海关对其中一批货物已经实施估价的;进出口货物的完税价格在人民币 10 万元以下或者关税及进口环节海关代征税总额在人民币 2 万元以下的;进出口货物属于危险品、鲜活品、易腐品、易失效品、废品、旧品等的。

案例应用 9-4

完全获得货物经停第三国是否还可享受协定税率？

第三节　进口货物原产地的确定与税率适用

一、进口货物原产地的确定

（一）原产地规则的含义

在国际贸易中，原产地代表货物的"国籍"，确定货物的原产地或"国籍"关系到进口税率的适用，关系到禁运、反倾销、进出口配额、贸易制裁、联合抑制、卫生防疫管制、外汇管制等方方面面。只有在对进口货物的原产地做出准确判断后，这些措施才能真正发挥作用。所以，货物原产地便成为决定货物是否可以享受特定待遇的重要依据。各国政府为实施国别歧视政策，执行关税和非关税措施，通常以本国立法的形式制定出其鉴别货物"国籍"的标准，这就是**原产地规则**。WTO《原产地规则协议》将原产地规则定义为：一国（地区）为确定货物的原产地而实施的普遍适用的法律、法规和行政决定。

（二）原产地规则的类别

从适用对象和目的的角度划分，原产地规则可分为两大类：一类是优惠原产地规则，另一类是非优惠原产地规则。

1. 优惠原产地规则

优惠原产地规则是指一国为了实施国别优惠政策而制定的法律、法规，是以优惠贸易协定通过双边或多边协定形式或者是由本国自主形式制定的一些特殊原产地认定标准，因此也称为协定原产地规则。优惠原产地规则具有很强的排他性，优惠范围以原产地为受惠国（地区）的进口产品为限，其目的是促进协议方之间的贸易发展。优惠原产地规则主要有以下两种实施方式：一是通过自主方式授予，如欧盟普惠制（CSP）、中国对最不发达国家的特别优惠关税待遇；二是通过协定以互惠性方式授予，如北美自由贸易协定、中国-东盟自贸区协定等。由于优惠原产地规则是用于认定进口货物有无资格享受比最惠国更优惠待遇的依据，因此其认定标准通常会与非优惠原产地规则不同，其宽或严完全取决于成员方。进口国（地区）为了防止此类优惠措施被滥用或规避，一般都制定了货物直接运输的条款。

加入 WTO 以后，为了进一步改善所处的贸易环境，为货物和服务创造更为广阔和稳定的市场,促进经济发展和稳定,提升双方公共福利水平,截至 2017 年 5 月,我国先后签订了《亚太贸易协定》《内地与香港关于建立更紧密经贸关系的安排》(又称香港 CEPA)、《内地与澳门关于建立更紧密经贸关系的安排》(又称澳门 CEPA)、《中国-东盟全面经济合作框架协议》、《中国-智利自由贸易协定》、《中国-巴基斯坦自由贸易协定》、《中国-新加坡自由贸易协定》、《中国-新西兰自由贸易协定》、《中国-秘鲁自由贸易协定》、《中国-哥斯达黎加自由贸易协定》、《海峡两岸经济合作框架协议》(ECFA)、《中国-冰岛自由贸易协定》、《中国-瑞士自由贸易协定》、《中国-韩国自由贸易协定》、《中国-澳大利亚自由贸易协定》、《中国-格鲁吉亚自由贸易协定》15 个自由贸易协定,[①]共涉及 23 个国家或地区,另有 22 个协定正在谈判和研究之中。此外,我国还对与我国建交的 39 个最不发达国家(瓦努阿图共和国已于 2013 年从最不发达国家名单中毕业)[②]给予特别优惠关税待遇,上述贸易协定中均包含有相应的优惠原产地规则。

2. 非优惠原产地规则

非优惠原产地规则是指一国根据实施其海关税则和其他贸易措施的需要,由本国立法自主制定的规则,因此也称为自主原产地规则。非优惠原产地规则适用于实施最惠国待遇、反倾销和反补贴、保障措施、原产地标记管理、国别数量限制、关税配额等非优惠性贸易措施以及进行政府采购、贸易统计等活动对进出口货物原产地的确定。目前,我国的非优惠原产地规则主要体现在《中华人民共和国进出口货物原产地条例》之中。

(三)原产地认定标准

在认定货物的原产地时,会出现以下两种情况:一种是货物完全是在一个国家(地区)获得或生产制造,另一种是货物由两个或两个以上国家(地区)获得或生产。无论是优惠原产地规则还是非优惠原产地规则,都要针对这些情形,确定相应的标准。

1. 优惠原产地认定标准

(1)完全获得标准。各个优惠贸易协定项下的"完全获得"标准内容基本相同,即从优惠贸易协定成员国或者地区"直接运输"进口的货物,符合下列情形之一,则视为完全在该成员国获得或生产,适用《中华人民共和国进出口税则》中相应优惠贸易协定对应的协定税率或者特惠税率:在该成员国或者地区境内收获、采摘或者采集的植物产品;在该成员国或者地区境内出生并饲养的活动物;在该成员国或者地区领土或者领海开采、提取的矿产品;其他符合相应优惠贸易协定项下完全获得标准的货物。

(2)实质性改变标准。"实质性改变"或"非完全获得",即在满足"直接运输"进口的前提下,如果货物非完全在该成员国或者地区获得或者生产,则按照相应优惠贸易协定规定的税则归类改变标准、区域价值成分标准、制造加工工序标准或者其他标准确定其原产地。

税则归类改变标准,是指原产于非成员国或者地区的材料在出口成员国或者地区境内进行制造、加工后,所得货物在《商品名称及编码协调制度》中税则归类发生了变化。

区域价值成分标准,是指出口货物船上交货价格(FOB)扣除该货物生产过程中该成员

[①] 《内地与香港关于建立更紧密经贸关系的安排》《内地与澳门关于建立更紧密经贸关系的安排》有时也合称为港澳 CEPA。

[②] 参见总署令第 231 号《关于公布〈中华人民共和国海关关于最不发达国家特别优惠关税待遇进口货物原产地管理办法〉的令》;海关总署公告 2013 年第 34 号《公布给予与我国建交的最不发达国家 95%税目产品零关税待遇的实施方案》。

国或者地区非原产材料价格后,所余价款在出口货物船上交货价格(FOB)中所占的百分比。例如,我国签署的《亚太贸易协定》项下的原产地规则要求,在生产过程中所使用的非成员国原产的或者不明原产地的材料、零件或产物的总价值不超过该货物船上交货价(FOB价)的55%,原产于最不发达受惠国(即孟加拉国)的产品的上述比例不超过65%;《中国-东盟合作框架协议》项下的原产地规则要求,用于所获得或生产产品中的原产于任一成员方的成分不少于该货物FOB价的40%;或者非中国-东盟自由贸易区原产的材料、零件或者产物的总价值不超过所获得或者生产产品FOB价的60%,且最后生产工序在成员方境内完成;港澳CEPA项下的原产地规则要求,在港澳获得的原料、组合零件、劳工价值在产品开发支出价值的合计,与在港澳生产或获得产品FOB价的比例应大于或等于30%;《中国-巴基斯坦自由贸易协定》项下的原产地规则要求,生产或加工货物时所用单一成员方原产成分占所得产品的FOB价的比例不小于40%或者,在某一成员方境内使用已获得中巴自贸区原产资格的货物作为生产享受《早期收获协议》协定税率的制成品的材料时,如果该制成品中原产于中国、巴基斯坦的成分累计不低于40%,则该货物应当视为原产于该成员方;《中国-智利自贸协定》项下的原产地规则要求,所用的非成员方原产材料占该货物FOB价的比例小于60%;等等。

制造加工工序标准,是指赋予加工后所得货物基本特征的主要工序。

其他标准,是指除上述标准之外,成员国或者地区一致同意采用的确定货物原产地的其他标准。

原产于优惠贸易协定某一成员国或者地区的货物或者材料在同一优惠贸易协定另一成员国或者地区境内用于生产另一货物,并构成另一货物组成部分的,该货物或者材料应当视为原产于另一成员国或者地区境内。

(3) 直接运输规则。以上所称的"**直接运输**",是指优惠贸易协定项下进口货物从该协定成员国或者地区直接运输至中国境内,途中未经过该协定成员国或者地区以外的其他国家或者地区。原产于优惠贸易协定成员国或者地区的货物,经过其他国家或者地区运输至中国境内,不论在运输途中是否转换运输工具或者作临时储存,同时符合下列条件的,应当视为"直接运输":①该货物在经过其他国家或者地区时,未做除使货物保持良好状态所必需处理以外的其他处理;该货物在其他国家或者地区停留的时间未超过相应优惠贸易协定规定的期限;该货物在其他国家或者地区作临时储存时,处于该国家或者地区海关监管之下。

直接运输规则因不同的优惠贸易协定框架而略有不同,例如:

《亚太贸易协定》项下原产地规则的直接运输规则是指:原产于其他成员国的进口货物从其他成员国直接运输到我国境内,未经任何非成员国境内;原产于其他成员国的进口货物虽经过一个或多个非成员国运输到我国境内,无论是否在这些国家转换运输工具或作临时储存,如果可以证明过境运输是由于地理原因或仅出于运输需要的考虑,产品未在这些国家进入贸易或消费领域,以及除装卸或其他为了保持产品良好状态的处理外,产品在这些国家未经其他任何加工的,视为直接运输。

《中国-东盟合作框架协议》项下《中国-东盟自由贸易区原产地规则》中的直接运输规则是指:《框架协议》项下的进口货物从某一东盟国家直接运输至我国境内,或者从某一东盟

---

① 参见海关总署令第181号发布《中华人民共和国海关进出口货物优惠原产地管理规定》。

国家经过其他中国-东盟自由贸易区成员国境内运输至我国,但途中没有经过任何非自由贸易区成员国(地区)境内。如果原产于东盟国家的进口货物运输途中经过非自由贸易区成员国(地区)境内(包括转换运输工具或者作临时储存)、运输至我国,并且同时符合下列条件的(仅是由于地理原因或者运输需要;产品经过上述国家时未进行贸易或者消费;除装卸或者为保持产品良好状态而逆行的加工外,产品在上述国家未经过任何其他加工),视为从东盟国家直接运输。

内地与香港 CEPA 项下的香港原产进口货物应当从香港直接运输至内地口岸;内地与澳门 CEPA 项下的进口货物不能从香港以外的地区或者国家转运。

《中巴自贸协定》项下的《中国-巴基斯坦自由贸易区原产地规则》中的直接运输规则是指:原产于巴基斯坦的进口货物从巴基斯坦直接运输至我国境内,途中未经过任何中国和巴基斯坦之外的国家(地区)境内;如果原产于巴基斯坦的进口货物从巴基斯坦直接运输至我国境内的途中经过一个或者多个中国和巴基斯坦之外的国家(地区),不论是否在这些国家(地区)转换运输工具或者作临时储存,应同时符合以下条件:仅是由于地理原因或者运输需要;货物未在这些国家(地区)进入贸易或者消费领域;除装卸或者其他为使货物保持良好状态的处理外,货物在这些国家(地区)未经任何其他加工。

"特别优惠关税待遇"项下的《中华人民共和国海关关于最不发达国家特别优惠关税待遇进口货物原产地管理办法》(2017)要求,申报享受特别优惠关税待遇的进口货物,应当直接从受惠国运输至我国境内,途中未经过中国和该受惠国以外的其他国家(地区)。如货物经过其他国家(地区)运输至我国境内的,则要求货物未进入其他国家或者地区的贸易或者消费领域,且在经过其他国家(地区)时未做除装卸或其他为使货物保持良好状态所必须处理以外的其他处理(停留时间最长不得超过 6 个月),处于该国家或者地区海关的监管之下的,才能视为直接运输。

《中国-新西兰自由贸易协定》项下进出口货物原产地管理办法要求货物从新西兰直接运输至我国境内,途中未经过中国、新西兰以外的其他国家或者地区,如经过其他国家(地区)运输至我国境内的,则要求货物未进入这些国家或者地区进行贸易或者消费,且在经过其他国家(地区)时未做除装卸或其他为使货物保持良好状态所必须处理以外的其他处理(停留时间最长不得超过 6 个月)的,视为直接运输。

在对优惠贸易协定项下的货物原产地进行认定时,货物是否符合"直接运输"规则非常重要,而且比较复杂。近些年来,为便利各优惠贸易安排中"直接运输"条款的实施和具体操作,我国海关对其申报作了如下规定:

① 对于经香港或澳门中转自贸协定项下的货物,进口货物收货人或者其代理人申报适用协定税率或特惠税率时向海关提交下列运输单证之一的,海关不再要求提交中转确认书:

空运或海运进口货物,国际班轮运输经营者及其委托代理人、民用航空运输企业、经营国际快递业务的企业等出具的单份运输单证。该运输单证应在同一页上载明始发地为进口货物的原产国(地区)境内,且目的地为中国内地;原产于内陆国家(地区)的海运进口货物,始发地可为其海运始发地。

已实现原产地电子数据交换的自由贸易协定(如《海峡两岸经济合作框架协议》《中华人民共和国政府和大韩民国政府自由贸易协定》等)项下集装箱运输货物,也可提交能够证明货物在运输过程中集装箱箱号、封志号未发生变动的全程运输单证。

不符合上述两种情形的,进口人应当按照以下规定提交中转确认书:经香港中转的需进行预检验的货物(包括集装箱运输及散装货物),应当提交中检公司签发的中转确认书;在香港中转期间非因预检验开箱的集装箱运输货物,以及无须预检验的散装货物,应当提交香港海关签发的中转确认书;在香港中转期间未开箱的集装箱运输货物,应当提交香港海关或中检公司签发的中转确认书;经澳门中转的货物,应当提交澳门海关签发的中转确认书。①

② 对于经香港或澳门之外的第三方中转的进口货物,其收货人或者代理人申报适用协定税率或特惠税率时向海关提交下列运输单证之一的,海关不再要求提交中转地海关出具的证明文件:

对空运或海运进口货物,经营国际快递业务的企业、民用航空运输企业、国际班轮运输经营者及其委托代理人出具的单份运输单证。该运输单证应在同一页上载明始发地为进口货物的原产国(地区)境内,且目的地为中国境内;原产于内陆国家(地区)的海运进口货物,始发地可为其海运始发地。

对已实现原产地电子数据交换的《海峡两岸经济合作框架协议》(ECFA)等协定项下集装箱运输货物,也可提交能够证明货物在运输过程中集装箱箱号、封志号未发生变动的全程运输单证。②

2. 非优惠原产地认定标准

根据《中华人民共和国进出口货物原产地条例》,目前我国的非优惠原产地认定标准主要有完全获得标准和实质性改变标准。

(1) 完全获得标准。完全在一个国家(地区)获得的货物,以该国(地区)为原产地;两个以上国家(地区)参与生产的货物,以最后完成实质性改变的国家(地区)为原产地。以下货物被视为在一国(地区)完全获得:在该国(地区)出生并饲养的活的动物;在该国(地区)野外捕捉、捕捞、搜集的动物;从该国(地区)活的动物获得的未经加工的物品;在该国(地区)收获的植物和植物产品;在该国(地区)采掘的矿物;在该国(地区)获得的上述范围以外的其他天然生成的物品;在该国(地区)生产过程中产生的只能弃置或者回收用做材料的废碎料;在该国(地区)收集的不能修复或者修理的物品,或者从该物品中回收的零件或者材料;由合法悬挂该国旗帜的船舶从其领海以外海域获得的海洋捕捞物和其他物品;在合法悬挂该国旗帜的加工船上加工上述海洋捕捞物和其他物品所列物品获得的产品;从该国领海以外享有专有开采权的海床或者海床底土获得的物品;在该国(地区)完全从上述所列物品所生产的产品。

此外,在确定货物是否在一个国家(地区)完全获得时,不考虑下列微小加工或者处理:为运输、贮存期间保存货物而作的加工或者处理;为货物便于装卸而作的加工或者处理;为货物销售而作的包装等加工或者处理。

(2) 实质性改变认定标准。实质性改变的确定标准,以税则归类改变为基本标准。税则归类改变不能反映实质性改变的,以从价百分比、制造或者加工工序等为补充标准,具体标准由海关总署会同商务部、国家质量监督检验检疫总局制定。

---

① 参见海关总署公告 2016 年第 52 号。中转确认书用于证明相关货物在港澳期间未再加工。
② 参见海关总署公告 2015 年第 57 号。

税则归类改变,是指在某一国家(地区)对非该国(地区)原产材料进行制造、加工后,所得货物在《中华人民共和国进出口税则》中某一级的税目归类发生了变化。

制造或者加工工序,是指在某一国家(地区)进行的赋予制造、加工后所得货物基本特征的主要工序。

从价百分比,是指在某一国家(地区)对非该国(地区)原产材料进行制造、加工后的增值部分,超过所得货物价值一定的百分比①。海关总署通过《非优惠性原产地规则中实质性改变标准的规定》(总署令〔2004〕122号)对这一比值进行了具体化②。根据规定,"从价百分比"标准,是指在某一国家(地区)对非该国(地区)原产材料进行制造、加工后的增值部分超过了所得货物价值的30%。用公式表示如下:

$$\frac{工厂交货价-非该国(地区)原产材料价值}{工厂交货价} \times 100\% \geqslant 30\%$$

其中,"工厂交货价"是指支付给制造厂生产的成品的价格。"非该国(地区)原产材料价值"是指直接用于制造或装配最终产品而进口原料、零部件的价值(含原产地不明的原料、零配件),以其进口"成本、保险费加运费"价格(CIF)计算。

上述"从价百分比"的计算应当符合公认的会计原则及《中华人民共和国进出口关税条例》。

以制造、加工工序和从价百分比为标准判定实质性改变的货物在《适用制造或者加工工序及从价百分比标准的货物清单》中具体列明,并按列明的标准判定是否发生实质性改变。未列入《适用制造或者加工工序及从价百分比标准的货物清单》货物的实质性改变,应当适用税则归类改变标准。《适用制造或者加工工序及从价百分比标准的货物清单》由海关总署会同商务部、国家质量监督检验检疫总局根据实施情况修订并公告。

货物生产过程中使用的能源、厂房、设备、机器和工具的原产地,以及未构成货物物质成分或者组成部件的材料的原产地,不影响该货物原产地的确定。随所装货物进出口的包装、包装材料和容器,在《中华人民共和国进出口税则》中与该货物一并归类的,该包装、包装材料和容器的原产地不影响所装货物原产地的确定;对该包装、包装材料和容器的原产地不再单独确定,所装货物的原产地即为该包装、包装材料和容器的原产地。随所装货物进出口的包装、包装材料和容器,在《中华人民共和国进出口税则》中与该货物不一并归类的,依照《中华人民共和国进出口货物原产地条例》的规定确定该包装、包装材料和容器的原产地。按正常配备的种类和数量随货物进出口的附件、备件、工具和介绍说明性资料,在《中华人民共和国进出口税则》中与该货物一并归类的,该附件、备件、工具和介绍说明性资料的原产地不影响该货物原产地的确定;对该附件、备件、工具和介绍说明性资料的原产地不再单独确定,该货物的原产地即为该附件、备件、工具和介绍说明性资料的原产地。随货物进出口的附件、备件、工具和介绍说明性资料在《中华人民共和国进出口税则》中虽与该货物一并归类,但超出正常配备的种类和数量的,以及在《中华人民共和国进出口税则》中与该货物不一并归类的,依照《中华人民共和国进出口货物原产地条例》的规定确定该附件、备件、工具和介绍说

---

① 参见《中华人民共和国进出口货物原产地条例》。
② 2018年4月28日以海关总署第238号令作了最新修改。

明性资料的原产地。

对货物所进行的任何加工或者处理,是为了规避中华人民共和国关于反倾销、反补贴和保障措施等有关规定的,海关在确定该货物的原产地时可以不考虑这类加工和处理。

(四)申报管理

1. 进口申报管理

货物申报进口时,进口货物收货人或者其代理人应当按照海关的申报规定填制"中华人民共和国海关进口货物报关单",申明适用协定税率或者特惠税率,并同时提交下列单证:货物的有效原产地证书正本,或者相关优惠贸易协定规定的原产地声明文件;货物的商业发票正本、运输单证等其他商业单证。货物经过其他国家或者地区运输至中国境内,应当提交证明货物在其他国家或者地区停留时间未超过相应优惠贸易协定规定期限的联运提单等证明文件;在其他国家或者地区临时储存的,还应当提交该国家或者地区海关出具的证明货物在其他国家或者地区停留时间未超过相应优惠贸易协定规定期限的其他文件。

进口货物收货人或者其代理人向海关提交的原产地证书应当同时符合下列要求:符合相应优惠贸易协定关于证书格式、填制内容、签章、提交期限等规定,与商业发票、报关单等单证的内容相符。

原产地申报为优惠贸易协定成员国或者地区的货物,进口货物收货人及其代理人未依照规定提交原产地证书、原产地声明的,应当在申报进口时就进口货物是否具备相应优惠贸易协定成员国或者地区原产资格向海关进行补充申报。进口货物收货人或者其代理人依照规定进行补充申报的,海关可以根据进口货物收货人或者其代理人的申请,按照协定税率或者特惠税率收取等值保证金后放行货物,并按照规定办理进口手续、进行海关统计。海关认为需要对进口货物收货人或者其代理人提交的原产地证书的真实性、货物是否原产于优惠贸易协定成员国或者地区进行核查的,应当按照该货物适用的最惠国税率、普通税率或者其他税率收取相当于应缴税款的等值保证金后放行货物,并按照规定办理进口手续、进行海关统计。海关认为必要时,可以请求出口成员国或者地区主管机构对优惠贸易协定项下进口货物原产地进行核查。海关也可以依据相应优惠贸易协定的规定就货物原产地开展核查访问。

有下列情形之一的,进口货物不适用协定税率或者特惠税率:

(1)进口货物收货人或者其代理人在货物申报进口时没有提交符合规定的原产地证书、原产地声明,也未就进口货物是否具备原产资格进行补充申报的;

(2)进口货物收货人或者其代理人未提供商业发票、运输单证等其他商业单证,也未提交其他证明符合本规定第十四条规定的文件的;

(3)经查验或者核查,确认货物原产地与申报内容不符,或者无法确定货物真实原产地的;

(4)其他不符合本规定及相应优惠贸易协定规定的情形。

2. 出口申报管理

法律、行政法规规定的有权签发出口货物原产地证书的机构(以下简称签证机构)可以签发优惠贸易协定项下出口货物原产地证书。签证机构依据《中华人民共和国进出口货物优惠原产地管理规定》以及相应优惠贸易协定项下所确定的原产地规则签发出口货物原产地证书。海关总署对签证机构是否依照规定签发优惠贸易协定项下出口货物原产地证书进行监督和检查。签证机构定期向海关总署报送依据规定签发优惠贸易协定项下出口货物原产地证书的有关情况。

出口货物申报时,出口货物发货人应当按照海关的申报规定填制"中华人民共和国海关出口货物报关单",并向海关提交原产地证书电子数据或者原产地证书正本的复印件。海关认为必要时,可以对优惠贸易协定项下出口货物原产地进行核查,以确定其原产地。应优惠贸易协定成员国或者地区要求,海关可以对出口货物原产地证书或者原产地进行核查,并应当在相应优惠贸易协定规定的期限内反馈核查结果。

3. 其他要求

优惠贸易协定项下进出口货物及其包装上标有原产地标记的,其原产地标记所标明的原产地应当与依照《中华人民共和国进出口货物优惠原产地管理规定》确定的货物原产地一致。

为确定货物原产地是否与进出口货物收发货人提交的原产地证书及其他申报单证相符,海关可以对进出口货物进行查验,具体程序按照《中华人民共和国海关进出口货物查验管理办法》有关规定办理。

进出口货物收发货人可以依照《中华人民共和国海关行政裁定管理暂行办法》有关规定,向海关申请原产地行政裁定。海关总署可以依据有关法律、行政法规、海关规章的规定,对进出口货物作出具有普遍约束力的原产地决定。

(五) 原产地证书

原产地证明书是证明产品原产于某地的书面文件。它是受惠国的原产品出口到给惠国时享受关税优惠的凭证,同时也是进口货物是否适用反倾销、反补贴税率、保障措施等贸易政策的凭证。

适用优惠原产地规则的应当按照各优惠贸易协定和国家法律有关规定,向各地出入境检验检疫机构、中国国际贸易促进委员会及其各地方分会申请签发并提交原产地证明书。对已实现原产地电子数据交换的《亚太贸易协定-中韩》《中国-新西兰自由贸易协定》《内地与香港关于建立更紧密经贸关系的安排》《内地与澳门关于建立更紧密经贸关系的安排》和《海峡两岸经济合作框架协议》等优惠贸易安排项下进口货物,海关不再要求进口货物收货人或其代理人(以下简称"进口人")在申报进口时提交原产地证书正本。海关认为有必要时,进口人应当补充提交相关原产地证书正本。①

非优惠原产地证书是指适用于实施最惠国待遇、反倾销和反补贴、保障措施、原产地标记管理、国别数量限制、关税配额等非优惠性贸易措施以及进行政府采购、贸易统计等活动中为确定出口货物原产于中华人民共和国境内所签发的书面证明文件。国家质量监督检验检疫总局(以下简称国家质检总局)对原产地证书的签证工作实施管理。国家质检总局设在各地的出入境检验检疫机构和中国国际贸易促进委员会及其地方分会按照分工负责原产地证书签证工作。

原产地证明书并不是确定货物原产地的唯一标准,若海关通过查验货物或审核单证认

---

① 参见海关总署公告2017年第10号、2016年第84号,以及2015年第71号《关于简化互联网优惠贸易安排项下原产地证书提交要求》。

为所提供的原产地证明书可能不真实的,海关将根据原产地规则标准予以确认。

(六) 原产地预确定制度

进口货物进口前,进口货物的收货人或者与进口货物直接相关的其他当事人,在有正当理由的情况下,可以书面申请海关对将要进口的货物的原产地作出预确定决定。海关应当在收到原产地预确定书面申请及全部必要资料之日起 150 天内,依照规定对该进口货物作出原产地预确定决定,并对外公布。已作出原产地预确定决定的货物,自预确定决定作出之日起 3 年内实际进口时,经海关审核其实际进口的货物与预确定决定所述货物相符,且《中华人民共和国进出口货物原产地条例》规定的原产地确定标准未发生变化的,海关不再重新确定该进口货物的原产地;经海关审核其实际进口的货物与预确定决定所述货物不相符的,海关应当按照《中华人民共和国进出口货物原产地条例》的规定重新审核确定该进口货物的原产地。

根据四位数税目变化就能够确定原产地吗?

原产品应满足哪些条件?

二、进出口关税税率的适用

(一) 关税税率的设置和适用原则

1. 关税税率的设置

我国进口关税设置最惠国税率、协定税率、特惠税率、普通税率、关税配额税率等税率。对进口货物在一定期限内可以实行暂定税率。

出口关税设置出口税率。对出口货物在一定期限内可以实行暂定税率。

2. 税率适用的基本原则

(1) 原产于共同适用最惠国待遇条款的世界贸易组成成员的进口货物,原产于与中华人民共和国签订含有相互给予最惠国待遇条款的双边贸易协定的国家或者地区的进口货物,以及原产于中华人民共和国境内的进口货物,适用最惠国税率。

（2）原产于与中华人民共和国签订含有关税优惠条款的区域性贸易协定的国家或者地区的进口货物,适用协定税率。

（3）原产于与中华人民共和国签订含有特殊关税优惠条款的贸易协定的国家或者地区的进口货物,适用特惠税率。

（4）原产于上述(1)—(3)所列以外国家或者地区的进口货物,以及原产地不明的进口货物,适用普通税率。

（5）适用最惠国税率的进口货物有暂定税率的,应当适用暂定税率;适用协定税率、特惠税率的进口货物有暂定税率的,应当从低适用税率;适用普通税率的进口货物,不适用暂定税率。

（6）适用出口税率的出口货物有暂定税率的,应当适用暂定税率。

（7）按照国家规定实行关税配额管理的进口货物,关税配额内的,适用关税配额税率;关税配额外的,其税率的适用按照上述原则执行。

（8）按照有关法律、行政法规的规定对进口货物采取反倾销、反补贴、保障措施的,其税率的适用按照《中华人民共和国反倾销条例》《中华人民共和国反补贴条例》和《中华人民共和国保障措施条例》的有关规定执行。

（9）任何国家或者地区违反与中华人民共和国签订或者共同参加的贸易协定及相关协定,对中华人民共和国在贸易方面采取禁止、限制、加征关税或者其他影响正常贸易的措施的,对原产于该国家或者地区的进口货物可以征收报复性关税,适用报复性关税税率。征收报复性关税的货物、适用国别、税率、期限和征收办法,由国务院关税税则委员会决定并公布。

(二) 税率适用时间

《中华人民共和国进出口关税条例》和《中华人民共和国海关进出口货物征税管理办法》规定,进出口货物应当适用海关接受该货物申报进口之日或者出口之日实施的税率。

在实际运用时应区分以下不同情况:

（1）进口货物到达前,经海关核准先行申报的,适用装载该货物的运输工具申报进境之日实施的税率。

（2）进口转关运输货物,应当适用指运地海关接受该货物申报进口之日实施的税率;货物运抵指运地前,经海关核准先行申报的,应当适用装载该货物的运输工具抵达指运地之日实施的税率。

（3）出口转关运输货物,应当适用起运地海关接受该货物申报出口之日实施的税率。

（4）经海关批准,实行集中申报的进出口货物,应当适用每次货物进出口时海关接受该货物申报之日实施的税率。

（5）因超过规定期限未申报而由海关依法变卖的进口货物,其税款计征应当适用装载该货物的运输工具申报进境之日实施的税率。

（6）因纳税义务人违反规定需要追征税款的进出口货物,应当适用违反规定的行为发生之日实施的税率;行为发生之日不能确定的,适用海关发现该行为之日实施的税率。

（7）已申报进境并放行的保税货物、减免税货物、租赁货物或者已申报进出境并放行的暂时进出境货物,有下列情形之一需缴纳税款的,应当适用海关接受纳税义务人再次填写报关单申报办理纳税及有关手续之日实施的税率：
① 保税货物经批准不复运出境的；
② 保税仓储货物转入国内市场销售的；
③ 减免税货物经批准转让或者移作他用的；
④ 可暂不缴纳税款的暂时进出境货物，经批准不复运出境或者进境的；
⑤ 租赁进口货物，分期缴纳税款的。
进出口货物关税的补征和退还，按照上述规定确定适用的税率。

第四节　进出口税费计算

一、进出口税费计算基本要求

海关征收的关税、进口环节税、滞纳金、滞报金等一律以人民币计征。进出口货物的成交价格如以外币计价的，计算税款前海关按照该货物适用税率之日所适用的计征汇率折合为人民币计算完税价格。

海关每月使用的计征汇率为上一个月第三个星期三（第三个星期三为法定节假日的，顺延采用第四个星期三）中国人民银行公布的外币对人民币的基准汇率。以基准汇率币种以外的外币计价的，采用同一时间中国银行公布的现汇买入价和现汇卖出价的中间价（人民币元后采用四舍五入法保留4位小数）。如果上述汇率发生重大波动，海关总署认为必要时，可以另行规定汇率，并且对外公布。

二、进出口关税计算

（一）进口关税税款的计算

目前，我国进口关税的计征标准主要有从价税、从量税和复合税。

1. 从价关税

从价关税是以进口货物的完税价格作为计税依据，以应征税额占货物完税价格的百分比作为税率，货物进口时，以此税率和实际完税价格相乘计算应征税额。

（1）计算公式：

$$从价税应征关税税额 = 完税价格 \times 从价税税率$$

（2）计算程序：
① 按照归类原则确定税则归类，将应税货物归入恰当的税目税号；
② 根据原产地规则，确定应税货物所适用的税率；
③ 根据完税价格审定办法和规定，确定应税货物的完税价格；
④ 根据汇率适用原则，将以外币计价的完税价格折算成人民币计价的完税价格；
⑤ 按照计算公式正确计算应征税款。

这批货物应该征收多少从价税？

该批"现代"轿车应该征收多少进口关税？

2. 从量关税

从量关税是以进口商品的数量、体积、重量等计量单位计征关税的方法。计税时以货物的计量单位乘以每单位应纳税金额即可得出该货物的关税税额。

（1）计算公式：

$$从量税应征税额＝商品进口数量×单位税额$$

（2）计算程序：

① 按照归类原则确定税则归类，将应税货物归入恰当的税目税号；
② 根据原产地规则，确定应税货物所适用的税率；
③ 确定其实际进口量，对计量单位进行必要换算；
④ 根据汇率适用原则，将以外币计价的完税价格折算成人民币计价的完税价格；
⑤ 按照计算公式正确计算应征税款。

这批货物应该征收多少从量税？

3. 复合关税

（1）计算公式：

$$复合税应征税额 = 商品进口数量 \times 单位税额 + 完税价格 \times 从价税税率$$

（2）计算程序：

① 按照归类原则确定税则归类，将应税货物归入恰当的税目税号；
② 根据原产地规则，确定应税货物所适用的税率；
③ 确定其实际进口量，对计量单位进行必要换算；
④ 根据完税价格审定办法、规定，确定应税货物的完税价格；
⑤ 根据汇率适用原则，将以外币计价的完税价格折算成人民币计价的完税价格；
⑥ 按照计算公式正确计算应征税款。

案例应用 9-10

这批货物应该征收多少复合税？

（二）出口关税税款的计算

1. 计算公式：

$$应征出口关税税额 = 出口货物完税价格 \times 出口关税税率$$
$$其中，出口货物完税价格 = FOB 价格 \div (1 + 出口关税税率)$$

2. 计算程序：

（1）按照归类原则确定税则归类，将应税货物归入恰当的税目税号；
（2）根据完税价格审定办法，确定应税货物的完税价格（FOB 价）；
（3）根据税率适用原则，确定应税货物所适用的税率；
（4）根据汇率适用原则，将以外币计价的 FOB 价格折算成人民币价格；
（5）按照计算公式正确计算应征税款。

案例应用 9-11

这批货物出口关税是多少？

这批铁合金出口关税是多少？

三、进口环节税计算

（一）消费税税款的计算

我国消费税实行从价定率、从量定额两种方法计算应纳税额。

(1) 实行从价定率征收的消费税是按照组成的计税价格计算。其计算公式为：

$$组成计税价格＝（关税完税价格＋关税税额）\div（1－消费税税率）$$
$$应纳税额＝组成计税价格\times消费税税率$$

案 例 应 用 9-13

这批货物按从价税率应征消费税是多少？

(2) 实行从量定额征收的消费税的计算公式为：

$$应纳税额＝应征消费税消费品数量\times单位税额$$

这批货物按从量定额应征消费税是多少？

(二) 增值税税款的计算

进口环节的增值税以组成价格作为计税价格，征税时不得抵扣任何税额。其组成价格由关税完税价格（到岸价格）加上关税组成；对于应征消费税的品种，其组成价格还要加上消费税。现行增值税的组成价格和应纳税额计算公式为：

$$组成价格 = 关税完税价格 + 关税税额 + 消费税税额$$
$$应纳增值税税额 = 组成价格 \times 增值税税率$$

案例应用 9-15

不征进口消费税但应征增值税的货物增值税额确定

案例应用 9-16

计征进口消费税情况的货物增值税额确定

(三) 船舶吨税计算

首先确定船舶吨税税率，然后再计算税款。计算公式为：

$$吨税 = 净吨位 \times 吨税税率（元/净吨）$$

吨税设置优惠税率和普通税率。中华人民共和国籍的应税船舶，船籍国（地区）与中华人民共和国签订含有相互给予船舶税费最惠国待遇条款的条约或者协定的应税船舶，适用优惠税率，其他应税船舶适用普通税率。

案例应用 9-17

"猎鹰"号应该缴纳多少船舶吨税？

四、其他税费计算

(一) 滞纳金的计算

关税、进口环节增值税、消费税、船舶吨税等的纳税义务人,应当自海关填发税款缴款书之日起15日内向指定银行缴纳税款。逾期缴纳税款的,由海关自缴款期限届满之日起至缴清税款之日止,按日加收滞纳税款0.5‰的滞纳金。其计算公式为:

关税滞纳金金额＝滞纳关税税额×0.5‰×滞纳天数

代征税滞纳金金额＝滞纳代征税税额×0.5‰×滞纳天数

案例应用 9-18

该批货物应缴纳多少滞纳金?

(二) 滞报金的计算

滞报金的起征点为人民币50元。滞报天数也是滞报金计算的关键,根据规定,进口货物的发货人应当自运输工具申报进境之日起14日内向海关申报,超过规定期限向海关申报的,由海关征收滞报金。滞报金按日计征,以自运输工具申报进境之日起第15日为起征日,以海关接受申报之日为截止日,除另有规定外,起征日和截止日均计入滞报期间。滞报金的征收金额为进口货物完税价格的0.5‰,以人民币"元"为计征单位,不足人民币元的部分免予计征。滞报金计算公式为:

应征滞报金金额＝进口货物完税价格×0.5‰×滞报天数

案例应用 9-19

该批货物应征多少滞报金?

第五节 进出口税费的减免、缴纳与退补

一、进出口税费的减免

（一）进出口关税和进口环节税的减免

根据《海关法》第五十六至五十九条的规定，我国对于某些进出口货物、物品实行关税减免，关税减免可以分为法定减免税、特定减免税和临时减免税。

1. 法定减免税

法定减免税是指进出口货物按照《海关法》《关税条例》和其他法律、法规的规定可以享受的减免税优惠。纳税义务人进出口减免税货物，应当在货物进出口前，按照规定持有关文件向海关办理减免税审批手续。下列减免税进出口货物无须办理减免税审批手续，属法定减免税货物：

(1) 关税、进口环节增值税或消费税税额在人民币50元以下的一票货物；
(2) 无商业价值的广告品和货样；
(3) 进出境运输工具装载的途中必需的燃料、物料和饮食用品；
(4) 在海关放行前遭受损坏或者损失的货物；
(5) 其他无须办理减免税审批手续的减征或者免征税款的货物。

2. 特定减免税

特定减免税是指海关根据国家规定，对特定地区、特定用途、特定企业的进口货物给予的减免税优惠，也称为政策性减免税。特定减免的范围和办法由国务院规定，海关根据国务院的规定单独或会同其他中央主管部门订出具体实施办法并加以贯彻执行。

目前实施特定减免税的情况主要包括以下几种：

(1) 特定用途进口货物。包括如下9项。

① 科教用品。根据财政部海关总署国家税务总局令第63号，关于修改《科技开发用品免征进口税收暂行规定》和《科学研究和教学用品免征进口税收规定》的决定，对专门从事科学研究开发的机构和国家教委承认学历的大专以上全日制高等院校，不以营利为目的，在合理数量范围内不能生产的科学研究和教学用品，并且直接用于科学研究或者教学的，免征进口关税和进口环节增值税、消费税。此外，为贯彻落实中共中央国务院关于深化科技体制改革加快国家创新体系建设的有关精神，鼓励和支持科技类民办非企业单位开展科技创新，根据《关于科技类民办非企业单位进口科学研究用品免征进口税收的规定》（财关税〔2012〕54号的附件），对符合条件的民办非企业单位进口与本单位所承担的科研任务直接相关的科研用品，在规定范围内免征进口关税和进口环节增值税、消费税。

② 残疾人用品。根据《残疾人专用品免征进口税收暂行规定》，对民政部直属企事业单位和省、自治区、直辖市民政部门所属福利机构、假肢厂和荣复军人康复医院，中国残联和省、自治区、直辖市残联所属福利机构和康复机构，为方便残疾人所需而进口的专用物品；进口国内不能生产的残疾人组织专用物品免征进口关税和进口环节增值税、消费税。

③ 救灾捐赠进口物资。根据《关于救灾捐赠物资免征进口税收的暂行办法》，对规定范围内的物资准予免征进口关税和进口环节增值税、消费税。

④ 扶贫慈善捐赠物资。根据《慈善捐赠物资免征进口税收暂行办法》，对境外捐赠人无偿向受赠人捐赠的直接用于慈善事业的物资免征进口关税和进口环节增值税。

⑤ 藏品。根据《国有公益性收藏单位进口藏品免税暂行规定》，对国有公益性收藏单位以从事永久收藏、展示和研究等公益性活动为目的，以接受境外捐赠、归还、追索和购买等方式进口的藏品，免征进口关税和进口环节增值税、消费税。

⑥ 国内投资项目物资或产品。对属于《产业结构调整指导目录（2011年本）》鼓励类范围的国内投资项目，在投资总额内进口的自用设备，除《国内投资项目不予免税的进口商品目录》和《进口不予免税的重大技术装备和产品目录》所列商品外，免征关税（照章征收进口环节增值税）；对于未列入《产业结构调整指导目录（2011年本）》的国内投资在建项目，凡符合《产业结构调整指导目录（2011年本）（修正）》鼓励类范围的，可按有关规定向投资主管部门申请补办项目确认书。在取得项目确认书之后，在建项目进口的自用设备以及按照合同随设备进口的技术和配套件、备件，可参照规定免征关税（照章征收进口环节增值税），但进口设备已经征税的，税款不予退还。

⑦ 利用外资项目物资或产品。对属于《外资目录（2017年修订）》鼓励类范围的外商投资项目（包括增资项目），在投资总额内进口的自用设备以及按照合同随上述设备进口的技术和配套件、备件，除《外商投资项目不予免税的进口商品目录》和《进口不予免税的重大技术装备和产品目录》所列商品外，按照《国务院关于调整进口设备税收政策的通知》（国发〔1997〕37号）、海关总署公告2008年第103号及其他相关规定，免征关税（照章征收进口环节增值税）；对属于《中西部地区外商投资优势产业目录（2017年修订）》范围的外商投资项目（包括增资项目），在投资总额内进口的自用设备以及按照合同随上述设备进口的技术和配套件、备件，按照《国务院关于调整进口设备税收政策的通知》（国发〔1997〕37号）和海关总署公告2008年第103号及其他有关规定，除《外商投资项目不予免税的进口商品目录》和《进口不予免税的重大技术装备和产品目录》所列商品外，免征进口关税（照章征收进口环节增值税）；外国政府贷款和国际金融组织贷款项目、外商提供不作价进口设备的加工贸易企业、中西部地区外商投资优势产业项目以及外商投资企业和外商投资设立的研究中心利用自有资金进行技术改造项目进口自用设备以及按照合同随上述设备进口的技术及配套件、备件、除《外商投资不予免税的进口商品目录》和《进口不予免税的重大技术装备和产品目录》所列商品外，免征关税（照章征收进口环节增值税）。

⑧ 重大技术装备项目物资或产品。符合规定条件的国内企业为生产《国家支持发展的重大技术装备和产品目录（2014年修订）》所列装备或产品而确有必要进口《重大技术装备和产品进口关键零部件及原材料商品目录（2014年修订）》所列商品，免征关税和进口环节增值税。①

⑨ 无偿援助项目进口物资。根据《中华人民共和国海关法》第五十六条和《中华人民共和国进出口关税条例》第四十五条的规定，对联合国开发计划署无偿援助项目进口物资免征进口关税、进口环节增值税和消费税。

---

① 参见《财政部、国家发展改革委、工业和信息化部、海关总署、国家税务总局、国家能源局关于调整重大技术装备进口税收政策的通知》（财关税〔2014〕2号）。

(2) 特定地区或企业的进出口货物。包括如下 6 项。

① 对保税区进口区内生产性的基础设施建设项目所需的机器、设备和建设生产厂房、仓储设施所需的基建物资;区内企业生产所需的机器、设备、模具及其维修用零配件;区内企业和行政管理机构自用合理数量的办公用品,海关免征进口关税和进口环节海关代征税。

② 对从境外进入出口加工区的货物,如属区内生产性的基础设施建设项目所需的机器、设备和建设生产厂房、仓储设施所需的基建物资,予以免税;属区内企业生产所需的机器、设备、模具及其维修用零配件,予以免税;属区内企业为加工出口产品所需的原材料、零部件、元器件、包装物料及消耗性材料,予以保税;属区内企业和行政管理机构自用合理数量的办公用品,予以免税。区内企业加工的制成品及其在加工生产过程中产生的边角料、余料、残次品、废品等销往境外的,免征出口关税。

③ 对从境外进入保税港区的区内生产性的基础设施建设项目所需的机器、设备和建设生产厂房、仓储设施所需的基建物资;区内企业生产所需的机器、设备、模具及其维修用零配件;区内企业和行政管理机构自用合理数量的办公用品,海关免征进口关税和进口环节海关代征税。对从保税港区运往境外的货物免征出口关税,但法律、行政法规另有规定的除外。

④ 对保税物流园区,从园区运往境外的货物,除法律、行政法规另有规定外,免征出口关税。从境外进入园区的基础设施建设项目所需的设备、物资等;园区企业为开展业务所需的机器、装卸设备、仓储设施、管理设备及其维修用消耗品、零配件及工具;园区行政管理机构及其经营主体和园区企业自用合理数量的办公用品,海关予以办理免税手续。

⑤ 对境内区外进入所有海关特殊监管区域用于建区和企业厂房基础建设的,属于取消出口退税或加征出口关税的基建物资(以下简称基建物资),入区时不予退税,海关办理登记手续,不征收出口关税。对具有保税加工功能的出口加工区、保税港区、综合保税区、珠澳跨境工业区(珠海园区)和中哈霍尔果斯国际边境合作中心(中方配套区域)的区内生产企业在国内(境内区外)采购用于生产出口产品的原材料,进区时不征收出口关税。

⑥ 集成电路企业进口物资。根据《关于线宽小于 0.8 微米(含)集成电路企业进口自用生产性原材料、消耗品享受税收优惠政策的通知》(财关税〔2004〕45 号)、《国务院关于印发进一步鼓励软件产业和集成电路产业发展若干政策的通知》(国发〔2011〕4 号)、《国家发改委、工信部、财政部、海关总署有关集成电路生产企业名单的公告》(2016 年第 24 号),对于名单内线宽小于 0.25 微米或投资额超过 80 亿元、线宽小于 0.5 微米(含)的集成电路生产企业,进口国内无法生产的属于《线宽小于 0.8 微米(含)集成电路企业免税进口自用生产性原材料、消耗品目录》所列自用生产性原材料、消耗品,免征进口关税和进口环节增值税。

3. 临时减免税

临时减免税是指法定减免税和特定减免税以外的其他减免税,是由国务院根据某个单位、某类商品、某个时期或某批货物的特殊情况,按规定给予特别的临时性的减免税优惠。

临时性减免税具有临时性、局限性、特殊性等特点,一般是一案一批。

(二) 滞纳金、滞报金的减免

1. 滞纳金的减免①

海关对未履行税款给付义务的纳税义务人征收税款滞纳金,符合下列情形之一的,海关

---

① 参见海关总署公告 2015 年第 27 号《关于明确税款滞纳金减免相关事宜》。

可以依法减免税款滞纳金:

(1) 纳税义务人确因经营困难,自海关填发税款缴款书之日起在规定期限内难以缴纳税款,但在规定期限届满后3个月内补缴税款的;

(2) 因不可抗力或者国家政策调整原因导致纳税义务人自海关填发税款缴款书之日起在规定期限内无法缴纳税款,但在相关情形解除后3个月内补缴税款的;

(3) 货物放行后,纳税义务人通过自查发现少缴或漏缴税款并主动补缴的;

(4) 经海关总署认可的其他特殊情形。

在办理税款滞纳金减免手续时,纳税义务人应按照海关要求提交以下材料:报关单及随附资料复印件;滞纳金缴款书复印件;已补缴税款的税单复印件;属于货物放行后,纳税义务人通过自查发现少缴或漏缴税款并主动补缴的情形的,需提供自查情况报告;海关认为需要提供的其他材料。

纳税义务人应声明对上述材料的真实性、合法性、有效性承担法律责任。

2. 滞报金的减免[①]

滞报金的起征点为人民币50元。有下列情形之一的,进口货物收货人可以向申报地海关申请减免滞报金:

(1) 政府主管部门有关贸易管理规定变更,要求收货人补充办理有关手续或者政府主管部门延迟签发许可证件,导致进口货物产生滞报的;

(2) 产生滞报的进口货物属于政府间或者国际组织无偿援助和捐赠用于救灾、社会公益福利等方面的进口物资或者其他特殊货物的;

(3) 由于不可抗力导致收货人无法在规定期限内申报,从而产生滞报的;

(4) 因海关及相关司法、行政执法部门工作原因致使收货人无法在规定期限内申报,从而产生滞报的;

(5) 其他特殊情况经海关批准的。

进口货物收货人申请减免滞报金的,应当自收到海关滞报金缴款通知书之日起30个工作日内,以书面形式向申报地海关提交申请书,申请书应当加盖公章。进口货物收货人提交申请材料时,应当同时提供政府主管部门或者相关部门出具的相关证明材料。收货人应当对申请书以及相关证明材料的真实性、合法性、有效性承担法律责任。

有下列情形之一的,海关不予征收滞报金:

(1) 收货人在运输工具申报进境之日起超过3个月未向海关申报,进口货物被依法变卖处理,余款按《海关法》第三十条规定上缴国库的;

(2) 进口货物收货人在申报期限内,根据《海关法》有关规定向海关提供担保,并在担保期限内办理有关进口手续的;

(3) 进口货物收货人申报后依法撤销原报关单电子数据重新申报,因删单重报产生滞报的;

(4) 进口货物办理直接退运的;

(5) 进口货物应征收滞报金金额不满人民币50元的。

[①] 参见《中华人民共和国海关征收进口货物滞报金办法》(根据总署令第218号修改并重新发布)。

二、进出口税费的缴纳

《海关法》第六十五条规定:进口环节海关代征税的征收管理,适用关税征收管理的规定。因此,本节的阐述并不区分关税与进出口环节税。

1. 缴纳地点与方式

缴纳地点与方式纳税义务人应当在货物的进出境地向海关缴纳税款,经海关批准也可以在纳税义务人所在地海关向其主管海关缴纳税款(即属地缴纳)。

纳税义务人向海关缴纳税款的方式主要有两种:一是持缴书到指定银行营业柜台办理税费交付手续(即柜台支付税费);另一种是向签有协议的银行办理电子交付税费(即网上支付税费)手续。

除另有规定外,在通关无纸化模式下,参与税费电子支付业务的进出口企业应在海关审结报关单生成电子税款信息之日起10日内,通过第三方支付平台向商业银行发送税款预扣指令。未在规定期限内发送预扣指令的,将直接转为柜台支付,海关填发税款缴款书。企业应当按照《中华人民共和国海关法》规定,自海关填发税款缴款书之日起15日内缴纳税款;逾期缴纳的,海关应征收滞纳金。

2. 缴纳时间

进出口货物的纳税义务人,应当自海关填发税款缴纳书之日起15日内向指定银行缴纳税款。缴款期限届满日遇星期六、星期日等休息日或法定节假日的,应当顺延至休息日或者法定节假日结束后的第一个工作日。国务院临时调整休息日与工作日的,海关应当按照调整后的情况计算缴款期限。逾期缴纳税款的,由海关自缴款期限届满之日起至缴清税款之日止,按日加收滞纳税款0.5‰的滞纳金。

3. 缴纳凭证

(1) 进出口关税和进口环节税的缴纳凭证。海关征收进出口货物关税和进口货物进口环节税时,应向纳税人或其代理人填发"海关专用缴款书"(含关税、进口环节税)。纳税人或其代理人持凭"海关专用缴款书"向银行缴纳税款。

海关填发的"海关专用缴款书"一式六联,其中第一联为"收据",由银行收款签章后交缴款单位或纳税人;第二联为"付款凭证",由缴款单位开户银行作为付出凭证;第三联为"收款凭证",由收款国库作为收入凭证;第四联为"回执",由国库盖章后退回海关财务部门;第五联为"报查",国库收款后,关税专用缴款书退回海关,海关代征税专用缴款书送当地税务机关;第六联为"存根",由填发单位存查。纳税人缴纳税款后,应当及时将盖有"收讫"章的"海关专用缴款书"第一联送交填发海关验核,海关凭予办理核注手续。

纳税人缴纳税款前不慎遗失税款缴款书的,可以向填发海关提出补发税款缴款书的书面申请。海关应当自接到纳税人的申请之日起2个工作日内审核确认并重新予以补发。海关补发的税款缴款书内容应当与原税款缴款书完全一致。

纳税人缴纳税款后遗失税款缴款书的,可以自缴纳税款之日起1年内向填发海关提出确认其已缴清税款的书面申请,海关经审查核实后,应当予以确认,但不再补发税款缴款书。

(2) 滞纳金的缴纳凭证。海关征收进口货物的关税、进口环节增值税、船舶吨税等的滞纳金时,应向纳税义务人或其代理人填发"海关专用缴款书",纳税义务人应当自海关填发滞纳金缴款书之日起 15 日内向指定银行缴纳滞纳金。滞纳金缴款书的格式与税款缴款书相同。

(3) 滞报金的缴纳凭证。海关征收进口货物滞报金时,应当向收货人出具滞报金缴款通知书。海关收取滞报金后,应当向收货人出具财政部统一印(监)制的票据。收货人持票据到海关指定的部门或开户银行缴款,海关凭指定部门或者银行加盖"收讫"印章的票据予以核注。若通过中国电子口岸"网上税费支付"系统缴纳滞报金的,按照"网上税费支付"的操作程序办理滞报金的征收手续。

4. 汇总征税①

为提高贸易便利化,降低通关成本,海关对符合条件的进出口纳税义务人在一定时期内多次进出口货物应纳税款实施汇总计征。适用汇总征税模式的企业应是进出口报关单上的经营单位,并且符合以下条件:海关税费电子支付系统用户;企业类别为一般认证及以上;上一自然年的月均纳税次数不低于 4 次;企业申报符合规范要求,提供海关单证审核必要的资料和信息,遵守海关税收征管法律法规,纳税及时;无其他不适合汇总征税的情形。

企业应向注册地直属海关关税职能部门(简称"属地关税职能部门")申请开展汇总征税,提交《汇总征税企业专项评估表》(简称《评估表》),并列明拟开展汇总征税的一个或多个直属海关。属地关税职能部门受理申请后,应在 15 个工作日内对企业资信进行专项评估,确认担保适用范围,完成企业信息备案。特殊情况,评估时间可延长 15 个工作日。通过资信评估的企业应向属地关税职能部门提交总担保。总担保形式包括保证金和保函。保函受益人包括企业注册地直属海关以及其他拟汇总征税的直属海关。

企业申报时选择"汇总征税"模式,录入总担保备案编号。一份报关单只能填制一个总担保备案编号。报关单打印时显示"汇总征税"字样。

海关确认担保额度扣减成功,且无布控查验等其他海关要求事项,即可实施现场卡口放行。有布控查验等其他海关要求事项的,按有关规定办理。

汇总征税报关单采用有纸模式的,企业应在办结实货放行手续之日起 10 日内递交纸质报关单证。至当月底不足 10 日的,应在当月底前递交。超期交单的,按照规定办理。企业应于每月第 5 个工作日结束前完成上月应纳税款的汇总支付,且不得再选择电子支付担保方式。税款原则上不得跨年缴纳。

企业未按规定缴纳税款的,海关径行打印海关税款缴款书,交付或通知企业履行纳税义务;企业未在税款缴款书规定的期限内缴税的,海关办理保证金转税手续或通知担保银行履行担保纳税义务。

汇总征税额度的扣减和恢复只对应应纳税款,如有滞报金等其他费用,企业应在货物放行前缴清。

企业出现欠税风险,征税地直属海关关税职能部门(简称"征税地关税职能部门")可冻结企业总担保备案,暂停其汇总征税。

企业可根据进出口业务需要,向属地关税职能部门申请企业信息备案和总担保备案资料的变更。

企业有下列情形之一的,属地关税职能部门取消其汇总征税资格,并制发"取消适用汇

---

① 参见海关总署公告 2015 年第 33 号。

总征税作业模式告知书";违反上述列明的适用汇总征税模式的企业条件相关海关管理规定的,一个自然年度内未按规定及时缴纳税款两次以上的,存在少缴或漏缴税款等税收征管风险的。

属地和征税地关税职能部门每年底对本关区内登记总担保备案和开展汇总征税的企业实施纳税信用评估,发现企业有上述所列情形之一的,征税地海关联系属地关税职能部门取消其汇总征税资格。担保银行有下列情形之一的,属地关税职能部门不予接受其出具的保函:不具备资金偿付能力;滞压海关税款;拒不履行担保赔付责任;不配合海关税收征管工作。

4. 加工贸易内销集中征税①

为支持加工贸易转型升级,引导企业更好地面向国际国内两个市场,延长加工贸易国内产业链,海关在前期试点的基础上,对全国范围内原B类(现为一般信用企业)及以上加工贸易企业全面推广实施内销集中办理纳税手续措施。②

所谓**加工贸易内销集中征税**是指符合条件的加工贸易企业先行内销加工贸易保税货物,再集中向主管海关办理内销纳税手续。海关特殊监管区域内企业(H账册企业)、区外联网监管企业(E账册企业)按各自原有规定办理内销集中纳税手续,区外非联网监管的原B类及以上企业按以下规定办理内销集中纳税手续。

企业采用集中纳税模式办理内销手续,需事先向海关提交《集中办理内销纳税手续情况表》备案,并按规定提供相应担保。有下列情形之一的,海关不予办理:涉嫌走私、违规已被海关立案调查、侦查,案件未审结的;有逾期未报核加工贸易手册的;因为管理混乱被海关要求整改,在整改期内的。

企业办理内销集中纳税,应按以下要求向海关提供担保:AA、A类企业无须提供担保,B类企业需提供有效担保,可采用海关保证金或有效期内银行保函两种形式:

$$B类企业保证金(保函)金额 = 企业计划月内销纳税金额 \times 50\%$$

其中,企业计划月内销纳税金额 = 企业计划月内销货物金额 × 企业申请时汇率 × 综合税率(22%)

B类企业有下列情形之一的,或主管海关有理由认为企业存在较高风险的,海关可视风险程度要求企业缴纳相当于企业月计划内销纳税金额的全额保证金(保函):租赁厂房或者设备的;加工贸易手册两次或者两次以上延期的。

企业在备案环节已缴纳保证金,且已缴纳保证金金额超过上述计算的保证金应缴金额的,无须重复缴纳;但若在企业内销集中征税期间,在备案环节缴纳保证金金额的手册已核销结案、备案环节征收的保证金已退还导致保证金金额不足时,应补缴相应保证金或变更保函金额;

企业月度内销纳税金额超出申请的月计划内销纳税金额时,应在额度超出前到主管海关补缴相应保证金或变更保函金额。

---

① 参见海关总署公告2013年第70号《公布加工贸易集中办理内销征税手续》。
② 根据总署令第225号《中华人民共和国海关企业信用管理暂行办法》,原海关企业分类与现行企业信用等级之间的对应关系为:适用AA类管理的企业过渡为高级认证企业;适用A类管理的企业过渡为一般认证企业;适用B类管理的企业过渡为一般信用企业;适用C类、D类管理的企业,海关按照本信用办法重新认定企业信用等级。

企业内销加工贸易货物后,须在当月月底前向主管海关集中办理"加工贸易内销征税联系单",且不得超过手册有效期。

已适用内销集中纳税的加工贸易企业,有下列情形之一的,终止适用内销集中纳税:企业涉嫌走私、违规,被海关立案调查、侦查,案件未审结的;企业一年内月实际内销征税金额超过月计划纳税金额两次及以上,未及时到海关办理相应手续的;企业内销加工贸易货物后,未经海关批准不在规定时间内向主管海关办理集中申报手续的;企业先行内销加工贸易货物后无法按规定提交商务主管部门"加工贸易保税进口料件内销批准证"及其他许可证件的;企业手册到期未及时办理报核手续的;因管理混乱被海关要求整改的;企业被降为C、D类的;企业自主申请终止资格的。

企业终止内销集中征税,海关应在企业履行完纳税手续后为其办理保证金退还手续。

采用内销集中纳税的企业应及时填写"集中办理内销纳税手续发货记录单",并在上述规定的时间内,按规定凭商务主管部门"加工贸易保税进口料件内销批准证"办理内销申报手续。

加工贸易企业内销商品中如涉及许可证件管理的商品,应当取得相应许可证件后,向海关办理内销集中申报手续。

已取消商务主管部门"加工贸易保税进口料件内销征税批准证"审批省份的企业,办理内销集中申报手续时,不再收取"加工贸易保税进口料件内销征税批准证"。

三、税款的退还[①]

退税是指纳税义务人或其代理人缴纳税款后,有多缴税款的,由海关主动或者经纳税义务人申请,由海关依法将已经缴纳的部分或者全部税款退还给纳税义务人的制度或行为。

(一) 进出口税费退还原因

进出口税费退还主要可归结为两种原因:

1. 纳税义务人行为引起

由于进出口人的申报或提供的报关单证不实、不清,货物经海关征税放行后再补办减免手续,或原进口减免税货物因故需要移作他用,或者转让、出售等造成的。

2. 海关行为引起

海关因工作差错、政策规定本身不明确等造成的。

进出口关税和进口环节税的退补税也是一项重要的工作,必须本着"严肃退补"的原则,严格依法办理。

(二) 退税的范围

以下情况可予以办理退税手续:

(1) 已缴纳税款的进口货物,因品质或者规格原因原状退货复运出境的;

(2) 已缴纳出口关税的出口货物,因品质或者规格原因原状退货复运进境,并且已重新缴纳因出口而退还的国内环节有关税收的;

(3) 已缴纳出口关税的货物,因故未装运出口申报退关的;

---

① 参见《中华人民共和国海关进出口货物征税管理办法》(根据总署令第235号修改并重新发布)。

(4) 散装进出口货物发生短装并已征税放行的,如果该货物的发货人、承运人或者保险公司已对短装部分退还或者赔偿相应货款的,纳税义务人可以向海关申请退还进口或者出口短装部分的相应税款;

(5) 进出口货物因残损、品质不良、规格不符的原因,或者发生其他货物短少的情形,由进出口货物的发货人、承运人或者保险公司赔偿相应货款的,纳税义务人可以向海关申请退还赔偿货款部分的相应税款;

因退货而办理退税手续

退运进境能退出口税吗?

(三) 退税的期限及要求

海关发现多征税款的,应当立即通知纳税义务人办理退税手续。纳税义务人应当自收到海关通知之日起 3 个月内办理有关退税手续。

纳税义务人发现多缴纳税款的,自缴纳税款之日起 1 年内,可以向海关申请退还多缴的税款并且加算银行同期活期存款利息。

海关收到纳税义务人的退税申请后应当进行审核。纳税义务人提交的申请材料齐全且符合规定形式的,海关应当予以受理,并且以海关收到申请材料之日作为受理之日;纳税义务人提交的申请材料不全或者不符合规定形式的,海关应当在收到申请材料之日起 5 个工作日内一次告知纳税义务人需要补正的全部内容,并且以海关收到全部补正申请材料之日为海关受理退税申请之日。

已缴纳进(出)口税的进(出)口货物,因品质或者规格原因原状退货复运出(进)境的,或因上述原因和残损、短少等原因,由进出口货物的发货人、承运人或者保险公司赔偿相应货款的,海关认为需要时,可以要求纳税义务人提供具有资质的商品检验机构出具的原进口或者出口货物品质不良、规格不符或者残损、短少的检验证明书或者其他有关证明文件。

海关应当自受理退税申请之日起 30 日内查实并通知纳税义务人办理退还手续,纳税义务人应当自收到通知之日起 3 个月内办理有关退税手续。

海关办理退税手续时,应当填发收入退还书(海关专用),并按以下规定办理:按照规定应当同时退还多征税款部分所产生的利息的,应退利息按照海关填发收入退还书之日中国人民银行规定的活期储蓄存款利息计算。计算应退利息的期限自纳税义务人缴纳税款之日起至海关填发收入退还书之日止;进口环节增值税已予抵扣的,该项增值税不予退还,但国家另有规定的除外;已征收的滞纳金不予退还。

四、税款的补征与追征

追征是指因纳税义务人违反规定而造成少征(或漏征)的,海关自缴纳税款(或者货物、物品放行)之日起 3 年内追征税款。

补征是指进出口货物、进出境物品放行后,海关发现少征(或漏征)税款时,应当自缴纳税款(或者货物、物品放行)之日起 1 年内,向纳税义务人补征。

(一) 追征和补征税款的范围

(1) 进出口货物放行后,海关发现少征或者漏征税款的;
(2) 因纳税义务人违反规定造成少征或者漏征税款的;
(3) 海关监管货物在海关监管期内因故改变用途按照规定需要补征税款的。

(二) 追征、补征税款的期限和要求

(1) 进出口货物放行后,海关发现少征或者漏征税款的,应当自缴纳税款或者货物放行之日起 1 年内,向纳税义务人补征税款。

(2) 因纳税义务人违反规定造成少征或者漏征税款的,海关可以自缴纳税款或者货物放行之日起 3 年内追征税款,并从缴纳税款或货物放行之日起至海关发现违规行为之日止,按日加收少征或漏征税款 0.5‰ 的滞纳金。

(3) 海关发现海关监管货物因纳税义务人违反规定造成少征或者漏征税款的,应当自纳税义务人应缴纳税款之日起 3 年内追征,并从应该缴纳税款之日起至海关发现违规行为之日止,按日加收少征或漏征税款 0.5‰ 的滞纳金。

(三) 追征、补征税款凭证

海关追征或补征进出口货物关税和进口环节代征税时,应当制发"海关补征税款告知书",纳税义务人应当自收到"海关补征税款告知书"之日起 15 日内到海关办理补缴税款的手续。

纳税义务人未在规定期限内办理补税手续的,海关应当在规定期限届满之日起填发"海关专用缴款书"。

因纳税义务人违反规定需在征收税款的同时加收滞纳金的,如果纳税义务人未在规定的 15 日缴纳期限内缴税款,海关依照规定另行加收自缴款期限届满之日起到缴清税款之日止滞纳税款的滞纳金。

本 章 小 结

进出口税费是指在进出口环节中由海关依法征收的关税、消费税、增值税、船舶吨税及滞纳金和滞报金等税费。

关税是一种国家税收。关税的征税主体是国家,由海关代表国家向纳税义务人征收。其课税对象是进出关境的货物和物品。海关征收关税的依据是国家制定的法律、行政法规。关税按课税对象的流向可分为进口关税、出口关税和过境关税。

进口关税可按不同的角度进行分类。从关税税率栏目的角度,可分为最惠国待遇关税、协定关税、特惠关税和普通关税等;从计征标准的角度,主要有从价税、从量税、复合税和滑准税;从主次角度,主要有进口正税和进口附加税。

进口货物和物品在办理海关手续放行后,进入国内流通领域,与国内货物同等对待,所以应缴纳应征的国内税。目前,由海关征收的国内税主要有增值税和消费税2种。

海关确定一般进口货物完税价格的方法有6种:成交价格方法、相同货物成交价格方法、类似货物成交价格方法、倒扣价格方法、计算价格方法和合理方法,这6种方法应依次适用。

海关对于内销保税货物、出境修理和加工货物、暂时进境货物、租赁进口货物、减免税货物、进口介质、不存在成交价格的进口货物、公式定价进口货物等特殊进口货物的完税价格均按相应的审价办法来确定。

出口货物的完税价格由海关以该货物向境外销售的成交价格为基础审查确定,并应包括货物运至中华人民共和国境内输出地点装载前的运输及其相关费用、保险费,但其中包含的出口关税税额,应当扣除。

各国为了适应国际贸易的需要,并为执行本国关税及非关税方面的国别歧视性贸易措施,通常对进出口商品的原产地进行认定。各国以本国立法形式制定出其鉴别货物"国籍"的标准,这就是原产地规则。从适用对象和目的的角度,原产地规则可分为优惠原产地规则和非优惠原产地规则两类。

海关征收的关税、进口环节税、滞纳金、滞报金等一律以人民币计征。进出口货物的成交价格如以外币计价的,计算税款前海关按照该货物适用税率之日所适用的计征汇率折合为人民币计算完税价格。

减免税费是指海关按照《中华人民共和国海关法》《中华人民共和国进出口关税条例》和其他有关规定,对进出口货物的税费给予减免。关税的减免分为法定减免税、特定减免税和临时减免税3大类。

进出口关税和进口环节税的退补主要有两大方面的原因。一种是由于纳税义务人的申报或提供的报关单证不实、不清,货物经海关征税放行后再补办减免手续,或原进口减免税货物因故需要移作他用,或者转让、出售等造成的;另一种是海关因工作差错、政策规定本身不明确等造成的。

主要概念

关税 从价税 从量税 复合税 滑准税 进口环节增值税 进口环节消费税 船舶吨税 滞纳金 滞报金 海关估价 完税价格 成交价格 相同货物 类似货物 原产地规则 税率适用 汇总征税 加工贸易内销集中征税 税费减免 税款退还 税款补征和追征

基础训练

一、单项选择题

1. 我国关税的征税主体是(　　)。

A. 国家及代表国家的海关　　　　　B. 国家税务局
C. 进出口货物的收发货人　　　　　D. 财政部

2. 以下不属于进口环节消费税组成计税价格的是(　　)。
A. 进口货物的完税价格　　　　　　B. 进口关税额
C. 进口环节增值税额　　　　　　　D. 进口环节消费税额

3. 某公司从英国进口一套机械设备,发票列明如下：成交价格为 CIF 上海 USD200 000,设备进口后的安装调试费为 USD8 000,上述安装调试费包括在成交价格中,则经海关审定的该设备的成交价格为(　　)。
A. USD200 000　　B. USD208 000　　C. 192 000　　D. USD196 000

4. 某公司从德国进口一套机械设备,发票列明：设备价款 CIF 天津 USD300 000,设备进口后的安装及技术服务费用 USD10 000,买方佣金 USD1 000,卖方佣金 1 500。该批货物经海关审定后的成交价格应为(　　)。
A. USD311 000　　B. USD301 500　　C. USD301 000　　D. USD291 500

5. 原产于与中华人民共和国签订含有关税优惠条款的区域性贸易协定的国家或者地区的进口货物,适用(　　)。
A. 最惠国税率　　B. 协定税率　　C. 特惠税率　　D. 普通税率

6. 进出口货物完税后,如发现少征或漏征税款,海关应当自缴款或放行之日起(　　)内,向收发货人或他们的代理人补征。因收发货人或其代理人违反规定而造成少征或漏征的,海关在(　　)内可以追征。
A. 1 年　1 年　　B. 3 年　1 年　　C. 1 年　3 年　　D. 3 年　3 年

7. 某公司进口某批货物,到岸价折合人民币 2 万元,已知该货物关税税率为 30％,消费税税率为 3％,应征消费税税额为(　　)。
A. 600 元　　B. 804 元　　C. 222 元　　D. 780 元

8. 进出口货物的纳税义务人应在(　　)向指定的银行缴纳税款。
A. 海关填发税款缴纳书之日起 15 日内(星期六、日和法定节假日除外)
B. 海关填发税款缴纳书之日起 15 日内(星期六、日和法定节假日不除外)
C. 海关填发税款缴纳书之日起 7 日内(星期六、日和法定节假日除外)
D. 海关填发税款缴纳书之日起 7 日内(星期六、日和法定节假日不除外)

二、多项选择题

1. 下列货物经海关审查无误后,可以免税的是(　　)。
A. 关税、进口环节增值税或消费税税额在人民币 50 元以下的一票货物
B. 无商业价值的广告品和货样
C. 在海关放行前遭受损坏或者损失的货物
D. 进出境运输工具装载途中必需的燃料、物料和餐料

2. 下列属于非优惠原产地认定标准中的实质性改变标准的有(　　)。
A. 完全获得标准　　　　　　　　　B. 税则归类改变标准
C. 从价百分比标准　　　　　　　　D. 加工工序标准

3. 下列诸项是关于海关对某些特殊进口货物完税价格审定的叙述,其中正确的有(　　)。

A. 符合海关规定运往香港修理的价值HKD100 000的运输船,在港修理费和材料费共计HKD30 000,修理完毕复进境时,海关可按HKD30 000审定完税价格

B. 符合海关规定前往香港作后期加工制作的卡拉OK影碟,进境时向海关申报的加工费为HKD10/张,海关可按HKD10/张和该影碟复进境时的运保费为基础审定完税价格

C. 海关特殊监管区域内企业经海关允许采用拍卖方式内销的边角料、废品、残次品和副产品,海关以其拍卖价格为基础审查确定完税价格

D. 金融租赁进口货物的收货人要求一次性支付税款的,可选择按照海关审查确定的租金总额作为完税价格

4. 下列商品进口环节增值税率为10%的有(　　)。
A. 自来水　　B. 饲料　　C. 农药　　D. 图书

5. 进口货物成交价格中单独列明的费用,应从完税价格中扣除的是(　　)。
A. 厂房、机械或者设备等货物进口后发生的建设、安装、装配、维修或者技术援助费用,但是保修费用除外
B. 进口货物运抵中华人民共和国境内输入地点起卸后发生的运输及其相关费用、保险费
C. 进口关税、进口环节海关代征税及其他国内税
D. 境内外技术培训及境外考察费用

6. 关于海关估价方法,下列叙述中错误的是(　　)。
A. 海关在审定进出口货物完税价格时,应首先审查进出口货物的实际成交价格
B. 当进口货物的成交价格经海关审查未能确定时,才能依次使用其他估价方法
C. 在使用其他估价方法时,海关可优先使用合理方法
D. 相同货物的估价方法,是指在所有方面都相同的货物,即使包装上也不能有任何微小差别

7. 下列属于海关不予征收滞报金的情形有(　　)。
A. 进口货物已被依法变卖处理,余款按规定上缴国库的
B. 进口货物收货人在申报期限内,根据法律规定向海关提供担保,并在担保期限内办理有关进口手续的
C. 应征滞报金金额不满人民币50元的
D. 因不可抗力导致收货人无法在规定期限内申报,从而产生滞报的

8. 在审定进出口完税价格时,(　　)表明买卖双方有特殊经济关系。
A. 买卖双方为同一家属成员
B. 买卖双方互为商业上的高级雇员和董事
C. 一方直接或间接地拥有、控制或持有对方5%或以上公开发行的有表决权的股票或股份
D. 买卖双方都直接或者间接地受第三方控制

三、简答题

1. 进口关税从不同角度可分为哪些类型?
2. 我国对进口环节增值税的征收有何规定?
3. 我国征收进口环节消费税的商品主要有哪些?

4. 我国对船舶吨税的征收有何规定？
5. 我国如何计算滞纳天数？
6. 进口货物的完税价格确定方法有哪些？使用时有什么规定？
7. 优惠性原产地规则与非优惠性原产地规则区别何在？
8. 内销保税货物的完税价格如何确定？
9. 税款补征和追征的范围是什么？
10. 什么情形可申请办理退还进出口税款手续？

四、案例分析

中马自贸协定带来的便利与实惠

请思考：中马自贸协定涉及哪些内容？它对于中国一带一路建设有何意义？中马贸易的主要领域有哪些？关税结构与变化趋势如何？产品要获得中马自贸协定项下成员方的"国籍"，需满足什么条件？

业 务 实 训

1. 运往境外加工的货物，离岸价格和加工后进境的到岸价格都无法获取，对此应当怎样确定该批货物完税价格？

2. 解释进口关税从价税的完税价格和出口关税的完税价格的计算基础有何不同？

3. 某进口货物的成交总价为 CFR 上海 10 000 美元，运费为每千克 5 美元，净重 100 千克，毛重 110 千克，保险费率为 3‰，汇率为 1 美元＝6.7 元人民币，关税税率为 25%。计算关税税额。

4. 某贸易公司于某年 10 月 17 日（周五）申报进口一批货物，海关于当日开出税款缴款书。其中关税税款为人民币 24 000 元，增值税税款为人民币 35 100 元，消费税税款为人民币 8 900 元。该公司实际缴纳税款日期为 11 月 13 日（周四）。计算该公司应缴纳的所有滞纳金。

5. A 公司通过香港×公司从 G 国 H 公司进口一套设备，合同总价为 CIP 中国某内陆城市 180 万美元，合同价包括 H 公司派人来华进行设备安装、调试和验收的费用，但在合同中未单列出来。该设备关税税率为 14%，设备 5 月份到货后缴纳关税约为：180×6.3×14%＝158.76 万元人民币。

B 公司从 G 国 H 公司进口同样一套设备，合同总价为 CIF 中国某港口 160 万美元，其中包含 16 万美元来华进行设备安装、调试和验收的费用。同年 6 月份设备到货，B 公司以 160 万美元的成交价格向海关申报，海关受理后对其申报价格产生怀疑，要求 B 公司予以解释，B 公司只是提供了一个简单的书面说明，海关认为该说明不足以支持 B 公司的申报价格，于是拒绝接受 160 万美元的申报价格，其依据是：该套设备同上月 A 公司申报的设备属同一国家和同一生产商生产的相同货物，因而参照上月 A 公司申报的 180 万美元作为完税价格,B公司同样应缴纳关税约158.76万元人民币。B公司因不了解海关规定又急用该设备,无奈只好缴税提货。

问:A、B公司缴纳158.76万元关税是否合理?向海关解释和申诉的过程可能要花费一定的时间,在此期间,进口商急需进口货物有何解决的办法?

本章习题参考答案

第十章　进出口货物报关单填制

- **知识目标**：了解进出口货物报关单的含义、种类和内容；
  了解进出口货物报关单各联的用途和报关单的法律地位；
  掌握进出口货物报关单的填制要求和规范；
  熟悉报关自动化系统常用代码。
- **技能目标**：能够比较熟练、规范地办理各类报关单的填制及其系统录入。
- **能力目标**：能够准确理解报关单各项内容的含义和具体填制要求，尤其是把握好"特殊关系确认""价格影响确认""与货物有关的特许权使用费支付确认"的含义；
  能按照"主动披露"制度的要求，建立健全企业内控机制。

引例 10-1

应该汲取什么教训？

第一节　进出口货物报关单概述

一、进出口货物报关单含义与类别

（一）进出口货物报关单的含义

进出口货物报关单是指进出口货物的收发货人或其代理人，按照海关规定的格式就进出口货物的实况做出的书面申明，以此要求海关对其货物按适用的海关制度办理通关手续的法律文书。进出口报关单可以按照不同的标准进行分类。

（二）进出口货物报关单的类别

1. 按进出口流向划分

（1）出口货物报关单；

(2) 进口货物报关单。

2. 按介质划分

(1) 纸质报关单；
(2) 电子报关单。

3. 按海关监管方式划分

(1) 进料加工进出口货物报关单（粉红色）；
(2) 来料加工及补偿贸易进出口货物报关单（浅绿色）；
(3) 外商投资企业进出口货物报关单（浅蓝色）；
(4) 一般贸易及其他贸易进出口货物报关单（白色）；
(5) 需国内退税的出口贸易报关单（浅黄色）。

4. 按用途划分

(1) 报关单预录入凭单；
(2) 预录入报关单；
(3) 报关单证明联。

5. 按报关的性质

(1) 进出口货物报关单；
(2) 进出口货物集中申报清单；
(3) 进出境货物备案清单；
(4) KJ1报关单、KJ2报关单、KJ3报关单。

二、进出口货物报关单的内容和用途

进口货物报关单一式五联，分别是海关作业联、海关留存联、企业留存联、海关核销联、进口付汇证明联；出口货物报关单一式六联，分别是海关作业联、海关留存联、企业留存联、海关核销联、出口收汇证明联、出口退税证明联。

（一）报关单海关作业联和留存联

进出口货物的申报人应根据海关的规定和要求填写报关单各栏目，并在确保所采用的电子数据报关单和纸质报关单内容完全一致后一并向海关申报。海关接受申报后，进出口货物报关单将成为报关员配合、协同海关查验、缴纳税费、提取或装运货物的重要凭证，也是海关征收税费、编制海关统计以及处理其他海关事务的重要凭证。

（二）报关单付收汇证明联

进口货物报关单付汇证明联和出口货物报关单收汇证明联是海关对有关货物已实际进出境后所签发的证明文件，是银行和国家外汇管理部门办理售汇、付汇和收汇手续的重要依据之一。为深化海关通关作业无纸化改革，减少纸质单证流转，完善货物贸易外汇服务和管理，海关总署、国家外汇管理局决定，自2013年9月16日起，海关不再为国家外汇管理局分支局核定的货物贸易外汇管理A类企业提供纸质报关单收、付汇证明联。A类企业办理货物贸易外汇收付业务，按规定须提交纸质报关单的，通过中国电子口岸自行以普通A4纸打印报关单证明联（出口收汇或进口付汇用）并加盖企业公章。对于外汇局核定的货物贸易外汇管理B类和C类的企业，海关仍按现行做法为其提供纸质报关单收、付汇证明联。

(三)报关单核销联

进出口货物报关单海关核销联是指口岸海关对已实际申报进口或出口的货物所签发的证明文件,是海关办理加工贸易核销、结案手续的重要凭证。加工贸易的货物进出口后,申报人应向海关领取进出口货物报关单海关核销联,凭以向主管海关办理加工贸易合同核销手续。

(四)出口退税证明联

出口货物报关单出口退税证明联是海关对货物已实际申报出口并已装运离境所签发的证明文件,是国家税务机关办理出口货物退税手续的重要凭证之一。对可办理出口退税的货物,出口货物发货人或其代理人应当在载运货物的运输工具实际离境,海关收到载货清单(俗称清洁舱单)、办理结关手续后,向海关申领出口退税证明联。为深化海关通关作业无纸化改革,减少纸质单证流转,减轻企业负担,海关目前不再签发纸质出口货物报关单证明联(出口退税专用),并同时停止向国家税务总局传输出口货物报关单证明联(出口退税专用)相关电子数据,改由海关总署向国家税务总局传输出口报关单结关信息电子数据。实施启运港退税政策的出口货物暂时仍按照现行规定打印纸质出口货物报关单证明联(出口退税专用)。①

三、进出口货物报关单法律地位

《海关法》规定,进口货物是收货人、出口货物的发货人应当向海关如实申报、交验进出口许可证件和有关单证。

进出口货物报关单及其他进出境报关单(证)在对外经济贸易活动中具有十分重要的法律效力。它是货物的收发货人向海关报告其进出口货物实际情况及适用海关业务制度,申请海关审查并放行货物的必备法律证书。它既是海关对进出口货物进行监管、征税、统计以及开展稽查和调查的重要依据,又是加工贸易进出口货物核销以及出口退税和外汇管理的重要凭证,也是海关处理进出口货物走私、违规案件及税务、外汇管理部门查处骗税和套汇犯罪活动的重要书证。因此,申报人对报关单所填报的真实性和准确性要承担法律责任。

第二节 进出口货物报关单的填制

一、进出口货物报关单填制的基本要求

进出口货物的收发货人或其代理人向海关申报时,必须填写并向海关递交进口或出口货物报关单。申报人在填制报关单时,应当依法如实向海关申报,对申报内容的真实性、准确性、完整性和规范性承担相应的法律责任。进出口货物报关单填制的基本要求主要有:

(1)报关单位和报关人员必须按照《海关法》《货物申报管理规定》和《报关单填制规范》

---

① 参见海关总署公告2015年第14号。

（2）报关单的填报必须真实，做到两个相符。一是单证相符，即报关单中所列各项与合同、发票、装箱单、提单以及许可证等随附单据相符；二是单货相符，即所填报关单各栏目的内容必须与实际进出口货物情况相符，尤其是货物的品名、规格型号、数（重）量、价格、原产国等栏目内容必须真实，不得出现差错，更不允许有伪报、瞒报、虚报。

（3）报关单的填制要准确、齐全、完整、清楚。报关单各栏目内容要逐项详细准确填写（打印），字迹清楚、整洁、端正，不得用铅笔或红色复写纸填写；若有更正，必须在更正项目上加盖校对章。

（4）不同批文或合同的货物、同一批货物中不同贸易方式的货物、不同备案号的货物、不同提运单的货物、不同征免性质的货物、不同运输方式或相同运输方式但不同航次的货物等，均应分单填报。

（5）海关接受进出口货物申报后，报关单证及其内容不得修改或者撤销；符合规定情形的，可以修改或者撤销。但海关已决定布控、查验以及涉嫌走私或者违反海关监管规定的进出口货物，在办结相关手续前不得修改或者撤销报关单及其电子数据。进出口货物报关单修改或者撤销后，纸质报关单和电子数据报关单应当一致。

二、进出口货物报关单的填制规范

根据修订后的《中华人民共和国海关进出口货物报关单填制规范》[①]的要求，进出口货物报关单各栏目的具体填制规范如下所述。

1. 预录入编号

本栏目填报预录入报关单的编号，预录入编号规则由接受申报的海关决定。

2. 海关编号

本栏目填报海关接受申报时给予报关单的编号，一份报关单对应一个海关编号。

报关单海关编号为18位，其中第1—4位为接受申报海关的编号（海关规定的《关区代码表》中相应海关代码），第5—8位为海关接受申报的公历年份，第9位为进出口标志（"1"为进口、"0"为出口，集中申报清单"I"为进口、"E"为出口），后9位为顺序编号。

3. 收发货人

本栏目填报在海关注册的对外签订并执行进出口贸易合同的中国境内法人、其他组织或个人的名称及编码。编码可选填18位法人和其他组织统一社会信用代码或10位海关注册编码任一项。特殊情况下填制要求如下：

（1）进出口货物合同的签订者和执行者非同一企业的，填报执行合同的企业；

（2）外商投资企业委托进出口企业进口投资设备、物品的，填报外商投资企业，并在标记唛码及备注栏注明"委托某进出口企业进口"，同时注明被委托企业的18位法人和其他组织统一社会信用代码；

（3）有代理报关资格的报关企业代理其他进出口企业办理进出口报关手续时，填报委托的进出口企业；

---

① 参见海关总署公告2017年第13号、第69号。

(4) 使用海关核发的《中华人民共和国海关加工贸易手册》、电子账册及其分册(以下统称《加工贸易手册》)管理的货物,收发货人应与《加工贸易手册》的"经营企业"一致。

案例应用 10-2

进口口岸的填报

4. 进口口岸/出口口岸

本栏目应根据货物实际进出境的口岸海关,填报海关规定的《关区代码表》中相应口岸海关的名称及代码。特殊情况填报要求如下:

进口转关运输货物应填报货物进境地海关名称及代码,出口转关运输货物应填报货物出境地海关名称及代码。按转关运输方式监管的跨关区深加工结转货物,出口报关单填报转出地海关名称及代码,进口报关单填报转入地海关名称及代码。

在不同海关特殊监管区域或保税监管场所之间调拨、转让的货物,填报对方特殊监管区域或保税监管场所所在的海关名称及代码。

其他无实际进出境的货物,填报接受申报的海关名称及代码。

5. 进口日期/出口日期

进口日期填报运载进口货物的运输工具申报进境的日期。

出口日期指运载出口货物的运输工具办结出境手续的日期,本栏目在申报时免予填报。无实际进出境的报关单填报海关接受申报的日期。

本栏目为8位数字,顺序为年(4位)、月(2位)、日(2位)。

6. 申报日期

申报日期指海关接受进出口货物收发货人、受委托的报关企业申报数据的日期。以电子数据报关单方式申报的,申报日期为海关计算机系统接受申报数据时记录的日期。以纸质报关单方式申报的,申报日期为海关接受纸质报关单并对报关单进行登记处理的日期。

申报日期为8位数字,顺序为年(4位)、月(2位)、日(2位)。本栏目在申报时免予填报。

7. 消费使用单位/生产销售单位

(1) 消费使用单位填报已知的进口货物在境内的最终消费、使用单位的名称,包括:

① 自行进口货物的单位;

② 委托进出口企业进口货物的单位。

(2) 生产销售单位填报出口货物在境内的生产或销售单位的名称,包括:

① 自行出口货物的单位;

② 委托进出口企业出口货物的单位。

(3) 使用《加工贸易手册》管理的货物,消费使用单位/生产销售单位应与《加工贸易手册》的"加工企业"一致;减免税货物报关单的消费使用单位/生产销售单位应与《中华人民共和国海关进出口货物征免税证明》(以下简称《征免税证明》)的"减免税申请人"一致;保税监管场所与境外之间的进出境货物,消费使用单位/生产销售单位应当填报保税监管场所的名称(保税物流中心〔B型〕填报中心内企业名称)。

(4) 消费使用单位/生产销售单位按下列要求填报:

已在海关注册登记的,应填报中文名称和18位法人和其他组织统一社会信用代码(或10位海关注册编码、加工生产企业登记编码)。

未在海关注册登记的,应填报中文名称、18位法人和其他组织统一社会信用代码或9位组织机构代码。没有18位法人和其他组织统一社会信用代码的可不填,没有9位组织机构代码的应填报"NO"。

8. 运输方式

运输方式包括实际运输方式和海关规定的特殊运输方式,前者指货物实际进出境的运输方式,按进出境所使用的运输工具分类;后者指货物无实际进出境的运输方式,按货物在境内的流向分类。

本栏目应根据货物实际进出境的运输方式或货物在境内流向的类别,按照海关规定的《运输方式代码表》选择填报相应的运输方式。

(1) 特殊情况填报要求

① 非邮件方式进出境的快递货物,按实际运输方式填报。

② 进出境旅客随身携带的货物,按旅客实际进出境方式所对应的运输方式填报。

③ 进口转关运输货物,按载运货物抵达进境地的运输工具填报;出口转关运输货物,按载运货物驶离出境地的运输工具填报。

④ 不复运出(入)境而留在境内(外)销售的进出境展览品、留赠转卖物品等,填报"其他运输"(代码9)。

(2) 无实际进出境货物在境内流转时的填报要求

① 境内非保税区运入保税区货物和保税区退区货物,填报"非保税区"(代码0)。

② 保税区运往境内非保税区货物,填报"保税区"(代码7)。

③ 境内存入出口监管仓库和出口监管仓库退仓货物,填报"监管仓库"(代码1)。

④ 保税仓库转内销货物,填报"保税仓库"(代码8)。

⑤ 从境内保税物流中心外运入中心或从中心运往境内中心外的货物,填报"物流中心"(代码W)。

⑥ 从境内保税物流园区外运入园区或从园区内运往境内园区外的货物,填报"物流园区"(代码X)。

⑦ 保税港区、综合保税区与境内(区外)(非特殊区域、保税监管场所)之间进出的货物,填报"保税港区/综合保税区"(代码Y)。

⑧ 出口加工区、珠澳跨境工业区(珠海园区)、中哈霍尔果斯边境合作区(中方配套区)与境内(区外)(非特殊区域、保税监管场所)之间进出的货物,填报"出口加工区"(代码Z)。

⑨ 境内运入深港西部通道港方口岸区的货物,填报"边境特殊海关作业区"(代码H)。

⑩ 经横琴新区和平潭综合实验区(以下简称综合试验区)二线指定申报通道运往境内

区外或从境内经二线制定申报通道进入综合试验区的货物,以及综合试验区内按选择性征收关税申报的货物,填报"综合试验区"(代码 T)。

其他境内流转货物,填报"其他运输"(代码 9),包括特殊监管区域内货物之间的流转、调拨货物,特殊监管区域、保税监管场所之间相互流转货物,特殊监管区域内企业申报的与境内进出的货物,特殊监管区域外的加工贸易余料结转、深加工结转、内销等货物。

案例应用 10-3

运输方式的填报

9. 运输工具名称

本栏目填报载运货物进出境的运输工具名称或编号。填报内容应与运输部门向海关申报的舱单(载货清单)所列相应内容一致。

(1) 直接在进出境地或采用区域通关一体化通关模式办理报关手续的报关单填报要求

① 水路运输:填报船舶编号(来往港澳小型船舶为监管簿编号)或者船舶英文名称。

② 公路运输:启用公路舱单前,填报该跨境运输车辆的国内行驶车牌号,深圳提前报关模式的报关单填报国内行驶车牌号+"/"+"提前报关"。启用公路舱单后,免予填报。

③ 铁路运输:填报车厢编号或交接单号。

④ 航空运输:填报航班号。

⑤ 邮件运输:填报邮政包裹单号。

⑥ 其他运输:填报具体运输方式名称,如管道、驮畜等。

(2) 转关运输货物的报关单填报要求

① 进口

水路运输:直转、提前报关填报"@"+16 位转关申报单预录入号(或 13 位载货清单号),中转填报进境英文船名。

铁路运输:直转、提前报关填报"@"+16 位转关申报单预录入号,中转填报车厢编号。

航空运输:直转、提前报关填报"@"+16 位转关申报单预录入号(或 13 位载货清单号),中转填报"@"。

公路及其他运输:填报"@"+16 位转关申报单预录入号(或 13 位载货清单号)。

以上各种运输方式使用广东地区载货清单转关的提前报关货物填报"@"+13 位载货清单号。

② 出口

水路运输:非中转填报"@"+16 位转关申报单预录入号(或 13 位载货清单号)。如多张报关单需要通过一张转关单转关的,运输工具名称字段填报"@"。

中转货物,境内水路运输填报驳船船名;境内铁路运输填报车名(主管海关4位关区代码+"TRAIN"),境内公路运输填报车名(主管海关4位关区代码+"TRUCK")。

铁路运输:填报"@"+16位转关申报单预录入号(或13位载货清单号),如多张报关单需要通过一张转关单转关的,填报"@"。

航空运输:填报"@"+16位转关申报单预录入号(或13位载货清单号),如多张报关单需要通过一张转关单转关的,填报"@"。

其他运输方式:填报"@"+16位转关申报单预录入号(或13位载货清单号)。

(3) 采用"集中申报"通关方式办理报关手续

报关单本栏目填报"集中申报"。

(4) 无实际进出境的报关单

本栏目免予填报。

10. 航次号

本栏目填报载运货物进出境的运输工具的航次编号。

具体填报要求如下:

(1) 直接在进出境地或采用区域通关一体化通关模式办理报关手续的报关单。

① 水路运输:填报船舶的航次号。

② 公路运输:启用公路舱单前,填报运输车辆的8位进出境日期(顺序为年〔4位〕、月〔2位〕、日〔2位〕,下同)。启用公路舱单后,填报货物运输批次号。

③ 铁路运输:填报列车的进出境日期。

④ 航空运输:免予填报。

⑤ 邮件运输:填报运输工具的进出境日期。

⑥ 其他运输方式:免予填报。

(2) 转关运输货物的报关单。

① 进口:

水路运输:中转转关方式填报"@"+进境干线船舶航次,直转、提前报关免予填报。

公路运输:免予填报。

铁路运输:"@"+8位进境日期。

航空运输:免予填报。

其他运输方式:免予填报。

② 出口:

水路运输:非中转货物免予填报。对于中转货物,境内水路运输填报驳船航次号,境内铁路、公路运输填报6位启运日期(顺序为年〔2位〕、月〔2位〕、日〔2位〕)。

铁路拼车拼箱捆绑出口:免予填报。

航空运输:免予填报。

其他运输方式:免予填报。

(3) 无实际进出境的报关单。

本栏目免予填报。

11. 提运单号

本栏目填报进出口货物提单或运单的编号。

一份报关单只允许填报一个提单或运单号,一票货物对应多个提单或运单时,应分单填报。

具体填报要求如下:

(1) 直接在进出境地或采用区域通关一体化通关模式办理报关手续的。

① 水路运输:填报进出口提单号。如有分提单的,填报进出口提单号+"*"+分提单号。

② 公路运输:启用公路舱单前,免予填报;启用公路舱单后,填报进出口总运单号。

③ 铁路运输:填报运单号。

④ 航空运输:填报总运单号+"_"+分运单号,无分运单的填报总运单号。

⑤ 邮件运输:填报邮运包裹单号。

(2) 转关运输货物的报关单。

① 进口:

水路运输:直转、中转填报提单号,提前报关免予填报。

铁路运输:直转、中转填报铁路运单号,提前报关免予填报。

航空运输:直转、中转货物填报总运单号+"_"+分运单号,提前报关免予填报。

其他运输方式:免予填报。

以上运输方式进境货物,在广东省内用公路运输转关的,填报车牌号。

② 出口:

水路运输:中转货物填报提单号;非中转货物免予填报;广东省内汽车运输提前报关的转关货物,填报承运车辆的车牌号。

其他运输方式:免予填报。广东省内汽车运输提前报关的转关货物,填报承运车辆的车牌号。

(3) 采用"集中申报"通关方式办理报关手续的,报关单填报归并的集中申报清单的进出口起止日期(按年〔4位〕月〔2位〕日〔2位〕年〔4位〕月〔2位〕日〔2位〕)。

(4) 无实际进出境的,本栏目免予填报。

12. 申报单位

自理报关的,本栏目填报进出口企业的名称及编码;委托代理报关的,本栏目填报报关企业名称及编码。

本栏目可选填18位法人和其他组织统一社会信用代码或10位海关注册编码任一项。

本栏目还包括报关单左下方用于填报申报单位有关情况的相关栏目,包括报关人员、申报单位签章。

13. 监管方式

监管方式是以国际贸易中进出口货物的交易方式为基础,结合海关对进出口货物的征税、统计及监管条件综合设定的海关对进出口货物的管理方式。其代码由4位数字构成,前两位是按照海关监管要求和计算机管理需要划分的分类代码,后两位是参照国际标准编制的贸易方式代码。

本栏目应根据实际对外贸易情况按海关规定的《监管方式代码表》选择填报相应的监管方式简称及代码。一份报关单只允许填报一种监管方式。

特殊情况下加工贸易货物监管方式填报要求如下:

(1)进口少量低值辅料(即5 000美元以下,78种以内的低值辅料)按规定不使用《加工贸易手册》的,填报"低值辅料"。使用《加工贸易手册》的,按《加工贸易手册》上的监管方式填报。

(2)外商投资企业为加工内销产品而进口的料件,属非保税加工的,填报"一般贸易"。外商投资企业全部使用国内料件加工的出口成品,填报"一般贸易"。

(3)加工贸易料件结转或深加工结转货物,按批准的监管方式填报。

(4)加工贸易料件转内销货物以及按料件办理进口手续的转内销制成品、残次品、未完成品,应填制进口报关单,填报"来料料件内销"或"进料料件内销";加工贸易成品凭《征免税证明》转为减免税进口货物的,应分别填制进、出口报关单,出口报关单本栏目填报"来料成品减免"或"进料成品减免",进口报关单本栏目按照实际监管方式填报。

(5)加工贸易出口成品因故退运进口及复运出口的,填报"来料成品退换"或"进料成品退换";加工贸易进口料件因换料退运出口及复运进口的,填报"来料料件退换"或"进料料件退换";加工贸易过程中产生的剩余料件、边角料退运出口,以及进口料件因品质、规格等原因退运出口且不再更换同类货物进口的,分别填报"来料料件复出""来料边角料复出""进料料件复出""进料边角料复出"。

(6)备料《加工贸易手册》中的料件结转转入加工出口《加工贸易手册》的,填报"来料加工"或"进料加工"。

(7)保税工厂的加工贸易进出口货物,根据《加工贸易手册》填报"来料加工"或"进料加工"。

(8)加工贸易边角料内销和副产品内销,应填制进口报关单,填报"来料边角料内销"或"进料边角料内销"。

(9)企业销毁处置加工贸易货物未获得收入,销毁处置货物为料件、残次品的,填报"料件销毁";销毁处置货物为边角料、副产品的,填报"边角料销毁"。

(10)企业销毁处置加工贸易货物获得收入的,填报为"进料边角料内销"或"来料边角料内销"。

14. 征免性质

本栏目应根据实际情况按海关规定的《征免性质代码表》选择填报相应的征免性质简称及代码,持有海关核发的《征免税证明》的,应按照《征免税证明》中批注的征免性质填报。一份报关单只允许填报一种征免性质。

加工贸易货物报关单应按照海关核发的《加工贸易手册》中批注的征免性质简称及代码填报。特殊情况填报要求如下:

(1)保税工厂经营的加工贸易,根据《加工贸易手册》填报"进料加工"或"来料加工"。

(2)外商投资企业为加工内销产品而进口的料件,属非保税加工的,填报"一般征税"或其他相应征免性质。

(3)加工贸易转内销货物,按实际情况填报(如一般征税、科教用品、其他法定等)。

(4)料件退运出口、成品退运进口货物填报"其他法定"(代码0299)。

(5)加工贸易结转货物,本栏目免予填报。

(6)我国驻外使领馆工作人员、外国驻华机构及人员、非居民常驻人员、政府间协议规定等应税(消费税)进口自用小汽车,并且单台完税价格130万元及以上的,本栏填报"特案"。

15. 备案号

本栏目填报进出口货物收发货人、消费使用单位、生产销售单位在海关办理加工贸易合同备案或征、减、免税备案审批等手续时,海关核发的《加工贸易手册》《征免税证明》或其他备案审批文件的编号。

一份报关单只允许填报一个备案号。具体填报要求如下:

(1) 加工贸易项下货物,除少量低值辅料按规定不使用《加工贸易手册》及以后续补税监管方式办理内销征税的外,填报《加工贸易手册》编号。

使用异地直接报关分册和异地深加工结转出口分册在异地口岸报关的,本栏目应填报分册号;本地直接报关分册和本地深加工结转分册限制在本地报关,本栏目应填报总册号。

加工贸易成品凭《征免税证明》转为减免税进口货物的,进口报关单填报《征免税证明》编号,出口报关单填报《加工贸易手册》编号。

对加工贸易设备之间的结转,转入和转出企业分别填制进、出口报关单,在报关单"备案号"栏目填报《加工贸易手册》编号。

(2) 涉及征、减、免税备案审批的报关单,填报《征免税证明》编号。

(3) 减免税货物退运出口,填报《中华人民共和国海关进口减免税货物准予退运证明》的编号;减免税货物补税进口,填报《减免税货物补税通知书》的编号;减免税货物进口或结转进口(转入),填报《征免税证明》的编号;相应的结转出口(转出),填报《中华人民共和国海关进口减免税货物结转联系函》的编号。

16. 贸易国(地区)

发生商业性交易的进口填报购自国(地区),出口填报售予国(地区)。未发生商业性交易的填报货物所有权拥有者所属的国家(地区)。

本栏目应按海关规定的《国别(地区)代码表》选择填报相应的贸易国(地区)中文名称及代码。

17. 启运国(地区)/运抵国(地区)

启运国(地区)填报进口货物启始发出直接运抵我国或者在运输中转国(地)未发生任何商业性交易的情况下运抵我国的国家(地区)。

运抵国(地区)填报出口货物离开我国关境直接运抵或者在运输中转国(地区)未发生任何商业性交易的情况下最后运抵的国家(地区)。

不经过第三国(地区)转运的直接运输进出口货物,以进口货物的装货港所在国(地区)为启运国(地区),以出口货物的指运港所在国(地区)为运抵国(地区)。

经过第三国(地区)转运的进出口货物,如在中转国(地区)发生商业性交易,则以中转国(地区)作为启运/运抵国(地区)。

本栏目应按海关规定的《国别(地区)代码表》选择填报相应的启运国(地区)或运抵国(地区)中文名称及代码。

无实际进出境的,填报"中国"(代码142)。

18. 装货港/指运港

装货港填报进口货物在运抵我国关境前的最后一个境外装运港。

指运港填报出口货物运往境外的最终目的港;最终目的港不可预知的,按尽可能预知的目的港填报。

本栏目应根据实际情况按海关规定的《港口代码表》选择填报相应的港口中文名称及代码。装货港/指运港在《港口代码表》中无港口中文名称及代码的,可选择填报相应的国家中文名称或代码。

无实际进出境的,本栏目填报"中国境内"(代码142)。

19. 境内目的地/境内货源地

境内目的地填报已知的进口货物在国内的消费、使用地或最终运抵地,其中最终运抵地为最终使用单位所在的地区。最终使用单位难以确定的,填报货物进口时预知的最终收货单位所在地。

境内货源地填报出口货物在国内的产地或原始发货地。出口货物产地难以确定的,填报最早发运该出口货物的单位所在地。

海关特殊监管区域、保税物流中心(B型)与境外之间的进出境货物,境内目的地/境内货源地填报本海关特殊监管区域、保税物流中心(B型)所对应的国内地区名称及代码。

本栏目按海关规定的《国内地区代码表》选择填报相应的国内地区名称及代码。

20. 许可证号

本栏目填报以下许可证的编号:进(出)口许可证、两用物项和技术进(出)口许可证、两用物项和技术出口许可证(定向)、纺织品临时出口许可证、出口许可证(加工贸易)、出口许可证(边境小额贸易)。

一份报关单只允许填报一个许可证号。

21. 成交方式

本栏目应根据进出口货物实际成交价格条款,按海关规定的《成交方式代码表》选择填报相应的成交方式代码。

无实际进出境的报关单,进口填报 CIF,出口填报 FOB。

22. 运费

本栏目填报进口货物运抵我国境内输入地点起卸前的运输费用,出口货物运至我国境内输出地点装载后的运输费用。

运费可按运费单价、总价或运费率三种方式之一填报,注明运费标记(运费标记"1"表示运费率,"2"表示每吨货物的运费单价,"3"表示运费总价),并按海关规定的《货币代码表》选择填报相应的币种代码。

23. 保费

本栏目填报进口货物运抵我国境内输入地点起卸前的保险费用,出口货物运至我国境内输出地点装载后的保险费用。

保费可按保险费总价或保险费率两种方式之一填报,注明保险费标记(保险费标记"1"表示保险费率,"3"表示保险费总价),并按海关规定的《货币代码表》选择填报相应的币种代码。

24. 杂费

本栏目填报成交价格以外的、按照《中华人民共和国进出口关税条例》相关规定应计入完税价格或应从完税价格中扣除的费用。可按杂费总价或杂费率两种方式之一填报,注明杂费标记(杂费标记"1"表示杂费率,"3"表示杂费总价),并按海关规定的《货币代码表》选择填报相应的币种代码。

应计入完税价格的杂费填报为正值或正率,应从完税价格中扣除的杂费填报为负值或负率。

25. 合同协议号

本栏目填报进出口货物合同(包括协议或订单)编号。未发生商业性交易的免予填报。

26. 件数

本栏目填报有外包装的进出口货物的实际件数。特殊情况填报要求如下:

(1) 舱单件数为集装箱的,填报集装箱个数;

(2) 舱单件数为托盘的,填报托盘数。

本栏目不得填报为零,裸装货物填报为"1"。

27. 包装种类

本栏目应根据进出口货物的实际外包装种类,按海关规定的《包装种类代码表》选择填报相应的包装种类代码。

28. 毛重(千克)

本栏目填报进出口货物及其包装材料的重量之和,计量单位为千克,不足一千克的填报为"1"。

29. 净重(千克)

本栏目填报进出口货物的毛重减去外包装材料后的重量,即货物本身的实际重量,计量单位为千克,不足一千克的填报为"1"。

30. 集装箱号

本栏目填报装载进出口货物(包括拼箱货物)集装箱的箱体信息。一个集装箱填一条记录,分别填报集装箱号(在集装箱箱体上标示的全球唯一编号)、集装箱的规格和集装箱的自重。非集装箱货物填报为"0"。

31. 随附单证

本栏目根据海关规定的《监管证件代码表》选择填报除本规范第二十条规定的许可证件以外的其他进出口许可证件或监管证件代码及编号。

本栏目分为随附单证代码和随附单证编号两栏,其中代码栏应按海关规定的《监管证件代码表》选择填报相应证件代码,编号栏应填报证件编号。

(1) 加工贸易内销征税报关单,随附单证代码栏填写"c",随附单证编号栏填写海关审核通过的内销征税联系单号。

(2) 优惠贸易协定项下进出口货物。一份报关单仅对应一份原产地证书或原产地声明。有关优惠贸易协定项下报关单填制要求按照海关总署2016年第51号公告执行。

32. 标记唛码及备注

本栏目填报要求如下:

(1) 标记唛码中除图形以外的文字、数字。

(2) 受外商投资企业委托代理其进口投资设备、物品的进出口企业名称。

(3) 与本报关单有关联的,同时在业务管理规范方面又要求填报的备案号,填报在电子数据报关单中"关联备案"栏。

加工贸易结转货物及凭《征免税证明》转内销货物,其对应的备案号应填报在"关联备案"栏。

减免税货物结转进口(转入),报关单"关联备案"栏应填写本次减免税货物结转所申请的《中华人民共和国海关进口减免税货物结转联系函》的编号。

减免税货物结转出口(转出),报关单"关联备案"栏应填写与其相对应的进口(转入)报关单"备案号"栏中《征免税证明》的编号。

(4) 与本报关单有关联关系的,同时在业务管理规范方面又要求填报的报关单号,填报在电子数据报关单中"关联报关单"栏。

加工贸易结转类的报关单,应先办理进口报关,并将进口报关单号填入出口报关单的"关联报关单"栏。

办理进口货物直接退运手续的,除另有规定外,应当先填写出口报关单,再填写进口报关单,并将出口报关单号填入进口报关单的"关联报关单"栏。

减免税货物结转出口(转出),应先办理进口报关,并将进口(转入)报关单号填入出口(转出)报关单的"关联报关单"栏。

(5) 办理进口货物直接退运手续的,本栏目填报"＜ZT"＋"海关审核联系单号或者《海关责令进口货物直接退运通知书》编号"＋"＞"。

(6) 保税监管场所进出货物,在"保税/监管场所"栏填写本保税监管场所编码(保税物流中心〔B型〕填报本中心的国内地区代码),其中涉及货物在保税监管场所间流转的,在本栏填写对方保税监管场所代码。

(7) 涉及加工贸易货物销毁处置的,填写海关加工贸易货物销毁处置申报表编号。

(8) 当监管方式为"暂时进出货物"(2600)和"展览品"(2700)时,如果为复运进出境货物,在进出口货物报关单的本栏内分别填报"复运进境""复运出境"。

(9) 跨境电子商务进出口货物,在本栏目内填报"跨境电子商务"。

(10) 加工贸易副产品内销,在本栏内填报"加工贸易副产品内销"。

(11) 服务外包货物进口,填报"国际服务外包进口货物"。

(12) 公式定价进口货物应在报关单备注栏内填写公式定价备案号,格式为:"公式定价"＋备案编号＋"@"。对于同一报关单下有多项商品的,如需要指明某项或某几项商品为公式定价备案的,则备注栏内填写应为:"公式定价"＋备案编号＋"♯"＋商品序号＋"@"。

(13) 获得《预审价决定书》的进出口货物,应在报关单备注栏内填报《预审价决定书》编号,格式为预审价(P＋2位商品项号＋决定书编号),若报关单中有多项商品为预审价,需依次写入括号中。

(14) 含预归类商品报关单,应在报关单备注栏内填写预归类 R-3-关区代码-年份-顺序编号,其中关区代码、年份、顺序编号均为4位数字,例如,R-3-0100-2016-0001。

(15) 含归类裁定报关单,应在报关单备注栏内填写归类裁定编号,格式为"c"＋四位数字编号,如 c0001。

(16) 申报时其他必须说明的事项填报在本栏目。

33. 项号

本栏目分两行填报及打印。第一行填报报关单中的商品顺序编号;第二行专用于加工贸易、减免税等已备案、审批的货物,填报和打印该项货物在《加工贸易手册》或《征免税证明》等备案、审批单证中的顺序编号。

有关优惠贸易协定项下报关单填制要求按照海关总署2016年第51号公告执行。

加工贸易项下进出口货物的报关单，第一行填报报关单中的商品顺序编号，第二行填报该项商品在《加工贸易手册》中的商品项号，用于核销对应项号下的料件或成品数量。其中第二行特殊情况填报要求如下：

（1）深加工结转货物，分别按照《加工贸易手册》中的进口料件项号和出口成品项号填报。

（2）料件结转货物（包括料件、制成品和未完成品折料），出口报关单按照转出《加工贸易手册》中进口料件的项号填报；进口报关单按照转进《加工贸易手册》中进口料件的项号填报。

（3）料件复出货物（包括料件、边角料），出口报关单按照《加工贸易手册》中进口料件的项号填报；如边角料对应一个以上料件项号时，填报主要料件项号。料件退换货物（包括料件、不包括未完成品），进出口报关单按照《加工贸易手册》中进口料件的项号填报。

（4）成品退换货物，退运进境报关单和复运出境报关单按照《加工贸易手册》原出口成品的项号填报。

（5）加工贸易料件转内销货物（以及按料件办理进口手续的转内销制成品、残次品、未完成品）应填制进口报关单，填报《加工贸易手册》进口料件的项号；加工贸易边角料、副产品内销，填报《加工贸易手册》中对应的进口料件项号。如边角料或副产品对应一个以上料件项号时，填报主要料件项号。

（6）加工贸易成品凭《征免税证明》转为减免税货物进口的，应先办理进口报关手续。进口报关单填报《征免税证明》中的项号，出口报关单填报《加工贸易手册》原出口成品项号，进、出口报关单货物数量应一致。

（7）加工贸易货物销毁，本栏目应填报《加工贸易手册》中相应的进口料件项号。

（8）加工贸易副产品退运出口、结转出口，本栏目应填报《加工贸易手册》中新增的变更副产品的出口项号。

（9）经海关批准实行加工贸易联网监管的企业，按海关联网监管要求，企业需申报报关清单的，应在向海关申报进出口（包括形式进出口）报关单前，向海关申报"清单"。一份报关清单对应一份报关单，报关单上的商品由报关清单归并而得。加工贸易电子账册报关单中项号、品名、规格等栏目的填制规范比照《加工贸易手册》。

34．商品编号

本栏目填报的商品编号由10位数字组成。前8位为《中华人民共和国进出口税则》确定的进出口货物的税则号列，同时也是《中华人民共和国海关统计商品目录》确定的商品编码，后2位为符合海关监管要求的附加编号。

35．商品名称、规格型号

本栏目分两行填报及打印。第一行填报进出口货物规范的中文商品名称，第二行填报规格型号。

具体填报要求如下：

（1）商品名称及规格型号应据实填报，并与进出口货物收发货人或受委托的报关企业所提交的合同、发票等相关单证相符。

(2)商品名称应当规范,规格型号应当足够详细,以能满足海关归类、审价及许可证件管理要求为准,可参照《中华人民共和国海关进出口商品规范申报目录》中对商品名称、规格型号的要求进行填报。

(3)加工贸易等已备案的货物,填报的内容必须与备案登记中同项号下货物的商品名称一致。

(4)对需要海关签发《货物进口证明书》的车辆,商品名称栏应填报"车辆品牌+排气量(注明cc)+车型(如越野车、小轿车等)"。进口汽车底盘不填报排气量。车辆品牌应按照《进口机动车辆制造厂名称和车辆品牌中英文对照表》中"签注名称"一栏的要求填报。规格型号栏可填报"汽油型"等。

(5)由同一运输工具同时运抵同一口岸并且属于同一收货人、使用同一提单的多种进口货物,按照商品归类规则应当归入同一商品编号的,应当将有关商品一并归入该商品编号。商品名称填报一并归类后的商品名称,规格型号填报一并归类后商品的规格型号。

(6)加工贸易边角料和副产品内销,边角料复出口,本栏目填报其报验状态的名称和规格型号。

(7)进口货物收货人以一般贸易方式申报进口属于《需要详细列名申报的汽车零部件清单》(海关总署公告2006年第64号)范围内的汽车生产件的,应按以下要求填报:

① 商品名称填报进口汽车零部件的详细中文商品名称和品牌,中文商品名称与品牌之间用"/"相隔,必要时加注英文商业名称;进口的成套散件或者毛坯件应在品牌后加注"成套散件""毛坯"等字样,并与品牌之间用"/"相隔。

② 规格型号填报汽车零部件的完整编号。在零部件编号前应当加注"S"字样,并与零部件编号之间用"/"相隔,零部件编号之后应当依次加注该零部件适用的汽车品牌和车型。

汽车零部件属于可以适用于多种汽车车型的通用零部件的,零部件编号后应当加注"TY"字样,并用"/"与零部件编号相隔。

与进口汽车零部件规格型号相关的其他需要申报的要素,或者海关规定的其他需要申报的要素,如"功率""排气量"等,应当在车型或"TY"之后填报,并用"/"与之相隔。

汽车零部件报验状态是成套散件的,应当在"标记唛码及备注"栏内填报该成套散件装配后的最终完整品的零部件编号。

(8)进口货物收货人以一般贸易方式申报进口属于《需要详细列名申报的汽车零部件清单》(海关总署公告2006年第64号)范围内的汽车维修件的,填报规格型号时,应当在零部件编号前加注"W",并与零部件编号之间用"/"相隔;进口维修件的品牌与该零部件适用的整车厂牌不一致的,应当在零部件编号前加注"WF",并与零部件编号之间用"/"相隔。其余申报要求同上条执行。

(9)品牌类型。品牌类型为必填项目。可选择"无品牌""境内自主品牌""境内收购品牌""境外品牌(贴牌生产)""境外品牌(其他)"如实填报。其中,"境内自主品牌"是指由境内企业自主开发、拥有自主知识产权的品牌;"境内收购品牌"是指境内企业收购的原境外品牌;"境外品牌(贴牌生产)"是指境内企业代工贴牌生产中使用的境外品牌;"境外品牌(其他)"是指除代工贴牌生产以外使用的境外品牌。

(10)出口享惠情况。出口享惠情况为出口报关单必填项目。可选择"出口货物在最终目的国(地区)不享受优惠关税""出口货物在最终目的国(地区)享受优惠关税""出口货物不能确定在最终目的国(地区)享受优惠关税"如实填报。进口货物报关单不填制该申报项。①

案例应用 10-4

相关知识问答

36. 数量及单位

本栏目分三行填报及打印。

(1) 第一行应按进出口货物的法定第一计量单位填报数量及单位,法定计量单位以《中华人民共和国海关统计商品目录》中的计量单位为准。

(2) 凡列明有法定第二计量单位的,应在第二行按照法定第二计量单位填报数量及单位。无法定第二计量单位的,本栏目第二行为空。

(3) 成交计量单位及数量应填报并打印在第三行。

(4) 法定计量单位为"千克"的数量填报,特殊情况下填报要求如下:

① 装入可重复使用的包装容器的货物,应按货物扣除包装容器后的重量填报,如罐装同位素、罐装氧气及类似品等。

② 使用不可分割包装材料和包装容器的货物,按货物的净重填报(即包括内层直接包装的净重重量),如采用供零售包装的罐头、药品及类似品等。

③ 按照商业惯例以公量重计价的商品,应按公量重填报,如未脱脂羊毛、羊毛条等。

④ 采用以毛重作为净重计价的货物,可按毛重填报,如粮食、饲料等大宗散装货物。

⑤ 采用零售包装的酒类、饮料、化妆品,按照液体部分的重量填报。

(5) 成套设备、减免税货物如需分批进口,货物实际进口时,应按照实际报验状态确定数量。

(6) 具有完整品或制成品基本特征的不完整品、未制成品,根据《商品名称及编码协调制度》归类规则应按完整品归类的,按照构成完整品的实际数量填报。

(7) 加工贸易等已备案的货物,成交计量单位必须与《加工贸易手册》中同项号下货物的计量单位一致,加工贸易边角料和副产品内销、边角料复出口,本栏目填报其报验状态的计量单位。

(8) 优惠贸易协定项下进出口商品的成交计量单位必须与原产地证书上对应商品的计量单位一致。

(9) 法定计量单位为立方米的气体货物,应折算成标准状况(即摄氏零度及1个标准大

---

① 第(9)、(10)项是根据海关总署公告 2017 年第 69 号增加的,自 2018 年 1 月 1 日起执行。

气压)下的体积进行填报。

37. 原产国(地区)

原产国(地区)应依据《中华人民共和国进出口货物原产地条例》《中华人民共和国海关关于执行〈非优惠原产地规则中实质性改变标准〉的规定》以及海关总署关于各项优惠贸易协定原产地管理规章规定的原产地确定标准填报。同一批进出口货物的原产地不同的,应分别填报原产国(地区)。进出口货物原产国(地区)无法确定的,填报"国别不详"(代码701)。

本栏目应按海关规定的《国别(地区)代码表》选择填报相应的国家(地区)名称及代码。

38. 最终目的国(地区)

最终目的国(地区)填报已知的进出口货物的最终实际消费、使用或进一步加工制造国家(地区)。不经过第三国(地区)转运的直接运输货物,以运抵国(地区)为最终目的国(地区);经过第三国(地区)转运的货物,以最后运往国(地区)为最终目的国(地区)。同一批进出口货物的最终目的国(地区)不同的,应分别填报最终目的国(地区)。进出口货物不能确定最终目的国(地区)时,以尽可能预知的最后运往国(地区)为最终目的国(地区)。

本栏目应按海关规定的《国别(地区)代码表》选择填报相应的国家(地区)名称及代码。

39. 单价

本栏目填报同一项号下进出口货物实际成交的商品单位价格。无实际成交价格的,本栏目填报单位货值。

40. 总价

本栏目填报同一项号下进出口货物实际成交的商品总价格。无实际成交价格的,本栏目填报货值。

41. 币制

本栏目应按海关规定的《货币代码表》选择相应的货币名称及代码填报,如《货币代码表》中无实际成交币种,需将实际成交货币按申报日外汇折算率折算成《货币代码表》列明的货币填报。

42. 征免

本栏目应按照海关核发的《征免税证明》或有关政策规定,对报关单所列每项商品选择海关规定的《征减免税方式代码表》中相应的征减免税方式填报。

加工贸易货物报关单应根据《加工贸易手册》中备案的征免规定填报;《加工贸易手册》中备案的征免规定为"保金"或"保函"的,应填报"全免"。

43. 特殊关系确认

本栏目根据《中华人民共和国海关审定进出口货物完税价格办法》(以下简称《审价办法》)第十六条,填报确认进出口行为中买卖双方是否存在特殊关系,有下列情形之一的,应当认为买卖双方存在特殊关系,在本栏目应填报"是",反之则填报"否":

(1) 买卖双方为同一家族成员的。

(2) 买卖双方互为商业上的高级职员或者董事的。

(3) 一方直接或者间接地受另一方控制的。

(4) 买卖双方都直接或者间接地受第三方控制的。

(5) 买卖双方共同直接或者间接地控制第三方的。

(6) 一方直接或者间接地拥有、控制或者持有对方 5%以上(含 5%)公开发行的有表决权的股票或者股份的。

(7) 一方是另一方的雇员、高级职员或者董事的。

(8) 买卖双方是同一合伙的成员的。

买卖双方在经营上相互有联系，一方是另一方的独家代理、独家经销或者独家受让人，如果符合前款的规定，也应当视为存在特殊关系。

本栏目出口货物免予填报，加工贸易及保税监管货物(内销保税货物除外)免予填报。

44. **价格影响确认**

本栏目根据《审价办法》第十七条，填报确认纳税义务人是否可以证明特殊关系未对进口货物的成交价格产生影响，纳税义务人能证明其成交价格与同时或者大约同时发生的下列任何一款价格相近的，应视为特殊关系未对成交价格产生影响，在本栏目应填报"否"，反之则填报"是"：

(1) 向境内无特殊关系的买方出售的相同或者类似进口货物的成交价格。

(2) 按照《审价办法》第二十三条的规定所确定的相同或者类似进口货物的完税价格。

(3) 按照《审价办法》第二十五条的规定所确定的相同或者类似进口货物的完税价格。

本栏目出口货物免予填报，加工贸易及保税监管货物(内销保税货物除外)免予填报。

45. **与货物有关的特许权使用费支付确认**

本栏目根据《审价办法》第十一条和第十三条，填报确认买方是否存在向卖方或者有关方直接或者间接支付与进口货物有关的特许权使用费，且未包括在进口货物的实付、应付价格中。

买方存在需向卖方或者有关方直接或者间接支付特许权使用费，且未包含在进口货物实付、应付价格中，并且符合《审价办法》第十三条的，在"支付特许权使用费确认"栏目应填报"是"。

买方存在需向卖方或者有关方直接或者间接支付特许权使用费，且未包含在进口货物实付、应付价格中，但纳税义务人无法确认是否符合《审价办法》第十三条的，在本栏目应填报"是"。

买方存在需向卖方或者有关方直接或者间接支付特许权使用费且未包含在实付、应付价格中，纳税义务人根据《审价办法》第十三条，可以确认需支付的特许权使用费与进口货物无关的，填报"否"。

买方不存在向卖方或者有关方直接或者间接支付特许权使用费的，或者特许权使用费已经包含在进口货物实付、应付价格中的，填报"否"。

本栏目出口货物免予填报，加工贸易及保税监管货物(内销保税货物除外)免予填报。

46. **版本号**

本栏目适用加工贸易货物出口报关单。本栏目应与《加工贸易手册》中备案的成品单耗版本一致，通过《加工贸易手册》备案数据或企业出口报关清单提取。

47. **货号**

本栏目适用加工贸易货物进出口报关单。本栏目应与《加工贸易手册》中备案的料件、成品货号一致，通过《加工贸易手册》备案数据或企业出口报关清单提取。

48. 录入员

本栏目用于记录预录入操作人员的姓名。

49. 录入单位

本栏目用于记录预录入单位名称。

50. 海关批注及签章

本栏目供海关作业时签注。

本规范所述尖括号(〈〉)、逗号(,)、连接符(-)、冒号(:)等标点符号及数字,填报时都必须使用非中文状态下的半角字符。

10种报关单填写不规范情况列举和纠正

第三节 报关自动化系统常用代码

一、运输方式代码表

表10-1 运输方式代码表

运输方式代码	运输方式名称	运输方式代码	运输方式名称
0	非保税区	A	全部运输方式
1	监管仓库	H	边境特殊海关作业区
2	江海运输	T	综合实验区
3	铁路运输	W	物流中心
4	汽车运输	X	物流园区
5	航空运输	Y	保税港区
6	邮件运输	Z	出口加工区
7	保税区		
8	保税仓库		
9	其他运输		

二、监管方式代码表

表 10-2　监管方式代码表

监管方式代码	监管方式简称	监　管　方　式　全　称
0110	一般贸易	一般贸易
0130	易货贸易	易货贸易
0139	旅游购物商品	用于旅游者5万美元以下的出口小批量定货
0200	料件销毁	加工贸易料件、残次品（折料）销毁
0214	来料加工	来料加工装配贸易进口料件及加工出口成品
0245	来料料件内销	来料加工料件转内销
0255	来料深加工	来料深加工结转货物
0258	来料余料结转	来料加工余料结转
0265	来料料件复出	来料加工复运出境的原进口料件
0300	来料料件退换	来料加工料件退换
0314	加工专用油	国营贸易企业代理来料加工企业进口柴油
0320	不作价设备	加工贸易外商提供的不作价进口设备
0345	来料成品减免	来料加工成品凭征免税证明转减免税
0400	边角料销毁	加工贸易边角料、副产品（按状态）销毁
0420	加工贸易设备	加工贸易项下外商提供的进口设备
0444	保区进料成品	按成品征税的保税区进料加工成品转内销货物
0445	保区来料成品	按成品征税的保税区来料加工成品转内销货物
0446	加工设备内销	加工贸易免税进口设备转内销
0456	加工设备结转	加工贸易免税进口设备结转
0466	加工设备退运	加工贸易免税进口设备退运出境
0500	减免设备结转	用于监管年限内减免税设备的结转
0513	补偿贸易	补偿贸易
0544	保区进料料件	按料件征税的保税区进料加工成品转内销货物
0545	保区来料料件	按料件征税的保税区来料加工成品转内销货物
0615	进料对口	进料加工（对口合同）
0642	进料以产顶进	进料加工成品以产顶进
0644	进料料件内销	进料加工料件转内销
0654	进料深加工	进料深加工结转货物
0657	进料余料结转	进料加工余料结转

(续表)

监管方式代码	监管方式简称	监管方式全称
0664	进料料件复出	进料加工复运出境的原进口料件
0700	进料料件退换	进料加工料件退换
0715	进料非对口	进料加工（非对口合同）
0744	进料成品减免	进料加工成品凭征免税证明转减免税
0815	低值辅料	低值辅料
0844	进料边角料内销	进料加工项下边角料转内销
0845	来料边角料内销	来料加工项下边角料转内销
0864	进料边角料复出	进料加工项下边角料复出口
0865	来料边角料复出	来料加工项下边角料复出口
1139	国轮油物料	中国籍运输工具境内添加的保税油料、物料
1200	保税间货物	海关保税场所及保税区域之间往来的货物
1215	保税工厂	保税工厂
1233	保税仓库货物	保税仓库进出境货物
1234	保税区仓储转口	保税区进出境仓储转口货物
1300	修理物品	进出境修理物品
1427	出料加工	出料加工
1500	租赁不满一年	租期不满一年的租赁贸易货物
1523	租赁贸易	租期在一年及以上的租赁贸易货物
1616	寄售代销	寄售代销贸易
1741	免税品	免税品
1831	外汇商品	免税外汇商品
2025	合资合作设备	合资合作企业作为投资进口设备物品
2210	对外投资	对外投资
2225	外商设备物品	外资企业作为投资进口的设备物品
2439	常驻机构公用	外国常驻机构进口办公用品
2600	暂时进出货物	暂时进出口货物
2700	展览品	进出境展览品
2939	陈列样品	驻华商业机构不复运出口的进口陈列样品
3010	货样广告品A	有经营权单位进出口的货样广告品
3039	货样广告品B	无经营权单位进出口的货样广告品
3100	无代价抵偿	无代价抵偿货物

(续表)

监管方式代码	监管方式简称	监管方式全称
3339	其他进出口免费	其他进出口免费提供货物
3410	承包工程进口	对外承包工程进口物资
3422	对外承包出口	对外承包工程出口物资
3511	援助物资	国家和国际组织无偿援助物资
3611	无偿军援	无偿军援
3612	捐赠物资	进出口捐赠物资
3910	军事装备	军事装备
4019	边境小额	边境小额贸易（边民互市贸易除外）
4039	对台小额	对台小额贸易
4139	对台小额商品交易市场	进入对台小额商品交易专用市场的货物
4200	驻外机构运回	我驻外机构运回旧公用物品
4239	驻外机构购进	我驻外机构境外购买运回国的公务用品
4400	来料成品退换	来料加工成品退换
4500	直接退运	直接退运
4539	进口溢误卸	进口溢卸、误卸货物
4561	退运货物	因质量不符、延误交货等原因退运进出境货物
4600	进料成品退换	进料加工成品退换
5000	料件进出区	料件进出海关特殊监管区域
5010	特殊区域研发货物	海关特殊监管区域与境外之间进出的研发货物
5014	区内来料加工货物	海关特殊监管区域与境外之间进出的来料加工货物
5015	区内进料加工货物	海关特殊监管区域与境外之间进出的进料加工货物
5034	区内物流货物	海关特殊监管区域与境外之间进出的物流货物
5100	成品进出区	成品进出海关特殊监管区域
5300	设备进出区	设备及物资进出海关特殊监管区域
5335	境外设备进区	海关特殊监管区域从境外进口的设备及物资
5361	区内设备退运	海关特殊监管区域设备及物资退运境外
6033	物流中心进出境货物	保税物流中心与境外之间进出仓储货物
9600	内贸货物跨境运输	内贸货物跨境运输
9610	电子商务	跨境贸易电子商务
9639	海关处理货物	海关变卖处理的超期未报货物、走私违规货物
9700	后续补税	无原始报关单的后续补税

(续表)

监管方式代码	监管方式简称	监管方式全称
9739	其他贸易	其他贸易
9800	租赁征税	租赁期一年及以上的租赁贸易货物的租金
9839	留赠转卖物品	外交机构转售境内或国际活动留赠放弃特批货物
9900	其他	其他

三、征免性质代码表

表10-3 征免性质代码表

征免性质代码	征免性质简称	征免性质全称
101	一般征税	一般征税进出口货物
118	整车征税	构成整车特征的汽车零部件纳税
119	零部件征税	不构成整车特征的汽车零部件纳税
201	无偿援助	无偿援助进出口物资
299	其他法定	其他法定减免税进出口货物
301	特定区域	特定区域进口自用物资及出口货物
307	保税区	保税区进口自用物资
399	其他地区	其他执行特殊政策地区出口货物
401	科教用品	大专院校及科研机构进口科教用品
403	技术改造	企业技术改造进口货物
405	科技开发用品	科学研究、技术开发机构进口科技开发用品
406	重大项目	国家重大项目进口货物
408	重大技术装备	生产重大技术装备进口关键零部件及原材料
409	科技重大专项	科技重大专项进口关键设备、零部件和原材料
412	基础设施	通信、港口、铁路、公路、机场建设进口设备
413	残疾人	残疾人组织和企业进出口货物
417	远洋渔业	远洋渔业自捕水产品
418	国产化	国家定点生产小轿车和摄录机企业进口散件
419	整车特征	构成整车特征的汽车零部件进口
420	远洋船舶	远洋船舶及设备部件
421	内销设备	内销远洋船用设备及关键部件
422	集成电路	集成电路生产企业进口货物

(续表)

征免性质代码	征免性质简称	征免性质全称
423	新型显示器件	新型显示器件生产企业进口货物
499	ITA产品	非全税号信息技术产品
501	加工设备	加工贸易外商提供的不作价进口设备
502	来料加工	来料加工装配和补偿贸易进口料件及出口成品
503	进料加工	进料加工贸易进口料件及出口成品
506	边境小额	边境小额贸易进口货物
510	中国港澳特别行政区OPA	中国港澳特别行政区在内地加工的纺织品获证出口
601	中外合资	中外合资经营企业进出口货物
602	中外合作	中外合作经营企业进出口货物
603	外资企业	外商独资企业进出口货物
606	海洋石油	勘探、开发海洋石油进口货物
608	陆上石油	勘探、开发陆上石油进口货物
609	贷款项目	利用贷款进口货物
611	贷款中标	国际金融组织贷款、外国政府贷款中标机电设备零部件
698	公益收藏	国有公益性收藏单位进口藏品
789	鼓励项目	国家鼓励发展的内外资项目进口设备
799	自有资金	外商投资额度外利用自有资金进口设备、备件、配件
801	救灾捐赠	救灾捐赠进口物资
802	扶贫慈善	境外向我境内无偿捐赠用于扶贫慈善的免税进口物资
888	航材减免	经核准的航空公司进口维修用航空器材
898	国批减免	国务院特准减免税的进出口货物
997	自贸协定	自贸协定进出口货物
998	内部暂定	享受内部暂定税率的进出口货物
999	例外减免	例外减免税进出口货物

四、结汇方式代码表

表10-4　结汇方式代码表

代码	结汇方式	缩写	英文名称
1	信汇	M/T	Mail Transfer
2	电汇	T/T	Telegraphic Transfer

(续表)

代码	结汇方式	缩写	英文名称
3	票汇	D/D	Remittance by Banker's Demand Draft
4	付款交单	D/P	Documents Against Payment
5	承兑交单	D/A	Documents Against Acceptance
6	信用证	L/C	Letter of Credit
7	先出后结		Settlement After Export
8	先结后出		Settlement Before Export
9	其他		Other

五、成交方式代码表

表10-5　成交方式代码表

成交方式代码	成交方式名称	成交方式代码	成交方式名称
1	CIF	4	C&I
2	C&F/CFR/CNF	5	市场价
3	FOB	6	垫仓

六、货币代码表

表10-6　货币代码表

货币代码	货币符号	货币名称	货币代码	货币符号	货币名称
110	HKD	港币	305	FRF	法国法郎
116	JPY	日本元	307	ITL	意大利里拉
121	MOP	澳门元	312	ESP	西班牙比赛塔
129	PHP	菲律宾比索	315	ATS	奥地利先令
132	SGD	新加坡元	318	FIM	芬兰马克
133	KRW	韩国元	326	NOK	挪威克朗
136	THB	泰国铢	330	SEK	瑞典克朗
142	CNY	人民币	331	CHF	瑞士法郎
300	EUR	欧元	501	CAD	加拿大元
302	DKK	丹麦克朗	502	USD	美元
303	GBP	英镑	601	AUD	澳大利亚元
304	DEM	德国马克	609	NZD	新西兰元

七、监管证件名称代码表

表10-7 监管证件代码表

代码	监管证件	代码	监管证件
1	进口许可证	2	两用物项和技术进口许可证
3	两用物项和技术出口许可证	4	出口许可证
5	纺织品临时出口许可证	6	旧机电产品禁止进口
7	自动进口许可证	8	禁止出口商品
9	禁止进口商品	A	入境货物通关单
B	出境货物通关单	D	出/入境货物通关单（毛坯砧石用）
E	濒危物种允许出口证明书	F	濒危物种允许进口证明书
G	两用物项和技术出口许可证（定向）	H	港澳OPA纺织品证明
I	精神药物进（出）口准许证	J	黄金及其制品进出口准许证或批件
K	深加工结转申请表	L	药品进出口准许证
M	密码产品和设备进口许可证	O	自动进口许可证（新旧机电产品）
P	固体废物进口许可证	Q	进口药品通关单
R	进口兽药通关单	S	进出口农药登记证明
T	银行调运现钞进出境许可证	U	合法捕捞产品通关证明
W	麻醉药品进出口准许证	X	有毒化学品环境管理放行通知单
Y	原产地证	Z	音像制品进口批准单或节目提取单
c	内销征税联系单	e	关税配额外优惠税率进口棉花配额证
h	核增核扣表	q	国别关税配额证明
r	预归类标志	s	适用ITA税率的商品用途认定证明
t	关税配额证明	v	自动进口许可证（加工贸易）
x	出口许可证（加工贸易）	y	出口许可证（边境小额贸易）

八、用途代码表

表10-8 用途代码表

代码	名称	代码	名称	代码	名称
01	外贸自营内销	05	加工返销	09	作价提供
02	特区内销	06	借用	10	货样、广告品
03	其他内销	07	收保证金	11	其他
04	企业自用	08	免费提供	12	以产顶进

九、征减免税方式代码表

表10-9 征减免税方式代码表

代码	名称	代码	名称
1	照章征税	6	保证金
2	折半征税	7	保函
3	全免	8	折半补税
4	特案	9	全额退税
5	随征免性质		

十、地区性质代码表

表10-10 地区性质代码表

地区性质代码	地区性质名称	地区性质代码	地区性质名称
1	经济特区	7	广东省
2	沿海开放城市	8	福建省
3	经济技术开发区	9	北京市、新疆
4	经济开发区	A	保税工业区
5	海南省	B	新技术开发园区
6	西藏自治区		

十一、企业性质代码表

表10-11 企业性质代码表

企业性质代码	企业性质名称	企业性质代码	企业性质名称
1	国有企业	6	私营企业
2	中外合作企业	7	个体工商户
3	中外合资企业	8	报关企业
4	外商独资企业	9	其他
5	集体企业		

十二、其他代码表

由于篇幅所限,报关自动化系统中有关关区代码表、国别(地区)代码表、国内地区代码表、计量单位代码表等内容不再一一列出,具体可参考海关总署网站"通关参数查询"栏目。

本 章 小 结

进出口货物报关单是指进出口货物的收发货人或其代理人,按照海关规定的格式就进出口货物的实况做出的书面申明,以此要求海关对其货物按适用的海关制度办理通关手续的法律文书。

进口货物纸质报关单一式五联——海关作业联、海关留存联、企业留存联、海关核销联、进口付汇证明联;出口货物纸质报关单一式六联——海关作业联、海关留存联、企业留存联、海关核销联、出口收汇证明联、出口退税证明联。为深化海关通关作业无纸化改革,目前海关不再为国家外汇管理局分支局核定的货物贸易外汇管理A类企业提供纸质报关单收、付汇证明联,不再签发纸质出口货物报关单出口退税证明联。

申报人在填制报关单时,应当依法如实向海关申报,对申报内容的真实性、准确性、完整性和规范性承担相应的法律责任。报关单的填报必须真实,做到两个相符。一是单证相符,即报关单中所列各项与合同、发票、装箱单、提单以及许可证等随附单据相符;二是单货相符,即所填报关单各栏目的内容必须与实际进出口货物情况相符,尤其是货物的品名、规格型号、数(重)量、价格、原产国等栏目内容必须真实,不得出现差错,更不允许有伪报、瞒报、虚报。报关单的填制要准确、齐全、完整、清楚。

本章介绍了报关单50个项目的具体填制规范。

主 要 概 念

进出口货物报关单　法律文书　消费使用单位　生产销售单位　启运国(地区)/运抵国(地区)　装货港/指运港　成交方式　征免性质　特许权使用费支付确认

基 础 训 练

一、单项选择题

1. 英国生产的产品,中国某公司自新加坡购买,从新加坡起运经中国香港地区转运至中国内地,填写报关单时启运地为(　　)。
   A. 英国　　　　　B. 新加坡　　　　C. 香港　　　　D. 不用填

2. 我国内地某进出口公司从我国香港地区购进一批SONY牌电视机,该电视机为日本品牌,其中显像管为韩国生产,集成电路板由新加坡生产,其他零件均为马来西亚生产,最后由韩国组装成整机。该公司向海关申报进口该批电视机时,原产地应填报为(　　)。
   A. 日本　　　　　B. 韩国　　　　　C. 新加坡　　　D. 马来西亚

3. 在我国台湾地区纺成的纱线,运到日本织成棉织物,并进行冲洗、烫、漂白、染色、印花。上述棉织物又被运往越南制成睡衣,后又经我国香港地区更换包装转销我国内地。我国海关应以下列( )国家(地区)为该货物的原来产地。
    A. 日本,因为成衣在日本进行了第一次实质性加工
    B. 我国台湾地区,因为纱线是在台湾完成制造的
    C. 越南,因为制成成衣在税则归类方面已经有了改变
    D. 我国香港地区,因为该货物是从香港进口的
4. 某服装进出口公司从日本进口一批工作服样装,在向海关申报时,其报关单"监管方式"栏应填报为( )。
    A. 一般贸易   B. 货样广告品
    C. 货样广告品 A   D. 货样广告品 B
5. 海关规定进口货物的进口日期是指( )。
    A. 申报货物办结海关进口手续的日期
    B. 向海关申报货物进口的日期
    C. 运载货物的运输工具申报进境的日期
    D. 所申报货物进入海关监管场地或仓库的日期
6. 我国某进出口公司(甲方)与新加坡某公司(乙方)签订一出口合同,合同中订明,甲方向乙方出售 5 000 件衬衫,于 2017 年 4 月 10 日在上海装船,途经我国香港地区运往新加坡。在签订合同时甲方得知乙方还要将该批货物从新加坡运往智利。根据上述情况填写报关单时,以下填写正确的是( )。
    A. 运抵国(地区)为"中国香港地区",最终目的国(地区)为"新加坡"
    B. 运抵国(地区)为"新加坡",最终目的国(地区)为"智利"
    C. 运抵国(地区)为"中国香港地区",最终目的国(地区)为"智利"
    D. 运抵国(地区)为"智利",最终目的国(地区)为"智利"
7. 某机械进出口公司从日本进口"联合收割机"10 台并同时进口部分附件,分装 30 箱装运进口。在向海关申报时,进口货物报关单附有发票、装箱单、海运提货单各一份,发票注明每台单价为 CIF 上海 USD22 400,总价为 USD224 000,附件不另计价。据此,进口货物报关单的有关栏目填写错误的为( )。
    A. 成交方式:海运   B. 件数:30
    C. 商品名称:联合收割机及其附件 D. 单价:22 400
8. 某进出口公司向某国出口 500 吨散装小麦,该批小麦分装在一条船的三个船舱内,海关报关单上的"件数"和"包装种类"两个项目的正确填报应是( )。
    A. 件数为 500 吨,包装种类为"吨"   B. 件数为 1,包装种类为"船"
    C. 件数为 3,包装种类为"船舱"   D. 件数为 1,包装种类为"散装"

二、多项选择题
1. 在填报报关单"数量及单位"项目时,下列( )叙述是正确的。
    A. 该栏目分两行填报及打印
    B. 装入可重复使用的包装容器的货物,应按货物扣除包装容器后的重量填报
    C. 使用不可分割包装材料和包装容器的货物,按货物的净重填报
    D. 采用以毛作净计价的货物,可按毛重填报
2. 应在报关单的"特殊关系确认"栏填"是"的情形包括( )。

A. 买卖双方为同一家族成员
B. 一方直接或间接地受另一方控制
C. 一方是另一方的雇员、高级职员或董事
D. 买卖双方是同一合伙的成员

3. 关于报关单的"标记唛码及备注"一栏，下列说法正确的是（　　）。
A. 办理进口货物直接退运手续的，本栏目填报"进口货物直接退运表"或"海关责令进口货物直接退运通知书"编号
B. 涉及加工贸易货物销毁处置的，填写海关加工贸易货物销毁处置申报表编号
C. 跨境电子商务进出口货物，在本栏目内填报"跨境电子商务"
D. 公式定价进口货物应在报关单备注栏内填写公式定价备案号

4. 下列关于报关单"海关编号"的叙述，正确的是（　　）。
A. 报关单海关编号为18位
B. 第1—4位为接受申报海关的编号（海关规定的《关区代码表》中相应海关代码）
C. 第5—8位为海关接受申报的公历年份
D. 第9位为顺序编号

5. 下列说法正确的是（　　）。
A. 一份报关单对应一个海关编号
B. 一份报关单只允许填报一个提单或运单号
C. 一份报关单只允许填报一种监管方式
D. 一份报关单只允许填报一个集装箱号

6. 在区域通关一体化模式下，关于报关单"提运单号"一栏填报叙述正确的是（　　）。
A. 江海运输填报进出口运单号，如有分提运单的，填"提运单号＊分运单号"
B. 汽车运输启用公路舱单后，免予填报
C. 航空运输无分运单的填报总运单号
D. 邮件运输填报邮运包裹单号

7. 某企业申报进境的保税加工料件，经海关批准，放行前全部退运出境。企业在填制出口货物报关单时，"监管方式"填报错误的有（　　）。
A. 来料料件退换　　　　　　　　B. 进料料件退换
C. 直接退运　　　　　　　　　　D. 退运货物

8. 下列关于进出口货物报关单填制要求的表述正确的有（　　）。
A. 报关单位和报关人员必须按照有关规定和要求，向海关如实申报
B. 报关单的填报必须做到单证相符、单货相符
C. 报关单的填制要准确、齐全、完整、清楚
D. 不同批文或合同的货物、同一批货物中不同贸易方式的货物、不同备案号的货物、不同提运单的货物、不同征免性质的货物、不同运输方式或相同运输方式但不同航次的货物等，均应分单填报

三、简答题

1. 简述报关单的分类。
2. 进口货物报关单中的"装货港"与"启运国"应如何填报？

3. 不同性质的报关,申报单位如何填?
4. 海关编号是什么,它是如何构成的?
5. 进口转关运输情况下,报关单的"运输工具名称"如何填报?
6. 报关单"商品名称、规格型号"中的品牌类型如何填报?
7. 报关单"特殊关系确认"栏如何填报?
8. 报关单"价格影响确认"栏如何填报?
9. 报关单"与货物有关的特许权使用费支付确认"栏如何填报?

四、案例分析

进口货物特许权使用费海关估价案例分析

请思考:特许权使用费是什么?为什么说特许权使用费是海关估价中最难的部分?特许权使用费是如何计入完税价格中的?报关人员的"合理注意"义务意味着什么?

业 务 实 训

请根据材料填制报关单草单。①

资料一:天津××电机有限公司(120723××××),从国外购进工业真空吸尘器,作为生产设备使用。货物抵港后,委托天津××国际货运代理有限公司向进境地海关办理申报手续。

进口单位提供的货物商品信息如下:设备用途为清除设备作业时产生的异物,集尘器容积为300 L,功率为2.5 kW,驱动方式为利用风机进行抽真空。另,进口单位确认,其与外方没有特殊关系,也无须向外方支付特许权使用费。

根据提供的商品信息,天津××国际货运代理有限公司(海关代码为120728××××),确定工业真空吸尘器商品编码为85081900。该货物属于法定检验目录商品,受进口单位的委托,代理公司向检验检疫部门申领了编号为12060011400115××××的入境货物通关单。

本章习题参考答案

---

① 参见报关水平测试教程编委会:《报关业务技能》,中国海关出版社2017年版。

资料二：提货单

天海国际船务代理公司
TMSC INTERNATION SHIPPING AGENCY
提货单
DELIVERY ORDER

船档号：24113　　IMO：91606624

致　　港区、场站

收货人：COMAX (COREANA-MAXPEED) TIANJIN CO., LTD. ROOM 3222, TIANJIN GOLDEN BUILDING 下列货物已办妥手续,运费结清,准予交付收货人。 NANJING ROAD, HEXI DISTRICT, TIANJIN CHINA			
船名：SINOKOR QINGDAO	航次：0122W　起运港：PYONG TAEK　目的港：XINGANG		
提单号：TMSCQX0122W006	交付条款：CY/CY	到付运费：	
抵港日期：2014-3-13	箱数：1×20GP	第一程运输：	
卸货地点：	进场日期：	箱进口状态：	
标记与集装箱号、铅封号	货物名称	件数与包装	重量(kgs)	体积(m³)
TSEM(SEMCOCN) TIANJIN CHINA P/T 3 MADE IN KOREA GCSU2047522/674248/20GP	DUST COLLECTOR	3PACKAGE	3 680	20.31
请核对放货：	天海国际船务代理公司 2014 年 3 月 12 日		
凡属法定检验、检疫的进口商品,必须向有关监督机构申报。			
收货人章	海关章		

货主自付港口费用

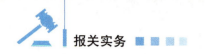

资料三：发票

×××ELECTRO-MECHANICS CO.LTD.
INVOICE

1) Shipper/Exporter ×××ElECTRO-MECHANICS CO.LTD. 150，Maeyeong-ro，Yeongtong-gu，Suwon-si, Gyeonggi-do，SEOUL 443-743 Rep.of KOREA	8) No.& date of invoice EA41430017 MAR.10，2014
	9) No.& date of L/C
2) For Account & Risk of Messrs TIANJIN ×× ELECTRO-MECHANICS CO LTD TIANJIN ×× ELECTRO-MECHANICS CO LTD 27 HEINIU, CHENG ROAD, CHINA	10) L/C issuing bank
3) Notify party 　　TIANJIN ×× ELECTRO-MECHANIC 27HEINIU, CHENG ROAD, TIANJIN, CHINA	11) Remarks
4) Port of loading　　5) Final destination ＊EQUIPMENT：DUST COLLECTOR	
6) Carrier　　7) Sailing on or about 　　　　　　　MAR.12.2014	

12) Marks and numbers of PKGS	13) Description of goods	14) Quantity/Unit	15) Unit	16) Amount
TSEM (SEMCO：CN) TIANJIN CHINA P/N：3 MADE IN KOREA DUST COLLECTOR		CIF　TIANJIN　CHINA 10SETS	USD 13 431.78	USD 134 317.8
		TOTAL：　134 317.80USD		
		SAY：(003) CASES ONLY		
		Signed by：×××		

资料四：装箱单

PACKING LIST

DATE: 2014.03.10

VENDOR:

PAGE: 1 OF 1

P'KG NO	DESCRIPTION	Q'TY	N/WT KG	G/WT KG	DIMENSION(CM) L	W	H	CBM	TYPE
	DUST COLLECTOR	10SETS	3 354	3 680				20.3	CBM
	总　　计		3 354	3 680				20.3	CBM
	Total in 3 wooden cases								

DAE LIM PACKING Company

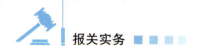

资料五：合同

SALES CONTRACT

314, MAETAN-3DONG, Telex：××××
PALDAL-KU, SUWON-CITY. Telephone：××××
KYUNGKI-DO, KOREA

REF.NO.EA41430017
DATE 2014.01.01
×××ELECTRO MECHANICS CO., LTD. as Seller and Tianjin ××

ELECTRO-MECHANICS CO., LTD. as buyers do hereby to sell and purchase agree the following goods under the terms and conditions set forth hereunder.

DESCRIPTION	QUANTITY	UNIT	UNIT PRICE(US $)	AMOUNT(US $)
NAME：DUST COLLECTOR TYPE：HANS-EMC SPECIFICATION：440 SIZE	10	SET	134 317.8	1 343 178
TOTAL	C.I.F TIANJIN			1 343 178
PAYMENT：	TT			
PACKING：EXPORT STANDARD PACKING	INSPECTION：MAKER'S INSPECTION TO BE FINAL			
INSURANCE：TO BE COVERED BY SELLER	PORT OF ENTRY/			
	DESTINATION：			
PORT OF SHIPMENT：ANY KOREAN PORT OR/AND AIRPORT：BUSAN, INCHON, KIMPO				
SPECIAL TERMS & CONDITIONS 1. 1/3 ORIGINAL SHIPPING DOCUMENTS TO BE PRESENTED TO KOREA EXCHANGE BANK TIAN JIN BRANCH ACCOUNT NO：TJ-CK-400033 2. 2/3 ORIGINAL SHIPPING DOCUMENTS HAVE TO BE SENT TO CONSIGNEE DIRECTLY, DHL/SKYPAK 3. THE INTERNATION MACHINE ASSURE FOR FREE SERVICE 5 YEARS 4. THE THIRD PARTY B/L ACCEPTABLE				

The general terms and conditions appearing on the reverse side hereof are integral part hereof.

For and on behalf of Seller　　　　　　For and on behalf of Buyer
Signed by　　　　　　　　　　　　　　Signed by

中华人民共和国海关进口货物报关单

预录入编号：　　　　　　　　　　　　海关编号：

1. 收发货人	2. 进口口岸	3. 进口日期		4. 申报日期
5. 消费使用单位	6. 运输方式	7. 运输工具名称		8. 提运单号
9. 申报单位	10. 监管方式	11. 征免性质		12. 备案号
13. 贸易国(地区)	14. 起运国(地区)	15. 装货港		16. 境内目的地
17. 许可证号	18. 成交方式	19. 运费	20. 保费	21. 杂费
22. 合同协议号	23. 件数	24. 包装种类	25. 毛重(千克)	26. 净重(千克)
27. 集装箱号	28. 随附单证			
29. 标记唛码及备注				
30. 项号　31. 商品编号　32. 商品名称、规格型号　33. 数量及单位　34. 原产国(地区)　35. 单价 36. 总价　37. 币制　38. 征免				
39. 特殊关系确认：　　　　价格影响确认：　　　　　与货物有关的特许权使用费支付确认：				

录入员　录入单位	兹申明以上内容承担如实申报、依法纳税之法律责任	海关批注及签章
报关人员		
	申报单位(签章)	

附录　相关法律、法规和部门规章

1.《中华人民共和国对外贸易法》

2.《中华人民共和国海关法》

3.《中华人民共和国进出口关税条例》

4.《中华人民共和国海关行政处罚实施条例》

5.《中华人民共和国海关报关单位注册登记管理规定》

6.《中华人民共和国海关企业信用管理办法》

主要参考书目和文献

张兵：《进出口报关实务(第3版)》，清华大学出版社2016年版。
唐卫红：《进出口报关实务》，南京大学出版社2016年版。
刘迅：《海关通关实务》，浙江大学出版社2017年版。
"关务通·监管通关系列"编委会：《通关典型案例启示录》，中国海关出版社2013年版。
晏山嵘：《海关行政处罚案例精解》，知识产权出版社2016年版。
武晋军、唐俏：《报关实务(第3版)》，电子工业出版社2016年版。
郭秀君：《海关理论与实务》，清华大学出版社2014年版。
张炳达、顾涛：《海关报关实务》，上海财经大学出版社2015年版。
陈晖、邵铁民：《案例海关法教程》，立信会计出版社2011年版。
郑俊田、徐晨、邰媛莹：《中国海关通关实务(第7版)》，中国商务出版社2015年版。
报关水平测试教程编委会：《报关业务技能(2017年版)》，中国海关出版社2017年版。
王霆轩：《一带一路给中国报关企业带来哪些机遇》，《中国海关》2017年。
林倩：《涉证货物进出口的通关法律风险》，《中国海关》2017年。
查贵勇：《该如何运用出口无代价补偿货物》，《国际商报》2015年。

图书在版编目(CIP)数据

报关实务/戴明辉,张期陈,王志明编著. —上海:复旦大学出版社,2018.11
信毅·国际经济与贸易系列
ISBN 978-7-309-13722-4

Ⅰ.①报… Ⅱ.①戴…②张…③王… Ⅲ.①进出口贸易-海关手续-中国 Ⅳ.①F752.5

中国版本图书馆 CIP 数据核字(2018)第 107723 号

报关实务
戴明辉　张期陈　王志明　编著
责任编辑/方毅超

复旦大学出版社有限公司出版发行
上海市国权路 579 号　邮编:200433
网址:fupnet@fudanpress.com　http://www.fudanpress.com
门市零售:86-21-65642857　团体订购:86-21-65118853
外埠邮购:86-21-65109143　出版部电话:86-21-65642845
上海四维数字图文有限公司

开本 787×1092　1/16　印张 20　字数 462 千
2018 年 11 月第 1 版第 1 次印刷

ISBN 978-7-309-13722-4/F·2469
定价:48.00 元

如有印装质量问题,请向复旦大学出版社有限公司出版部调换。
版权所有　　侵权必究